从黎明走向光明 明向光明

我与震旦教育40年的记忆

张惠莉 口述　　董煜 执笔

上海交通大学出版社
SHANGHAI JIAO TONG UNIVERSITY PRESS

内容提要

本书是"上海高等教育文库·领导篇"之一。该书记录了震旦教育集团的创始人张惠莉是如何为了实现自己的教育理想，历经 40 年，将一所弄堂学校，发展为今天的集学前教育、基础教育、职业教育、高等教育、终身教育为一体的教育集团的。本书共分八章，以时间为轴线，记录了张惠莉的童年和成长过程，立志献身教育的精神来源，以及面对各种困难挫折依然不改初心的故事。她的办学历程，是中国民办教育从稚嫩走向成熟的过程。她具有前瞻性、国际化的教育思想和教育理念，到今天依然具有可借鉴和推广的意义。她个人的思想境界、心胸格局、行为模式，除了教育系统的员工，还可以激励更多的社会人。这是一本正能量、励志的人物传记。

图书在版编目（CIP）数据

从黎明走向光明：我与震旦教育 40 年的记忆/张惠莉口述；董煜执笔. 一上海：上海交通大学出版社，2024.7

ISBN 978-7-313-30595-4

Ⅰ.①从… Ⅱ.①张…②董… Ⅲ.①张惠莉—自传 Ⅳ.①K825.46

中国国家版本馆 CIP 数据核字（2024）第 077324 号

从黎明走向光明——我与震旦教育 40 年的记忆
CONG LIMING ZOUXIANG GUANGMING——WO YU ZHENDAN JIAOYU
40 NIAN DE JIYI

口　　述：张惠莉		执　　笔：董　煜		
出版发行：上海交通大学出版社		地　　址：上海市番禺路 951 号		
邮政编码：200030		电　　话：021 - 64071208		
印　　制：上海锦佳印刷有限公司		经　　销：全国新华书店		
开　　本：710mm×1000mm　1/16		印　　张：23.25		
字　　数：396 千字		插　　页：14		
版　　次：2024 年 7 月第 1 版		印　　次：2024 年 7 月第 1 次印刷		
书　　号：ISBN 978 - 7 - 313 - 30595 - 4				
定　　价：98.00 元				

妈妈 28 岁时的照片

英俊的爸爸

童年的莉莉

步入幸福的婚姻殿堂

幸福的一家三口

张沈和李佳

张沈

2011 年，参加张沈（中）
的硕士毕业典礼

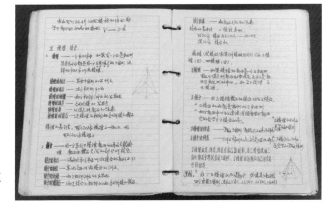

1980 年，张惠
莉的备课笔记

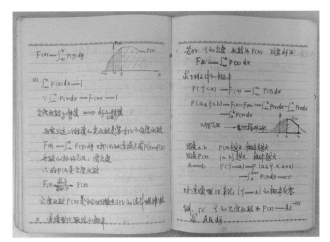

1981 年，张惠
莉的读书笔记

1981 年 12 月，合署办公的嵩山文化站站长张英与嵩山青年教师迎新春茶话会

1985 年，张惠莉（中）在第一期高中全科班结业仪式上讲话

1987 年 2 月 5 日，卢湾区集管局干部学校成立。局长陈国璇（左八）、副局长张震一（左七）、企管科科长沈荣章（左六）、党委书记何青（左五）、副局长唐慧静（左四）、组织科长郭凤英（左三）、工会主席王文琴（左二）与张惠莉（左一）合影

1991 年，集管局职校大门，"一套班子"多块牌子

1992 年 1 月 22 日，召开成人高中教学工作研讨会

1992 年 12 月，教材审定会上，张惠莉与教师们认真审定教材

1993 年 5 月，张惠莉上
市级公开课

1994 年 11 月 16 日，张
惠莉（左二）在震旦成
人中专成立大会上发言。
右二为集管局党委书记
鲍淡如

1995 年 8 月 5 日，进修
学院办学水平评估会

1997 年 12 月，震旦外国语中学举行董事会暨顾问委员会第一次会议

1998 年 6 月，上海市民政局局长施德容（右二）、上海银行党委副书记祝幼一（右三）、浦东新区工会副主席彭戌兰（左一），参加震旦外国语中学成为中央教科所国家重点课题学校的揭牌仪式

1999 年 3 月，在"99 英国教育展开幕酒会"上和英国朋友留影

1999 年 9 月 24 日，张惠莉（右）聘请原上海市市委副书记夏征农（左）为名誉董事长

2000 年 8 月 2 日，上海市教委副主任薛喜民（左一）一行视察震旦学院

2000 年 11 月 25 日，震旦学院各部门负责人进行 ISO 培训

2000 年 8 月 29 日，震旦学院学历文凭考咨询会上火爆的报名现场

2002 年 4 月 18 日，张惠莉陪同市教委职成教处长张持刚（左）视察震旦现代教育设计中心

2002 年 11 月 13 日，震旦集团下各院校校长一行前往美国考察，并于亚特兰特圣约瑟夫学院进行签约

2003 年 4 月 29 日，市人大常委会副主任胡正昌（前排中）、副市长谢丽娟（前排左二）、教委主任郑令德（前排左一）、教委副主任薛喜民（前排右二）一行来震旦职业学院调研

2003 年 7 月 31 日，震旦学院与韩国大学签约后，张惠莉（左四）一行参观一大会址

2003 年 10 月 14 日，卢湾区人大主任江介华（右一）视察震旦学院三林校区

2003 年 10 月 20 日，德国卡尔特劳商学院院长库恩（中）博士在张惠莉（右三）的陪同下参观、考察震旦

2004 年 1 月 8 日，卢湾区百万家庭网上行学员交流会在震旦召开

2004 年 12 月 14 日，上海市市教委副主任张民选与卢湾区教育局局长王伟明视察震旦

2004 年 11 月 18 日，张惠莉在震旦二十周年庆典上致辞

2004 年 11 月 18 日，卢湾区区长张载养（右一），同济大学副校长、震旦学院名誉校长黄鼎业（左一），震旦党委书记郭伯农（中），在大剧院参加震旦二十周年庆典

2004 年 12 月 14 日，张惠莉（左二）陪同市教委副主任张民选（右一）一行视察震旦外中的成果展示厅

2005 年 9 月 15 日，上海市副市长、世博局局长周禹鹏（中）视察震旦

2005 年 9 月 26 日，原卢湾区区委副书记苏秉公（右四）视察正在装修中的震旦外国语中学新校址（鲁班路 369 号）

2005 年 12 月 28 日，张惠莉和院长杨德广为震旦职业学院揭牌

2006 年 4 月 13 日，卢湾区区长沙海林（左二）、副区长忻伟民（左一）一行五人视察了正在改建中的震旦外国语中学新校舍

2008 年 2 月 19 日，卢湾区教育局局长唐海宝（右三）、副局长毛爱群（右二）授予震旦外国语中学"教学质量信得过学校"铜牌

2008 年 2 月 27 日，上海市人大常委会副主任周禹鹏（右二）在张惠莉（右一）、王纯玉副校长（左一）的陪同下视察震旦外国语中学

2008 年，震旦大学 105 周年校庆，张惠莉（右五）与中国工程院院士王振义（左五）等合影

2009 年 6 月，马相伯孙女访问震旦外中，并与师生一起在马相伯塑像前合影

2010 年 6 月 10 日，上海市宝山区人民政府党组副书记、副区长夏雨视察震旦职业学院

2010 年 9 月 15 日，卢湾区教育局局长唐海宝（左二）、副局长毛爱群（右二）再次为震旦外国语中学授予"教育质量信得过学校"铜牌

2012 年 3 月 19 日，宝山区区长汪泓（左三）一行来震旦职业学院指导工作

2012 年 9 月，震旦职业
学院校党委书记郭伯农
（左一）参加 2012 年入
伍新兵欢送会

2013 年 10 月 2 日，震旦大学建校 110 周年合影

2014 年 4 月 28 日，震旦
职业学院成为中国首家
加入国际大学联盟的学
校

2014 年 11 月 18 日，王振义院士在
震旦教育三十周年庆典上讲话

2014 年 11 月 18 日，市教委主
任张伟江（左）在震旦三十周年
庆典上赠送墨宝

2014 年 11 月 18 日，震旦三十周年庆典上，张惠莉（左六）、表演艺术家
秦怡（左五）与震旦员工一起合影

2017 年 6 月 7 日，黄浦区局长王伟鸣等领导来校视察工作，震旦教育集团领导接待并作工作汇报

2018 年 10 月 18 日，上海震旦职业学院举办"上海市民办高校心理健康教育基地"揭牌仪式

2018 年 11 月 3 日，英国森林学校与震旦外国语中学互访，校长何明（右一）与张惠莉（中）合影

2019 年 9 月 14 日，上海市教委副主任倪闵景为震旦师生开展系列科学讲座

2019 年 1 月 11 日，全国政协常委周汉民教授（中）莅临学校作专题讲座

2019 年 12 月 11 日，上海民办教育协会常务副会长胡卫（右二）莅临震旦教育三十五周年庆典

2019 年 12 月 11 日，震旦教育集团三十五周年庆典，张惠莉理事长（右一）向王振义院士（中）颁赠"震旦教育终身贡献奖"

2022 年 8 月 22—25 日，民办高校党工委副书记王庆（左八）、尹福会（右五）一行前往震旦职业学院考察

2022 年 10 月 20 日，艺术大师陈家泠（中）举办艺术家思想交流分享会

2022 年 10 月 20 日，各位领导、艺术家和企业家在震旦与 100 多位艺术教师和干部开展艺术家思想交流分享会和慈善公益笔会

2022 年 11 月 18 日，第 19 届震旦教育集团体育节开幕式

2023 年 11 月 29 日，震旦教育集团文化节闭幕式合影

2023 年 11 月 29 日，震旦教育集团文化节闭幕式中幼儿园小朋友的表演

2024 年 3 月 22 日，上海市人大常委会委员陆靖教授在上海震旦学院作专题讲座

2024 年 1 月 21 日，震旦教育年会活动现场

2024 年 2 月，震旦教育集团董事长张沈（左二）、党委书记吴松（右二）、院长蒋心亚（左一）、副院长王纯玉（右一）进行春季开学走访慰问

上海高等教育文库编委会

永远的功绩

——《上海高等教育文库》总序

教育犹如奔腾的长河，前浪不止见后浪，奔腾向前；教育犹如无际的大海，宽阔无垠而深邃，厚积薄发；教育又如连绵的山脉，高峰之外是峻岭，层层攀升……上海的高等教育承先人之传，又在近百年间发展、提升。如今，一个崭新的、前所未有的新局面已呈现在我们的眼前。

老一辈人都知道，以前上海能进入高等学府深造的人，堪称凤毛麟角。而到了 2005 年上海已拥有 63 所普通高等院校，52 万青年才俊借此深造成才；以前我国自行培养的研究生寥若晨星，如今上海在校研究生已超过 8 万人；以前上海企事业单位中高中毕业生是少之又少，如今在各行各业，学士、硕士、博士毕业生挑起了上海飞速发展的重担……

30 年不过弹指一挥间，其间有难以计数的家庭因为教育而改变了命运；有难以计数的学生得以在知识的宫殿里增知成才；又有难以计数的青年学人引领着时代的创新潮流……上海的高等教育撑起了一方发展的万年基石，莘莘学子以骄人的业绩开辟了一个又一个崭新天地。因为高等教育，上海变得更强了。在这辉煌的 30 年中，各界志士仁人、万千辛勤园丁思考、探索、创新、追求、奉献，付出了许多许多。

为了总结30年来上海高等教育改革发展所取得的丰功伟业，为了讴歌广大教育工作者辛勤耕耘、开拓进取和无私奉献的精神，上海高等教育学会在各级领导的关心、支持下，集结业内有识之士编辑了《上海高等教育文库》。本文库分成两大部分：一是《上海高等教育文库·改革发展篇》，二是《上海高等教育文库·领导篇》。

在《上海高等教育文库·改革发展篇》中，我们记录了上海高等教育在办学体制改革、管理体制改革、经费投入体制改革、招生和就业制度改革、内部管理体制改革，以及高校后勤社会化改革等方面勇于探索，善于创新，坚持发展的历程。这里虽然谈不上枪林弹雨、隆隆炮声，却也有惊心动魄、战旗猎猎。正是不断的改革与创新，把"不可能"变成了现实，上海高等教育才攀上了新的高峰；正是不断的改革和创新，上海的济济人才才得以显山露水开始新的人生。

《上海高等教育文库·领导篇》，则展示了一大批高校原书记、校长的风采。这批改革开放的时代弄潮儿，曾站在高校改革、开放的风口浪尖上，不畏困难，勇于改革，坚持创新，在艰难中改天换地；他们从小学到大学不断成长，并从一名普通青年教师到大学领路人的历程也耐人寻味；他们都曾备尝常人难以理解的磨难，他们也尽情享受过成功的喜悦。他们以自己深邃的思想、渊博的学识、高尚的情操和作为一个团队领军人物的气度、风范，写就了一段美丽的人生！

　　虽然一部《上海高等教育文库》难以书尽改革开放 30 年来上海高等教育改革的全部，纵然穷尽浓墨重彩也难以涵盖 30 年来上海高等教育改革之精华，我们依然愿意作出这挂一漏万的努力，用图书的形式保留住上海高等教育的传家之宝，为的是让当事人记下这段历史，让后来者铭记这段历史。

　　愿《上海高等教育文库》年年添新作，愿上海高等教育之树常青！怀着敬慕和激动之心，写此以为总序。

上海市高等教育学会会长

张伟江

2008 年 8 月 8 日

一位杰出的女教育家张惠莉

我国几千年来涌现了一大批教育家，为中国的教育事业发展作出了巨大的贡献，为百姓和国家作出了可贵的奉献，受到了人们的尊敬，并代代传诵。

近40年来上海同样涌现了许多教育家。特别引人注目的是一个由女教育家张惠莉建成的拥有学前教育、基础教育、职业教育、高等教育、终身教育五教贯通的教育集团，集团的性质属于民办教育，呈现出一种崭新的管理理论和方法，取得了很大的成功！这样的五教贯通的教育集团着实不多见，从古到今这样的教育也很罕见。我十分钦佩张惠莉女士！

上海市人口众多，许多青少年希望能不断学习，他们的家长更是希望儿女多学些知识和技能，将来可以更好地服务社会，而快速发展的各行各业也迫切需要各种技能人才。由张惠莉组建并扩大的五教贯通的教育集团正是社会的期盼，许多企事业单位、个人都获得了益处。像张惠莉这样的教育家更是人们心中的榜样和希望！

张惠莉在40年里克服重重困难，建立了一整套科学、有效的教育集团管理理论和方法，并在不断发展中取得了成功。一是团结和组织建成强有力的领导班子，高效且成功地将集团办成了在全国颇有名气的教育集团；二是招收了一大批颇有水平的教师；三是每年前来求学的学生不断增多；四是集团在克服困难中与社会各界构建了良好的合作关系……这些均表明在张惠莉的带领下，学校的治教、治学经验是值得我们教育界借鉴和学习的。这些正是我们教育界的宝贵财富，是一名教育家对社会的贡献。除了称赞之外，还应该不断总结提升！

在张惠莉精心有效的管理下，教育集团已为全国输送了 40 余万名各级各类应用型人才。这样一个巨大的贡献，难道不是对历代教育事业的传承吗？

从历史发展看，张惠莉从一名中职校长成长为五教贯通的教育集团的带路人，并取得成功，她曾备尝常人难以理解的磨难，也尽情享受成功的喜悦。她以自己深邃的思想、渊博的学识、高尚的情操和作为领导人物的气度与风范写就了一位杰出教育家的美丽！

我赞赏她的成就，也希望她的成就能成为可供上海教育界借鉴的宝贵财富！

张伟江

2023 年 4 月 24 日

张惠莉的教育人生

对张惠莉，我可以用"知根知底"这四个字来形容。1984 年她开始创办震旦教育的时候，我就是卢湾区教育局局长，是看着震旦教育从一所弄堂学校一步步成长为集学前教育、基础教育、职业教育、高等教育、终身教育为一体的教育集团，成为"上海市著名商标"的。她的办学历程，是中国民办教育从稚嫩走向成熟的过程，她的教育思想、教育理念，具有前瞻性与全球化的大格局，所以我认为这本书的出版非常有意义、有价值。

分析张惠莉的成功，应该有几方面的原因。

首先是成就她事业的精神来源。她的外婆和母亲都是她的良师，她们有最朴素的人生信念，宅心仁厚、乐于助人，她们的善良和对诚信的坚守，在逆境中的坚韧不拔和自尊自爱，奠定了张惠莉基因和性格中最重要的部分。另一个精神来源是马相伯。马相伯先生毁家办学的一腔热血，以及科学与人文并重、反对墨守成规的教条主义、强调人的基本素质等，都对张惠莉教育思想的形成产生了很大影响。张惠莉不屈不挠的开拓意识和不止不休的探索精神都是来源于此。可以这么说，震旦教育，不仅仅是名字叫"震旦"这么简单，它的教育理念与当年的震旦大学是一脉相承的。

其次是推动她事业发展的外部环境。20 世纪 80 年代初期，"文革"时期民众被压抑的求知需求被充分释放，大批成人走进"双补"课堂，希望知识能够帮助他们充实自我、改变命运。张惠莉踏进教育领域时恰好"生逢其时"，成人教育成为她教育生涯走出的第一步，也是她教育改革的开始，缩短学制、形式多样化，"以高取位，以低扩面"，都是她那个时期探索和实践的结果。改革开放，给民办教育带来了春天，也给张惠莉带来了机遇和更大的舞台。在教育改革开放的大背景下，张惠莉的震旦教育形成了规模效应，并迅速以先进的管理模式、优质的社会服务和上乘的教学质量赢得口碑，占领民办教育的高地。如果把震旦教育看成是一棵枝繁叶茂的大树，那么改革开放和市场经济就是春风，是震旦教育快速发展的助推剂。

最后，也是最重要的一点，张惠莉之所以能够成功，是因为她个人的思想境界、心胸格局、行为模式都起到了决定性的作用。张惠莉聪明、思维敏捷、记忆力超群，办事决断、有魄力。有人曾说，她倘若经商，也许会是另一个马云或者董明珠，但是她唯独钟情于教育。她高中时品学兼优，本来进名校是毫无问题的，却造化弄人进了生产组，当了代课教师，这让她有机会了解普通民众的疾苦，也使她创办的震旦教育更接地气。她的教育目标只有远近之分、大小之分，没有高低之分。她的"教育助困""大墙工程"都是独创的，充满了人文关怀。张惠莉勤于学习、善于学习，思想解放，不因循守旧。随着时代发展，随着办学规模的不断扩大，她的教育思想、教育理念也在不断积累、不断成熟，向多元化延伸，不仅紧跟时代发展，甚至看得、走得更远。震旦教育正是践行了她的教育思想、教育理念才能如此成功。可以这么说，震旦教育是民办教育的一个模板，"张惠莉现象"应该被总结、被研究，应该被学习、被推广。

张惠莉对教育非常热爱，她曾经说过："教育是充满着希望的事业。培养国家接班人，我们面对的不是没有灵魂的产品，面对的是一大批有思想、有志向、朝气蓬勃的活的生命体。我们对他们充满期待，所以我们的事业是充满希望的事业，是对国家、对社会、对人民具有价值和意义的事业。"从这本书里，我们不仅可以看到张惠莉人性的光辉，还能看到她"不达目标誓不罢休"的顽强坚韧和"春蚕到死丝方尽"的奉献精神。我希望通过这本书，让更多的人知道张惠莉，知道一个教育家是如何最大限度地燃烧生命、惠及他人、惠及社会的。

正是有无数个张惠莉这样的教育家，我们的国家才有希望。

郭伯农

（原上海市成人教育委员会副主任）

二〇二三年春

以时间为轴线，

记录了张惠莉的童年和成长过程，

立志献身教育的精神来源，

以及面对各种困难挫折

依然不改初心的生动形象的故事

目录

楔子

　　1987 年 11 月的一个晚上，从上海丽园路到自忠路的那段路上，夜归的行人都会被一支奇怪的队伍吸引。几辆俗称为"黄鱼车"的三轮运输车，七八个人或坐或骑，载着满满的桌椅板凳奋力前行。他们干的是搬运工的活，看上去却怎么都不像搬运工，一路谈笑风生，似乎在做着一桩非常伟大的事情。有人高声唱起了歌——"我们走在大路上，意气风发斗志昂扬"，很快，独唱就变成了小合唱。从丽园路到自忠路，就这么来来回回，一车、两车、无数车，歌声也随着他们一路播撒，雄浑而有力。这是中国民办教育史上非常重要的一幕，那天，震旦教育集团的前身——上海集管局职校刚刚在自忠路上的弄堂里拥有了自己的新校舍。从此，这微不足道的几辆黄鱼车和"七八条枪"，就将从弄堂学校出发，跟随他们的创始人，一路高唱着"我们走在大路上"，开疆扩土，坚毅前行，掀开民办教育新的一页。

　　他们的名字应该被后人记住，他们是缪新亚、徐超峰、周月华、张安莉、范莺丽和杨善滋。还有我，震旦教育集团的创始人张惠莉。我始终与他们一起，唱着歌，踩着车，骑在队伍的最前面。40 年了，我和我的团队一直走在改革的大路上、创业的大路上，没有终点，永不止步。下面是我的故事，是我和震旦的故事。

第一章

青春如歌

青春的岁月像条河，岁月的河啊汇成歌，汇成歌，汇成歌

——《蹉跎岁月》主题歌

外婆的规矩

当年的虹口有许多 20 世纪二三十年代建造的小洋房，红墙在绿色梧桐树的掩映下，带着欧式的优雅静静地走过了很多年。倘若正逢落叶时节，沿街一路走去，脚下的落叶会发出清脆的声响，为秋天平添许多浪漫。

1947 年的秋天，11 月，一天，昔日宁静的小洋房里忽然传出了婴儿的啼哭声，邻居们知道，那是张家新添了女儿。年轻的妈妈叫陈文英，虽然自己还是该在父母面前承欢的年纪，但初为人母，她已经把自己的命运跟怀中这个小生命牢牢地系在一起了。她为女儿取名惠莉，"惠"同"慧"，既希望女儿能够聪慧，又希望女儿将来能够服务社会、惠泽天下。

1949 年 5 月，上海解放。但一直企图"反攻大陆"的国民党持续出动飞机对上海进行侵扰。1950 年 2 月 6 日，更是出动了 14 架轰炸机和 3 架战斗机对上海实施轰炸，由于当时上海缺乏防空手段，只能眼睁睁看着敌机恣意妄为。这次轰炸共炸毁房屋 1 180 多间，炸死、炸伤市民 1 400 多人，堪称上海现代史上最黑暗的一天，史称"二·六"大轰炸。

虹口在这次轰炸中遭受重创，惊慌的市民拖家带口，纷纷逃离虹口和苏州河一带。陈文英也被吓坏了，她顾不上收拾家中财物，带着女儿匆匆雇了一辆三轮车来到卢湾，在黄陂南路 429 弄的一所石库门房子里安顿下来，从此，便与这片土地结下了不解之缘。

惠莉自打记事起，家人就都叫她莉莉。

她们家住的是一楼统客堂，当年是用黄金顶下来的。客堂间大约有 33 平方米，客堂前有个小天井，分隔天井与弄堂的是一面很高的墙。大门是黑色的，上面钉着铁环，晚上家家户户"哐当"一声把大门一关，白天弄堂里的喧嚣就都被关在门外了。后来，客堂一分为二，前客堂小一点，十来个平方米，租给了药材行。莉莉一家就住在有窗的后客堂，虽然只有二十多平方米，但因为收拾得干净整洁，一家人住在一起倒也不觉得挤，只是每天只能从后弄堂的门进出了，穿过厨房，才能进自家房间。

莉莉很小的时候外婆就跟她们生活在一起。外婆是苏州人，天天很早起床，把家里拾掇好，先轻轻地把莉莉从梦中唤醒，然后开始打理一天的生活。在莉莉的记忆中，妈妈的工作一直很忙，所以莉莉一直是外婆身后的小尾巴，外婆走到哪里她就跟到哪里。之后妹妹佩莉出生了，外婆身后的小尾巴就又多了一个。佩莉生得瘦小，体弱多病，所以外婆又叫她"咪猫"。

外婆的规矩很大，跟外婆出门，走路必须规规矩矩。有一次一个小女孩与莉莉擦身而过，小女孩穿着粉色的泡泡纱连衣裙，因为觉得漂亮，莉莉回头多看了两眼，外婆就说："女孩子走路不要回头，要目不斜视。"莉莉不知道回头有啥不好，但外婆说不好，她也就记住了。还有一次，莉莉走得热了，路上看见有卖冰棍的，想吃。可外婆又说了："女孩子走路不能吃东西，要吃买回家吃。"莉莉乖乖地答应了，以后在路上看见再想吃的东西，都没有向大人开过口。

外婆衣着简单、得体，总是一袭旗袍，打扮得清清爽爽。有一天，莉莉无意中看见一张照片，照片上是一个中年妇女，雍容华贵，头上的发髻梳得一丝不乱，身着旗袍，旗袍外还套着毛料的罩袍。莉莉拿着照片去问外婆："外婆，外婆，这是啥人啊？"

外婆笑而不答，说："莉莉啊，你还小，等你长大一点再告诉你。"

后来，莉莉才陆陆续续从妈妈嘴里得知了外婆的身世。

外婆出生在苏州一个殷实富足之家，上几代是做官的。老一辈思想开放，所以外婆既读了书也没有缠足，在父母的宠爱下自由自在地生长，直到嫁给了外公。外公是洋行的染料行买办，据说懂六国语言，家里不仅有房产、有汽车，还有保姆、奶妈和司机。司机叫小南京，每天收车后都会把汽车擦拭得一尘不染，就像是他自家的一样。家里甚至还养着马，马是供外公闲来时出去打猎或者跑马用的，莉莉小时候看到过照片，外公一身猎装骑在马上，昂首挺胸，精气神十足，非常帅气。偶然，外婆高兴的时候也会漏出来几句，譬如家里当时在外滩的房子是怎么个摆设，那台落地镀金大钟又是如何的漂亮，连吃饭的全套餐具都是银子做的，俗称银台面。但是，莉莉再想了解得更多，外婆又不肯说了。

外婆生了一儿一女，儿子是个进步青年，上大学的时候有一天忽然对外婆说："妈妈我要去汰浴了。"外婆回到家看到儿子留的一张纸条说："天亮了我就回来了。"外婆当时也没太领会儿子的意思，后来才知道儿子参加了进步组织，和一帮大学同学商议好去参加新四军，他说的天亮其实就是解放。后来真的"天亮了"，可儿子一直没回来。听他同去的学生说，儿子在途中生了病，一时半会不见好转，因路途坎坷还有很多关隘要闯，同学就把他寄养在老乡家里，吩咐他病好后赶紧去找部队。谁知就此失去了联系，事后去找，连那老乡都不见踪影。外婆曾经满怀希望地等着，可是等来等去一直等到解放都未见儿子的身影。失去独子的外公很受打击，一病不起，从此把希望寄托在女儿身上，临终前再三叮嘱外婆："一定要让妹妹读大学啊！"他说的妹妹，就是女儿陈文英。

外公去世后外婆搬来与女儿同住，从此母女俩相依为命度过了一生。

外婆喜欢听评弹，家里的收音机一刻不停地播放着各种曲目——《玉蜻蜓》《白蛇传》《珍珠塔》《阮玲玉》，吴侬软语从早到晚充斥着房间的每一个角落，评弹唱词成了日常生活的背景音乐。以后，莉莉就养成了一个习惯，不管是在看书还是在做作业，永远可以"一心两用"不受干扰。晚上，莉莉会缠着外婆讲故事，外婆就给她讲《珍珠塔》。《珍珠塔》说的是明代官宦之后方卿，家遭变故，中途败落，为赴京应试去向姑母借贷，姑母非但不借反而百般凌辱。小姐翠娥与方卿自幼青梅竹马，偷偷将价值连城的珍珠塔赠与方卿，三年后方卿高中头名状元，如愿与翠娥完婚。莉莉对那些才子佳人的故事不太理解，但喜欢评弹里的唱词，譬如《珍珠塔》里姑母那段讥讽方卿的唱词："你方卿若把高官做，除非是，满天月亮一颗星，日出西天向东行，毛竹扁担出嫩笋，黄狗出角变麒麟，晒干的鲤鱼跳龙门，老鼠身上好骑人，滚水锅里结冷冰。除非是，文武百官死干净，宗师大人瞎眼睛。你文不成，武不行，只有篮一只，棒一根，街前街后要饭吞，生来就是讨饭命，要做官，必须来世投胎再做人。"这些唱词诙谐幽默，朗朗上口，莉莉长大后仍然记忆犹新。

除了爱情传说，莉莉最喜欢听的其实还是岳飞和包公的故事。从外婆嘴里，她知道了岳母刺字、岳飞三拒诏书以及秦桧夫妇陷害忠良的故事，知道了岳飞墓前的跪像和名联"青山有幸埋忠骨，白铁无辜铸佞臣"的来历，也知道了包公那些大快人心的办案故事。岳飞让她记住了什么是"精忠报国"，包公又让她领会了不畏权贵和铁面无私。或许，外婆自己也没有意识到，她的那些故事就像一粒粒种子在莉莉的心里驻扎了下来，慢慢生根发芽，成为她一生的精神财富。

外公有一个哥哥，英年早逝，留下很多子女，外婆逢年过节或者家里有点好菜就会把那些子女叫来吃饭。外婆吃饭的规矩很多，饭前她都会叮嘱莉莉和妹妹咪猫："等歇堂舅要来吃饭，记住了，大人没有动筷子你们不能先伸手，吃饭不要发出声音，搛菜只能搛上面的，不能用筷子在碗里翻，不然吃相太难看。"莉莉记得，午饭后还有四个凉菜和点心。黄芽菜肉丝炒年糕，那是舅舅最喜欢吃的，她一直等到舅舅吃好了自己才动了几筷子，好东西要懂得分享，这是她在外婆的规矩里学会的。

这么多年，莉莉一直没有忘记外婆的那些规矩，这些规矩早已融化在她的血液里，帮助她成为淑女。

父母的爱情

莉莉有爸爸，但在莉莉成长的过程中，缺少爸爸朝夕的陪伴，所以她一直跟别人说，自己是生长在一个单亲家庭。

其实，莉莉也是后来才慢慢理解爸爸，理解父母的爱情。

爸爸叫张耀庆，爷爷是宁波慈溪人，家族基本都是搞实业的。历史上对宁波民族资本家的评价很高，称宁波帮是中国近代最大的商帮，在推动中国工商业近代化发展上是作出贡献的。

张家在当地名气不小，爷爷曾经是大公司的账房先生，因为善于投资，挣下了不小的家业，家里房屋有 24 间，在某地还有半条街的房产。据说搞运动的时候，光是家里收藏的字画就烧了两天两夜。

大儿子开布厂，张耀庆也是福昌自来火（火柴）厂的老板，后来又入了上海第十印染厂的股份，成为股东。张耀庆身高 180 厘米，相貌堂堂，优渥的家境更是培养出他不凡的气质。莉莉至今珍藏着一张爸爸年轻时的照片，照片上的父亲西装革履，打着领带，梳着时髦的大背头，神采奕奕。

照片是妈妈在莉莉稍微懂事的时候拿给她看的。

小时候莉莉一直不解，为什么别人都有爸爸而自己没有。妈妈架不住莉莉的再三追问，知道女儿聪慧，杜撰的理由难以打消她的疑虑，干脆实话实说。

这是一个有点凄美的故事。

爸爸和妈妈是在一个聚会上认识的。那天妈妈到得有点晚，门一推开，房间里的人都齐刷刷地回过头来看。妈妈很漂亮，有一双传神的大眼睛，旗袍剪裁合体，更显出她的好身材。虽然没有精心打扮，但掩盖不住她浑身上下透出的清纯，所以一进门，便成了众人眼中的焦点。别人都围着妈妈献殷勤，妈妈却因为无意中的一眼，就被爸爸牢牢吸引住了。爸爸在众人中鹤立鸡群，英俊洒脱，虽青春年少，但已经具备商场历练后的成熟和自信，足以俘获妈妈的心，就像王菲在歌里唱的："只是因为在人群中多看了你一眼，再也没能忘掉你容颜。"所谓一见钟情，大概也就是如此吧。

爸爸比妈妈大 9 岁，在爸爸眼里，妈妈就像一朵含苞待放的花，美丽娇艳，惹人疼爱，自然是喜欢的，但毕竟年龄上有差距，也没往别处想，不久，就遵父母之命回宁波娶妻去了。

谁又能说得清缘分究竟是什么？某一天，爸爸骑着自行车和妈妈在街上偶遇，这一遇，便决定了他们一世的姻缘。此时，妈妈在爸爸眼中不再是一个漂亮女孩，而是一个让人心动的女人了，他自然不愿再次错过。而妈妈再遇心上人，早就爱意满满，一心只想嫁给对方。两人都被爱蒙住了双眼，妈妈无视爸爸已婚的事实，况且爸爸的那个妻子已染上当时还是不治之症的肺痨，以为不久就会离世的吧？抱着这样的"美好"愿望，妈妈不管不顾地嫁了。

1950 年，政府出台了《婚姻法》，实行一夫一妻制。那时，妈妈已经有了莉莉，爸妈的感情也非常好，难以割舍。可是，爸爸的那个妻子还活得好好的，虽然是遵父母之命娶的，没什么感情，但毕竟结婚在先。一时间，爸爸好生为难。

妈妈心疼爸爸，就想，还是自己退出吧，遂向法院提出离婚。

谁知法庭上爸爸态度坚决，他对法官说："我们是自由恋爱的，我不同意离婚！"又对妈妈说："你放心，我哪怕摆摊也会养活你们母女。"法官见爸爸如此表态，妈妈又依依不舍，法槌一敲，判了，不予离婚！

日子继续不紧不慢地过，1951 年，次女出生，妈妈为她取名佩莉，希望女儿美好文雅，出类拔萃。

有段时间，爸爸的心情很糟糕，听人风言风语，文英外面有人了。他不愿相信，但又压不住内心的怀疑，便悄悄去妈妈住的地方"侦查"，恰好看见一个男子出门，妈妈追着出来，给他递上了一条围巾。爸爸的心一下子沉了下去，心想，她还真是有人了，待那男子走远，便上前责问，边说边伤心地流下了眼泪。其实，那个男子只是个哮喘病患者，邮局工人的儿子，因经常来弄内 3 号诊所看病，与外婆相识。外婆心善，见他路途劳顿，又总是错过饭点，便请他在家搭伙，以解他一时之难。那天是冬天，饭后男子忘了拿围巾，因为哮喘不能着凉，所以外婆让妈妈赶紧送出去，而这一幕又恰好被爸爸撞见。听了妈妈的解释，爸爸似信非信，心情郁闷地离开了，好长一段时间都没过来。

不久，《婚姻法》又出了个解释规定："在解放之前已经形成一夫多妻，如果妻子在《婚姻法》颁布之后没有提出离婚，那么他们的婚姻关系应该予以维护。如果妇女一方要求离婚的，应立即批准。"加上这条款是为了充分保护妇女的权益。见妈妈带着两个孩子十分辛苦，17 号的嬷嬷和楼上朱家阿婆都来劝，离了算了，年纪轻轻，又这么漂亮，想找什么样的人找不到啊。劝得多了，妈妈也不再坚持，在街道里委会的调解下，爸妈终于在调解书上签字，同意分居，说好每月爸爸给 30 元抚养费，两个孩子，每人 15 元。

但两人还是感到痛不欲生。那天大雨倾盆，爸爸妈妈站在淡水路上抱头痛哭，妈妈哽咽着对爸爸说："你放心，两个女儿我一定会带好，这辈子我只爱你一个人！"爸爸既心疼又伤心，抱着妈妈说不出话来。回家后，因为淋了雨，还因为伤了心，两人都大病一场。

后来莉莉才知道，爸爸妈妈的分居只是无奈之举，不管有没有那一纸婚书，两人的感情都不受影响，依然炽烈如常。

跟爸爸分手时妈妈只有 23 岁，知道妈妈恢复单身，追求她的人就没有断过。有段时间有个华侨经常登门，西装笔挺，彬彬有礼，一来就送这送那，还送华侨券。那时候华侨券可是个稀罕的东西，只要拥有华侨券，就能买到任何稀缺物资，可是妈妈客气地保持着距离，婉言谢绝了很多邀约，那华侨追了一年多，见毫无进展，便也就放弃了。慢慢地，亲友邻里都知道了妈妈的心思，知道她还在一门心思地等，追求的人这才慢慢少了。

不知从什么时候起，莉莉对爸爸也有了依恋。她常去爸爸单位的门口，有时候是自己想爸爸了，有时候是尊妈妈嘱，带个话。门房的伯伯见到她，便会打电话进去，没多久，在厂区宽敞的通道上就会出现爸爸的身影，由远及近，很快来到莉莉跟前。爸爸忙的时候莉莉把妈妈的话带到就走了，但很多时候父女见面的主要节目就是开开心心地一起出去吃点心。爸爸会带她吃小笼包或生煎包，吃完还会帮她喊辆三轮车，装上糖炒栗子或西瓜让她带回家。莉莉跟爸爸长得像，眉目之间也有股男人的英气，有时路上会遇见爸爸的熟人，问："这是你的女儿吗？长得好像啊！"爸爸就会开心地说："是我女儿呀，像我吧，别人都这么说的。"

有段时间爸爸常来，一来就脱去西装帮妈妈干活。冬天家里冷，爸爸会赶紧捅开炉子烧一锅水，等水开了热气慢慢弥漫了整个房间，才让妈妈起床。爸爸叫着妈妈的小名："二囡啊，现在好起来了，不冷了。"

爸爸一来，家里准有好东西吃，有时是水果，有时是糖果，有一次甚至抱着女儿去买陆稿荐的酱汁肉。陆稿荐酱汁肉是苏州名菜，不同于一般的红烧肉，因为采用了红曲，所以风味迥异，鲜香软糯，入口即化。爸爸知道妈妈爱吃，听说上海也开了一家陆稿荐，便特地去买过来，给妈妈一个惊喜。

遇上节假日，爸爸还会带上妈妈和莉莉、咪猫一起去吃饭，有时去老松顺、大富贵吃中餐，有时去国际饭店、红房子吃西餐，吃得最多的是嵩山西餐社，罗宋汤、炸猪排都是莉莉的最爱。所以很小的时候，莉莉、佩莉就学会了吃西餐的礼仪。吃完饭，妈妈和两个女儿送爸爸回家，一路说说笑笑，过马路穿弄堂，看路灯明暗，树影婆娑，那时候，是一家人最幸福的时候。

爸爸家住在林邨。林邨坐落在威海路和延安中路交界处。那里有一个三角地带，附近的居民习惯称其"小花园"。其实"小花园"只有绿化并无花草，曾经误导了很多人。林邨的房子非常正气，两排三层楼房，中间一条弄道，笔直，一进弄堂口就能看到弄底。弄底高耸着一根大烟囱，走近了看，烟囱上居然还有精美的雕花。这烟囱是为以前中苏友好大厦（现上海展览馆）的食堂而建的，后来废弃了。之前，为了不给爸爸找麻烦，只送到"小花园"，妈妈便让孩子们跟爸爸挥手道别，可是那一次，莉莉想去看一眼大烟囱，于是母女三人送进了弄堂，没想到还是被爸爸的邻居看见了，爸爸的那个妻子为此跟他大吵了一顿。

但爸爸并没因此减少对妈妈的关照。

三年困难时期，生活物资变得异常紧张，爸爸惦记着妈妈，隔段日子就会前来探视，拿着省下的钱和粮票，建议妈妈买年糕晒干以备荒年。其实，那年月所有人的日子都不好过，爸爸要操心自家的一日三餐恐怕也不容易，但他还是千方百计地节俭，从自己口中省下粮食，养育自己的孩子。莉莉慢慢地也意识到，虽然她的成长缺少爸爸的陪伴，但是父爱，她和妹妹从来都不缺。

妈妈的教育

别人都叫妈妈陈老师，她不仅是别人的老师，也是莉莉一生的老师。

妈妈不喜欢说教，教育孩子，她靠的是言传身教，用的是自己的方式。

莉莉生性内向，不喜欢说话，小时候跟妈妈回家，在弄堂里见到邻居，妈妈会说："莉莉啊，喊人呀，怎么不喊人？"可是莉莉总是头一低就走过去了，不愿意跟人打招呼。有亲戚来家里做客，莉莉也是一头钻进房间再也不出来。妈妈有点担心，就想着用什么办法可以让莉莉锻炼表达能力。

一天，妈妈对莉莉说："你以前一直听外婆讲故事，现在你大了，应该给外婆讲故事了。"外婆也说："是呀，外婆肚皮里的故事都讲光了，明朝开始要听莉莉讲故事了。"莉莉有点压力，也有点兴奋，把自己看过的书又重新翻了一遍，晚上就开始给外婆讲故事。首先讲的是《卓娅和舒拉》的故事。卓娅和舒拉都是苏联卫国战争时期的英雄，姐弟俩出生在一个普通人家，德国纳粹入侵苏联的时候，还在读中学的卓娅自愿加入游击队，和同志们一起深入敌占区埋地雷，烧敌营。不幸被捕后，受尽长时间的严刑拷打都没有泄露游击队的秘密，最后牺牲在绞刑架上。弟弟舒拉为了替姐姐报仇，参军后进入了坦克部队，在战场上英勇杀敌，屡建功勋，先后获得卫国战争一级金质勋章和红旗勋章，最后在二战胜利前夕牺牲在自己的指挥岗位上。外婆听得很仔细，听到卓娅牺牲的时候还叹着气说："真是可惜了这个好姑娘。"

讲完《卓娅和舒拉》，莉莉又开始讲《钢铁是怎样炼成的》，讲保尔·柯察金是如何在英勇的战斗和艰苦的劳动中磨炼自己，成为一个严于律己的坚强战士的。听来听去都是外国人，外婆提意见了，说："莉莉啊，你能不能给我讲一个中国人的故事呢？"莉莉就又讲了《铁道游击队》，讲他们如何扒飞车、炸桥梁，配合主力部队给予日军沉重的打击。在日复一日的讲述中，莉莉说话越来越条理清晰、口齿伶俐了，表达能力有了很大的提高。

妈妈还要求莉莉外出看电影或者去哪里参观，回家都要详细地描述一遍，锻炼她的观察能力。做数学卷子，同样的时间里统统都要做两份，一份交给老师，一份抄上题目和答案交给妈妈，既要锻炼解题速度，还必须保证准确率。如果粗心做错了题，妈妈就会揪一下她的小辫子以示惩戒。这些日常的训练，让莉莉做作业的速度很快，在今后的工作中受益无穷。

妈妈出生在大户人家，虽然命运多舛，一生颇多坎坷，但她始终保持着生活的精致。在家可以布衣素颜，但只要出门，总要梳洗打扮一番，洒上香水，佩带栀枝花、白兰花，日积月累，这些香氛早已积淀在棉布的纤维里，只要妈妈在房间里一走动，空气中便会飘过一缕芳香。偶然莉莉会从妈妈晾晒的衣服下走过，阳光洒在衣物上，蒸腾出缕缕水汽，莉莉会享受地深吸一口气，这香香的味道，才是妈妈的味道。

1950 年初，家用开销有点紧绷绷，外婆想起苏州还有点家产，便说："闲置在那里也是浪费，不如回去处理一下，搬不过来的就地变卖，能带回来的就带回来，那可都是些好东西。"她还答应莉莉，会给她带苏州点心。外婆走了好几天，莉莉朝思暮想，她惦记的其实不是苏州点心，而是外婆带来的好东西。外婆终于回来了，一下三轮车到家就号啕大哭，妈妈哄了半天，外婆才抽噎着说："变卖家产得来的钱，在路上不知是被偷了还是掉了，总之下了车就再也找不到了。"钱丢了，好在带回来的东西还在，其中最漂亮的是一套精致的餐具，有冷盆和热炒盆，有喝茶的盖碗，还有吃莲子羹的小碗。这些餐具都是象牙般的骨瓷，镶着金边，制作精巧，弹眼落睛，让人爱不释手。妈妈说："越是精巧的东西越容易破碎，我们都要好好爱惜它。"

平时，除了偶尔露个脸，这套餐具都被包扎好放在床底下，只有过年时才能隆重登场。从小年夜起，拆开包装、清洗、擦干、使用，到年过完了，再用报纸重新包好放回原处，这些餐具不管在谁的手上传递，每个人都是极其小心的，妈妈说，这套餐具是外婆奢华生活的最后记忆，留着它，就是给外婆一个念想。有一次，莉莉在厨房认真包扎餐具的时候被路过的邻居看见了，就说："你们也真是不嫌麻烦，要我说，装菜盛饭，用什么碗不都一样吗？"莉莉不知该如何回答，低下头去继续做事，妈妈也听见了，当时只是笑笑，等邻居走后才对莉莉说："这是一个生活态度问题，倘若用粗瓷大碗，你洗涮的时候不以为然，今后过日子也会毛里毛糙没有追求。而用这套碗碟，在使用过程中的每一个细节你都会谨慎小心，生活就是这样，只有你认真对待它，它才会善意地对待你。"以后，妈妈也去过几次苏州，把苏州老家的物件陆陆续续地带回来，很多东西家里用不着，譬如一些漂亮的摆件，妈妈就去文庙支个摊，把那些东西换成钱。莉莉也跟着去过几次，看着人来人往，看着喊价还价，满眼都是新鲜。

妈妈告诉莉莉，自己家虽然是"资产阶级"，但跟革命者挺有缘，不光唯一的舅舅是革命者，自己以前的奶妈和家里的保姆也都是地下党。保姆姓陈，奶妈姓张，解放不久两人都离开了。一天，家里突然出现了一个军人，穿着空军服饰，看见妈妈就一个立正敬礼，把妈妈吓了一跳。仔细一看，原来是奶妈张静美，她已经回归部队，成了一名空军战士了。妈妈说，其实平日里奶妈一直在给妈妈做工作，讲革命道理，可惜那时自己年轻，没认真领会，要不然，说不定也会成为一个地下党呢。妈妈没当成地下党，莉莉觉得遗憾，但以后，追求进步就成了她的目标和动力。

妈妈对工作极其认真，每天备课、批改作业都会忙到深夜，无数个夜晚，莉莉从睡梦中醒来，都能看见妈妈在灯下披着衣服，坐在床上看书或批作业。长此以往，莉莉又养成了另一个习惯，开着再亮的灯也能睡着。

有一次莉莉无意中看见了妈妈的备课笔记，每个字都写得横平竖直、整齐划一，没有一点涂改。莉莉羡慕地对妈妈说："妈妈，你写的字真好看。"妈妈就说："莉莉你要记住，字是人的第二容貌，字如其人，看一个人写的字就能看出这个人的性格。你以后一定要好好写字，写好看的字。"莉莉很受震动，以后，练钢笔字就成了她的习惯，每天都要完成一定的量。在路上看见店家招牌，如果上面的字特别好看，她就会用手指在自己大腿上模仿着比画，回家再凭记忆写在纸上。有时横看竖看觉得不像，就第二天再去那家店仔细地看，回来认真地学，如此两三次，直到把那几个字写漂亮了方才罢休。

有一天，莉莉急着想出去玩，饭吃得有点急，刚放下碗就被妈妈喊住了："莉莉，看看你的碗！"莉莉一看，因为匆忙，碗里的饭粒没吃干净。

"我平时跟你怎么说的？"

"知道了姆妈，'锄禾日当午，汗滴禾下土，谁知盘中餐，粒粒皆辛苦'。饭要吃干净，不能剩碗脚。"没等妈妈再说，莉莉三口两口把饭粒吃干净了。

1950 年，嵩山街道办了个嵩山学校，组织街道的家庭妇女扫盲，请妈妈去当老师。扫盲班是晚上上课，妈妈下午四点钟就早早地让两个女儿吃好饭，自己去学校上课，一上就上到很晚，还带回厚厚一叠作业批改。扫盲班办了好几期，妈妈帮助很多妇女学会了认字，学会了简单的算术，不少妇女后来都走上了工作岗位。1956 年，妈妈还被评为街道扫盲工作积极分子。那天晚上，她很开心地对莉莉说："莉莉啊，你虽然是女孩，但妈妈希望你要争气，将来做一个对社会有用的人。"

那时候莉莉还不知道妈妈对她的期望究竟有多大，但做一个对社会有用的人，她记住了。

孩提的欢乐

莉莉的心中始终藏着一个美丽花园，那就是她的孩提时代。

6 岁那年，莉莉上小学了，上的是黄陂南路第二小学（简称"黄二小学"）。

黄二小学位于黄陂南路 440 号，原是一所私立小学，公立小学一学期学费只要 6 元的时候，黄二小学就收 32 元了。虽然学费贵点，但可以收未到学龄的学生，而且因为学校大门就在家的对面，莉莉上学、放学都在妈妈的视线之内，妈妈可以放心。

同学都是熟悉的，基本都是弄堂里的邻居。那时的小学只有上午有课，下午则是自学小组活动，四五个孩子为一组，找一个方便接纳的家庭，孩子们空闲的下午，就都有了安顿的地方。

莉莉家就是一个点，而外婆和妈妈的身份则有点像义务的"校外辅导员"。说是自学，其实就是做各自的作业。一开始大家都埋着头，只听见铅笔在纸上划出的沙沙的声响。时间长了都有点坐不住，开始交头接耳，不会做的还会把小脑袋伸出去看一下别人的答案。这时妈妈就会提醒大家："快点做，做好就可以出去玩了。"有了玩的诱惑，同学们便会收敛一些，重新埋下头去。等大家的作业都完成了，妈妈会帮大家默写生词，逐一检查无误后，再轻轻拍一下孩子们的头说："把书包收好，都出去玩吧。"于是大家都开心地一声欢呼，冲出门去。有时候妈妈忙，不能照看孩子的作业，外婆就做了"替补"。外婆的水平一点不比妈妈差，她会帮大家默写生词，还会组织同学们"比赛"，让大家每人写 100 个字，看谁写得又快又好，得第一的人还有奖励。外婆的普通话带着浓重的苏州腔，经常把大家逗得大笑，那些笑声，成为孩子们枯燥学习生活中的一抹亮色。

那时的弄堂就是孩子们的游乐场，男孩滚铁环、玩香烟壳子，女孩则跳绳、跳皮筋，还玩扔沙袋。用小布袋装上沙子或米，往高处一扔，便利用这空隙时间摆弄几个麻将牌，让它们竖起来、躺下去、背对背、面对面，比的是眼疾手快。如果沙袋落下时没接住，算输，如果接住了但没有完成各式花样，也算输。一个沙袋几个麻将牌，可以让女孩子玩上好久。一直玩到天擦黑，等家长喊吃饭的声音在弄堂里此起彼伏地响起，孩子们才意犹未尽地回家。

莉莉跟同学的关系都很好，但最要好的有两个，一个是曹慧敏，一个是熊悠悠。曹慧敏长得漂亮，是众人眼中的"洋娃娃"，学习成绩也好，所以入了队就当上了大队长。老师想让她帮助几个后进的男生，所以特地把他们分在曹慧敏的自学小组。曹慧敏的父亲曾经是地下党，解放后算老干部，相当于现在的离休干部。因为家境好，只要有同学去，家人就会拿出点心招待。没想到却生出许多是非，有些同学见那些男生可以天天去"洋娃娃"家，还有点心吃，羡慕嫉妒，便经常拿他们取笑，今天说曹慧敏跟这个男生好了，明天又说她跟那个男生好了，弄得曹慧敏很是烦恼，她私下对莉莉说，其实她根本不喜欢当干部，老师对她期望值太高，让她很有压力。

熊悠悠的命就没曹慧敏那么好了。熊悠悠的父亲很早去世，母亲又因故坐牢不能照料她，所以熊悠悠从小跟奶奶一起生活。奶奶重男轻女，对熊悠悠很是冷落，平日里也就给口饭吃，至于熊悠悠学习成绩怎么样，有什么开心和烦恼，奶奶一概不愿过问，弄得熊悠悠虽然有家，但跟孤儿没什么两样。妈妈从莉莉口中得知熊悠悠的际遇后很是怜惜，遇到节日，便会让莉莉去喊熊悠悠来家吃饭。莉莉便会走到熊悠悠家楼下"熊悠悠，熊悠悠"地喊，等熊悠悠跑下楼来，两人再拉着手一起开开心心地回家。

熊悠悠 17 岁的时候就独自带着一个瘪瘪的藤箱去新疆了。之后，妈妈仍然一如既往地关心着她，为她邮寄包裹，替她介绍对象。知道的人都说，陈老师对一个不相干的人都那么好，心该有多善啊。

小学的班主任杨志新是一名老教师，终生未婚，把自己的爱都给了那些孩子。莉莉平时不声不响，一直安安静静的，而且学习上心，学什么都一点就通，所以杨老师一直很喜欢她。那天早上，莉莉很早就到学校了，趁同学们还没来，便摊开本子练起了字。正逢杨老师从窗外路过。杨老师在窗外静静地看了一会，见莉莉察觉，便赶紧摆摆手说："你练，你练。"就走了。三年级的一天，杨老师忽然对莉莉说："下课后你到办公室来一下。"等莉莉到后，她从抽屉里拿出一个盒子，让莉莉打开看看。盒子里的白色绒布上躺着一支钢笔，黑色笔管，白色笔尖，笔尖上还刻着"英雄"两字。天哪，是一支英雄牌钢笔！那可是要好几块钱哪，在一支铅笔只要二分钱的年代，英雄牌钢笔绝对是个奢侈品。

"拿去吧，好好练字。"杨老师轻描淡写地说了一句，留下捧着钢笔的莉莉独自发呆。以后，莉莉就一直用这支钢笔练字。那时的钢笔质量真好，书写流利顺滑，用了很多年都不坏。

莉莉比咪猫大 4 岁。莉莉身材颀长，身体素质好，咪猫身形瘦小，体弱多病，所以妈妈把莉莉当男孩子，对莉莉各方面要求都高，学习成绩门门都要5分，少一分都要受罚。但对咪猫就宽容许多。咪猫知道家人宠她，所以经常会小"作作"，发发嗲。只要莉莉想出去玩，咪猫就一定要跟着，走几步累了，就叫阿姐"背背驼"，上台阶了要"背背驼"，过马路了要"背背驼"，莉莉叫她自己走，她便会蹲在地上耍赖，所以小时候的咪猫有很长时间是在阿姐背上度过的。

姐妹俩最开心的时候就是过六一儿童节，因为过节那天可以穿新裙子。别人家是"新老大，旧老二，破破烂烂是老三"，但咪猫从未穿过阿姐穿剩下的旧衣服，只要做新衣，姐妹俩都是每人一套，要么是白衬衫、蓝裤子，要么是红底白点的背带裙，一模一样的布料，一模一样的款式，一看就是一家人。出门转一圈，把邻居家的孩子眼睛都看直了。

盼着盼着，就放暑假了，做完暑假作业，又玩了半下午，累了，脏了，饭后洗上一个清清凉凉的澡，家家户户都把门口用水泼湿，搬出凉床、小板凳，开始乘凉。莉莉从来不乘凉，总是把自己关在房间里捣腾她那些宝贝。妈妈有时会喊："莉莉啊，关在家里做啥，不热啊。"莉莉就会回应一声："不热的，姆妈。"

莉莉的宝贝是她收藏的糖纸和邮票。糖纸分两种，蜡纸和玻璃纸，用蜡纸包的糖便宜点，用玻璃纸包的糖贵一点，糖价的贵贱决定了糖纸的等级。糖纸剥下来需要打理，先要放在清水里泡一会，洗去粘在纸上的糖屑，然后小心地展开两头的褶皱，漂洗干净后沥干水珠，再贴在玻璃上，半干时揭下来夹进书里，糖纸就变得又平展又漂亮了。上海的糖果基本上都是益民食品一厂、上海冠生园生产的，有时候还能买到上海正广和汽水公司生产的糖果。只要家里买了糖果，莉莉总是希望能早点被吃掉，这样，糖纸就可以归她了。

小学四年级莉莉就开始集邮了，从信封上剪下邮票用清水洗净邮票背后的浆糊残留，在玻璃上晾干，夹在书里，等平整了，再按邮票编号一套一套归类，放进集邮本。

一开始莉莉把邮票和糖纸贴在窗上，外婆说到处花花绿绿的弄得家里不像样子，后来莉莉就改贴在书桌的玻璃台面上了。糖纸和邮票莉莉积攒了好几本，课余时翻开看看，很有满足感。

那个时候真的是开心啊！很多年后说起孩提时代，莉莉还会深陷在回忆中。

家里的客人

外婆虽不是佛教徒，但是心善。只要在马路上看到有乞讨的，外婆都会伸出援手。妈妈告诉莉莉，早年外婆在苏州的时候还救过一头牛。有一次，外婆乘黄包车上街，看见一头老牛正站在路边流泪。外婆好奇，上前打听，方知老牛已被卖给屠宰场，一会儿就会有车来拉。老牛通人性，自知命不久矣，所以伤心。外婆听后不忍，掏出身上的钱买下老牛，然后放生了。莉莉好奇地问："这样老牛就不会死了吗？"妈妈告诉她，不管是人还是牛，最后肯定都会死的，但外婆从屠刀下救了一条生命，性质肯定是不一样的。

外婆还告诉莉莉什么叫"日行一善"。

很久以前，证严法师跟几个家庭妇女弘扬佛法，他让她们每天在自己的菜金里省下一分钱，一个月 3 角，就可以做点善事了。有人说，这多麻烦啊，月底一次性拿出 3 角好了。证严法师说，每天拿出一分，看起来麻烦，但每天都在发心做善事，月底拿出 3 角，虽然钱数一样，但仅仅行善一次，功德是完全不同的。外婆还说："以后你要记着，不管什么时候，都应该常怀济世之心。"

弄堂里有一对夫妻，山东人，大家都喊他们"老山东"。以前山东人都喜欢闯关东，去关外谋发展，这对夫妻却举家南下，来上海讨生活。"老山东"负责弄堂的清扫，每天清晨天蒙蒙亮，竹扫帚"唰啦""唰啦"的扫地声就会响起，代替了雄鸡的打鸣。"老山东"姓王，他们有个女儿叫王筱云。那时候工资都很低，扫弄堂一个月也就几块钱，维持一家三口的生活比较困难。没钱租房子，他们就在过街楼下用竹排排搭起一个简陋的住所，冬天透风，晚上透光，灯亮起的时候，透过竹排排的缝隙，能清楚地看到全家人的一举一动。走过的路人，还能听见锅铲与铁锅碰撞发出的叮当声，夫妻俩的争吵声、抱怨声，亦或是对女儿的大声呵斥声。王筱云经常要帮父母干活，干完了才能搬一个小板凳坐着，然后趴在方凳上写作业。外婆有时看见这一幕，回家都会叹息着说："小姑娘真是作孽（可怜）啊。"

一天，莉莉回家时发现家里多了一个人。外婆对她说："莉莉，这是王筱云，以后就住我们家。她是客人，你们要好好相处哦。"

听妈妈说，外婆是心疼王筱云，说女孩子大了，住在过街楼下不方便也不安全，就让她来家里挤一挤吧。从此，王筱云就成了家中一员。

王筱云比莉莉大 6 岁，多了一个玩伴，也多了很多快乐的日子。

1957 年，"大跃进"开始，中央提出要在十五年内钢产量赶超英国，就此掀起了全民大炼钢铁的群众运动。几百万座土高炉拔地而起，男女老少齐上阵，众人热情高涨，都希望用家中收集的废铜烂铁在土高炉里炼出好钢来。那段时间妈妈也全身心地投入，没日没夜地在街道炼钢，经常忙到半夜三更才回家，很少有时间陪伴家人，这样，陪伴莉莉、佩莉就成了王筱云的任务。大人炼钢，孩子们也要参与，学校还特地布置了任务，以小队为单位，挨家挨户地去搜集铁器，每个学生都要交足一定的分量。莉莉起先把家里的门鼻子、螺丝钉都交了上去，后来翻遍抽屉角落也找不到一根生锈的铁钉时，就犯了愁。王筱云毕竟大几岁，见莉莉着急，就经常帮着莉莉去土堆中翻找，有时候干脆把自己找到的废铁给莉莉，让莉莉交上去完成任务。

1958 年 2 月，中央又提出要在十年或更短的时间内，完成消灭苍蝇、蚊子、老鼠、麻雀（以后又改为臭虫）的任务，于是，全国又掀起了除四害运动。因为麻雀消耗粮食，所以被列为重点消灭对象，于是，全国各大城市都采取了全民动员、大兵团作战围歼麻雀的办法。一时间大街小巷、院里院外，鞭炮齐鸣、竹竿彩旗齐舞，热闹非凡，为的是让麻雀受此惊扰疲于奔命，最终落得一个被消灭的下场。

这是孩子们最开心的时刻，他们占领了楼顶、墙头或是大树，敲打脸盆、饭盒或是钢精锅，发出震耳欲聋的声响，在惊扰麻雀的同时也娱乐了自己。王筱云和莉莉也是其中的一份子，每天傍晚倦鸟归巢时分，她们便会爬上高处努力敲打一切能发出声响的器具，手酸了、肚子饿了都不愿下来，有时妈妈只能把饭给她们送上去，让她们吃饱了有力气继续执行任务。

王筱云在莉莉家住了差不多 5 年光景，后来她被安排在上海电表厂，这才搬了出去。她家的房子后来也解决了，是妈妈去居委会说情，把居委会搬走后空置的 18 号客堂间给了他们。王筱云进厂后不久就入了党，后来结婚生了一对儿女，现在已经当上了阿娘，但还一直跟莉莉保持着联系，她的女儿后来也成了震旦的一员。

弄堂里有个叫吴阿林的，是个苦命的女人。之前，吴阿林在人家家里做保姆，儿子在香港做红帮裁缝，还有了孙子，日子还算过得去，但是人有旦夕祸福，先是媳妇在火灾中丧生，不久儿子又因病早亡，孙子没人照料，只能通过"邮寄"，贴上标签寄来给上海的奶奶抚养。孙子叫周仁忠，1959 年那年刚刚 6 岁，人小脾气犟，又听不懂上海话，对奶奶的管教根本不服。奶奶说，他不听，奶奶打，他反过来咬奶奶的手，气得奶奶要去拿针把孙子的嘴缝上。外婆听说了，就对女儿说："要不你帮着管教一下吧，不然这孩子就废了。"就这样，周仁忠进了莉莉家的"日托班"，白天吴阿林把孙子送来，在莉莉家待到晚上，再接回去。

初始周仁忠说一口广东话，叽里呱啦的谁都听不懂，整天嘀咕着太阳、月亮、星星，不知什么意思，无法交流，但渐渐地，他感受到了这家人的关心和爱，他叫莉莉、咪猫大姐姐、小姐姐，在学会说普通话、上海话的同时，也变得听话懂事了。为了帮助这祖孙俩，妈妈想了很多办法，先是介绍吴阿林去夜校做校工，摇铃，后来街道成立了一个"兴业娃娃组"，组织妇女在玩具娃娃的肚子里填充刨花木屑，妈妈又为吴阿林争取到了计件加工的机会，允许她可以把活带回家里来做。周仁忠也帮着奶奶一起塞木屑，他人小力气大，动作飞快，最多时一个月可以赚48元，很大程度上改善了家里的生活。周仁忠初中毕业的时候奶奶已经过世，妈妈四处奔走希望把周仁忠留在上海，可惜没有成功。后来周仁忠去安徽插队时，妈妈还帮他收拾好行装送去嵩山街道集合。别人都说，周仁忠真是个幸运儿，因为外婆和妈妈的一个善念，就让这个失去双亲的孩子找到了家的感觉。

如果说周仁忠上的是"日托班"，那么许映华就是"住校生"了。许映华是个男孩，小小的个子，很调皮。那时，有一批之前被错打成"右派"、去青海劳改的居民回来了，他们的孩子大多是失学儿童，街道就把这些孩子归拢到嵩山学校读书，聘请妈妈去当老师。许映华的父亲是日本人，在许映华出生后不久就不知去向，母亲受其牵连还在服刑，孩子只能跟外公住在一起。孩子的外公年老体弱，担心自己耽误了外孙的前程，便领着孩子来求妈妈，希望妈妈能暂时收留许映华，帮着管教。许映华那年已经12岁，妈妈要照顾家里两个女孩，再收留一个男孩会遭人非议，但因为街坊邻居都知道妈妈的为人，妈妈也坚信人正不怕影子斜，自己是在做好事、善事，所以不加考虑就答应了。

把原来王筱云睡过的床重新搭起来，许映华就成了家里一员。白天他在妈妈的班上读书，晚上跟着妈妈回家，做完作业就跟莉莉、咪猫一起玩。

咪猫跟阿姐的性格大相径庭，阿姐安静、寡言，咪猫却生性活泼、能唱会跳，尤其喜欢沪剧，经常跟着收音机里的广播学，学得惟妙惟肖。没想到的是，许映华居然也喜欢沪剧，以后，三个孩子就有了共同的爱好。饭后做完作业，他们就立刻趴在收音机前听沪剧。莉莉字好，又写得快，主要负责手抄，里面唱一句她就记一句词，以后再整理誊写变成剧本。沪剧《红灯记》的唱词就是她一字一句记下来的。许映华和咪猫则主要学唱腔，两人一唱一和，声音清亮动听，经常引得路过的邻居驻足。

许映华一直住到他妈妈出狱后才离开。

或许是看到妈妈的善良，或许是看到在她家待过的孩子都被教育得那么好，不久，又有个男孩被送上门来。

男孩叫沈永根，父母一共生了 7 男 1 女 8 个孩子。那年月，生活本来都不富裕，再加上家里 7 个男孩都是长身体的时候，所以粮食根本不够吃，日子过得很是艰难。沈永根是家中老二，因为要帮着带弟弟，所以上到中学就辍学了，后来随着那些失学儿童进了妈妈的班，这才有机会继续读书。沈永根在家里经常说起陈老师，说陈老师脸上总是带着和蔼的笑容，不管是优等生还是差生，她都会公平对待，一视同仁。说陈老师从来不发脾气，既使学生犯了错她也会耐心说服，讲道理，绝不厉声斥责，所以每个学生对陈老师都是又敬又爱。

沈永根的话让他妈妈心里一动，心想，要是能让沈永根去陈老师家住，该多好呀！既有利于儿子的学习，还可减少家里的负担。于是便去找陈老师，小心翼翼地说出自己的想法。妈妈心软，见不得别人有难，再说沈永根在班里也是个好学生，心眼好，人朴实，十七八岁的男孩，来家里也可帮着干点活，于是便答应了。

沈永根一来就再也没有离开，他勤勤恳恳地做事，照顾家里的每一个人，隐忍大度，不计得失，他还学会了唱沪剧，王盘声的"刘智远敲更"，唱得很逼真。他的人品先是得到了妈妈的认可，后来又慢慢俘获了莉莉的芳心，从妈妈的学生，最终成为妈妈的女婿。

当然，这些都是后话了。

艰难的日子

都说有苦有甜才是生活，有喜有悲才是人生。像大多数人一样，人生不可能都是顺风顺水，莉莉家也曾经历过一段艰难的日子。

先说说外婆。

有段时间，外婆老是说自己关节痛，怕风、怕凉，后来腰背也开始痛了。妈妈赶紧带她去看，医生说外婆得的是风湿性关节炎，年纪大了，免疫力差了，骨骼关节、肌肉以及周围软组织衰退，就会出现这些症状。医生配了点药，还吩咐尽量不要在风口处休息或睡觉，穿得暖一些，晚上最好泡个脚，这样可以促进下肢血流通畅，还可以消肿痛、除风湿。

回家都按医嘱做了，可是外婆的症状并没有减轻。

一天，莉莉见外婆走路很吃力，经常走几步就要坐一会，抚摸一下酸痛的膝盖，挺心疼的，便一面帮外婆揉腿，一面说："外婆外婆，我以后要去考二医大，做医生，帮你看毛病。"

外婆听了很是开心，笑着说："莉莉要去做医生啊，好的呀。以后，你穿件白色长衫，穿双黑色皮鞋，'的笃笃''的笃笃'，去给人看病。人家看到你来了都很高兴：'乃末好哉，张医生来了。'可是你到病房里把被子一掀，哎呀，人病得已经快不行了，你吓煞了，就对家属讲：'哎呀不好意思，我的听诊器忘记拿了，我要回去拿。'结果呢，转身溜掉了。"外婆说得绘声绘色，弄得莉莉很不好意思："外婆外婆，你真坏。"而外婆，则逗得一家人开心地哈哈大笑。

尽管一直在吃药，尽管家人的照料很到位，但外婆的病情还是在一天天加重，到后来，居然瘫痪在床，生活起居全靠女儿照顾。

外婆这一瘫就瘫了 8 年。

这 8 年来，妈妈每天都忙得脚不沾地。早上很早就要起床，除了操持一家人的衣食住行，还要忙着备课教书，忙着给外婆擦洗、翻身、喂药、端屎端尿，等晚上检查完孩子的功课，再批改完学生的作业，早已筋疲力尽，倒在床上还要想着第二天该办的事。每次莉莉半夜醒来看到妈妈疲惫的身影都会心痛，总想着什么时候也能帮上忙。

1959 年的夏天，因为长期卧床，外婆得了肠梗阻，住进了曙光医院。医生关照，风湿性关节炎的患者如果出了汗一定要及时用干毛巾擦干，汗湿的衣服也要及时更换，避免湿气入侵加重病情。但是，妈妈工作繁忙，去医院帮外婆擦洗实在抽不出空。莉莉知道了，便自告奋勇地说："妈妈，我去医院帮外婆揩身。"那年莉莉只有 12 岁，曙光医院离家不近，来去一趟差不多要 40 分钟，一个小女孩，路上安全吗？虽然正值暑假，但每天的作业也不少，会不会耽误她做暑假作业？妈妈好生为难。但莉莉还是坚持。那些天，莉莉每天都是一个人去医院，帮外婆擦好身换好衣服，再一个人走回来。外婆换上了干爽舒适的衣服，可是莉莉忙好再走到家，往往一身汗。

这样，很多时候家中就只剩咪猫一个人了。咪猫懂事，知道妈妈和阿姐都要照顾外婆，没有空，自己也应该帮点忙，看到盆里堆着妈妈来不及洗的衣服，便想学大人的样子去洗。可是水斗太高，咪猫够不着，于是她干脆把木盆放在地上，倒上水，搬个小板凳坐在门口，用搓衣板慢慢地搓洗。一个 8 岁的小小的女孩，坐在一个大大的木盆前努力地洗着衣服，那是一个什么景象啊！过往的邻居看见了禁不住啧啧赞叹："这个陈老师究竟怎么教的呀，两个女儿都这么乖。"

1961 年，莉莉上初中那年，外婆病情加重，知道自己快不行了，她拉着宝贝外孙女的手说："莉莉啊，外婆恐怕等不及你当上医生来帮我看病了，你已经长大了，以后一定要好好照顾妈妈、照顾妹妹，当好这个家。"

尽管不舍，但外婆还是走了。莉莉哭得昏天黑地，好几天都缓不过来。

打那以后，一日三餐基本都是吃食堂。刚开始觉得很开心，妈妈辛苦了一天，回家不用再做饭了，来到食堂就有饭吃，很方便。可是好日子没过多久，就遭遇了三年困难时期，居民猪肉定量从每人每旬 3 两减为 2 两，食堂里端出来的不是豆腐渣就是卷心菜皮，还有一种"人造肉"，说是豆类做的，但跟肉的味道一点都不像。大家把这叫作"光荣菜"，但是光荣归光荣，见不到荤腥肚子还是要提意见的。妈妈为了给孩子们增加一点营养，把积攒下的粮票托人换几个鸡蛋，交易过程必须悄悄的，要是被人发现举报，不光鸡蛋被没收，还会领受一个莫须有的"罪名"。

外婆病的这 8 年，让家中的经济状况遭受重创。外婆抢救时开刀和输血的费用，是一笔很大的开销，等外婆去世后一结账，欠下医院好几百块钱的医药费。妈妈对医生说："这笔账先挂在账上，你们放心，我一定会还的。"

还钱的过程，也是全家人节衣缩食的过程。妈妈当时的工资是 26 元，加上爸爸给的 30 元，一家人的开销，就都靠这 56 元了。每个月妈妈都要扣下 2 块钱还给医院，如果有缺口，就只能在伙食上省，最艰难的时候家里甚至只能用酱油拌饭吃。

有一次，妈妈无意中获悉，献血还可以换钱，抽 100 毫升是 13 块钱，抽 200 毫升就可以顶她一个月工资了，以后，这便成了她的"生财之道"，家里遇到难以避免的额外开支，她都会悄悄地去献一次血，有时是为了还医院的账，有时是为了给孩子们改善伙食。

外婆欠下的医药费从 1961 年一直还到 1964 年，其间妈妈不知献了多少次血，三十多岁就已经落下一身的病，高血压、眼底动脉硬化，还得了冠心病，可她还是无怨无悔。她对莉莉说："诚信是一个人的立身之本，还清了债，妈妈晚上终于可以睡个好觉了。"

再来说说咪猫。

咪猫生下来就很瘦小，所以外婆一直叫她咪猫，希望她像小奶猫一样，虽然柔弱，但要健健康康。或许是因为长身体时正遇上三年困难时期，又或许是妈妈为了还债省吃俭用亏欠了营养，总之咪猫的身体底子很差，小毛病一直不断，跑医院成了家常便饭。小学五年级那年，一天，咪猫肚痛、腹泻，还有点低烧，妈妈着急了，立即带咪猫去医院，见状，没等妹妹要"背背驼"，莉莉就立刻背上妹妹跟着妈妈去医院了。在医院做了一系列检查，诊断咪猫患的是菌痢，因为菌痢是一种传染病，所以当天咪猫就被送进了隔离病房。照理菌痢并不是什么难治的病，吃上几天抗生素就会好转，但不知什么原因，咪猫的体质有点特别，在医院里貌似好了，但回家没多久就又开始腹泻。西药吃了无效，又去吃中药，譬如痢疾凉血汤之类的，可效果都不是很好，如此反反复复，到后来，肠黏膜受损，腹泻竟成了常态。生病上不了课，自然就只能在家里歇着，单是那一年，咪猫的病假就达到了 100 天。由于营养不良，再加上生病，咪猫个子长不高。

小女儿久病不愈，妈妈着急，因为病假功课拉下一大截，妈妈更着急，眼看要是再跟不上就要留级了，于是妈妈排好计划，想尽办法给咪猫补课，出各种习题让她练习，死拉硬拽，终于把咪猫的成绩拉了上去，顺利升到了六年级。那段时间妈妈心力交瘁，身体损耗很大。

都说不经历风雨怎能见彩虹，也是奇怪，经过这些磨砺，家里的日子一天天好起来，小时候一直病歪歪的咪猫，居然健健康康地长大了，还成就了一番事业。

校园的青春

莉莉的中学时代都是在东风中学度过的。

其实东风中学并不是她的首选,按她的学习成绩,她本可以报一个好一点的学校,但是妈妈舍不得女儿走远,让她在家门口就近选学校,于是,她首选了比乐中学,其次是东风中学和十二女中。十二女中1938年由闸北迁到淮海中路,它的前身是上海启秀女中,历史悠久,据说建校已有百年。比乐中学是由黄炎培、江问渔等著名爱国人士和教育家在1946年创建的,中学的校名来源于"比乐堂"。"比乐"一词源自《易经·杂卦》,象征亲密无间、相亲相辅、团结互助,预示着吉祥。比乐中学在淮海中路马当路口,而东风中学则在淮海中路嵩山路口,与比乐中学近在咫尺,所以不管莉莉考上哪所学校,到家的距离都差不多,符合妈妈不远离的标准。

填志愿的时候学校又出了一个规定,每个小学生毕业都要填报一所民办学校,当时民办的声誉远远低于公办,此举是为了确保民办中学的生源。可莉莉脾气倔强,说什么都不愿填,顾老师也拿她没办法,最后她成了全校唯一一个拒绝填报民办中学的学生。从这件事可以看出她从小脾气就很倔。

连她自己都没想到,若干年以后,她却会为创办民办学校而殚精竭虑。上天究竟下了一盘什么样的棋,谁都无法预料。

不久,就是考试了。那个年代学业没那么繁重,小升初只考语文和数学两门,这对成绩优异的莉莉来说,小菜一碟。可是走出考场与同学一对答案,坏了,因为平时做数学卷子都要一式两份,养成了习惯,一拿到卷子便飞快答题,谁知做完没有仔细检查,居然漏答了整整一页!顿时傻眼了。她着急地问老师,问妈妈。可是她们除了安慰,还能怎么样呢?漏做了最后拿分的大题,谁都知道会是个什么结果。那天本该是考完放松的开心日子,莉莉却一脸沮丧,吃饭都没有胃口。

终于等到了发榜的日子,莉莉心神不定,一直到弄堂口去张望,远远看见有邮递员骑着自行车过来,便会紧张地用目光追随,看邮递员是否会停在自家门口。但是希望多大，失望就有多大。

比乐中学发通知了，没有莉莉的。十二女中也发通知了，还是没有莉莉的。这次莉莉是真急了，她的等待从弄堂口移到了邮局门口，似乎这样就能早一秒得到好消息。收到东风中学录取通知书那天莉莉悲喜交集，虽然与第一志愿比乐中学擦肩而过，但经过这番波折，对东风中学反倒多了几分期待。

东风中学的校门开在嵩山路 65 号，这里以前是法租界霞飞路的巡捕房，房子呈法国文艺复兴风格，典型的欧风外廊式建筑，各层均有列柱走廊。本来只有一排 L 形的三层楼高的老建筑，后来又造了东楼，在那里，莉莉度过了 8 年最美好的青春时光。当然，其中 2 年不是在课堂上度过的。

有人说一个人遇到好老师是人生的幸运，在中学里，莉莉就遇到不少好老师。

徐柏福是莉莉初中的班主任兼物理老师。徐老师很年轻，刚从师范学校毕业，比下面坐着的学生大不了多少，讲课的时候神采飞扬，像个大男孩。徐老师的课上得好，教育理念也很新潮，他认为教育一定要前置，在教孩子开关电灯的时候就应该跟他讲牛顿定律。

语文老师也姓徐，叫徐海平，是个老先生。他对莉莉特别看重，每次语文考试都第一个批改莉莉的卷子，先打上一个大大的优，然后再去看别人的卷子。莉莉记性好，看书过目不忘，老师讲古诗词，这边刚讲完她已经背下来了。因为看书多，装了一肚子的历史典故，写作文时随便举几个例子，满文皆活，所以徐老师总是夸赞莉莉，说她写的文章有思想。到了高中，语文老师陈河锦同样喜欢莉莉，所以中学 6 年，莉莉始终担任语文课代表，到后来，老师有时连早读课也放权了，让莉莉带着同学们朗读课文、上自习。

高中阶段，让莉莉印象最深也让同学们最崇拜的是政治老师杨明。杨明先生是从抗日军政大学毕业的，参加过长征，他上课喜欢用历史故事和事例来说明哲理，讲课内容有血有肉有思想，所以大家都爱听。莉莉非常喜欢上杨明老师的课，课上完就懂了，记住了，根本用不着背。别人对政治理论和辩证唯物主义都有点头疼，因为比较抽象，但莉莉非常喜欢，考试前同学们都会前来请教："张惠莉，这个问题该怎么回答呢？"莉莉就会细细地把其中的哲理讲清楚，讲得明明白白。

莉莉高中的班主任姓董，董绵云，是个俄语老师。虽然是个女老师，但大家都习惯喊她董先生。董先生书教得好，人很洋气，长得也美，每周六下午到班级里来，她都会打扮得漂漂亮亮，哔叽裤子裤缝笔挺，头发梳得很有型。除了上课，她还会带大家唱俄文歌，一边用脚轻轻打着拍子，一边唱着《茶馆小调》，在窗外红砖廊柱的衬托下，这样的场面温暖而动人。

一般来说，男孩子偏理科，女孩子则文科好一点，但莉莉文理都好。她还是学校的宣传委员，负责为学校出黑板报。在她的眼里数学无难题，平面几何、解析几何、立体几何，这些让人挠头的课程她都能学得轻轻松松。有一次考立体几何，题有点难，全班只有 4 个人拿满分，她也是其中之一。同学向她报讯："张惠莉，张惠莉，你立体几何考了 100 分哎！"她也只是"哦"了一声，见怪不怪。

学得轻松，就有多余时间玩自己喜欢的东西了。莉莉喜欢运动，初一是学校的体操队员，高低杠、吊环，玩得溜溜的。初二进了区少体校田径队，初三又成了学校乒乓球队的队员，每天下午的课一结束，她就飞快地把作业做完，然后在乒乓房挥拍三小时。

初中时区少体校田径队来选人，量了莉莉的身高、胸围、腰围，见她弹跳好，便让她参加集训，说一个月集训以后将她作为跳高运动员培养。训练基本都在建国路的卢湾区体育场，不是跑步就是练高抬腿，下雨天则去位于陕西南路的卢湾区体育馆，沿着观众席"哒、哒、哒、哒"跑上去，再"哒、哒、哒、哒"跑下来，锻炼腿部力量。到了初二，妈妈不让去了，说训练耽误学习，但莉莉就是不听，依然沉醉其中。冬天气候寒冷，不穿棉衣棉裤过不了冬，但是棉裤臃肿妨碍运动，所以莉莉不愿穿。妈妈几次三番说不听，又生怕女儿冻出病来，于是悄悄去学校找班主任徐老师，第二天徐老师就找莉莉谈话了："张惠莉，你为什么不愿穿棉裤啊？是不是有了资产阶级爱美的思想，要漂亮？"莉莉这才知道是妈妈告了状。尽管如此，运动还是要参加，棉裤还是不穿。

高中时区少体校篮球队又选中了她，让她去参加区篮球队训练。篮球比赛需要满场跑动，莉莉体力有点跟不上，后来见打排球对体力的要求低一些，便又参加了学校的排球队。总之，中学时代莉莉的每个体育项目都是满分，只有一个短板，那就是仰卧起坐。仰卧起坐只要做 5 个就算及格，但莉莉一个都起不来，每次都是零分。这是莉莉中学时代唯一说出来觉得比较丢脸的事。

高一时学校组织过一次下乡劳动，去那时的川沙县合庆公社共五大队参加双抢。老师把同学们分成若干小组，吃住都在农民家中。莉莉住的那家农户有个女儿叫顾美凤，跟莉莉很快成为好朋友。白天大家去地里劳动，撒猪塮、捆扎稻草，然后沿着窄窄的田埂把稻草挑到场子上去。晚上吃完饭躺在稻草铺就的地铺上说笑打闹，顾美凤把家里的炒黄豆拿来分给每个同学，一咬"咯嘣咯嘣"响，满嘴余香。

那时候，莉莉对自己的未来还没有明确的规划。初中时徐老师就动员她去考师范，徐老师说学高为师、身正为范，这是对教师的基本要求，而莉莉身上就具备这种素质。徐老师还说，教师是人类灵魂的工程师，是世界上最崇高的事业，这个职业会给人带来希望、带来目标、带来知识。可当时的莉莉并没有被徐老师的热情感染，她只是说："我不喜欢说话，所以我不适合当老师。我将来要考二医大，既可以做医生，学校路近，还可以不离开妈妈。"高中临毕业，莉莉问班主任："董先生，我究竟是考文科还是考理科啊？"班主任回答："你都可以，你都可以的。"

那时，莉莉只是尽情享受着青春的美好，对未来充满憧憬，根本没想到前面等待她的，是一段异常坎坷的路。

无奈的参与

一切都来得那么突然。

1966 年的 6 月 18 日，下午放学前，老师走进教室宣布："晚上 8 点请大家收听中央人民广播电台的重要新闻。"那时，高考已经临近，所有的应届高中生都在积极备考，都在家紧张地做作业。可是，晚上的广播却宣布，从今年起，取消高考，采取推荐与"文革"表现相结合的入学办法。这就是说不用考试就可以上大学了！听完广播，同学们都很兴奋。

老师让大家马上去学校集合。

学校里已经聚集了很多学生，"拥护中央决定，拥护取消高考"的横幅也已经拉起来了。对所有的学生来说，不用考试总是件开心的事，全班同学都说："我们去文汇报社吧，表示一下拥护的心情。"于是，大家一路举着旗帜喊着口号，一直跑到文汇报社，就这么折腾到半夜 12 点多。孩子们这么晚没回家，有高中生的家长都非常着急，妈妈自然就更急了，先是在家门口等，后来一直等在弄堂口，见到莉莉的身影，这才放下心来。

从第二天开始，一切都不一样了，以前宁静的充满朗朗读书声的校园，突然成了一个充满戾气的战场，不是打倒反动学术权威和修正主义，再踩上一只脚，就是砸烂谁的狗头。校园里、教室里贴满了大字报。莉莉很迷茫，对各种批斗特别想不通，昨天还是老师早、老师好，今天怎么都成了敌人？不久，班级里贴出来第一张大字报——痛批修正主义者董绵云。全班同学都在上面签了名，只有她偷偷去她家看董先生。董先生劝她："全班都签了，你一个人不签也没用，明天就去签名吧。"但是莉莉最终还是没有签。杨明先生也被扣上一大堆帽子，成了批斗对象，一天，莉莉在校园里遇见杨老师，跟往常一样尊敬地喊了一声"杨明先生好"，谁知那一声问好一直被老师记在心里，很多年以后跟莉莉相遇，杨明老师还特地上前对莉莉说："张惠莉啊，在当时这样一个情况下，看到我没有一个人叫我的，只有你还喊我杨明先生好。"说着说着，老师就有点哽咽。

董先生自然也躲不过这一劫，第一时间就挨了斗。那天，有同学弄来一辆黄鱼车，喊了十几个人，说要去抄董先生的家。他们让莉莉一起去，莉莉不好推辞，只好跟着去了。黄鱼车骑到一半，遇到一个上坡，骑车的人说："骑不动了，谁下去推一把吧。"莉莉赶紧跳下来，把车推过了坡。黄鱼车飞驰而下，莉莉没再上车，趁机溜了，没有参加抄家。

后来又开始大串联，只要是学生，去全国各地都可以坐火车不要钱、吃饭不要钱。同学们一下子呼啦啦全跑了，莉莉回家问妈妈，妈妈一来不放心女儿出远门，二来觉得这是揩国家油，不好，她对莉莉说："我们不去占这个便宜，不上课，你就安心在家看看书。"所以，等同学们天南海北转一圈回来，发现莉莉居然没有出去串联，只是在上海的几个大学看大字报，还把她好一顿嘲笑。

当时嵩山街道办事处有三个主要领导，一个书记，两个主任，三人都姓张，分别叫张治平、张兆祥、张乃昌，运动一开始就被打成"嵩山街道张家黑店"，经常挨批斗。妈妈那时在嵩山街道业余学校教书，了解这几个领导的为人，回到家经常叹气，说他们都是挺好的人，工作能力强，为居民做了不少好事，怎么就成了黑店呢。一天，听说晚上又有造反组织要把"三张"拉出去批斗，妈妈于心不忍，便想出了个办法，戴上造反派红袖章守在门口。半夜时分，果真有人来拉"三张"去批斗，被妈妈巧妙地挡住了。妈妈指指胳膊上的红袖章说："我也是造反派，我们会场的人都等着呢，我就是来带他们过去的，你们还是下次吧。"对方见妈妈说得振振有词，便带着人撤走了。妈妈快天亮的时候才回家，她兴奋地对莉莉说："我今天当了一次'保皇派'。"莉莉说："妈妈，也就这么一次，下次你再这么说，人家就不会相信了。"妈妈叹息一声说；"能保一次算一次吧，我只求个心安。"事后想想，在当时，这样的行为其实是非常冒险的。

很快，莉莉也碰到了类似的事情。一次，嵩山街道借上海第十印染厂会场召开批斗大会，请莉莉和小学同学曹慧敏去会场做秘书。被批的大约有十几个人，都是街道的干部，他们刚被拖到台上，脖子上就被挂上了用铁丝吊着的小黑板。两个穿着军装、系着皮带的女红卫兵上来，一边嚷着"天下者我们的天下，社会是我们的社会，我们不说谁说，我们不干谁干"，一边又"啪啪啪"在那些弯着腰的人的头上打了一下。莉莉有点看不惯那两个红卫兵盛气凌人的做派，便在纸条上写了"要文斗不要武斗"递了上去，谁知激怒了那两个红卫兵，马上振臂高呼："打倒温情主义、折衷主义，揪出保皇派！"在场做保卫的是街道派出所的民警，跟莉莉熟，见苗头不对，悄声对莉莉说："你们两个小姑娘快点走吧！"莉莉这才知道惹了祸，拉着同学撒腿就跑，一直跑到复兴中路派出所才放下心来。不上课，学校没了吸引力，莉莉就在家当起了"逍遥派"。可是，街道里委有许多配合运动的工作，知道莉莉的能力，便经常上门请她搞宣传，先找个人提着石灰水桶，把弄堂里的墙都刷白了，然后莉莉再用红漆在上面写毛主席语录和最高指示："军民团结如一人，誓看天下谁能敌！""领导我们事业的核心力量是中国共产党，指导我们思想的理论基础是马克思列宁主义"……就这么一路写过去，直到把弄堂里所有的墙都写满。接着，里委又组织弄堂里的阿姨、妈妈进行政治学习，莉莉负责读报宣讲。有一次学习最高指示"认真搞好斗批改"时，一个老太太听得稀里糊涂，自言自语说："认真搞好三大间。"红卫兵问她："你说说，这三大改是什么意思？"老太太便说："就是灶披间、客堂间、亭子间呀！"一时间逗得大家哄堂大笑。

后来就越来越忙了。人口普查的时候莉莉会被叫去帮忙，走街串巷地登记人口信息。派出所审犯人也会让莉莉帮忙做笔录，坐在三轮摩托警车的挎斗里风驰电掣地一路奔驰着去提审犯人，很拉风，这是那些灰暗日子里难得的一点快乐。

有个邻居在玻（璃）搪（瓷）公司工作，莉莉很小的时候他就夸莉莉的字好，后来他当上了工人赤卫队的头头，就来找莉莉，让去当他的秘书。赤卫队是当时的一个"保皇"组织，比起那些造反派更能让妈妈接受，所以同意莉莉去帮忙。最初的办公地点在陕南邨，在当时，陕南邨是令人称羡的身份象征。陕南邨原名亚尔培公寓，欧式的建筑外形，楼梯的黑色铁栏杆和木制扶手，屋内的钢窗蜡地以及建筑内部其他的细节设计，都留有上海 20 世纪三四十年代的印迹。电影明星王丹凤、作家黄裳等都曾在此居住。莉莉就在这样的环境里天天帮着刻蜡纸、写文章，虽然繁忙，但觉得自己能出点力帮上忙，很是欣慰。有一天，莉莉去陕南邨"上班"，发现原来办公室里的桌椅板凳已被扫劫一空，房间里只剩一个痰盂孤零零地躲在墙角。几个头一脸严肃，召开紧急会议后，立即让大家分头悄悄地转移到陕西南路的一个地方去办公，整个过程神神秘秘，就像在搞"地下工作"，事后也不知道为了啥。到了 1967 年春节，因为莉莉工作表现好，他们还奖励她 20 元钱。这是莉莉第一次拿到劳动所得，那个兴奋啊，回家一说，妈妈也跟着高兴了好一阵子，说："我家莉莉长大了，能干了，过节也有钱了。"

现在回想起来，尽管当时很多事都是无奈被动地参与，但这些社会活动，已成为莉莉人生中不可或缺的阅历。

多变的前程

终于要毕业分配了。

那时，上海的 1966 届高中毕业生只有 2 万 7 千人，按当时市领导的最初想法，这批学生应该全部分在工（厂）矿（山）。

分配前要参加半年的劳动，有的同学被分配到了海运局，有的被分配到了上航局，还有的被分配到了邮电局，莉莉则被分在上海标准件四厂。

标准件四厂听起来是个国营大厂，但是路途遥远。工厂在杨浦区，路上要 2 个小时，早班是 6 点钟上班，因为要学习最高指示，还要换工作服，所以莉莉早上 3 点半就要出发，早饭也来不及吃，在寒冷的冬天早晨，空着肚子，换坐三部公交车，从卢湾区穿越大半个上海市区，赶到杨浦区去上班。标准件四厂主要生产标准紧固件，说得通俗点，标准紧固件实际上就是螺丝、螺帽，莉莉的工作就是把原材料放进机器里，再轧出螺丝钉，每天生产的螺丝钉要装满好几个铁桶才算完成任务。因为劳动强度大，手指关节从此落下了病根，有一段时间莉莉的手腕不能弯曲，连扫个地都很困难，后来还是经过长期治疗才慢慢好的。好在，厂里很快发现了莉莉会刻蜡纸，就把她调去办公室搞宣传。那时的宣传手段主要就是写标语，厂房车间的顶都很高，要把标语写得醒目、一进车间就能看见，需要爬上几米高的梯子用漆刷书写。站在那么高的地方俯瞰，车间里的人和设备都变得好小，莉莉经常写着写着无意中一回头，才意识到自己身处的位置，爬下梯子的时候，腿都僵硬了。

半年的劳动总算结束，回到学校，以为就可以参加工作，却发现分配的原则又变了。之前说是 100％工矿，因为有一些比较激进的学生提出："我们是有志青年，要到农村去，到边疆去，到祖国最需要的地方去！"所以市里又决定按 40％工矿、60％农村的比例进行分配。

当时班里大部分同学的家庭出身不是高级知识分子就是资产阶级，属于工人阶级成分的全班只有 5 个人。都是不到二十岁的小青年，说实话有几个愿意离开家呢？这样，那 40％的工矿名额就引起了竞争，有要心眼的，有背信弃义的，还有互相挤对的。董先生喜欢莉莉，想暗中为她留一个名额，可是几个工人阶级出身的同学对董先生说："你如果把我们工人阶级分配到农村去，你就是打击报复！你如果把那些'保皇派'派到工矿去，你就是包庇！"董先生害怕了，私底下把莉莉叫过来说："现在没有办法了，我只好暂时把你分到农村去，你还是去崇明农场吧。"把莉莉分到农村这件事让董先生内疚了很久，直到晚年，还在跟她的女儿说当年对不起莉莉。

妈妈一直把两个女儿当成自己的命根子，现在听说大女儿可能要到农村去，一着急，血压飙升到 180，立刻就病倒了。到医院一检查，除了高血压，还有动脉血管硬化和冠心病，医生对妈妈说："你这个病啊，节约点用还能活 5 年，要是不注意，三两年就差不多了。"尽管医生说得那么吓人，但妈妈无动于衷，这辈子她都是为别人而活，之前是为外婆、丈夫，后来又为两个女儿，至于自己，并没有那么重要。

那时候有个现象，只要去农村的分配通知一下，立刻会有人敲锣打鼓地来"报喜"。锣鼓这么一敲，左邻右舍都知道了，再想有什么改变，就没了回旋余地。妈妈心中焦虑，去找董先生帮忙，说："如果实在没有办法改变分配去向，也请锣鼓队的人不要到家门口来敲。"

等待的日子非常煎熬，妈妈去学校还没回家，莉莉整天在家里提心吊胆，坐立不安，听到附近传来锣鼓声便会紧张，等锣鼓声远去了才能暂时松一口气。没过几天，最不想看见的崇明农场通知书还是如约而至，但是锣鼓队没有敲上门，算是不幸中的万幸。

1968 年 8 月 7 日，上海首批赴农村落户的 1966 届高中毕业生开始陆续前往安徽黄山茶林场以及上海市郊的崇明农场。

莉莉没有去，但因为她算分在农村，所以妹妹张佩莉得以分配在上海世界时装股份有限公司。

有一天，莉莉上街的时候意外遇见了杨明先生，她激动地喊了一声杨明先生，接着就把自己家里的情况和妈妈的病情告诉了杨先生。杨明先生沉吟了一会说："还有一个办法，现在可以办病休，你先到医院里去做个体检，然后打个报告，我帮你去争取。"听说还能办病休，莉莉赶紧去医院检查，一查居然查出一大堆毛病：心脏二尖瓣狭窄伴有杂音，做了血沉（红细胞沉降率）和抗O（抗链球菌溶血素O），数值都远远大于指标正常值，医生得出的结论是风湿性心脏病。拿着检查报告莉莉又去找杨明先生，没几天，杨明先生果然帮她弄到了一张"卢湾区上山下乡工作办公室"的病休通知，通知上明确，莉莉和下两届的毕业生一起重新分配。

虽然暂时不必去崇明了，但日子并不好过。

病休青年过一段时间就要去医院做检查，这是为了知道该青年是不是还在病中，倘若一旦发现各项指标已经正常，不用等上两年，就会马上让他去该去的地方。所以，尽管每个人都不希望自己生病，但面对这种体检还是战战兢兢，如履薄冰。为了维系自己生病的状况，有些病休青年想出了许多点子，他们在体检前空腹喝下大量的咖啡制造心悸，往尿液里滴血制造血尿，用各种方法"作践"自己，现在想起来，这种"造假"依然让人觉得心酸。

莉莉的心脏病休息了一段时间后趋于稳定，有一次检查下来各项指标都基本正常，这下莉莉慌了，她面对检查的医生说了自己的家庭情况，又说了妈妈的病情和带大她们两个有多么不容易，医生沉思了一下，最后在报告单上写下了"心脏杂音，继续病休"的字样，让莉莉过了这一关。这个好心的医生莉莉一直记在心里，到现在还记得他的善良，可惜当时没留下他的名字。

刚病休的时候莉莉情绪低落，看到别人上班自己却闲在家里无所事事，心里憋屈，每天早上起床后也不梳洗打扮，穿着一条破裤子坐在窗前发呆，两个月都没出过门。里委会的团支部书记来找了几次，让她出来参与里弄工作，都被她拒绝了。妈妈见状心里着急，但知道女儿脾气犟，劝是没有用的，只有等她自己慢慢想明白。

那天，莉莉闲来无事拿出一本《普希金诗集》翻看，一首诗突然跳入她的眼帘:"假如生活欺骗了你,不要悲伤,不要心急。忧郁的日子需要镇静,相信吧,快乐的日子终会来临。心儿永远向往着未来,现在却常是忧郁。一切都是瞬息,一切都将会过去,而那过去了的,将会成为亲切的怀恋。"这是俄国诗人普希金于 1825 年流放南俄敖德萨同当地总督发生冲突后,被押送到父亲的领地米哈伊洛夫斯克村幽禁期间创作的一首诗歌。诗歌传递了一种积极乐观而坚强的人生态度,曾经激励过很多人。之前莉莉也读过,但因为没遇到什么坎,所以并未觉得有什么特殊。那天也不知怎么了,那首诗突然像雷一样击中了她,让她幡然醒悟。是啊,自己还年轻,怎么能就此颓废呢?这样消极下去,不仅对不起自己,也对不起含辛茹苦把自己养大的妈妈。第二天,妈妈惊喜地发现原来听话懂事的女儿又回来了。

为了能早点分配工作,对里弄工作莉莉不再拒绝。那段时间,她帮着里委干了很多事,天天早出晚归,在读报小组读报、宣讲最高指示。干得最多的则是写各种各样的文章:对某项工作贯彻落实情况的汇报、宣传活动小结、里委年度工作总结……几乎从年头写到年尾。莉莉喜欢当日事当日了,所以经常一写就写到凌晨二三点,妈妈会一直陪在身边指导,哪些该写哪些不该写,哪里该详哪里该略,出了不少主意。经过妈妈润色的总结经常被人称赞,所以到后来连党支部总结都叫莉莉代笔了,尽管那时莉莉连团员都不是。

为了减轻妈妈的负担,莉莉先从学烧饭做起。爸爸是宁波人,宁波菜嗜咸。外婆是苏州人,苏州菜偏甜,但是妈妈喜欢清淡的,自从外婆去世,妈妈烧菜的风格基本类似于粤菜和本帮菜。而莉莉看着菜谱摸索,集众人之长自成体系。有一天爸爸来家中吃饭,莉莉想露一手,便自告奋勇由她掌勺,可是菜端出来妈妈尝了一口,就说有点咸了。爸爸也尝了,却说蛮好蛮好,能烧成这样已经很不错了。但过一会他又婉转地告诉莉莉,这个菜究竟应该怎么烧,一道道程序讲得非常清楚。莉莉这才知道,自己烧的菜肯定不成功，爸爸只是为了鼓励自己，所以才不点破，顺便还教了自己一招。

以后，莉莉的厨艺越来越精。春节，她靠自己琢磨，做出了酱油瓜子、五香豆，学会了发肉皮、做水面筋、灌香肠。走亲访友，她学着蒸松糕，做鲜肉月饼，装进盒子里，外面再用红绳一系，味道、卖相绝不输给店里买的，还为妈妈省了钱。逢年过节妈妈再也不用操心，八冷盘八热炒满满一桌，莉莉一个人就可以全部完成。

不久，莉莉又从"一招鲜"变得"样样能"。用细毛线给妈妈编织毛衣，一周时间就能完成，又快又好。裁剪衣服，不光给自己做衬衫，还可以给朋友的家人做。女红会了，又向男工拓展。厨房需要一个吊柜，莉莉出了设计图又自学木工，做得像模像样。灶头台面坏了，莉莉便化身为石匠，买了水磨石台面，再用石块一点点打磨至平滑光洁。洗澡间的改造，晾衣杆的制作，都是莉莉亲力亲为。这时沈永根就成了不可或缺的帮手，莉莉爱动脑子，负责设计再做点轻巧活，剩下的脏活、累活沈永根就全包了，两人配合默契，成就了很多"杰作"。

有一天，莉莉路过太仓路家具店时，偶然一瞥，就被店里的红木家具迷住了。那些红木家具款式古典高雅，自带光泽，手摸上去平滑油润，质地非常细腻。店里还挂着一副"博采天地灵气，雅集古今精华"的对联，这是对红木家具的最高定位。店员见有人进门，刚想过来招呼，见是个学生模样的女孩子，便又坐了回去。以后，莉莉就经常过来看一眼，过足了瘾，才依依不舍地离去。来得次数多了，店员也都熟了，反正没啥生意，便由着她在店里转悠。

那时每月的菜金都是固定的，莉莉向妈妈申请由她来管账。预算每月20元，她把每天的菜金控制在6角，这样，每月就可以省下2元钱。但伙食标准并没有降低，每天有小荤，每周有大荤，一段时间下来，大家都很满意。

莉莉一家有个约定俗成的行程，星期天喜欢一家人出去逛街，走累了坐下来吃碗小馄饨，或者吃几两生煎，喝碗牛肉汤，然后再开开心心地回家。一次吃完买单的时候，莉莉抢着去把钱付了，然后告诉妈妈，这都是从菜金里省下的钱，让妈妈既吃惊又高兴。

莉莉管账管了两年，一天，她抱回来一把精致的红木转椅，说是自己花 5 块钱买的，而钱，就是每个月从菜金里省下来的。就这样，靠着精打细算，莉莉实现了小小的"红木家具梦"。

红木转椅放在家中非常亮眼，后来咪猫家动迁的时候，莉莉还将它作为动迁礼物送给了妹妹。

利用病休的这段时间莉莉读了很多书，屠格涅夫、巴尔扎克、莎士比亚的作品，《福尔摩斯探案集》、中国的四大名著，还有关于辩证唯物主义等的哲学类书籍。有的书买不到，她就抄下来，她抄过《早春二月》，还抄过《海盗》。书抄好装订整齐，既是很好的收藏，又练了字，是个一举两得的事。

那个时期，不管是在精神上，还是在个人能力上，莉莉都在迅速成长，为将来的成功打下了坚实的基础。

第二章

天降大任

天将降大任于是人也，必先苦其心志，劳其筋骨……

——孟子

教育的开启

1974 年，莉莉总算有了工作，被分配在里弄生产组。

里弄生产组是上海特有的一个生产组织形式，始办于 1958 年。那时上海的目标是要建成国内最大的工业城市，但大工业的生产还需要众多配套性生产和辅助性劳动，政府倡导解放家庭妇女的劳动力，这样，便诞生了生产组。到了莉莉工作的时候，上海已经有三万五千多家里弄生产组，它们分布在各个街道、社区，有篇文章是这样给生产组定位的："让八十多万妇女们走出家庭，参加社会主义建设。同时，也为政府缓解了近百万返城知青就业难的难题。"

那天是 4 月 25 日，莉莉记得很清楚，是她第一天去嵩山缝纫组报到的日子。

嵩山缝纫组在顺昌路 108 弄，58 号到 62 号一楼的四个客堂间，都是缝纫组的生产场所。生产组与家离得很近，莉莉从黄陂南路穿过弄堂去生产组，大约只需要 5 分钟。生产组有 60 来个职工，照理地方不算小了，但几十台缝纫机、熨烫机一摆，就显得有点拥挤。组长叫朱爱玉，是个老宁波，见莉莉来报到，便很开心地对莉莉说："你是我们这里唯一一个 1966 届高中生，今后一定要多多发挥作用哦。"

莉莉之前从来没有使用过缝纫机，连穿线都不会，坐下来试着踩一下踏板，总是不得其法，一时有点手足无措。她是个聪明人，看看左右的阿姨缝纫机踩得飞快，就慢慢摸索，摸索了两天，总算学会了穿线，但不敢直接在衣服上试，只是拿过一块碎布，试着缝线。

上班第 4 天，缝纫机还没有学会，生产组的人也没有认全，莉莉就接到通知，说街道让她去做代课老师，立刻就去报到。到了街道才知道，她的身份叫"支援代课"，其实连正式的代课老师都算不上。

从小到大，莉莉一直都认为自己没有做老师的潜质。老师需要侃侃而谈，可莉莉不喜欢说话。老师需要耐心地做思想工作，莉莉也觉得不是自己的强项。可是与生产组相比，老师的职业毕竟更加受人尊重，再说待遇也完全不同，生产组工作一天七八角钱，一个月只有 18.9 元。而当支援代课上一天课是 1.8 元，一个月上 26 天课，差不多可以拿到 46.8 元，当时物价低廉，两者之间的待遇，可以说是天壤之别，所以，没有多加考虑，莉莉便同意了。

代课的地点在淡水路一小（简称"淡一小"）。淡一小在淡水路 285 号，现在已成了淮海中路街道社区卫生服务中心。离淡一小不远靠近淡水路口，有一座可以容纳 1000 人做礼拜的诸圣堂，"文革"时虽然关闭，但没有遭到损坏，是目前上海仅有的保存完整的罗马式基督教教堂。学校里有两栋西式洋房，还有一个大操场，闹中取静，是个读书的好地方。

莉莉一去工作量就满负荷了，除了教四年级的语文和数学，还当上了班主任。那段时间，莉莉把所有的精力都扑在学校的工作上，备课、上课、批作业，有空还要帮学校出黑板报，天天忙到深更半夜，几乎没有休息时间。四年级的学生精力充沛，每天放学都会在大操场上奔跑戏耍，玩得满头大汗。莉莉便想，在学习之余拓宽一下孩子们的兴趣爱好，对培养个性和提高学习成绩都会有帮助。于是，莉莉成立了篮球队和乒乓球队，利用自己曾经在区少体校的训练经验，每天一大早组织大家训练。

班里有个学生叫李铭，男孩，长得人高马大。因为调皮捣蛋不好好上学，多次留级，已经到了上初中的年龄，还在四年级"原地踏步"，所有教过他的老师说起他来都十分头痛。起初，李铭对莉莉照样"故伎重演"，一上课就往教室后面一站，根本不听课。问他问题一问三不知，还经常跟莉莉顶嘴。经过了解莉莉才知道，李铭的父母都进了监狱，他是靠外公外婆带大的。老人自己没什么文化，对外孙疏于管教，加上李铭性格比较叛逆，所以成了远近闻名的"问题"学生。莉莉经过仔细观察，发现李铭喜欢打篮球，每天早上篮球队训练的时候，他都会站在场边呆呆地看，一脸羡慕的样子。莉莉私底下找李铭谈心，答应李铭只要上课能好好听课，学习有进步，就让他参加篮球队。以后，李铭的确改变很多，上课不捣蛋了，也肯做作业了，虽然成绩仍然不符合要求，但至少有进步，为了鼓励，莉莉破格让他加入了篮球队。

李铭家境困难，经常饿肚子，有一次实在饿得受不了，吃了弄堂内泔水桶里的不洁食物进了医院，莉莉去看他，临走还悄悄地在他枕头底下塞了一块巧克力。

以后，李铭就成了莉莉的重点关心对象，见他头发又脏又乱，便自掏腰包定期带他去修剪。见他四年级的课程跟不上，便首创了"复式班"，让李铭这样成绩跟不上的学生上三年级的课，再让成绩优异的学生提前学习五年级的课程。在李铭身上，莉莉倾注了很多精力，以后，李铭的各方面都有了很大转变，还参加了少先队。

篮球队吸引的是好动的孩子，针对一些体能和运动技能都不太行的学生，莉莉又成立了航模兴趣小组。航模小组的活动通常放在下午或者晚上，等学生们吃完晚饭、做完家庭作业，再到青少年活动中心开展活动。航模小组既可开发智力，又可锻炼学生们的动手能力，所以孩子们喜欢，也得到了家长们的大力支持。等学生们做航模、船模的水平有了一定的提高，莉莉还带他们去参加少年宫的兴趣小组，让他们的技能"更上一层楼"。

家访是当老师的一个重要工作内容。过去学校老师去家访主要是为了"告状"，孩子在学校调皮捣蛋了或是成绩下降了，老师就会去告诉家长，让家长帮着督促管教。可莉莉告诉大家："我如果去家访就是去报喜，要是你们在学校表现不好，老师才不愿意去你们家呢。"孩子们都有争强好胜的心理，今天听说某某某考试成绩不错老师去她家了，过几天又听说某某某因帮班级做好事老师又去他家了，很受触动。为了能让老师也去家里"报喜"，大家都开始暗中较劲，比学赶、帮、超，谁都不愿落后，到后来，老师家访便成了一个荣誉，只要知道老师会来自己家，这家的孩子就会特别兴奋，提前让家长把家里收拾干净，泡好茶，自己则早早地去弄堂口等。没过多久，这个班级的学习成绩都上了一个台阶，综合素质也有了很大的提高。

工作顺利，又受到学生们的尊重，莉莉整天铆足了劲，就想把工作做得更好。有时，莉莉会穿着连衣裙，梳着及腰的长辫，带着一帮孩子们去看电影，路上听人在说："你们看，这个老师真年轻哦！"学生听了很开心，莉莉也觉得好骄傲。

1975 年底，东风中学缺老师，当年教过莉莉数学的蒋立老师前来找她，请她去教高中数学。莉莉想，自己只是高中毕业，怎么能去教高中呢？蒋老师再三劝说，说一定可以教好的，但莉莉还是婉拒了。1976 年初，东风中学人事科的刘芷萍老师也来请莉莉去教政治，莉莉照样以自己水平不够的理由拒绝了。莉莉认识的一位病休青年，只是初中毕业就去当了初中语文老师，他说："其实当语文老师没啥好怕的，我就对学生们说，你们要把字典当成自己的老师。课堂上学生有字不会写，遇到我也不会的，我就让他们去查字典，如果会的，我就对他们说，这次老师告诉你了，下次你就要自己查字典了。字典是你们的老师。我就靠这一招，顺顺利利上到现在。"莉莉当时没有说什么，但心里想，我是 1966 届高中毕业生都不敢教高中数学，教语文更不行了，觉得自己只有半杯子水，而教语文是需要海量知识的。现在自己虽然只是教小学，但是心里踏实。

两年的时间很快就过去了，一天，校长陈文宝把莉莉找来，先说了一大堆肯定她工作成绩的话，接着又说："实在对不起哦，根据政策，你们的支援代课时间只能是 2 年，你先回去，过一个月时间再请你过来。"

离开了刚刚熟悉的学校和教师生活，莉莉心里很难过，自己暗暗决定，以后再也不出来做代课老师了。重新回到生产组，莉莉有点不适应。身边一片嘈杂，缝纫机"咔、咔、咔、咔"，工人们大声喧哗，怎么都不如学校的读书声悦耳。再说，缝纫机也很不听话，生产组做的是出口服装，服装的摆缝必须是 6 毫米，莉莉好容易缝完一条，但缝得歪歪扭扭，看上去很不舒服。负责验收的阿姨一边拆一边嘀咕："高中生有啥用，连缝纫机都踏不好。"声音不大，但还是传到了莉莉耳朵里，她备受打击。

一天下午，莉莉正埋头干活，感觉窗外有人，抬头一看，是淡一小的几个班干部。莉莉离去后同学们十分想念她，也不知道他们是怎么打听到这个地址的，便相约来找张老师。他们看见莉莉坐在那里踩缝纫机都很奇怪，小声议论着："张老师怎么在这里上班?"莉莉其实也很想念他们，但她不知道怎么跟这些孩子们解释，所以只看了一眼，就又低下头去继续干活。

这一切妈妈都看在眼里，她对女儿说："莉莉啊，我们不求大富大贵，不求出人头地，只要做个平平凡凡的人就可以了。"她希望女儿能够安下心来，踏实工作。

过了一个月，陈文宝校长果然来请莉莉回去，当莉莉问清楚回去依然是支援代课，依然两年后还要回生产组时，说什么都不肯去了。陈校长很惋惜，一直在说："政策就是如此啊，我们也实在没办法。"

其实，她拒绝的另一个理由是倘若去的话依然是当代课教师，莉莉想当老师，但不希望自己身上总是背着一个"代"字。

很多年后说起这事大家都在庆幸，要是当年不是当代课老师，是进正式编制的话，莉莉肯定毫不犹豫地去了，那么，多年以后，上海肯定会多一个好老师，但不会有震旦教育集团，也不会有后面一系列精彩的办学故事了。

知识的回归

其实，街道早就看出莉莉是个好苗子，打算好好培养，莉莉从淡一小回来不久，先是被借到兴业里委帮助工作，接着又被送去"五七"干校参加劳动。

"五七"干校是一个特定时期的产物，当初是为了贯彻毛泽东主席关于"广大干部下放劳动，对干部是一种重新学习的极好机会，除老弱病残者外都应这样做，在职干部也应分批下放劳动"的批示而成立的。

莉莉去的是崇明"五七"干校。三夏，正是插秧季，每天早上 3 点钟就要下地，弯着腰踩在水里，一插就是一天。后来又去了畜牧场，除了撒猪塮，还要负责把达标的猪运去别的地方。每头猪大约七八十斤重，四脚一绑直接负在肩上，重且算了，有时猪受了惊吓，还会直接把屎尿拉在莉莉的脖子里，滋味很不好受。然后又去铺路，挑石子、填埋。莉莉做事认真又仔细，铺路还得到了干校老师的表扬，说她铺得好，很平整。这些体力劳动强度很大，一天干下来，晚上回家连脚都提不起来。莉莉是个要强的人，再累都不吭一声，硬是咬着牙扛下来了。

三个月的劳动结束，再回到生产组时，莉莉的身份已经是会计了。在生产组，组长与会计是生产组的核心人员，是最基层的领导班子，让莉莉做会计，算是提拔。

刚开始，因为从没接触过财务工作，出错了，莉莉还被街道财务批评过。还有一次发工资，街道财务做好工资单，让莉莉负责发放。生产组里有个支援代课，没有来领工资，有一个青年便自告奋勇地说，自己可以帮她代领。都是一个生产组的同事，莉莉自然相信，就让他代领了。几天后，那个人回来领工资，莉莉很是吃惊地说："你的工资已经让别人代领了呀！"可是再问那个青年，那青年却不承认，说："口说无凭，我又没有签字，凭啥说是我代领的？"莉莉顿时蒙了，当初因为相信他，确实没让他签字，可现在又怎么说得清呢？

回到家莉莉有点沮丧，跟妈妈说了这事，还说这次肯定要赔钱了，46.8 元，不是个小数目呢。可妈妈一句责备的话都没说，立即把钱拿了出来，让莉莉明天就去赔给人家。还说："这种事难免会发生，你自己粗心，就不要去怪别人了。"

会计的工作量不大，恰好生产组接了一批出口的订单，忙不过来，便让莉莉帮忙。其实，真要静下心来学，缝纫机也没啥难的，莉莉认真摸索了一个星期，缝纫机就变得听话了，缝制的衣服再也不需要返工。

缝纫组每人每天的生产指标是完成 40 件服装。那时没有多做多得这个概念，做得再多，每天也只有七角八分钱，所以有的人做完 40 件就不做了，喝喝茶聊聊天，一直混到下班。还有的人即便完成得多，也放起来不交，留待以后需要时充指标。但莉莉不想学习这样的"经验"，她能做多少就交多少，最多时一天做完 120 件，下班了，她全部上交，一件都不留。

除了会计，除了缝纫，只要有一点点空，莉莉还会去帮着熨烫工熨衣服，等于一个人兼了三份工。

周玲当时是社会青年，也在生产组上班，工位跟莉莉面对面。她家是资产阶级，家境优越，生产组那点工资都不够她零花。她属于心灵手巧的那种，缝纫机踩得飞快，一会儿几十件服装就完成了，以她的速度，每天也能完成百八十件，但她跟其他人一样，仅仅上交个指标数就完事。不过她对莉莉非常佩服，很多年后说起生产组的事，她还一直说："你真行哦，你那时真的很厉害哦，工作那么卖力。"

那年月没手机没网络，唯一的娱乐就是聊天，到了半下午，工作量都完成得差不多了，本来安静的生产组顿时变了样，大家三五成群开始"嘎三胡"，用大声议论来排解一天的疲惫和无聊。只有莉莉一个人"两耳不闻身边事"，一直在埋头苦干，忙起来经常连上厕所都顾不上。

莉莉告诉自己，做人不能偷懒，在认真完成每件事的时候，其实别人都在观察你、了解你。果然，莉莉的努力没有白费，不久就被评为街道的"先进青年"和"新长征突击手"，还受到了表彰。

1978 年是个不平凡的年份，那年发生了很多大事，不仅改变了许多人的命运，而且改变了国家和民族的命运，令人刻骨铭心。首先，高考制度被废除 11 年后，在 1978 年的春天，被录取的 27 万名新生走进了向往已久的大学校园。与此同时，国务院批转文件，放松了知识青年病、困、退的限制，一些知识青年开始返回上海。很多职工业余学校因此陆续恢复，并对在"文革"中没有达到规定学历的职工开展文化补习，一时间，渴望知识成为社会上涌动的新潮。而莉莉也是在那一年，开始了她的教育生涯。

1978 年 6 月，莉莉被嵩山街道文教科科长汤国宾叫去谈话。汤科长告诉莉莉，嵩山街道业余学校曾经停办了几年，因为形势需要，又准备重新办起来，鉴于莉莉这几年的表现，想请莉莉去学校当老师。他问莉莉："听说你不太愿意当老师，拒绝过很多次，那你愿意到我们这所业余学校来吗？"莉莉一听，不是当代课老师，而是正式职工，便一口答应，说："我愿意。"

莉莉其实跟所有被耽误的青年一样，也渴望走进大学，她参加了街道的预考，成绩名列前茅，但是正式高考前妈妈提出了不同意见。妈妈说："你从小到大都没离开过家，如果读了大学，毕业后就有可能去外地，还是别去考了。"那时大学毕业都是全国分配，由不得自己做主，去外地的概率非常大，莉莉不愿意离开家、离开妈妈，于是就放弃了高考。俗话说，老天爷在你面前关上一扇门的同时，会为你打开一扇窗，眼前，展现在莉莉面前的就是那窗外的风景，想到可以成为一名正式教师，而且再也不用担心 2 年后被"退回"，莉莉非常开心。

和莉莉一起报到的是一名 1964 届的高中毕业生，叫张安莉，经常有人张安莉、张惠莉搞不清楚，以为是同一个人。业余学校一共招了 10 名病退、病休的年轻老师，莉莉和张安莉是其中的 2 名，科目是自选的，莉莉文理皆优，但是她想自己不喜欢多说话，所以选了数学，而张安莉选了外语。

业余学校在黄陂南路 349 弄 14 号，只有一间客堂间，跟嵩山街道文化站合署办公。门口两块牌子，里面两个单位，各忙各的，虽有点影响，但无大碍。校舍则是借新华中学的，跟在济南路的新华中学谈好，开多少班，就借多少教室。

万事俱备，业余学校就开学了。

校长姓林，叫林慧珠，原是市八中学的校长，地下党员，来嵩山街道业余学校当校长，是退休后被返聘的。市八中学曾是市八女中，一般来说，女校的管理会更加严苛一点，所以，刚到业余学校的各位老师，都感受到了林校长严格的管理风格。

第一学期实行带教制度，一对一老带新，新来的老师只是听听课，学习一下教态教法。

一学期结束后，林校长突然要求检查新老师的工作笔记，很多老师除了听课笔记拿不出别的来，可莉莉除了听课笔记、备课笔记，甚至还有家访记录、学生学习情况、考勤情况和作业完成记录。原来，这一学期她一点没闲着，早就为下学期的开课做好了准备。林校长检查完大家的工作后一言不发，当时并没有对莉莉提出表扬。事后才知道，"不随便表扬人、不轻易批评人"是林校长的原则，但是，通过这一次检查，她对这批老师的优劣高下已经心中有数。

很快就轮到新老师上课了。

第一节课前言莉莉讲了齐白石的故事。齐白石 57 岁时依然默默无闻，在后来的十年内他闭门谢客、艰难探索，耄耋之年终成一代大家。她以齐白石的精神鼓励大家，世上无难事，只怕有心人。来上课的学生都是"老三届"加"新二届"（指 1966 年至 1970 年初高中毕业的学生），程度良莠不齐，很多人连初中数学都没学完，本来有点畏难情绪，听了齐白石的故事，大家都受到很大鼓励，纷纷表示一定要抓住机会提高自己。

莉莉相信，机会都是留给有准备的人。为了熟悉业务，了解高考情况，方便学生，莉莉把 1951 年到 1978 年的高考数学卷子统统做了一遍，然后按三角函数、平面几何、立体几何、解析几何等分门别类归纳，形成她自己选编的一套习题集发给学生。她对学生们说："数学其实没什么可怕的，你们看，高考也就是这些题目，你们只要反复练习，一定能够掌握数学的奥秘。"

一天，林校长忽然通知莉莉："今天区教育局成教科刘娴章科长要来听你的第二节课。"听课很正常，莉莉备课充分，也没什么好担心的，为了避免学生担忧，她告诉大家："教育局的领导今天来听课，不是听你们的课，而是听我的课，你们都不用紧张。"第一节课还没上完，莉莉发现刘科长不知什么时候已经坐在后面了。那天她讲的是三角方程的 8 种解法，下课后，领导对莉莉的教学大为赞赏，说："你讲课条理清晰，板书也好，非常适合做教师。"

莉莉的讲课水平不断提高，到后来，嵩山街道业余学校只要是她的课，一个只能坐 40 人的教室往往要挤进六七十人。有的学生下班晚，怕去学校没有地方坐，还让家人提前去教室占座位。

生活的甜蜜

莉莉在学校里干得顺顺当当，自己跟沈永根也到了谈婚论嫁的时候。

现在回想起来，沈永根很早就对莉莉有意思了。

莉莉长得俊俏，之前有过不少追求者，有时候跟别的男人多说了几句话，回到家沈永根就会反复叮嘱："下班早点回家。"有个青年个子高，长得也帅，是家里的独子，一直追求莉莉，可是因为家里成分是资产阶级，妈妈说什么都不同意。莉莉习惯了听妈妈话，于是约了那个青年谈分手。他们站在马路上说话的时候，恰巧被沈永根看见了，他回家伤心地告诉妈妈："莉莉在外面有人了。"

沈永根的心思其实妈妈早已心知肚明。对沈永根妈妈是喜欢的，这么多年生活在一起，一个人的品行、性格，都看得清清楚楚，她希望为莉莉找一个靠得住的丈夫。

1976 年，妈妈向莉莉挑明了，希望她跟沈永根能成为一家人。莉莉第一反应是："不行，我对他没感觉。"那时，她还在淡一小代课，经常以工作忙为由，避开这个话题。妈妈见自己说服不了女儿，又请出了莉莉的童年好友曹慧敏。晚上，曹慧敏来淡一小找莉莉，就在大操场的月光下，两人说起了闺蜜间的悄悄话。曹慧敏很会说，从各个角度举例说服莉莉，莉莉就这么默默听着，但心里的抗拒慢慢消失了。

1978 年，错过高考的莉莉不愿再错过自己的大学梦，她报考了上海电视大学（简称电大）数学专业。可是，当时因为她的工作岗位还在生产组，电大不接受工作不对口的学生报名。去嵩山街道业余学校报到之后，工作倒是对口了，可电大的第一学期也快结束了。电大的老师见莉莉求学心切，便开了一个口子说："像你这样的情况还有一位同学吴延令，我们马上就要考试了，你们一起参加，如果成绩及格，就允许你们插班。"不久，莉莉跟吴延令都顺利通过了考试，也顺利进入了电大数学专业。

在电大，莉莉跟另外三个女生陈淑明、高钰、吴延令成了好朋友，她们一起复习，一起骑着自行车去交大考试，一路播撒着青春和活力，常引来路人羡慕的目光。她们之间还有个约定，四人中谁的考试成绩垫底谁就请客。大家的成绩都在伯仲之间，又都争强好胜，谁都不肯认输，所以你追我赶，形成了良性循环，每次考试四个人的成绩都保持在九十分以上，让很多认为女生学不好高等数学的人刮目相看。

业余大学为了方便上班一族，都是晚上 6 点到 9 点上课，而莉莉作为学校的行政人员，从早上 8 点就要上班，晚上课程结束再收拾收拾，9 点半才能回家，需要耗上整整一天。到家后要批学生的作业、备课，然后再完成电大的作业，不到深夜 2 点根本没法休息。所以那段时间沈永根的好就显示出来了，他不仅把一家人的生活安排得很妥帖，让莉莉没有后顾之忧，还在晚上莉莉回到家后，递上一杯热茶或是一碟点心，常常在不经意间让莉莉感受到细致入微的体贴。俗话说水到渠成，一份日积月累的爱够份量了，莉莉自然就被打动了。1979年，两人在卢湾区民政局登记结婚。

婚房起初分在虹口区，是一室一厅的一套工房，但莉莉嫌离妈妈远，情愿换成黄陂南路419弄1号的公寓房，虽然面积只有13.3平方米，但因为离家近，可以不离开妈妈，与妈妈、妹妹彼此都能照应，所以皆大欢喜。负责分房的房管所工作人员王大栋很不理解，像这样注重亲情，情愿不要面积大一点的工房而选择小房间的行为，在当时是少见的。

若干年后，沈永根单位也准备将潍坊新村的二房一厅分给沈永根，这可是人人羡慕的事。可是单位同事上门家访后回来告诉沈永根："你丈母娘真有意思，居然说你们家不缺房子！"沈永根听后只是笑了笑，并没觉得惋惜，在他心目中，丈母娘就像自己的妈妈一样。妈妈的意思他很明白，首先，妈妈一直教育他在物质上少伸手，自己房子虽然不宽裕，但是比自己困难的人还有很多，妈妈的胸襟真是让人佩服；其次，妈妈一直希望一家人能住得近一点，可以朝夕相见，这份亲情让他非常感动。

婚事的筹办基本上都是沈永根在操心，当时结婚时兴36条腿，他们家却按照房间的大小设计打造了48条腿的家具，床、沙发、大衣柜、玻璃橱、五斗橱、方桌和四把椅子，一应齐全。由于沈永根和莉莉平时的工资都是妈妈管的，所以置办费用由妈妈全包。

婚礼定在1980年的大年初二，本来一切都安排好了，中间却出了点小岔子。莉莉的初中班主任徐老师擅长摄影，得知莉莉正筹办婚事，自告奋勇地说婚礼那天他来负责照相。可是晚宴6点开始，下午三四点了仍然不见徐老师的身影，莉莉急了，顾不上换衣服，穿着新娘的礼服就跑去徐老师家。莉莉的结婚礼服是一件大红的中式棉袄，在冬日的街上奔跑着，火球一般掠过，非常瞩目。徐老师正在家中手足无措，该借的照相机没有借到，他不知道该怎么向莉莉交代。莉莉听完原委也没生气，没有照相机就算了，喜酒还是要喝的，于是又拉着徐老师回到婚礼现场。所以，除了照相馆的结婚照，莉莉整个婚礼过程没有留下任何印迹，现在想起来还是挺遗憾的。

不久，莉莉就发现自己怀孕了。

可是，那个时候业余学校的高中班临近毕业，正在紧要关头。而自己的电大课程只上了一半，数学专业的课程本来就很难，如果生孩子落下了课，就很难跟得上。思去想来，莉莉决定不要这个孩子了。那年莉莉已经34 岁，即使马上生孩子，也属于大龄产妇，况且还是头胎。很多老师真心相劝，特别是张安莉老师，说这个孩子如果不要的话，万一以后怀不上呢？可是妈妈和沈永根却一言不发，没有表示任何异议，莉莉知道他们是在默默地支持她，嘴上不说，心里还是很感动的。

没有了负担，莉莉继续全身心地投入工作。

随着高考制度的恢复，各种就业机会也多了起来，一些青年教师因为各种原因纷纷离开了学校，最困难时期学校只剩下三四个人。莉莉和张安莉便包揽了教书之外的很多行政工作，学校所有的考试卷子、学习资料，莉莉刻蜡纸，张安莉就负责印刷。两个人还经常一起骑着自行车出去采购，为学校分担了很多工作。

莉莉的表现林校长都看在眼里，嘴上不说，却把学校唯一一个可以加薪到 42 元的额度给了莉莉。莉莉连续多年被评为街道"先进青年"，还获得了去市总工会屏风山疗养的机会。

一天，林校长找莉莉谈心，问她对党有什么认识，还让莉莉多学党史、党章，向组织靠拢。莉莉曾听说当年林校长做过地下工作，她家作为地下党的一个机构，地下工作者经常利用打麻将的机会互通情报、商量工作。林校长信仰坚定，讲原则，眼中揉不进沙子，但她赏识莉莉，在她眼里，只有像莉莉这样的青年，才是值得托付的后备人才。

1980 年初的中国，各行各业都面临着巨大的变化，每个人都站在前所未有的机遇和挑战面前。生活虽然简单朴素，但人们的求知欲很强，对未来充满憧憬。那时，也是莉莉快速成长的阶段：1981 年 1 月 21 日，莉莉成为一名中国共产党预备党员，林校长则是她的入党介绍人；1981 年 2 月，莉莉升任教导主任，1982 年 2 月，又被正式任命为嵩山街道业余学校校长。莉莉听说，她的校长任命是林校长极力推荐的，可林校长却从未在她面前提过一个字。

同年，莉莉从电大毕业。数学专业 50 多名学生就读，毕业时只剩 23 名学生了，而莉莉则坚持到了最后。

得知自己的女儿当上了校长，妈妈甚是欣慰，她送了女儿 16 个字：公私分明、是非分清、尊重老师、关爱职工。她还告诉女儿，就在我们卢湾区的重庆南路 227 号、280 号，那里曾经是中国教育史上第一所私立大学——震旦大学的旧址。有个叫马相伯的，因为看见晚清积弱积贫，民智不开，认为只有教育才能彻底让中国人站起来，于是他把自己的全部家产 3 000 亩土地全部捐献出来创办了震旦大学。后来，又在极其艰苦的条件下创办复旦公学，也就是复旦大学的前身。妈妈又问："你知道震旦是什么意思吗？震旦是梵语'中国'的意思。同时又有'东方日出、前途无量'的含义。马相伯以一人之力，撑起了中国民办教育的半壁江山，你以后当了校长，也要成为马相伯这样的人，要有自己的办学思想，有目标地为国家培养优秀人才。"

从那天以后，马相伯这个名字就牢牢地镌刻在莉莉的脑海中了。

学制的改革

1982 年是文化回归的一年。国家要求全国的企业青年工人都要进行文化补课，而青年们也希望弥补缺失的学历教育，找回当学生的感觉。他们纷纷从工厂、机关涌入学校，求学若渴。莉莉当上校长的那年，恰好面对这样的机遇。

如果探寻张惠莉教育思想形成的起源，那么可以这么说，早在 1982 年，她已经大胆跨出了教育改革的第一步。

那时，市教育部门规定，初中的学制设置为两年半，学完语文、数学、物理、化学四门课程，通过一门门统考或者一次性统考成绩合格后，就可以获得初中毕业证书。可是，两年半时间，对那些曾经被耽误的青年们来说，实在是太漫长了，他们大多成家立业、工作繁忙，如果学完初中课程还想继续走下去接受高等教育，那么时间成本真的是难以计量。

莉莉新任伊始，本来可以走得稳妥一些，办个两年半的业余初中全科班，一周四个晚上，什么风险都没有。但是，她深知这些大龄青年的两难之境，她曾经在一篇文章中尖锐地指出："我认为现行的成人文化补课的办学学制和办学形式比较刻板，它既不适应现今成人教育的特点，又不符合现今培养各级各类人才的形式需要。成人的特点是年龄大，有相当比例已婚并有了孩子，记忆力差、工作忙、家务多，要持续两年半保证较高的出勤率并达到预期效果，难度势必会更大些。但是，我们不仅要看到成人教育的不利条件，还得剖析成人教育的有利因素。我们教学的对象——成人，他们具有比较丰富的生活阅历、理解能力和分析能力，并且具有克服困难和解决矛盾的能力。由此，只要我们抓住教学中的各个环节，掌握成人的特点，充分调动和发挥他们的有利条件，帮助他们解决困难，因人因材施教，学制完全可以缩短。"

为了验证自己的想法是否真正符合客观实际，1982 年 9 月，莉莉在黄二小学借了一间教室。她大胆在学制上进行了改革，设置了一个全日制初中班，一周上 6 天课，在保证课时的前提下，用半年时间完成初中课程。学制缩短了，怎么来保证教学质量？靠教师！卢湾区各大学校有哪些优秀教师，莉莉早就心中有数，她把能聘来的好教师尽数聘来，莉莉当年的班主任徐柏福，也被她聘来当了物理老师，而莉莉除了学校的管理，自己还担任了数学老师。能聘来好教师还不行，教师资源就那么多，各个职校、夜校都在挖人，为了留住他们，莉莉想方设法给他们提供优厚的待遇。谁的课教得好，开个会总结表彰一下，然后发礼物。礼物人人都有，有一次发的是海螺牌衬衫，还有一次发的是不锈钢脸盆，"淮国旧"淘来的，只要3元钱一个，既美观又耐用。在那年月，发钢笔、笔记本的常见，发衬衫、餐具的还没听说过，关键不在钱的多少，在于校长的一份心啊。所以那些老师都铆足了劲，要在教学上回报学校。半年下来，成果显著，初中全科班的学员考试全部合格，100%毕业。学生们节省了大量时间，莉莉的学制改革也初步获得成功，真是皆大欢喜。来参加毕业典礼的区教育局成教科科长陈凯强对莉莉竖起了大拇指说："张校长，你做得好，做得好啊！"

1983年2月，莉莉被评为1982年度卢湾区职工教育先进个人。

学校办得红火，街道也觉得脸上有光，那天，街道通知莉莉，复兴中路320弄41号有一间客堂间，打算给业余学校做教室。教室很大，可以坐四十多人，还有一个天井。莉莉到业余学校这几年，校舍一直是借的，现在终于有了一间自己的教室，鸟枪换炮，开心坏了，成天跟张安莉泡在那里，讨论这里该怎么装修，那里该做哪些调整，忙着设计、规划。那时，莉莉已再次怀孕，对这个孩子，家人都很珍惜，整天像保护大熊猫一样保护莉莉，不让她操心任何家务事。可是，莉莉一忙起来就把什么都忘了，天天忙到很晚。

一天，她从黄陂南路去兴业路，在过马路的时候，一辆自行车疾驶而来，直接撞上了莉莉的右腹，莉莉被撞倒了，头磕在地上，发出很大的声响。幸亏居委会就在附近，有人路过发现了，赶紧把莉莉送去医院，一番检查，总算有惊无险，大人孩子都没事。

出了这次意外，照理该引起重视了，可莉莉依然大着肚子粉刷教室的墙壁，就像什么事都未曾发生。可能是因为身体素质比较好，忙了一天，回到家腰酸背痛，可是睡一觉就恢复了，就这样，一直忙到临盆。预产期是 3 月 19 日，到了 4 月 1 日，张安莉见莉莉还在学校忙这忙那，急了，说："张校长你怎么还在这里？预产期推迟了那么多天，赶紧去医院检查一下吧。"莉莉这才放下手上的事去了医院。先是打了催产针，可是到 4 月 2 日晚上依然没动静，最后选择了剖腹产，诞下一个女孩。

全家人都喜欢得不得了，沈永根说："我家兄弟那么多，我就喜欢女孩，这孩子我想让她跟莉莉姓。"妈妈听了很乐意，这样，也算是张家有后了。于是，夫妻俩取二人的姓，为女儿起名张沈，既可以理解为"姓张的生的孩子"，也可以理解为"张家的孙女"，还可以取谐音"长身体"。他们为女儿起了个小名叫"倩骞"，"倩"寓意美好，"骞"代表飞翔，在女儿身上，他们寄托了父母对孩子最美好的愿望。

新生命诞生，大家都非常高兴，尤其是沈永根家男孩多，现在有了女孩自然特别高兴。可是莉莉却被告知"室性早搏"，剖腹产的第二天上午，咪猫来医院探望，被身上插满管子的姐姐吓坏了。为了早点返回学校，下午刚拔了管子，莉莉就沿着医院过道开始恢复训练，正好被医生看见，立即下了死命令："绝对卧床！有危险，你现在连挤奶的力气都不能用！"莉莉只好回到床上去，这一躺就躺了 18 天。等医生说病情还没有好转，用了利多卡因特效药也没用，要转内科病房时，莉莉却不愿再多待一天，选择回家坐月子。为了让莉莉多休息养好身体，妈妈一定要莉莉坐满两个月的月子才能回去工作。虽然牵挂学校的工作，但莉莉知道妈妈的话是对的，所以等孩子满两个月后才去上班，每天除了回来喂奶，孩子就托付给对门 8 号的阿娘。后来猜测莉莉这"室性早搏"是术后输液时速度过快造成的，在妈妈的照料下，吃了一年多中药就完全好了，再没有复发过。

在新教室，业余学校又办了一期初中全科班，对象都是生产组的小干部，年轻人居多。莉莉权当他们是中学生，带他们春游、秋游，还发笔记本、照相簿，让他们把欢乐的场景收藏起来。学生们既享受到了轻松欢乐的学习过程，也学到了知识，期末一考试，照样全员及格！

学校就此出了名。那时，卢湾区共有10所业余学校，区里根据综合教学质量、学校管理等各个指标对各校进行评估，嵩山街道业余学校高居榜首！

事业顺了，但莉莉个人生活中却遇到些小波折。1984年12月31日，莉莉参加同学聚会，之前就有点胃痛，当晚又吃了些蛋糕，半夜便发作了，疼得死去活来。元旦去医院挂急诊，说是急性胆囊炎，胆大得很厉害，马上就要爆了，需要马上手术。一听要做手术莉莉就很不愿意，学校有大量的事情需要处理，女儿还在哺乳期，一做手术，几个星期都不能上班、上课，多耽误事啊。她告诉医生选择保守疗法。医生见莉莉态度坚决，便让她在急诊室输液留观。半夜时分，急诊室的另两个患者已经只有出气没有进气了，莉莉有点害怕，就悄悄溜回了家。可是，第二天胆囊又开始绞痛，只能回医院。医生见面的第一句话就是："2床，昨天是不是溜回去啦？"莉莉有点不好意思地默认了。医生检查了一下莉莉的胆囊部位，胆囊已经消肿，确实可以出院了，但治疗还要继续。在以后的一段时间里，莉莉老老实实地接受治疗，每天按时输液，红霉素、青霉素等抗生素一起用下去，很快就恢复正常，也算少吃了一刀。

咪猫自从进了世界时装股份有限公司，先后换了几个师傅，因为工作表现好，从裁缝到财务再到财务主管，很快入了党、提了干，成为团支部书记。可是年过三十，个人问题却迟迟没有解决，有工作忙的因素，也有妈妈选婿标准的原因，到后来亲友们都在暗自猜测，佩莉是不是有什么病啊？到现在都不找对象。

殊不知，姻缘就在路上。

李金伟是家中老四，因为是"老三届"，所以作为知识青年回嘉定插队落户。他的哥哥当兵时曾经参加了越南的自卫反击战，让李金伟对参军充满了向往，1973 年正好遇到机会，他如愿以偿穿上了军装。

部队是锻炼人的地方，李金伟迅速成长起来，在部队还入了党。转业回到家乡后，李金伟被分在卢湾区团委工作，经常要召集团干部开会、布置工作，或者组织一些青工活动。

一天，他召集基层单位的团支部书记开会，台下坐着一百多人，可他一眼就看见了咪猫，清秀、灵气、卓尔不群。一旁的青工部部长看出了李金伟的心思，调侃地问：“看上哪个了？我去帮你说。”这一说，便说成了一段姻缘。

很快咪猫就到了筹办婚礼的时候。妈妈对莉莉说“你把你的房子让给咪猫结婚吧，她也三十多岁了。”莉莉知道妈妈的心思，不愿意小女儿远嫁，况且咪猫是自己的亲妹妹，当然是愿意的，但对沈永根来说，好容易有了自己精心设计打造的小家，心里是多么不舍啊，也不知道什么时候才能有自己独立的小家。但他因为跟咪猫的感情也非常好，所以什么都没说，两人很快就腾出自己的新房，搬回了旧居。邻居们都说，这样感情融洽的一家人，这样的心胸和肚量，真是非常少见的。这房子一让就是 6 年，等 1991 年咪猫分到房子，莉莉才回到自己当年的新房。

1984 年 4 月，咪猫大婚，婚宴结束后，莉莉负责把全鸡全鸭送往各亲友家（按之前上海人的规矩，婚宴上这些菜是不能动的），回来时骑着自行车刚进弄堂口，就被一个愣头青撞上了，撞得很惨，右手的无名指当场摔断了，马上送去第六人民医院打了钢钉。那几天，新郎新娘一直陪着，本来应该去李家吃回门酒的，也没去。到后来，莉莉的手指算是慢慢好了，但至今仍不能自由弯曲。

人吃五谷杂粮，哪能没点小病小灾呢？对这些小小的磨难，莉莉根本没放在心上。

莉莉和咪猫的工资一直都是妈妈保管的，婚后，两个女婿的工资也照此执行，一家人不分彼此，其乐融融。邻居们都羡慕："你们看看这陈老师家，女儿好，找两个女婿还这么好，真是有福气啊。"

成功的探索

1984年，注定是莉莉教育生涯中非常重要的一年。那一年，教育进入新的发展时期，"改革普通教育体制结构，恢复并大力发展职业学校，形成多门类、多层次、结构合理的教育体系"。面对蓬勃发展的成人教育，卢湾区集体事业管理局决定成立集管局职工学校，一纸调令，任命莉莉为卢湾区集管局教育科科长，兼任集管局职工学校校长。

也是在这一年，莉莉的大名张惠莉逐渐走进了人们的视野。

集管局在斜徐路144号办公，这里原来是丽园路街道的办公所在地，张惠莉成为集管局教育科长以后，也在这里办公。

局长给教育科下达的任务是组织企业青壮年职工完成初中文化和初级技术的"双补"。集管局下属6家公司的2万名职工都属于"双补"对象，培训的体量非常大。承担具体任务的是职校，但局长又规定，职校的编制包括校长、教务、教师、财会、后勤在内，共9个。如果聘用退休人员，2个算一个编制。

职工学校的工作是点，教育科的工作是面，点和面的工作都要兼顾，不能偏废，对原来只是单纯做一名校长的张惠莉来说，又是一个新的挑战。

6月，张惠莉走马上任。9月份就要开学了，可是无校舍、无学生、无师资，所谓的职工学校其实就是一个空壳，但张惠莉并不在意，她相信一切都会有的。

首先是搭班子。职校仅有9个编制，需要每个成员都能文能武、一专多能、办事踏实高效。其次则是招生。已是 6 月末，很多职工学校早已贴出了招生广告，生源已经组织得差不多了，而集管局职校刚刚成立，是个生面孔。为了迅速广而告之，张惠莉花了 30 元钱在新民晚报登了一个招生广告，说集管局职工学校即将举办高中全科班，半年全脱产学完全部课程。另设有高中文、理科单科班，可脱产可业余，职工可以根据需要选择。登了广告还不放心，又在新华中学摆了一张课桌，跟张安莉一起设摊招生。有人来问："你们是什么学校啊？""我们是机关办的学校。""教学质量好吗？""肯定好的啰！"说这些话的时候张惠莉底气很足。

张惠莉在之前嵩山街道业余学校初中全科班实验成功的基础上，进一步推进教育改革。除了设置半年制高中文、理科全脱产班以外，又增加了初、高中文、理科选科（单科）班。她在计划安排课程时，合理搭配好科目之间的衔接，便于学生根据个人条件和实际需求选择自己报读的学科。学生可选读一门单科，也可选读二门，甚至三门，在办班形式上充分体现了多样化和灵活性。

半年就可以读完各种课程，单科设置也很灵活，对没有大把时间的人来说，确实很有吸引力，于是短短的一个多月，高中全科班就招满了 90 名学生，设两个班，一文一理，文科班设置语文、数学、历史、地理，理科设置语文、数学、物理、化学，都是四门课，而单科班居然招了 2 000 名学生！

接着就是落实教学场所。先向位于马当路的上海家具公司职工中专借了两个教室，作为高中全科班的教学场所，又借了新华中学、马当中学、南塘中学、长乐路一小等学校的教室，供晚上业余单科班的学生上课。又借了新民邨 32 号作为电大党政大专班的教室。因为教室分散，为了方便管理，张惠莉在招收教工时还特地加了一条，必须会骑自行车！

至于师资，那就更不成问题了。那时教师的待遇并不是很好，几乎都是"月光族"，有的教师还说，一个月的工资用到月底，连给孩子买根冰棍都舍不得。张惠莉深知上海有的是好教师，他们的付出值得更好的待遇，所以集管局职校给的兼课费比外面的学校总要多那么一点点。

办学初期困难很多，张惠莉曾经在自己的笔记本上写下过这样的一段话："新学制刚试行时就遭到来自诸方面的怀疑，甚至提出非议。我们的态度是虚心听取，只做分析性的解释，不加辩驳。因为，任何正确与否的结论不是来自事物的先头，而是产生于事物的后头。"

区教育科有个老科长，墨守成规，找他要政策，总是这不行那不行，那天张惠莉急了，一句话脱口而出："你这是'占着茅坑不拉屎'！"把老科长气得要命。回家跟妈妈一说，被妈妈说了几句："莉莉啊，你真是呒青头（上海话没有分寸的意思），人家好歹是长辈，不可以这样的。"张惠莉静下心来想想，自己一心只想办成事，心太急了，这么说确实不合适。

不久，老科长退休了，又来了一个陈传来科长。9 月份开学的时候他来检查工作，一圈兜下来，很严肃地对张惠莉提出两点意见："第一，你这个学生中没有一个是集管局的职工，这个方向不对嘛；第二，高中全科半年读完，全上海都没有的，你怎么保证质量？"

当时，集管局的职工对自己家门口这个新办的职工学校并不看好，认为"集体事业局职工学校"名字难听，不如"卢湾区业余学校"名字好听，报名时一个都不来，张惠莉决定先外后内来打开局面，所以招收的学生中确实都是外区的一些厂长、经理，以及报社、出版社和部队的干部。张惠莉说："集管局的职工对我们的认可需要一个过程，现在没有不等于以后没有。至于学制缩短我们是有依据的，我们全日制上课，一周 48 节课，20 周，教育局规定的课时，不仅一节不少，还超过了 80 个课时，你可以看看我们的排课表。"

陈科长沉吟了一会说："那你们暂时只能算备案学校，能不能成为立案学校，看你们一月份的考试成绩再决定吧。"

何谓立案学校和备案学校？政策是这样规定的：立案学校的学生可以补考，平时成绩占 30％，计入总分。而备案学校没有补考也没有平时成绩，也就是说，立案学校的学生如果考砸了，因为有平时成绩的托底，55分还能算及格，但备案学校的学生就只有大考这一次机会，考砸了就直接出局。虽然看起来只有 5 分之差，但对学生来说也很重要。招生时说集管局职工学校是立案学校，现在又不是了，如果被学生们知道了，该怎么跟他们解释啊？张惠莉的压力很大。

自古华山一条道，唯一的办法就是提高教育质量。

学生多虽然是件好事，但是都未经过入学考试，程度参差不齐，加大了学校教学上和管理上的难度。张惠莉决定，在保证课时总量的前提下，安排一定时间的自修课。在教学过程中，不回避成人记忆差等弱点，充分发挥他们分析和理解能力强的特点，教会他们学习方法，运用当堂教学当天消化、巩固等措施，把教与学有机结合起来。

专职教师是缪新亚、徐超峰这样经验丰富的青年教师。缪新亚是从新疆回来的，曾是当地的高中语文老师，回沪后又在华师大读了本科。他课上得好，语言生动，很受学生欢迎，徐超峰同样是一位优秀的语文教师，所以张惠莉对他们的教学水平从不担心，只对他们的学生考试合格率进行统计，并在校内公布。考试是教育局统一安排的，但是报考人数却是老师自己可以决定的。譬如一个班 45 名学生，其中有 4 名学生成绩比较差，有的老师报考时只报 41 名学生，这样就可以避免差生拖后腿，合格率也就高了。张惠莉发现了这个问题，当即规定，评选优秀教师时不仅要看考试合格率，还必须与报考率挂钩，以此杜绝教师间的不公平竞争。

现在的人会想，优秀教师称号对教师会有多大的约束力呢？可教师们都有很强的荣誉感、自尊心，报考率、合格率一公布，谁优谁劣立即见分晓，所以大家都动足脑筋，在教学质量上下功夫。到了一月份，大考结束，新成立的集管局职校爆出个大冷门，两个半年制高中全科班 100％毕业，单科班的合格率也达到了 90％，而当时社会上的平均合格率只有 50％ 左右。陈科长说话算话，很快把集管局职校转为立案学校。

半年制高中班获得了区教育局的认可，要张惠莉介绍经验，张惠莉就此发表了题为"教育要改革，学制要缩短"的文章，受到了广泛的认可。

张惠莉并不满足青工补习的成功，同年，集管局职校还开设了党政大专班（电大），这在当时算得上是个新闻，连卢湾区区长和集管局党委书记都来参加了开学典礼。

经济也打了翻身仗。学生的收费是单科每门 8 元，全科每人 40 元，一学期就收到 6 万元学费。所谓手中有粮心中不慌，有了这 6 万元钱，手头就活络多了，留出必要的开支后，学校一下子增添了复印机、电动打字机等很多教学设备，总算有了一点自己的家底。

集管局职校成立的第一年就打了一个漂亮仗，张惠莉决定犒劳一下全体教职工。租了两辆考斯特，组织包括外聘老师在内的 50 名教职工寒假里去雁荡山 8 日游，按每人 100 元的标准安排吃住行，这在当时是不小的开支。那时候根本没有公费旅游这一说，大家新奇又兴奋，到绍兴买了一坛黄酒放在车上，吃饭时喝上几碗，享受着大碗喝酒的快意，大家说啊笑啊，尽情释放心中的欢乐。

张安莉负责管钱，她把所有的钱都放在一个包里，走到哪背到哪，别人看她累，想帮她背一会，她都不肯。在一处景点照相时，她把包随手放在一边，没想到拍完照忘了拿，爬了一段山，忽然发现包不见了，顿时蒙了，顾不上自己穿着高跟鞋，"蹬蹬蹬蹬"一路飞奔下山去原地寻找。好在一同前去的教师都知道是张安莉的包，后面有人帮她捡了，这才松了一口气。这趟雁荡山之旅，教师们津津乐道了很长时间，也被外校的教师们羡慕了很长时间。

以后，这样的旅游成了常态。

新校的落成

都说教学质量是最好的广告，那一段时间，海运局、工商局、财贸办、房地局等单位都纷纷来找张惠莉，希望委托集管局职校培训自己的职工。集管局下属的职工也有很多人来报名，学校一时非常红火。或许是挤占了其他学校的生源，有人提意见，不久，区教育局又出了两条规定：第一，集管局职校不允许向社会招生；第二，不允许在报上登招生广告，要登广告，也必须经教育局盖章同意。张惠莉想，不允许在报上登广告就不登呗，可以自己做广告。于是在学校印了一些小广告，派人四处发放。教育局得知后打电话来问："听说你们学校又在外面做广告了？"张惠莉装傻："是吗？我不知道呀，大概是下面人自己去发的。"见张惠莉不承认，教育局也不好再说什么了。

1985 年，集管局职校的培训内容向更多的领域拓展。作为教育科科长，张惠莉规定集管局下属的全部厂医都要经过一年的业余培训。年初，开了两个医训班，招了 89 名学生。

5 月 24 日，《文汇报》刊登了一篇题为"成人高校怎样适应新情况——从今年成人高校招生生源不足谈起"的文章，认为成人高校招生生源不足，已是客观存在的一个实际问题，原因涉及体制、办学形式、教学内容等方面。但张惠莉却觉得招生入学的规定办法，同样是造成生源不足的一个重要因素。那年，集管局职校计划开办服装工艺、工业电气两个中专班，这两个中专班实际上都是为集管局系统所属单位培养急需人才的，但在招生时却遇到了问题。教育部门规定，中专班的学生要举行入学考试，因为需要考试，所以报名手续上也有着极其严格的要求。两张报名照，一定要近期同底版的，否则就退回不予受理。报名时不仅要单位出具证明，而且在报名单上必须盖上单位的公章，甚至要单位负责人签名。烦琐的报名手续和严格的入学考试，对招生生源自然会有很大影响。同样是开班培训，大专班则无须入学考试。张惠莉一方面向教育部门提出中专班可否免试入学的建议，另一方面又积极筹备准备开设三年制的电大法律大专班。

法律大专班的 45 个名额很快就报满了，可是打报告给集管局局长，局长却说："我们不需要这么多的人学法律。"没有同意。为了统一思想，张惠莉召开了教育科会议陈述自己的想法。她说："我们办教育，判断一件事该做还是不该做，要看三个有利，是否对学生有利，是否对教师有利，是否对学校有利。45 名学生来报名说明学生有需求，教师可以提高他们的教学水平，对学校的好处更是显而易见，可以增加收入，还可以提高学校的档次，所以，法律大专班还是要办。"法律大专班照常开了班，只是开学典礼静悄悄的，没有请一个领导来参加。过了两个月，局长还是知道了此事，对张惠莉说："小张啊，这法律班我叫你不要开，你怎么还是开啦！"张惠莉说："局长，我们的厂长、经理确实需要提高学历，在企业管理中增强法律知识，而且学校既提高了办学档次，又增加了收入，这是好事啊！"见张惠莉说得在理，局长也不好再说什么了。其实，虽然局长当时有点不高兴，但是心里对张惠莉还是很欣赏的。之后他调去五里桥街道当党委书记，临近退休，还来找过张惠莉："小张啊，你不要做专才，要做通才啊，我要退休了，考虑让你来接班。"听说张校长可能会调走，很多教师都不舍地哭了，其实张惠莉一门心思只想办学，她婉言谢绝了老领导的推荐，因为学校需要她，她也离不开学校。

这算是张惠莉人生中的一个小插曲吧。

那时，妈妈已经退休，经嵩山街道的领导推荐，妈妈于 1984 年 12 月来集管局职校协助工作。张惠莉知道妈妈有丰富的教学管理经验，便答应让妈妈来做医训班和法律大专班的班主任。在妈妈的督促下，李金伟也成了法律大专班的学生。

班主任工作烦琐而劳累，要负责报名，登记学生信息，还要处理各种事务，但妈妈说："女儿是校长，我不要工资，做一天就拿一天的补贴，这样比较好。"

业余时间来读书的学生基本都是人到中年的干部，事业忙，孩子小，考虑到来上学的父母，孩子没人带，妈妈建议开办托儿所，学校就在办公室旁边开了一个，自己则临时当起了托儿所老师。学生上课时把孩子带来往托儿所一送，下课了可以直接领回家，少了很多后顾之忧。这种做法全上海独此一家，《新民晚报》的记者闻讯后还特地赶来进行了采访报道。妈妈自费给托儿所添置了不少玩具，孩子晚上饿了，她还会买点心给孩子们充饥。法律大专班的学生每逢考试，妈妈都会在他们复习应考阶段，安顿好他们的孩子，安排好学生和孩子的餐饮，让学生安心复习。

傅玄杰是上海滩家喻户晓的大律师，1980 年代就挂出了上海第一律师事务所的牌子，在全国尚属首家。法律大专班临近毕业时，张惠莉又将两名优秀学生俞雯和李佩芳送去第一律师事务所实习。两位学生在傅玄杰的指导下业务水平有了长足的进步，后来，实习结束后，俞雯留下来成了傅玄杰的助理，而李佩芳经过几年的努力，后来成为上海十大律师提名人物和全国律协民法专业委员会 88 名委员之一，在业界赫赫有名。

虽然学校办得红红火火，但张惠莉一直记着妈妈"做人要低调，不要出头露面"的叮嘱，每次集管局年终汇报工作，她不会长篇大论，也从不评功摆好，只是简单罗列几条自己做过的实实在在的工作，可是，却得到全体职工的一致认可。鉴于张惠莉工作中的杰出表现，1985 年，卢湾区政府给予张惠莉记大功奖励。

学校发展这么快，没有自己的校舍和教室总归不行，如果打报告等上级部门来解决问题，那不知要等到猴年马月。不等、不靠、不要，是张惠莉的做事原则，她决定自己来想办法。

集管局下属的一家公司有个吉安电唱机厂，生产的鸳鸯牌电唱机曾热销一时。吉安厂在自忠路有一个车间，大约 300 多平方米，没有生产任务的时候，那里基本就是空置的。张惠莉去看了几次，觉得面积合适、位置也合适，便打起了厂房的主意。她去找吉安电唱机厂的刘厂长，希望厂长把车间让给她办学校。刘厂长也是个爽快人，说："行啊，但是我这车间的 65 名职工你要帮我安置。"

65 名职工不是个小数目，学校肯定没法安置。张惠莉灵机一动，心想，集管局下面不是有 6 家公司嘛，如果他们能安置这 65 名职工，学校就有着落了。大热天，张惠莉和教育科的汪章腴老师冒着酷暑一家家去跑，终于说服那些公司经理，答应接纳这批职工。张惠莉赶紧打报告给局长，以为这么好的事，局长一定会爽快地答应。局长很慎重，说："我不能凭你的一家之言就批给你，我要先开个会，听听那些经理们的意见再说。"张惠莉一听，心里打起了鼓，这些经理虽然口头都答应了，万一会上又反悔呢？不放心，再一家家跑一遍，直到经理们再三承诺，一定不反悔，张惠莉这才安心。

65 名职工终于都安置好了，1986 年 8 月，局里的批文下来了，张惠莉通过房管所，将自忠路 210 弄 1 号的房产，转移到学校的名下。

万万没想到，房子到手了，却只是万里长征走出的第一步。

车间所在地是一幢老式民居，四周一圈二层楼房，中间围着一个天井，车间在底楼，二层则住着居民。房子内没有煤卫，居民们依然过着倒马桶、烧煤球炉的日子。张惠莉看着车间走廊上一字排开的 6 个马桶，打定主意，要提供 200 多人的学习培训场所，必须先解决如厕问题。环卫部门来实地勘测了一下，提出了一个解决方案，在大门外挖个化粪池，铺设排污管，引污入池。消息传开后，居民不答应了，在弄堂里挖化粪池？车子来抽粪的时候，居民家里还不是都要臭死？不让施工。张惠莉对工程队说："我下定决心要做的事情就一定要做，他们不让在大门外挖粪坑，我们就在大门内挖，其他的事情不用理会。"以后，居民还是会三三两两地来吵，但是，大门里是学校自己的地盘，他们再闹也阻止不了，终于，工程还是一点点完成了。

接下去要对现有的建筑面积进行改造。底层的房间层高有四米多，张惠莉将其中的一间隔成两间办公室，再准备改建一间会议室和三间教室。可是最大的问题来了，民居中的天井原来是为了集纳雨水和通风采光的，但因为二楼就住着居民，白天大人喊、小孩哭，嘈杂不说，还有扔垃圾杂物的，晾晒衣物滴水的，都会严重干扰学校上课，要解决这个问题，只有在一楼天井上封个顶。居民们一听不干了，天井一封，影响通风不说，夏天天井顶上的热气直逼二楼，日子就难过了，于是又来闹。这次他们知道跟施工队说没用，直接来横的，不仅往下泼污水，甚至泼粪水，还直接闹到张惠莉家里去了。张惠莉拿定主意，不管他们怎么闹，天井必须要封。她工作忙，经常不在家，居民们闹到家里的时候，总是妈妈出来应付。妈妈善于做工作，一番道理之后，居民再大的火气，也被她的柔声细语给浇灭了，最后总是偃旗息鼓，悄声而归。后来还是施工队的队长出面承诺，等工程结束一定给大家一点补偿，这才让工程顺利完工。

没有煤气，去煤气公司申请安装，电的容量不够，又去电力公司申请增容，七七八八弄下来，差不多耗时一年，1987 年，集管局职校终于有了自己的新家。

装修的标准很高，款式也很新潮，会议室装上了护墙板，摆上了沙发，三个教室也修葺一新。恰好集管局有个干部会议，张惠莉便邀请领导们来学校开会，顺便参加一下新校址的落成典礼。

那时，学校预先订好的 160 套课桌椅还寄放在丽园路的一家地下仓库，要搬过来，需要一笔搬运费。在装修材料上张惠莉不愿省，都要好的，但这点人工费她并不想花，晚上下班后，她借来几辆黄鱼车，带上七名员工开始搬运。她自行车骑得很好，以为骑黄鱼车也应该一样，便自告奋勇自己来骑，谁知一上车笼头就七歪八扭地不听使唤，还跟 24 路公交车"亲密接触"。那天晚上，马路上的行人都被这样一支奇怪的队伍给吸引了，他们奋力骑着堆满课桌椅的黄鱼车，干的明明是搬运工的活，却一路欢声笑语，似乎在做一桩非常伟大的事。有人高声唱起了歌："我们走在大路上，意气风发斗志昂扬……"随即又被人提醒，夜深了，不能扰民。从丽园路到自忠路，就这么来来回回，一车、两车、无数车，等把这些课桌椅全部归位，已经是凌晨三四点。11 月的晚上，被汗水涴湿的衣衫贴在身上，已感到阵阵凉意，大家却相视而笑，宽慰地说："我们终于有自己的校舍啦。"

只是稍微休息了一下，到了上班时间，张惠莉发现，参与搬家的所有人，全都精神抖擞地出现在学校里。

以后，经常会有人来参观，会议室也常常被借来开会，学校成了集管局的一个热门打卡地。

其实对居民来说，楼下有所学校也挺好的，读书声总比机器的嘈杂声要悦耳些。他们学会了跟学校和平共处，有时会在学校门口探头探脑地张望一会，顺便在学校洁净的卫生间如个厕，也有人因为这所学校而开始读书，从此改变了自己的命运。总之，集管局职校的入驻，不管是对学校本身还是对自忠路 210 弄，都是一件大事。

开源的艰辛

张惠莉很早就在自己的工作报告中提出，要始终坚持"一要改革，二要发展"的方针，扩大成人教育的规模，以成人教育培训工作，促进企业和社会经济的发展。

可是，不管是改革还是发展，谈何容易啊！

1986 年初，张惠莉获悉，上海市卫生局下文，即将开办医士专业自学考试中专班。张惠莉心想,如果集管局职校也可以办医士中专班,那么医训班的学员一年培训结束后就可以直接读医士中专班,这对厂医们是一个好消息。可是去区卫生局打听却被告知,医士中专班必须是卫校才能办。"你要想办也可以,挂靠在卢湾区卫校下就可以了,但是要交 20% 的管理费。"区卫生局医教处的李处长这么说。一个学生的学费是 40 元,20% 就是 8 元钱,张惠莉心想,场地师资都是自己的,光是挂一个名就要收掉 20%,实在太不合算了。再去商量,还是不行,对方说:"你想呀,考点名单全都是卫校,中间夹着你们一个集管局职校,不像话嘛。"在张惠莉的软磨硬泡下,他们最后松了口:"除非你们的教育质量高。"张惠莉心中暗喜,她最不担心的就是教学质量了,只要教学质量能搞定的事,就肯定没有问题。果然,开班后第一次参加市自考,在集管局职校培训的学生,哲学和语文的考试成绩拿了全市第一!张惠莉兴奋地去找市卫生局,卫生局的领导却说:"这是基础课,说明不了什么问题,要看你们的专业课怎么样。"第二次考的是专业课,生物和化学,成绩一出,集管局职校又拿了第一名,这下卫生局也无话可说了,同意集管局职校不再挂靠卫校,管理费也不用交,跟卫校平行管理。这可是全市唯一破例允许举办医士中专班的职校啊!医士中专班学制三年,13 门课程,争取到这个办班资格,等于拥有了一批长期的生源,对学校发展的好处毋庸置疑。而之前参加医训班培训的 89 名厂医都取得了处方权,其中的 50 名厂医得以直接转入医士中专班就读。

培训工作开展得如火如荼,职校的办学形势一片大好,可是,殊不知危机也在悄悄发生。张惠莉发现,招生数量正在慢慢下滑,1987 年春季还有 2 304 名学生,到了 1988 年春季,就只招到 1 112 名学生。学校是自负盈亏的,这样下去,连教师都养不活。张惠莉去找厂长、经理,希望得到他们的支持,可厂长、经理却一个劲地诉苦说:"张校长啊,我们现在要考虑的是吃饭重要,还是读书重要。"

有人在分析中国改革开放 40 年时指出，1987 年是一个重要的分界线。在思想领域，旗帜鲜明地坚持四项基本原则，反对资产阶级自由化。党的十三大召开，也提出了中国特色社会主义理论，制定了 21 世纪中叶实现现代化的发展路线。同时，中央在召开全国计划会议和全国经济体制改革工作会议时提出了一系列紧缩措施：压缩一般性建设，停建一批无效益的项目和楼堂馆所；从紧安排各项财政支出；从紧安排各项银行贷款，严格控制货币发行。

全国都在过紧日子，集管局职校也不可能独善其身，但张惠莉不愿意坐等上面给政策、给支持，她决定自己想办法寻找其他途径帮助学校渡过难关。

1988 年 1 月，职校开办了"集效"五金电器厂。"集效"是集管局职校的谐音，也有另一层意思，就是"集中力量、高效办学"。那时，上海保温瓶四厂有业务外包，张惠莉跟他们商量之后，承接了保温瓶四厂的一部分加工业务。但是，加工一个保温瓶配件才几厘钱，并不能解决多少问题，想创业增收，还得另辟蹊径。

一天，张惠莉意外发现，在弄堂过街楼下面有一大块空地，旁边还有一间小房子，是自忠路一小的仓库。看着这块空地，张惠莉脑子灵光一闪，忽然想到了一个主意。这空地何不租下来开个小店，可以作为集效五金电器厂的经营服务部。

主意是个好主意，可实施起来困难重重。

首先是位置。自忠路一小的这块空地位于自忠路 210 弄底，旁边就是一堵墙，开店最要紧的就是市口，这个位置很难吸引顾客。其次是管理人员。学校都是教师，擅长的只是教学，没有经商经验。最后是开店的货源。那时，很多紧俏物资都是计划供应的，需要票证，选择经营什么商品，直接关系到小店的生意。

张惠莉没有被这些困难吓倒，一切都做起来再说。

　　租下场地后，张惠莉报有关部门同意，直接把那堵墙给打掉，然后又扩充了面积。前面是自忠路，后面是顺昌路，前后贯通后，居民进出都要经过小店，小店的位置一下子成了沿街的黄金市口。

　　小店的经理聘请校外有经营才能的人，员工也全部外聘退休人员，这样，不会影响学校师资和教学资源，对教学质量没有影响。至于经营范围，张惠莉决定兼顾普遍需求和稀缺物资，既解决居民的日常需求，也要用稀缺物资来吸引人流。

　　那时没有什么超市，居民买东西要分别去很多地方。买油盐酱醋要去粮店，买针头线脑要去百货店，买烟酒要去烟纸店，买本子、铅笔要去文具店，哪怕买颗螺丝钉都必须去五金店，很不方便。张惠莉通过各种渠道进货，从居民生活必需的酱油调料、香烟白糖、文具食品，再到小五金，一应齐全，顾客只要进了小店，就能买到各种各样的生活必需品，基本做到了小而全。那时，电冰箱刚刚时兴，非常紧俏，很多人想尽办法才能弄到一张票券。正好沈永根已经担任某家电门市部的经理，张安莉的丈夫也有路道，通过他们弄来了几台红极一时的雪花牌和双鹿牌电冰箱，作为经营服务部的"镇店之宝"。学校别出心裁地印制了一批优惠券，让教工发给周边的居民，张惠莉还从集管局下属的企业中弄来一批出口物资，作为打折促销商品。开张那天，学校则停课一天，让教职工和周边邻居都去购物。

　　当天的热闹场景让张惠莉和学校的教职工印象深刻，购物的、看热闹的人挤满了整条弄堂，电冰箱放在最显眼的地方，弹眼落睛，是那天最大的亮点。一台电冰箱当时的售价是 765 元，小店规定，买一台电冰箱必须在小店消费 700 元，这样，又带动了其他商品的销量；新华中学食堂自己做的桃酥价廉物美，受到不少人的青睐；10 元钱一包 4 条内裤，识货的顾客发现，这是出口到日本的优质产品，因此也非常抢手；最吸引人的是小店居然还有紧俏的上海牌啤酒，让店门口排起了长长的队；职工陆文斌早上三点多就起床磨、煮豆浆，除了供应学校的教职工，还对外售卖，生意非常之好。总而言之，那天，经营服务部的开张，成为附近居民口口相传的新闻。

也有人不相信经营服务部能一直红火，因为经济紧缩政策使很多商店都遭遇了"滑铁卢"，他们预测经营服务部最多开个两年就要关门，但最后他们都失望了，小店不断拓展经营范畴，后来改名为"鸿达商行"，一直经营得很好，直到2000年自忠路地块拆迁，才关门歇业。

除了开源，张惠莉也没有忘记节流。一次她在无意中发现，当时大家都使用BP机，在学校培训的学生收到BP机信息后，都会来职校办公室打电话，既增加了学校的开支，也妨碍了教师备课办公。她想是否可以在经营服务部装个公用电话呢？可是一打听，安装一部电话需排队等候不说，还要支付3000元！自费安装太贵，那就申请免费！张惠莉了解下来，周边一带只有自忠路有一个公用电话，于是她给里委和街道打报告，称为了给居民办实事，申请免费安装一部公用电话。既然是方便居民的好事，里委和街道都盖了章。张惠莉和张安莉骑着自行车去电话局送报告，电话局副局长看是为民办实事，签了字，然后再送去经办单位。经办单位收了报告，答应过7天去现场勘察，可是一周过去了，却连个人影都没见到，再去问，对方说："自忠路那个管公用电话的人反对，大概是觉得你们会抢了他们的生意。"

在现在人手一部手机的情况下，是很难想象当年的公用电话究竟靠什么来赚钱的。那时一部公用电话要覆盖很大一片区域，私人想打个电话，有时需要走好几百米去电话亭，还要按时付费。有电话打进来呢，看电话的阿姨就要记下对方的电话号码和需要回电人的地址，然后走街串巷去那家人的楼下大声呼喊："某某阿姨、某某爷叔，有电话！"声音洪亮，威震四邻。从傍晚到夜间，这样的传呼声此起彼伏，是当年的一道风景。传呼一次也就几分钱，但是每天总有七八十个电话，聚沙成塔，也是一笔收入，很多看电话的阿姨、爷叔都是靠这些小钱来维持生计的。

张惠莉一听，原来是卡在这里了。她赶紧去居委会声明："我们只用电话不传呼，不会影响他们生意的。"于是，再重新走一遍程序，重新找电话局领导，正巧碰到局长。这次总算一切顺利，局长也签了字，学校终于得以免费安装一部公用电话。有了公用电话，在学校培训的干部和学生都去经营服务部打付费电话了，一年下来，仅一个公用电话，月收入居然就有一千多元！后来，又申请安装了第二部免费的公用电话。这些想方设法赚来的钱，不仅弥补了教育经费的不足，也是给教职工的福利。

温馨的片段

集管局职校的教学质量好，一直是业内公认的。我们来看一组数据：

1985 年，参加市统考，获区高中文科第一名和高中理科第二名；参加区数学竞赛，高复班和高中班的学生个人获第一名和第三名。

1986 年春，参加市统考，政治、语文同时拿下个人的两个第一；1986 年秋，参加市统考，语文、历史获区第一名，地理获区第二名。

1987 年春，参加市统考，地理、历史获区第一名和第二名；1987 年秋，参加市统考，语文获区第一名，物理、政治获区第二名。

不用再一一列举了，之后的很多年里，只要参加市统考的成绩一出来，集管局职校肯定是名列前茅的。

为什么呢？有人分析，这是因为在职校兼课的都是好教师。曾任上海市成人教育委员会副主任、上海电大党委书记的郭伯农有一次参加职校的春节联合会，他惊奇地发现，区里所有的好教师，他在每年表彰大会上见到的那些优秀教师、特级教师，甚至是校长，几乎都在职校兼课。一个学校，首先要有大师而不是大楼，这是办学的黄金法则，而在自忠路简陋的弄堂校舍里，他却见到了这么多教育界精英，这让他看到了张惠莉的求贤若渴和求才有方，当时他就认定，这样的学校一定是有希望的。以后，作为成人教育界的领导，他成了学校最坚定的宣传者和支持者。

那为什么好教师都愿意来也留得住呢？也有人分析，是因为学校总有一些人和一些事让教师们感怀于心。

张惠莉曾对大家说："我们学校的教师和职工，只要有人生病或者家里有事的，都要第一时间让我知道。"知道后她必定亲自到访、慰问，或者帮着解决问题。曾经有一位老师在外企待了一段时间，回来介绍说，外企的福利真好，员工吃饭都不要钱。张惠莉听见了，也记住了，不久，她便请了个阿姨开起炉灶，每天给教师们做饭。没有餐厅，教师就餐时只能端到自己的办公室去吃，可那是 1980 年代，要维持每天二荤一素的标准是相当不容易的。这免费的工作午餐，就这么一直吃到现在。

张惠莉还定了一个规矩，每年的大年初五，全体教职工及家属，一家带一到两个菜肴或点心，来学校参加团拜会。那可是一百来人哪！下午先在教室里座谈，大人喝茶聊天，孩子打闹嬉戏，到了晚上，则是展示各家厨艺水平的时刻，所有的菜肴摆满了课桌，真可谓百菜齐聚、百看争先，一动筷子，厨艺水平立见高下。张惠莉带的基本上都是苏州特色的糟货，在病休时，张惠莉就已经掌握了做糟货的本事。万物皆可糟，糟鱼、糟鸡、糟肉、糟水笋，甚至还有糟黄豆芽，味道鲜美、令人垂涎，再加上一锅鱼生粥，用青鱼去骨切成薄片，再把滚烫的白粥直接舀到生鱼片上，加上葱花和酱油，鱼的鲜加上米的香，每次端上桌都会很快见底。那时市区还没有禁放烟花爆竹，燃放爆竹烟花便成了晚宴后的余兴节目，爆竹的声响，烟花的绚烂，大人、孩子兴奋的欢呼，成为团拜会的高潮和尾声。节后，再对每家带来的菜肴按市价给予补偿。

团拜会是集管局职校的特色，每年都办，每年都有新花头，这次的团拜会刚刚过去，大家又开始惦记下一次，是人人惦记的"保留节目"。类似百家宴式的团拜会一直办到 1997 年，有了震旦外国语中学之后才停办，因为教职工的人数实在太多，受场地限制，聚餐只好让大家移步饭店。随着学校的发展，条件越来越好，聚餐的菜肴也越来越精致，可随便什么时候说起来，大家还是怀念当年那种温馨的类似家人团聚的宴会。

张惠莉喜欢"赶时髦"，上海滩只要有什么新潮的餐饮，她就立刻带大家去尝新。巴西烧烤出来了她带大家去吃，海鲜自助餐出来了她又带大家去吃。海霸王刚刚开张时，自助餐每人只要 38 元，张惠莉就带着教师包场去尝新，日本料理刚出来，每人 150 元，张惠莉又带着教师去"领世面"。那时上海人还很少能见到三文鱼之类的深海海鲜，一尝味道，肉质肥美，立刻大快朵颐，吃了一盘又一盘，把店家都吃怕了，出来打招呼，大家这才收敛一点。此后，新锦江旋转餐厅、新天地成龙开的饭店、波特曼……只要哪里有新开的高档餐厅，哪里就能看到震旦教师们的足迹。大浪淘沙是一家规模很大的洗浴中心，刚开张不久张惠莉就组织大家去洗桑拿，外籍教师还打电话向华人监护人询问是否真的可以进去。教师们都说，张校长对他们那真是没话说。

作为校长，张惠莉要操心的事非常多，但她一直坚持每周上八节数学课，因为妈妈跟她说过："你要当校长，更要踏踏实实做一名普通教师。"

按规定上课可以领取课时补贴，但张惠莉一直不留记录，不拿课酬，新来的财务对张惠莉说："你上课多少不作记录，无人知道你的付出，我还是帮你记账吧。"几年后，张惠莉提出："把这笔钱全部取出来，找人买一台热水器和一台洗衣机，解决一下教师洗澡难和洗衣难的问题。"

她还是分文未取。

张惠莉在上课的时候，妈妈喜欢坐在天井里，远远地看着女儿上课，有时候还会拉着学生问一问："你们觉得张校长上课怎么样啊？"听学生都说好，她便满心欢喜。

在天井办公是妈妈自己的选择。学校校舍号称"五房二厅"，除了三间教室，办公室只有上下两间，要容纳十几名教师备课和课间休息，还是挺紧张的，妈妈便把天井当成了自己的办公场所。学生报名时她用桌子搭出一个空间，一人镇守其中，应付蜂拥而至的报名学生。报名结束后撤去其他的桌子，留下的那一张，就是她的专用办公桌。办公桌只有两个抽屉，抽屉里藏着妈妈的宝贝——一把缺了两档的算盘。有时会计上岗证班的学生忘记带算盘，妈妈便会从抽屉里取出算盘借给他们。曾有学生拿着这把残缺的算盘很是不解地问："你们学校招了那么多学生，收了那么多钱，连把算盘都买不起吗？"妈妈就笑着说："能用的东西就不能扔，还是应该勤俭节约啊。"其实，在妈妈眼里，能用的东西还有许多，桌面上的玻璃已经裂了一条长长的缝，因为还能用，就一直用着。喝水的搪瓷杯已经用了很多年，也因为还能用，所以不离不弃，上班捧过来，晚上再捧回去。那时没有空调，闷热的夏天，坐在天井里总能闻到厕所的异味，有人便调侃说："陈老师，你这个位置是不是一直能闻到扑鼻的异香啊？"妈妈也开了一句玩笑说："是啊，就是因为这个我才坐在这里不愿走呢。"

在天井办公还有一个作用，就是可以"眼观六路、耳听八方"，学生课间在天井休息时，妈妈就会跟他们聊天，问问老师的课上得怎么样，他们觉得还想学点什么。听到学生的诉求，只要合理，她都会想方设法找老师去协调，直至解决问题。写作对学生们来说是个难点，妈妈就要求语文老师在讲课之外还能对一部分学生的作业做出面批，这样，既可以让学生知道自己该如何写，也有助于老师知道学生学习的难点。开办秘书大专专业证书班时要定一门选修课，妈妈就去找任课老师商量，说："现代企业不懂一点会计知识是不行的，我考虑了很久，想让同学们多掌握一点知识，对今后的工作更有帮助，我想就把会计作为选修课的内容吧。课时不多，连讲课带测试一共是 21 个课时，请你帮我编写教材，一切拜托。"那位老师本来排课就已经很满了，三天要拿出教材，时间紧不说，还要符合非专业学生浅显易懂的要求，实在有点为难，但他说面对妈妈的请求，学校的老师几乎没人会拒绝，因为妈妈平时对大家实在是太好了。

那时的班很多，学生也很多，但妈妈有一个本事，差不多每个学生的名字她都能叫出来，甚至是每个学生的特点，学习的态度和效果，考出了几门，还有哪几门没有过，她心里都有一本账，真是让人称奇。

尊重教师，绝大多数的学校校规里都会有这么一条，张惠莉却把它具体成"三个一"：上课前一杯热茶，下课后一把衣刷和一条热毛巾。张惠莉说，这样可以让老师干干净净地回家。这"三个一"的任务交给当班的班主任完成，因为妈妈兼任了很多班的班主任，所以大家的记忆中一直是妈妈在为他们服务。上课前，老师前脚刚踏进教室，妈妈就把一杯热茶递到老师手里。下课后，学生散去，妈妈会用衣刷细细刷去老师衣服上的粉笔灰，然后送上热毛巾，让老师擦去粉尘和疲惫。寒来暑往，莫不如是。夏天，酷暑难耐，下课后，跨出教室的老师有时会面对一个被切开的绿皮红瓤西瓜和一句温馨的问候。这样的惊喜并不是所有的老师都有，妈妈的奖励是有前提的，必须是学生都反映课教得好。吃了西瓜、得到鼓励的老师今后会加倍努力，而期待得到妈妈肯定的老师看在眼里，羡慕也会变成动力。

那时的集管局职校就像个大家庭，平时学校的教职工经常能吃到妈妈自掏腰包买的生煎包和各种小吃。老师和学生们都说，天井是妈妈关心人的窗口，也是学校最温馨的地方。

周月华是插队知青，回沪后被分在生产组，后被借到顺昌里委任团支部书记，经里委干部介绍来到集管局职校。她工作认真踏实，多次换岗，从打字员、出纳一直做到工会主席，学校需要什么她就干什么，从无怨言。她一直说自己是"笨鸟先飞"，打字打得慢，就利用业余时间偷偷练习，她办公室的灯经常彻夜亮着，一亮就是一个通宵。她一直说学校是她的"娘家"，因为不管大事小情，婚礼筹备也好，住房动迁也好，都是"娘家人"帮她出面的。

学校门口没有保安，只有一间小小的房间，被称为传达室。传达室是沈耀庭的"地盘"，沈耀庭不仅要负责很多后勤工作，还要兼做油印的活。学校每年都有几十个班，每个班都有复习资料和试题考卷，所以需要油印的材料就非常多，每天一大早传达室就会传出"咔哒、咔哒"手摇油印机的响声，时间长了，大家看见他都会戏谑地说："耀庭，耀庭，摇个不停。"但是，手摇油印机很快被电动油印机替代，走进校门时没了"咔哒、咔哒"的声响，大家都有点寂寞。

沈耀庭是学校的元老之一。当年嵩山路街道业余学校与街道文化站合署办公时，他常来文化站聊天，一来二去跟张惠莉就熟悉了。沈耀庭在新疆工作时因骑马工伤，患骨髓炎失去了一条腿，被定为一级残疾。四十岁之后，他又截去了第二条发炎的腿，双腿都装了假肢。但他性格豪爽，待人热情，所以张惠莉调到集管局职校时便把他带过来了。虽然残疾，但沈耀庭干的活一点都不比正常人少。凭残疾证他可以买一辆三轮残疾车，很多残疾人都用残疾车赚钱，可沈耀庭的车却无偿地为学校购物拉货，逢年过节学校都会发福利，有时候是粽子，有时候是月饼，都是他开着残疾车一家家地送，大家都说沈耀庭的车虽然是私车，但一直为公家所用。

后来，沈耀庭在新疆找了一个妻子带回上海，婚礼的一切，从拍婚纱照，到发送邀请宾客的请柬，再到酒宴，都是张惠莉一手操办的。很多年后沈耀庭得了胃癌，手术后没几天半夜心肌梗塞突发离世，张惠莉伤心地亲自去悼念。一个校长，肯为学校一个最基层的员工这么倾心付出，老师们都看在眼里。

这些温馨的点滴，留住了人心，也留住了教师们离去的脚步。

第三章

开疆扩土

你没有成功的原因，表面上缺的是机会，实际上内心缺的是胆量，本质上缺的是野心，脑子里缺的是观念，骨子里缺的是勇气，改变上缺的是行动，事业上缺的是毅力，肚子里缺的是知识。所以，成功需要很多很多因素。

——无名氏

敏锐的嗅觉

对成人教育，张惠莉一直有自己独立的思考。她认为，要根据成年人的特点，教会他们学习方法，授人以渔而不是授人以鱼。

有一位女学生，年过四旬，反应慢、基础差，知道她要来上学，厂里同事还讥讽她说："如果你都能考及格我个人奖励你 200 元。"对一个从未接触过高中数理化的成年人来说，半年时间学完高中全科，难度非常大，但在教师的正确指导和她自己的不懈努力下，参加市统考，四门课程全部合格，让那些讥讽她的人哑口无言。同样，还有一位四十多岁的女学生，在其他学校学了一学期，却连一门单科都没有考及格，听说集管局职校教学质量好，将信将疑地过来报名。半年过后，她同样拿到了毕业证书，连她自己都认为是创造了奇迹。这些事例，进一步证实了只有不会教的老师，没有教不会的学生。

张惠莉可能天生就应该是搞教育的，对教育市场，她有着超前的思维和敏锐的嗅觉。"双补"中，集管局职校共举办了 250 个文化补习班，万余名干部、职工参加了文化补课，95％以上的职工达到了行业考核要求。但是，当社会上还沉浸在文化补课的"热"之中时，张惠莉就已经看到了技术培训的前景，她着手对基层职工进行调查，对年龄状态、技术工种状况、学历状况进行统计，同时去市、局有关单位收集技术培训资料，先后开办了涉及 30 多个工种的技术培训班，使集管局 60％的技术工人都拿到了劳动局的技术等级证书。当别的学校发觉技术培训是一个"香饽饽"时，张惠莉又转移目标，将工作重心转移到岗位培训上来，1987 年 2 月，经过筹建，教育科所属的卢湾区集管局干部学校成立，使干部培训工作在组织上得到了落实。2 月 5 日到 10 日，干部学校举办了有 268 人参加的正职厂长、支部书记和工会主席的大型培训班，此后，又举办了厂长培训班和工会主席短训班，教授财务管理、企业管理和领导科学等三门课程。一年中，职校共举办了 12 期各种培训班，受训人数近万名。

张惠莉不承认自己有什么先知先觉，她说自己之所以能够领先一步还是因为经常学习。她关注时事政治，经常从国家的大政方针中寻找教育的方向，审时度势，捕捉正确的信息，做出准确的判断。她学习专业知识，除了自己的数学专业，还涉猎了很多其他学科的知识，有哲学的、文学的。1986 年，她听见自学考试班的学生在抱怨说："哲学和政治经济学都好难考啊！"她不信，于是跟学生们一起去考，结果一下子考出了四门，让学生们大吃一惊。1987 年，她让学校购置了很多教学设备：1 台摄像机、3 台录像机、3 台 22 吋的彩电，还有复印机、光电誊印机和电动打字机。在当时职校、业校的圈子里，绝对是最超前的。她说添置这些设备，不是为了风光好看，是要为教学服务的。她第一个学会了使用摄录设备，并督促一位优秀的数学教师使用摄录设备开了一堂教学研究课。就这样，学校有了第一盘教学录像资料，也从此开启了电化教育的旅程。以后，这名来自重点中学的数学教师带领职校的三名学生参加全市业余学校的数学竞赛，取得了一个第二名、一个第三名的好成绩，回校以后，张惠莉除了给获奖学生颁发奖品之外，还奖励了这名教师 50 元，在当时，连重点学校都没有这样的奖励制度。

1988 年 4 月 28 日，国家教委、人事部印发《关于成人高等教育试行〈专业证书〉制度的若干规定》的通知，首次提出成人高等教育将实行毕业证书、单科及格证书、专业证书三种证书制度。上海为了贯彻落实国家教委和人事部的通知，又提出了几点补充意见，将办班的要求进一步细化如下：学习对象在 35 周岁以上；具有高中毕业或高中同等学力；有 5 年以上本岗位专业工龄且专业对口的，都可参加大专专业证书班的学习。由于专业证书可作为评定、聘任专业技术职务、管理职务和其他职务任职资格的依据，所以看到这个文件，张惠莉就敏锐地嗅到了发展机会。

其实早在一年前，上海就开始了高等专业证书教育的试点工作，在张惠莉的积极争取下，上海市高教局批准集管局职校与上海大学文学院联办一年半学制的行政管理专业和法律专业的大专专业证书班。专业证书班的收费比较高，每个学生三学期的学费是 700 元，这对提升学校办学水平，改善学校的经济状况都有极大的好处。

大专专业证书班原则上是局级单位委托普通高校承办，张惠莉抓住这个机会，多方奔走，分别得到了区政府和市集办的支持和委托，1988 年，职校先后与上海工业大学、上海大学、上海财经大学、华东师范大学、电视大学等高校联合举办了 10 个班，分别开设了劳动人事管理、经济管理、工业企业管理、学前教育管理、涉外经济法、财务审计、行政管理等大专专业证书班。招生面对 21 个省市，几乎各个口子都有人来，行政管理专业一下子招了 70 多人，连教室都坐不下了。

大专专业证书班一时大火，等很多学校醒悟过来的时候，集管局职校又一次夺得了先机。

学校刚刚搬到自忠路的时候，还一点都不出名，有人问路："自忠路的集管局职校怎么走？"住在附近的老上海就会说："哦，太平桥啊，你要穿过菜场、摸进弄堂、七转八弯才能找到那所学校。"这不是笑话，在老上海的心目中，不管是顺昌路还是自忠路，那一片统统叫太平桥。

复旦大学的郁教授受聘担任大专自学考组织行为学的课程，第一次来太平桥时，在校门外来回徘徊不敢进入，他怎么都不敢相信这就是请他来上课的学校。走进办公室时他更是吃了一惊，学校办公室的条件还不如他家的小客厅。可是看到简陋的教室里认真听课的学生，又听了学校办学的介绍，他连连点头说："虽然我路远了点，但你们的课我一定来上！"让他自己都没想到的是，他教的学生在组织行为学的全市统考中合格率高达90％，虽然跟他的教学水平分不开，但是职校严谨的教学管理和学生认真的学习态度都让他十分佩服，以后学校开设新专业新班时，他还为学校推荐了很多好教师。

其实，太平桥是很有来历的。上海老城厢的城厢之西曾有一条打铁浜，它蜿蜒流淌，连通晏公庙浜（今自忠路东段）与南长浜（今复兴中路），在清末是上海西门外的交通要道。打铁浜上有座桥，就是太平桥。到 20 世纪 30 年代中叶，太平桥地区已经店铺云集，经营品种林林总总，甚至还有银楼、戏院、茶馆、澡堂等，五花八门。1949 年后经过网点调整，这里更是成为地区性的商业中心。集管局职校搬到这里后，短短三年，就已办班 500 多个，培养学生 2 万多名，并依靠出色的教学质量，迅速打开了局面。若干年后大家再说起太平桥时，学校的名气早已盖过了那些商铺，成为新的地标。

1988 年，集管局职校再次拿出了一份漂亮的答卷：春季和秋季参加市统考，先后拿到政治、地理第一名，历史第二名。

由于教学成绩显著，1989 年 5 月，张惠莉被上海市政府教卫办、上海市成人教育委员会评为 1988 年度上海市成人教育先进个人。

张惠莉曾经针对市场经济条件下职业教育的发展，提出了"以变应变、以活求活"的办学方针。她认为，经济大潮的冲击使职业技术教育的内容和形式产生了巨大变化。由于求职观念、人才需求及培训的对象都起了变化，所以要求职校在体制、运行机制、管理模式、招生对象、专业设置等方面也要采取相应的应变措施，只有以变应变，才能以活（灵活）求活（生存）。

她还在一篇文章中分析说，在计划经济模式下职业技术教育的职后培训，大抵采用"一厂一校""一局一校"的布局。在这种情形下学校机械、被动地承担母体企业职工的职业技术培训，逐步陷入自我束缚的封闭式怪圈。但她又自豪地说："有幸的是我们学校自诞生之日起并没有继承自我封闭的遗传基因，我们一直很'不安分'，在完成母体职工职后培训任务的基础上，我们始终探索着自主办学、自我完善的路子。"

这个"不安分"是张惠莉对自己最好的定义，就是因为她的"不安分"，才使她在之后的办学路上创新不断、改革不断，做出了很多"出格"的事，也创造了很多"第一"，在民办教育史上，留下了浓墨重彩的一笔。

时代的脉搏

早上，张惠莉刚急匆匆走出家门，又被沈永根喊住了。沈永根往张惠莉的包里塞了两个茶叶蛋，说："等会记得吃哦。"对妻子的脾气，沈永根真是太了解了，只要一进了学校，她就把其他的事情都忘了，幸亏学校有工作午餐，大家吃饭的时候会提醒她吃一点，不然她忙上一天都不会记得吃饭。可是晚上回家，沈永根特地去看了一下妻子的包，那两个被压扁的鸡蛋依然静悄悄地在老地方躺着。沈永根看了一眼正在埋头备课的妻子，深深地叹了一口气。

对张惠莉来说，跟她需要面对的困境相比，吃饭，只是太小的事了。

1989 年是一个动荡艰难的年份。为了避免引发严重通货膨胀等金融风险，中央从 1989 年开始，开展了力度空前的三年治理整顿，史称"双紧缩"下的国民经济"硬着陆"。双紧缩政策化解了金融风险，控制了通货膨胀，但是造成了一系列的经济困境：市场疲软、需求低迷、存货过高，很多企业处于半停产状态。学校的生源也下滑严重，春季还开设了 46 个门类的 53 个班，但是到了秋季，就只开了 25 个门类的 29 个班，到了 1990 年，情况依然没有多大改善，每学期都维持在 30～35 个班，比起鼎盛时期，差不多少了一半。

面对多变的外部形势，张惠莉经过深思熟虑，提出了念好"五本经"的应变措施。第一是市场经。她看到，在市场经济的大背景下，职业技术学校作为人才流通体系链之中的重要一环，一头面向劳动者，另一头直接面向劳务市场、用人单位。培训出来的人才质量怎么样，是否适"销"对路，直接影响到学校的声誉、经济利益乃至生存。所以职校必须直面市场经济优胜劣汰的自然法则，既要注意不断满足人才市场、劳务市场及用人单位的需求，又要注意满足受训者职后岗位深造、转岗培训以及就业指导等的要求，不断开发职业技术培训的潜在资源。第二是管理经。她认为一个学校信息是否灵通、竞争是否有实力、质量是否可靠，都要靠科学管理。她将原先各种教育、教学门类"一锅煮"的状况，调整为校长领导下的部门负责制，使各部门分工职确、责任落实、权力到位，既相对独立，又形成一个彼此关联、相互配合的有机整体。针对职业技术培训摊子大、战线长、专业杂、学生多的状况，成立了职业技术培训部，进行重点专管。第三是观念经。针对职业技术培训的新特点，在办学指导思想上，她提出了长与短互补，高与低互补、商与教互补的思路。她认为，面对激烈的市场竞争，一个职业技术培训学校无长期基础班作为后援梯队，学校难以稳定；但没有短、平、快的班级，就无法适应市场的多变性需求，学校也就没有活力。这就叫作"无长不稳、无短不活"。长与短，以短为主。面对市场对人才的多层次需求，既要办社会热门、紧缺的高层次精品班，也要办社会急需的、面广量大的实用性人才培训班。这就叫"无高不尖、无低不广"。高与低，以低为主。教育是学校的本业，经济是基础，没有经济实力，教育本业无法生存、不能发展。这就叫"无教不正、无商不富"。商与教，以教为主。总之，要打破传统职校的办学思想与观念。第四是效益经。按照"君子言义、小人言利"的传统思想，大多数人觉得，教育部门只能谈社会效益，不能谈经济效益，但张惠莉认为这是走入了认识误区。经济是基础，没有经济实力，教育无法生存、不能发展，哪里还谈得上什么社会效应。要念好效益经，首先在保证教育主业正常运转的前提下，要注意发展校办"三产"，做到产教结合、以产养教。其次要密切注意市场需求，切实掌握劳务信息和培训信息，不断调整学校的专业设置，努力用战略眼光和超前行为，不断发现和开拓新的培训市场，向市场要效益。同时，还要注重内部经济核算，注意节能挖潜、降低成本、合理配置资源，向管理要效益。第五是发展经。市场经济的逐步形成、改革的不断深入，为职业技术培训的发展提供了难得的机遇。张惠莉清醒地认识到，在这汹涌澎湃的经济大潮面前，如故步自封、不求进取，势必会被淘汰。所以她提出，软件上要不断调整自身的观念坐标，不断延长自己的服务半径，不断扩大自己的功能辐射，提高所有办学人员的素质。在硬件上要不断用先进的设备武装自己，为职业技术培训在广度和深度上的拓展提供有效的物质保证。

张惠莉还有个理论，一所学校，既要办成超市型的，又要有专卖店的特色。什么意思？譬如走进一家饭店，想买鱼，对方说没有，想买肉，对方还是说没有，那么以后再想吃饭，就不会选择这家店了。办学也是如此。为了顺应市场，不让求学的人失望而归，集管局职校开过的班就像个大超市，货物齐全，随你挑选。从适合低层次学历的二级保育员、机械制图、包装装潢设计，再到较高层次的劳动人事管理、经济管理和法律专业，不仅囊括了当时的热门行业，甚至还超前布局，满足各类求学者的需求。那专卖店又是什么意思呢？大家为什么买皮鞋要去蓝棠，买西装要去培罗蒙？因为这些专卖店的商品符合大家心目中的一个好的标准，所以张惠莉认为，在类似大超市的各种专业中，一定要打造自己学校特别出彩的学科。这些超前的教育思想，使学校走出的每一步都脚踏实地，形成了自己特有的办学风格。以后，在学校的办学过程中，张惠莉的这个理论被一再证实是正确的，在这个理论的指导下，学校得以快速发展。

1989 年 6 月，通过多方努力，张惠莉终于问上海市高教局职工教育处争取到开设内科医师大专专业证书班的办班许可。12 门课程，学制二年。1989 年 9 月，上海市集体事业办公室又同意集管局职校与上海大学文学院联合举办装潢设计大专班。

为了补充教育经费的不足，除了鸿达商行，张惠莉又在淮海路等商业地段租了两个柜台，一个卖羊毛衫和服装，一个卖床上用品。一开始都只是批发点床单、被套来卖，因为价廉物美，很快就赚钱了。管理小卖部的工作人员提出想个人承包，张惠莉一口答应，马上就签了合同。有人不解地问："这个小卖部这么红火，有钱为什么要给别人赚呢？"张惠莉说："开店只是权宜之计，我们的主要精力还是要放在办教育上，让他们承包了，每月上缴几千块钱，可以补充教育经费，也不用牵扯我们的精力，何乐而不为呢？"

为了活跃经济，卢湾区政府计划在淮海公园后门开个夜市，集管局也分到两张摊位证，职校拿到一张。张惠莉发现，晚上出来闲逛的人，购物不是主要目的，如果逛累了有点美食解解馋，那才是上海人的夜生活，所以卖什么都不如开个大排档。

很快就落实了，找了厨师，缪新亚还给大排档取了个雅致的名字——天然居。售卖的菜肴不在高档，只求经济实惠，糟个毛豆，炒个螺蛳，清清爽爽，鲜香美味，所以摊位前一直人流不断。后来，有顾客希望天然居可以卖点能带走吃的东西，于是又卖起了羊肉串。别看现在羊肉串随处可见，可当年却是难得一见的稀罕物，于是，天然居不可避免地又火了，光羊肉串一晚上就可以卖掉上千串。《经济日报》要报道卢湾区的夜市，发现天然居前这么多人，自然被吸引过来，一波采访、报道，于是，学校又出了一次名。

"张惠莉啊，你是不是跟财神爷有交情？你如果去做生意，恐怕要赚得翻过来了。"很多人都这么说。

如果晚上稍微有点空，张惠莉又想去了解一下天然居经营情况的话，便会问女儿："倩骞，要不要去吃羊肉串啊？"张沈一听，顿时欢呼雀跃："要啊要啊！"立刻拉着妈妈的手直奔普安路淮海公园后门。到了摊位，张沈津津有味地吃着羊肉串，张惠莉则在一旁默默地观察，听听顾客的言论，思考还有什么可以改进的地方。有时，张惠莉还会带上妈妈，再带上佩莉和佩莉的女儿李佳，一大家子人开开心心地去吃夜排档，在张沈的记忆中，这是妈妈极其难得的陪伴。

集腋成裘，这些经营项目虽都是小打小闹，但再一次使学校摆脱困境，有了起色。

一天，妈妈回家说起，张惠莉的一个姓刘的同学参加了国家机关工作人员的录用考试，考试已经通过了，不光可以转为国家机关编制，还可以继续留在原单位。"你也应该去考啊。"妈妈说。

这件事张惠莉听人提起过，那人调侃地说："都说女人嫁人是第二次投胎，其实'国考'也是第二次投胎，如果考得好，就有机会换一个饭碗，改变自己的命运。"张惠莉当时只是一笑而过，她对干部编制没有什么概念，再说了，自己对眼下这个校长"饭碗"很满意，不需要通过考试去改变命运。况且，学校需要落实的事情实在太多，也让她无暇顾及。但是到了晚上静下来想想，或许，为了学校的将来，自己还真的需要一个国家干部身份。

1990 年春，卢湾区区委宣传部胡献光部长、杨建荣副部长、区集管局党委书记洪佩英等人给集管局职校送来慰问信和匾，表彰职校显著的办学成绩。10 月，卢湾区教育局又向集管局职校颁发了证号为 360 的上海市社会力量办学许可证。

早在 1987 年，教育部就颁布了《关于社会力量办学的若干暂行规定》，这是我国第一个专门针对民办教育的规章制度，标志着我国民办教育制度建设的开始。该规定将社会力量办学定位为国家办学的补充，提出了要"鼓励和支持社会力量办学，加强宏观管理"。而上海，也在 1989 年 7 月 23 日，正式推出了《上海市社会力量办学管理办法》，文件明确，社会力量系指民主党派、人民团体、社会团体、企事业单位以及公民个人办学者。社会力量办学可根据各自的办学力量和条件，开办各种类型的职业技术培训、基础教育、中等专业教育、高等教育自学考试辅导、大学后的继续教育以及社会文化和生活教育等。同时要求，各级人民政府和教育行政部门应当鼓励和支持社会力量办学，维护学校的合法权益，帮助解决办学中存在的困难。

这个文件让张惠莉看到了学校未来的方向。学校虽然一直是自负盈亏，没有用过体制内的钱，但是，就因为头上有集管局这顶"帽子"，所以经常会受到各种约束，每年一到招生季，便会听到很多声音，这也不许，那也不准，为了学校的生存，有时候只能违心地"瞒报"。现在教育部门给学校颁发了这个证书，说明他们承认学校属于社会力量。作为社会力量，办学的自由度就要大很多，尤其职业培训允许的办学内容几乎囊括了义务教育外所有的教育范畴，这对学校的发展绝对是个好消息。可是，什么时候可以去掉学校头上这个"紧箍咒"呢？张惠莉万分期待。

11月，张惠莉走进考场，参加了国家机关工作人员的录用考试，而且考了全区第二名。

可是接下来的事情让她始料未及。首先集管局领导得知后有点不悦，责怪说："你去考干为什么不跟我讲？你我是不放的，要不你调到局里来当办公室主任。"接下来是区人事局面试，问她："进了机关编制，可能要离开现在的学校，你是怎么想的？"张惠莉说："有得有失呗。"人事局工作人员又告诉她："你们集管局不同意你在学校转编制，你可能要离开。"过了几天，瑞金街道的党委书记来了，说张惠莉已经分在瑞金街道。五里桥街道的党委书记也说希望她去五里桥街道，以后可以接他的班。张惠莉哪里舍得离开她心爱的学校，再说了，去街道做社区工作也不是她的理想，于是干脆告诉人事局："我哪都不去，这个机关编制，我放弃。"

过了几个月，在马路上碰到区人事局王局长，局长说："你放弃编制很可惜的呀。你知道吗？录用国家机关干部是有年龄限制的，超过45岁，想转都不可以转了，就连公办学校也进不了，你再好好考虑一下。"

那年张惠莉已经43岁，想想放弃编制还真的有点可惜，那就再争取一下吧。她去了市集办。前些年市集办曾想让她去当集办中专的校长，现在如果愿意去，不知道还有没有位子。可是市集办的工作人员告诉她，已经得到消息，市集办可能要撤销，如果撤销，市集办中专也就不复存在了。所以，这条路走不通。再找领导，市集办的主任出差去了，副主任对张惠莉比较熟悉，很想帮忙，便介绍她去找区劳动局局长。一番交谈后，劳动局长很爽气地答应："可以啊，编制就先落在劳动局吧。"

这边说好了，可那边又出了意外，一打听，当年卢湾区的干部编制已经全部用完，居然一个都不剩！怎么会这样?!

似乎已经是"疑无路"了，幸亏区委组织部部长张建军出手相助，在全市进行调剂，从外区争取来一个编制给了张惠莉，总算"柳暗花明"。组织部部长说："你张惠莉是特殊人才，我们这也算是特事特办。"

集管局领导听说有编制了，立即表示："张惠莉我们是不放的，编制还是放在职校吧。"兜兜转转一大圈，总算尘埃落定。张惠莉仍然是职校校长，只是她的身份已经是国家机关工作人员了。

先贤的感召

进入 1991 年，有段日子，张惠莉几乎忙得脚不沾地：与上海大学联办三年秘书大专班的协议刚刚签订，自己在华师大就读的专业又将面临考试。为了提高自己的管理水平，张惠莉两年前考进了华师大，攻读学制二年半的行政管理本科专业，白天忙职校的工作、上课，晚上还要挤出时间做作业，所以张惠莉留给自己、留给家庭的时间越来越少。

有的人忙中容易出乱，但张惠莉有个本事，忙到极致，身体是疲劳了，但她的脑子还是煞煞清。随着国家改革进程的加快，她意识到有些事不能再拖了。学校应该马上改名换姓，尽早与头上的"帽子"脱钩。可是，学校改名是个大事，之前她跟区成教科多次提议，但每一次都像撞上了南墙，一点回旋的余地都没有。张惠莉并不气馁，她知道，她还需要一个契机。

1992年1月18日，邓小平赴南方武昌、深圳、珠海、上海等地视察，发表了重要讲话。讲话针对人们思想中普遍存在的疑虑，重申了深化改革、加速发展的必要性和重要性，并从中国实际出发，站在时代的高度，深入总结了十多年改革开放的经验教训，在一系列重大的理论和实践问题上，提出了新观点，讲出了新思路，开创了新视野，对中国1990年代的经济改革与社会进步起到了关键性的推动作用。

张惠莉第一时间认真学习了邓小平的南方谈话，在很多过去固有的思想观念领域，都有了重大突破，让人耳目一新。张惠莉很兴奋，她知道机会来了。

1月22日，张惠莉以集管局职校的名义召开了一个高中教学研讨会，直接邀请了市、区成人教育界的最高领导：市成人教育协会秘书长郭柏农、市教育局成教处处长顾国治、卢湾区教育局局长王顺霖，还有《上海成人教育》杂志主编项秉健、《上海教育》杂志副主编金正扬、《文汇报》评论部主任潘益大以及教育专家等20余人。市教育局成教处顾处长收到邀请时还有点纳闷，一个集管局下面的职校组织召开全市的高中教育研讨会，从来没有这样的先例，但不管怎样，去听听看再说。

会议还没有开始，过去的两个学生来学校探望校长，一个是已经成为大律师的李佩芳，还有一个吕大吕，已经是工商局的科长。看到他们两个，张惠莉忽然有了一个主意，她拦住准备离开的两位说："你们别走，你们都是我们学校培养出来的学生，等会开会时你们给大家讲讲，讲讲学校的教育情况和教育质量。"于是，会议议程临时增加了这么一项。

两位发言结束后，张惠莉汇报了学校的教学情况：从教育局1987年至1991年的统计中得知，职校在十次毕（结）业考试中，九次占了区第一名、第二名。学校的学员先后获得全国优秀学员和上海市优秀学员；统计大专班的五十多名学生中有四十多名获得市统计局颁发的奖学金；职校的电大政工班被定为电大公开教学的示范班；医士中专班从 1986 年办班起，连续多年登上《中专自学报》的光荣榜，现在已经办了五届，合格率一直名列前茅。

郭伯农紧接着说："这所学校我是了解的，它的情况跟前进是一样的，前进也是民办校，前进能在全市招生，它为什么不可以？我建议学校改名。"在出席会议的这些领导中，郭伯农职位最高，况且他说得很有道理，所以卢湾区教育局王局长当场表态，同意改名，顾国治处长也同意改名，请成教科办理。

学校的名字张惠莉早就想好了，叫"震旦进修学校"。可是去区教育局成教科办理手续时，成教科的工作人员说："你们学校在我们卢湾区，校名前必须加上'卢湾区'三个字。"张惠莉考虑到招生又要受区域限制，恳请能否不加"卢湾区"，教育局王科长未置可否，只是说："去公安局办理手续这些事，你自己去搞定吧。"

此时已经临近春节，春节后就要开始招生了，如果不赶在春节期间让大家知道震旦进修学校，就会错过最佳招生时机。张惠莉做事雷厉风行，她立即马不停蹄地启动校名更改的有关程序：打报告、刻公章、印制信纸信封，换招牌、环境布置，从小年夜到初四，短短几天，全部搞定。她请学校负责对外广告事宜的严老师去《新民晚报》刊登广告，她还说招生广告必须在春节期间刊登出来。

那时，"教育也要进入市场"的观念还没有被大多数人接受，因为不知道刊登广告该如何办理，找谁办理。严老师写完广告文稿后先去区教育局审批，可是教育局也不知该归哪个口审批，来回跑了几次，最后总算批下来了。

再去《新民晚报》接洽。那时，《新民晚报》的广告多得挤破脑袋，一看这么小的版面，不感兴趣，严老师打了几次电话都找不到业务人员，眼看就到春节了，急得跳脚。最后实在没办法，只好向校长求助。幸亏张惠莉认识报社的一位总编，总编答允帮忙，让严老师大年三十去报社找他。

那年的大年三十天特别冷，还在飘着雪，位于延安中路的《新民晚报》报社空荡荡的，大家都回家过年了。严老师一大早就等在报社，等到总编赶来，看完文稿和批文，签字同意让广告部大年初四刊出时，严老师才松了一口气。那时，已是中午 12 点了。

1992 年上海市的人均工资只有 356 元，可是在《新民晚报》上刊登巴掌大的一块广告，却花去了 3 040 元。好在大年初四广告就刊出了，效果出乎意料，报名电话和上门咨询的络绎不绝，大家都特别兴奋。

年后的 2 月 20 日，区教育局的正式批文也下来了，同意集管局职校更名为"卢湾区震旦进修学校"，主办单位为市经委教育处。虽然没有一步到位，但毕竟跨出了关键一步，张惠莉心里的一块大石头终于落地。

学校为什么要取名震旦？是因为几年前妈妈讲的那个马相伯的故事。

震旦大学的创办源于 19 世纪末。"震旦"一词出自梵文，意即中国，在英语中亦有黎明、曙光的含义。震旦大学是中国近代第一所私立大学，梁启超闻之后欣然写道："今乃始见我祖国得一完备有条理之私立学校，吾欲狂喜。"震旦大学虽然规模不大，但师资力量很强，很快就成为与北京大学、清华大学等名校比肩的知名大学，被誉为"东方巴黎大学"。

1905 年春，法国天主教耶稣会试图将震旦变为教会学校，改变办学方针，另立规章。学生得知后大哗，摘下校牌，全院 132 名学生有 130 名退学。几天后，邵力子、于右任等人组成震旦复校干事会，推马相伯为会长，成立复旦公学。"复旦"二字含有"恢复震旦，复兴中华"之双重寓意。复旦公学几经周折后，于 1917 年改名为私立复旦大学，又于 1942 年改名为国立复旦大学。

虽说受教会的排挤，但马相伯仍对震旦有着一份难以割舍的情感，毕竟那是他亲手创办的第一所学校。故 1908 年当震旦打算迁往别处另建校舍时，马相伯不计前嫌，捐款四万元，又把自己名下地处公共租界和法租界的八处地皮悉数捐出，募得十多万元，以购置卢家湾吕班路（今重庆南路）的土地 103 亩，无偿提供给震旦使用。自始至终，马相伯一直是震旦的主要捐助人，并在有生之年运用他的影响力支持这所学校。

马相伯反对八股和科举制度，提倡格物致知、自立之学，引导热血青年学习科学文化知识，报效国家。他提倡自由研究之风，倡导学术民主、思想自由，着重"挈举纲领，开示门径"的启发式教学方法，指导学生钻研科学的方法和途径。他视学生如家人子弟，共食同游，亲切恳谈，循循诱导。他以 60 余岁的高龄，亲自教授拉丁文、数学、哲学和写作，编写《拉丁文通》《致知浅说》等教材。马相伯的教育思想和毁家兴学的壮举对中国教育影响深远，被公认为中国近代杰出的爱国教育家。

自从知道了马相伯的故事，张惠莉就一直把马相伯视为自己的榜样，所以她心心念念要把学校改名为震旦。张惠莉对学校的教职工们说："马相伯提出的'崇尚科学，注重文艺，不讲教理'的教育理念，到现在都不曾过时。'不讲教理'，马相伯的意思是不遵照教会的规矩，我们可以解释为不受教条主义的束缚。经历了时代变革和战乱，震旦之名依然屹立不倒，所以，我们既然用了震旦这个名字，就要延续震旦的教育理念，把震旦的优良传统传承下去。"

有人发现了一个有趣的巧合。新中国成立后，震旦外籍管理人员和主要教师集体辞职，学校领导班子在进行大换血之后，补办了开学庆典。有媒体记载，那天，复旦大学的学生代表拿着马相伯的像和锦旗走进礼堂，热情祝贺震旦的新生。他们高呼："震旦、复旦本是一家，我们是马相伯先生一手创办的两个学校。"震旦大学的学生也兴奋地站在椅子上高呼："继承马相伯老先生的爱国精神，建设新震旦！"

那天是 2 月 20 日，而在 40 年后的 2 月 20 日，张惠莉让震旦的名字获得了重生，这样的巧合让人觉得不可思议。

新校的发韧

好消息接踵而来，在学校更名的那段日子，学校也被上海市经委确定为 54 个直视企业之一。直视企业，就是由市经委直接观察、直接联系的单位，今后，学校可直接向市经委教育处反映和提供职工教育的信息和动态，提出建议和要求，通报学校即将开展的重要教育培训活动，对市经委教育处的有关工作做出反馈等，这对学校的工作无疑是个有力的推动。

在市经委直视企业的新闻发布会上，张惠莉以"职工教育要适应配合企业的改革"为题作了发言。她列数了这些年来她面对的从教学对象到教学整体的变化：1970 年代，她面对的教育对象主要是里弄生产组的阿姨、妈妈，是她的前辈；从 1978 年开始，她的教育对象主要是下乡回城的知识青年，是她的同辈；1989 年以后，她的教育对象中青工占了大多数，都是她的晚辈。教育课程的设置，也从以语文识字为主，慢慢增加到三门、四门、五门，一直增加到七门学科，并且越来越与生产力的发展紧密结合。所以她提出要清醒地认识到，企业无论怎样改革，提高职工素质的要求不会变。所以职教干部要关口前移，主动熟悉关键岗位、特殊岗位的岗位规范和测评要求，制定出职工上岗、在岗、转岗人员相应的教育培训计划和考核标准，编写相关教材。她还建议，作为企业转换机制的一个组成部分，职工教育一定要纳入厂长任期目标和企业的工作计划，这样，职教工作才能得到强有力的保证。

邓小平的南方谈话无疑是"吹遍全国的一股春风，吹散了人们心头的犹豫、焦虑和疑问"，在那以后改革的速度和力度都明显加大了。张惠莉很清楚，职工教育必须适应、配合企业的改革，那么，现在企业最需要的是什么呢？

一天，张惠莉参加了一个会议，会上有人介绍说江南造船厂在工作中已经开始使用电脑了。这句话一下子提醒了张惠莉，是啊，使用电脑可以大幅度提高工作效率，职工学会使用电脑，是推动企业发展的必经之路。

那时，学校只有一台电脑，除了打字之外，还要提供给会计和统计班的学生上机操作。僧多粥少，学生只能每二人为一组，十分钟一轮，一人操作，另一人看着，下一次再换过来。由于学生实习机会少，所以辅导老师就要反复讲、反复指导，非常辛苦。确实，不管从学校自身还是从社会的需求看，购买电脑都是一个必须马上解决的问题。

可是，电脑是稀罕物，价格昂贵，学校当时拿不出这笔钱。等学校有了钱再买？不能等！贷款！1992 年 3 月，学校向卢湾区财政局打报告，申请贷款 10 万元购买电脑及相关设备。放在现在看，贷个百万、千万都是寻常事，可在当时，这可是一个非常大胆的决定。

应该买什么型号的电脑比较适合呢？张惠莉向她原来的学生《新民晚报》记者打听。记者说："如果学校是为了培训的话，买 286 足够了，我们报社也只有一台 386，文汇报社连 386 都没有呢，用的都是 286。""286、386"，指的是电脑 CPU 的运算频率。张惠莉一听，好吧，那就都买 286。

为了买电脑，张惠莉带着两个专业老师张仁宝和黄天敏跑了很多地方了解行情，最后还是决定在上海计算机厂购买 10 台电脑，因为上海计算机厂是国营单位，那时的国营厂有很好的品牌信誉。

学校只有三个教室，平时就已经有点周转不开了，电脑教室又该放在哪儿呢？张惠莉在学校内转了一圈后立即拍板，把楼上的办公室腾出来，办公都到楼下挤一挤。于是，这边腾房，那边请计算机厂派工人连夜安装，不到一星期，一个崭新的电脑教室就布置妥当了。楼上的办公室本来就是隔出来的，层高也就两米多，充其量只能算是个阁楼，大家都开玩笑地说："这是我们震旦的阁楼机房。"不到一个月，电脑班就筹备妥当了。第一批学员中，集管局的局长、副局长和总支副书记都来参加了学习，他们还要求局本部的干部、公司级的经理厂长都要进行计算机培训，并以"亮出了第一块牌子"为题进行了信息发布，将此举称为"集管局领导以科学眼光看世界，具有高瞻远瞩之卓越见识，在全市集管系统中，亮出了电脑教育的第一块牌子，拓开了成人教育的一条新路"。

张惠莉不关心功劳记在谁的头上，有领导支持总归是件好事，况且她办电脑班的目的主要还是为了满足社会的需求。

正逢信息热，电脑培训班的开班真是恰到好处，原来的计划是一年办班 3 期，开设微机应用基础、电脑档案、电脑秘书、电脑会计、办公室自动化管理系统等五个专业班和若干单科班，每班招收 30～40 名学生。谁知招生广告一贴出去，报名的人便蜂拥而至，挡都挡不住。为了满足更多学生的需求，张惠莉决定放开招生，有多少招多少，课程安排从早上 8 点到晚上 9 点，每天开四个班，每个班 3 小时，12 小时连轴转，连中午都不休息。当时上课聘请的是工技大的电脑老师张仁宝和黄天敏，教学质量高、学生反映好，这让学校的电脑教学有了很好的口碑，以致后来"学电脑，去震旦"已经成为社会共识。那段时间，在自忠路狭窄的弄堂里从早到晚都停满了自行车，走了一批又来一批，以致停车堵路，常常跟居民发生纠纷。后来，张惠莉干脆把校门口那户刘姓居民的住宅置换下来改成教室，这样，震旦多了一间教室，而那户居民则得到了实惠。经济上也打了翻身仗，原来在制订还贷计划时估算每年的学费收入在扣除教学支出后，可获利 2 万元左右，五年还清贷款，结果电脑班的学费收入大大超过了预算，不到两年，就把 10 万元贷款还清了。

那是一段让人热血沸腾的日子。由《组织人事报》牵头，联合《新民晚报》、《文汇报》、《青年报》、《劳动信息报》、上海人民广播电台和每周广播等 7 家媒体对震旦进修学校进行了采访，张惠莉介绍了创业经过及学校概况。哈尔滨派出成人教育团队来学校学习访问，张惠莉又介绍了学校以"立足本局，服务社会；立足教学，服务改革"为宗旨的办学理念。

很多企业前来商谈委托办学，东海联合企业公司沪西公司原来委托华东师范大学成人教育学院代培餐厅、舞厅、酒吧服务员和公关人员，现在也转移至震旦进修学校进行培训。

在卢湾区 1992 年成人高中的作文、数学、化学竞赛中，学校再次取得了非常优异的成绩，作文拿下了一等奖，化学拿下了区二等奖和市三等奖，数学更是囊括了前三名，让新生的震旦大大地露了一次脸。

张惠莉再一次被卢湾区记大功，同时被评为"上海市企业职工学校优秀政治工作者"，在上海市委宣传部的表彰大会上受到表彰。而在 11 月份召开的上海市成人教育工作会议上，震旦进修学校也被评为"上海市先进集体"。

1992 年行将过去，从年头一直忙到年尾，说不累是假的，但那是辛勤耕耘的一年，是硕果累累的一年，也是充满希望的一年，只要学校有发展、有前途，个人就是累点也值啊，想到这里，张惠莉很欣慰。

多变的局势

1993 年是个多变的年份，如果要用一个词来形容的话，那就是"风雷激荡"。力度大、范围广的经济改革，使经济开始腾飞。但最让张惠莉关注的还是 2 月 13 日中共中央、国务院印发的《中国教育改革和发展纲要》（简称《纲要》），《纲要》明确提出"必须把教育摆在优先发展的战略地位，努力提高全民族的思想道德和科学文化水平，这是实现我国现代化的"根本大计"。《纲要》还给了职业技术教育很高的评价，明确"职业技术教育是现代教育的重要组成部分，是工业化和生产社会化、现代化的重要支柱"，要求"各级政府要高度重视、统筹规划，贯彻积极发展的方针，充分调动各部门、企事业单位和社会各界的积极性，形成全社会兴办多种形式、多层次职业技术教育的局面"。

"必须把教育摆在优先发展的战略地位"，这样的定位给了张惠莉很大的底气。她的布局不再局限于自忠路这一亩三分地，而是"借船出海"，拓展更大的领域。

2 月，学校创办的经济实体高敦实业有限公司与他人合办的桑妮时装店在复兴中路 585 号开张。那时，学校的教育经费已经不那么紧张了，但张惠莉认为，"丰年的时候要预备荒年的粮"，这是先人的大智慧。办学，资金多多益善，只有常怀忧患意识，才能在"荒年"来临之际安然渡过难关。况且，改革开放到了一定的阶段，爱美、爱生活会成为社会的主流，对时装一定会有需求，所以，桑妮时装店的定位是高端时装。选择复兴中路也有她的考虑，复兴中路是当年法租界东西向的一条主干道，这条马路有着深厚的人文底蕴：512 号是刘海粟故居；517 号是冯玉祥、柳亚子故居；553 弄复兴坊，何香凝、史良 20 世纪 30 年代在此生活；573 号，钱锺书在此写出《围城》。所以张惠莉相信，时装店开在这样的地段一定是相容的。开张时的热闹就不用多说了，从店面的顶流设计到服装的先锋时尚，都成为吸引顾客眼球的要素，也成为当天的复兴中路一景。

3 月 7 日，震旦进修学校借浦东育青中学开办的高中电脑班开学。这是学校的第一个浦东办学点，被称为"浦一分部"。在浦东开设分部，也是张惠莉为了配合新区建设而采取的一项战略性举措。她看准了新区建设需要大批复合型、外向型人才，所以领先一步进军浦东。育青中学位于历城路 10 号，是一所具有现代化气息的省级特色普通高中，学校环境优雅，从自忠路过去走隧道也非常方便。但是，之前曾有三所沪上颇具名气的中学在育青中学设点，不到一年便打道回府，这让育青中学的领导心存疑虑，震旦在育青是不是也只是落个"临时户口"呢？没想到震旦不仅扎下了营盘，还在一年间就形成了五个类别、近 600 名学生的规模，在当地享有了较高的知名度和吸引力。

但是，改革的加速也带来很多不确定因素。首先，上海市集体事业办公室撤销，原先由张惠莉兼任校长的市集办中专卢湾分校也同时撤销。该校从 1984 年就成立了，学校可以自主招生，自设专业、课程，自己出卷考试，学生毕业就可以拿到中专学历，所以这块中专的牌子无论如何不能丢。张惠莉去找市教育局成教处问究竟该怎么办，成教处的领导答复是可以先挂在二轻财校，以后会在适当的时间对震旦进行考察，如果符合条件，再把中专的牌子还给震旦。张惠莉一打听，二轻财校的管理费要比本区的卢湾中专高出 5%，有点舍不得，找人斡旋，无果，为了保住这块牌子，最后只能答应暂时挂在二轻财校。没想到，跟二轻财校的合作十分融洽，最后，连二轻财校的教务主任退休后都被张惠莉挖过来当了震旦中专的教务主任，此是后话了。市集办撤销了，区集管局也跟着相应撤销，局党委改为中共卢湾区工业工作委员会。之前集管局机关 108 名干部，最后精简到只剩下 12 个人，编制挂在工业党委机关培训中心。张惠莉亦是 12人之一，任培训中心主任兼校长。

之前，在成人教育协会的一次会议上，郭伯农曾详细介绍了震旦的办学经历，引起了原上海市总工会主席兼上海成人教育委员会主任夏明芳的关注。郭伯农邀请夏主席有机会去震旦看一看，夏主席欣然同意。4 月的一天，夏明芳在郭伯农的陪同下出现在震旦小搁楼里。张惠莉向夏主席汇报了学校的发展，也借机说出了阻碍学校发展的困扰：目前学校虽然已经改名震旦进修学校，但头上还戴着一顶"卢湾区"的帽子，限制了招生范围。学校早在 1985 年就开办了法律大专班和统计大专班，至今已与多所大学联合开办了几十个大专专业证书班，在社会上有一定的知名度。但是，学校依然叫震旦进修学校，经常被认为只具备中等学力的办学资格，也影响了学校的进一步发展。听完介绍，夏主席果断拍板，以后在学校名称前加"上海市",全市都可以招生。震旦进修学校升级为震旦进修学院,直接挂在成人教育协会下面。就此事向工业党委彭戍兰书记汇报、请示时,彭书记爽快地回答说:"可以,这不就是多一张扑克牌打打吗?"

很快,市教育局就下了批文,同意成立上海市震旦进修学院,任命张惠莉为院长,郭伯农为名誉院长,主管单位是上海市成人教育协会。

完成了更名和升级,学校正式步入高层次职业技术培训领域,困扰张惠莉多年的难题解决了。针对市场需求的多样性、多变性和多层性,在专业设置上,她又提出了高唱"旅路""财路""电路""高路"这"四路歌"的设想。"旅路"主要培养宾馆服务、调酒师、厨师、厨工、营业员。"财路"以会计上岗证班为基础,并使之与学院开设的会计中专班、会计大专班接轨。"电路"开设电脑应用班和五笔字型输入班。"高路"则根据人才市场对高层次人才需求面广、量大、质高的要求,开设涉外秘书、涉外商务、房地产系列培训班。

有了明确的目标,震旦进修学院开始大踏步前进,广泛地与社会各个领域接触并进行合作。仅在1993年5月,就接受了上海市对外服务公司的委托,开办出国服务人员培训班;与上海市旅游管理局商定,作为该局的十所定点学校之一,对新招收的宾馆服务员、餐饮调酒师、厨工、厨师进行培训。

上海是中国近代工业的发祥地,拥有庞大的产业工人人群,可是进入20世纪90年代,特别是1993年中央提出转换国有企业经营机制,转变政府经济管理职能之后,因为工厂的关闭、转产和改制,上海先后有100多万国营企业的工人纷纷下岗,组成一道别样的"灰色风景线"。拿着很少的一笔遣散费难以维持生计,一些文化水平低的工人只能去修鞋、摆摊、搬砖,干一些体力活。了解到下岗人员的困境后,张惠莉提出用知识帮困的主张,一方面设法根据用人单位的要求设置课程,贴近岗位标准,强调实用;另一方面落实培训后的出路,尽量做到门门对路、路路畅通。或在发证上落实权威部门颁发的资格认可证书，或在推荐工作上架桥铺路，使学生经过培训学到真本事、掌握新技能，做到下岗有依据、求职有渠道。

学院接受市经委教育处的委托，针对下岗人员开办了会计上岗证培训班，开学典礼上，张惠莉亲自为学生打气，她说："你们现在下岗了，等于松了绑，没有了束缚，可以更自由地选择新的职业，希望你们通过这里的学习，学会新的技能，开辟你们新的人生旅程。"她的一席话，使台下所有的学生热情高涨，信心百倍。以后，建议开设会计实务班并由何汪才老师亲自编写教材授课，让很多对会计知识一窍不通的人掌握了会计实务。

那时，商店超市已经开始使用收银机了，收银员岗位紧缺。虽然收银机价格昂贵，但张惠莉还是奢侈地购买了十几台，开办了面向下岗人员的收银员培训班。有人质疑开这样的班有点得不偿失，外面没有学校会为这些下岗工人花这么多钱，但张惠莉说："这些下岗工人为国家的经济转型作出了牺牲，我们应该帮助他们，让他们有更多的择业机会。"

同时，学院还与市劳动服务公司就业指导中心、上海市人才交流中心信息部达成合作办学协议。学校配套成立了就业指导中心，为学员提供择业咨询、就业指导、工作推荐的一条龙服务，先后开办了厨工、服务员、营业员、无线电修理工、仓库保管员等岗位的培训班，陆续向有关企业推荐学生，解决了一部分学生的就业问题。"善良是最好的投资"，学校的这些"温暖工程"，不仅帮助了下岗工人，也成为学校的一张名片。

1993 年 5 月 28 日，《人民日报》刊登了题为"上海实施紧缺人才培训工程"的新闻，称上海已经成立上海市通用外语水平等级考试办公室和上海市计算机应用能力考核办公室，承担面向社会的外语、计算机等相关考试、考核的日常事务。新闻刚一刊出，张惠莉就第一时间成立了紧缺人才培训部，进行了全方位布局。

当时，上海市计算机应用能力考核办公室在全市寻找计算机应用能力的培训和考核点，为了争取到这个资格，张惠莉早已闻风而动，学校购置了 45 台 486 电脑，并置换自忠路校舍旁边的居民住宅，将其改为宽敞的电脑教室。市计算机考核办的人前来考察后非常满意，当即同意震旦为计算机应用能力考核的第一家考核试点单位，并在震旦进行考试的试运行。到了第二年，市计算机考核办需要确定正式的考核点，张惠莉又早早做好了准备，借新华中学食堂二楼的两个平行教室，购买了 110 台 586 电脑。两个教室摆得满满当当，有空调有地毯，非常现代化。市计算机考核办的人一看，震惊地说："除了复旦、交大这样的高校，全上海都找不到你们这样的条件。"当即认定震旦为计算机应用能力的正式教学点和考点。正好赶上了全市的计算机热，在很短的时间内，震旦就办了 368 期计算机应用能力初级班和 168 期中级班，赢得了很好的社会声誉。之后，全市评选计算机应用能力先进考核点，8 家先进单位中震旦作为唯一的民办学校位列其中。次年，又评出 6 个先进考核点，震旦照样稳稳地占有一席之地。

与此同时，由于震旦的英语教学很出挑，还被认定为上海市通用外语水平等级考试的培训和考核联络点。

大家真是服了，有人好奇地问："张惠莉，你是不是有什么特异功能？为什么总是能够抢占先机呢？"张惠莉只是笑了笑，意味深长地说："机会，总是留给有准备的人。"

张惠莉的"先知先觉"还常常表现在其他地方。上海第一次发行股票认购证是 1992 年 1 月 10 日，每张 30 元。当时人们并不知道这张纸片会带来财富，邮局和银行的职工还常常为了推销这 30 元一张的认购证犯愁。当年教师节，震旦在南方夜都会举行专兼职教师联欢会，张惠莉致贺词之后说了一个信息，希望教师们都去购买认购证，要买就买 100 张。同时她也通知学校的财务去买认购证。可是财务说没钱，一直拖着没买，直到最后一天，他们依然没买。张惠莉说："那我们就以奖金的形式买 10 张认购证发给教师。"认购证发到手后，其中一位教师说："我不要，我已经转让给我姐姐了。"张惠莉马上召开会议，宣布这是集体福利，不允许个人随意转让。结果，每张认购证获利一万多元，教师们这才相信了校长的判断。到第二次发行股票认购证的时候，财务向张惠莉请示："现在是 5 元一张，这次是不是要买 100 张啊？"张惠莉说："不，这次应该买 1000 张！"第三次发行股票认购证的时候，财务又来请示："张校长，这次是 2 元一张，是否要买 1000 张？"张惠莉说："不，这次应该买一万张！"张惠莉对认购证的三次判断全都正确，股票上市后都赚到了钱。张惠莉对市场经济的分析和预测，让大家对她非常佩服。

娘家的认可

听说母校震旦的名字又重新出现，震旦大学校友会的校友们都非常兴奋，主动上门跟学院联络，他们说他们对学院进行了了解，看中的不是震旦进修学院这个名字，而是精神内核，是对学院这些年来办学成就的认可。8 月的一天，震旦大学校友会的两位重要人士陈尚默、汪嘉莹到访。她们是受邀前来商量合作开办女子家政职业培训班有关事宜的。

都知道震旦厉害，其实当年的震旦女大也非常厉害。震旦女大的前身是震旦女子文理学院，1937 年成立，是上海滩第一所综合性女子大学，雷洁琼、钱锺书、杨绛、中国科学院院士顾翼东、清华大学原副校长赵国材、知名导演陈西禾、著名儿童文学家陈伯吹等都曾在女大任教。女大分设文学院和理学院，其中的家政系更是以培养上层社会贤妻良母为目标，因此深受富庶家庭及上层社会人士欢迎，纷纷将自己的女儿送入女大，学校一时名媛云集。梅兰芳的女儿梅葆玥、当代营养学界泰斗李瑞芬等，都是女大的学生。汪嘉莹本人就是 1941 年考入震旦女中，1946 年升入震旦女子文理学院，1950 年从家政系毕业的。她们希望当年震旦女大的辉煌，可以在震旦进修学院延续下去。

开办女子家政职业培训班，也是张惠莉面对市场变化主动出击的一个举措。经过调查她发现，随着企业经营体制的转换，大批人员下岗待业，很多用人单位的目光只盯着青壮年劳动力，导致中年女性成为待业主体。她对这部分人的整体情况进行了剖析：虽然下岗女工的文化和职业技能素质偏低，年龄偏大，但工作踏实、责任心强、稳定性高、社会和生活经验丰富，大部分人经过短期职业技术培训后完全可以重新上岗。这不仅是巨大的、潜在的人力资源，同样也是职业技术培训一块没有开垦的处女地。学校与市人才交流中心、市劳动服务公司就业中心共同探讨这部分人的转岗培训，向用人单位宣传游说，拓展他们的用人思路。同时，还和市人才交流中心信息部一起召开了上海各大宾馆、饭店人事经理恳谈会，会上请樱花度假村人事经理谈在上海率先使用经过短期培训的下岗中年女性担任客房服务员工作的成功经验，对中年女性重新上岗起到了积极作用。

与震旦大学校友会联合举办女子家政职业培训班，将职业技术培训与家政礼仪嫁接，一方面可以提高她们重新上岗必备的某些职业技能，提高她们的道德情操、修养素质，为她们重新上岗创造条件；另一方面也为学院提供了源源不断的生源，是一个双赢的举措。

双方一拍即合，至于办学场所，决定放在二医大。二医大是震旦的"根据地"，1952 年全国高等学校院系调整时震旦大学被撤销建制，震旦大学医学院和圣约翰大学医学院等合并成立了上海第二医学院，1985 年 6 月，第二医学院更名为上海第二医科大学，同年成立震旦大学校友会，1992 年被上海市民政局正式批准。所以，不管从哪个角度看，新开设的震旦家政班放在二医大，是最合适不过了。11 月 15 日，首期家政班开学，很多震旦校友包括会长艾祖华都参加了开学典礼，见证了震旦的重新崛起。

此后，女子家政班聘请有关行业的专家，陆续开设了现代女性的风采、生活与社交礼仪、儿童与青少年教养、家庭艺术插花、家宴、女性服饰与自制工艺品等十多门课程，让震旦这个教育"大超市"又增添了一个新的品种。

学院继续不断拓展办学范畴：替上海市武警部队招生、培训 BP 机寻呼台寻呼员，经考核 20 名寻呼员全部合格，被武警长城寻呼台录用；与上海市人事局人才服务中心、《人才市场报》联合举办人才市场的现状与发展研讨会，15 家星级涉外宾馆的人事部经理参与研讨；与《人才市场报》合作开办外贸实务、国际商务、涉外会计、物业管理、房地产活动经济分析等五个专业班，其中物业管理班是首创。

教学点铺得那么开，涉及的专业五花八门，需要外聘的教师如此众多，怎样管理才能做到"一切尽在掌握"？就像弹钢琴，既要让每一根手指都能发挥作用，又要在节奏、轻重、乐感上加以控制，这对演奏者的要求是非常高的。张惠莉清楚地认识到学校在快速壮大，靠自己一个人或者一群人去管，是管不好的。她在办学的过程中，逐步形成了一整套科学的管理方法，制定了许多行之有效的规章制度、行为规范、工作流程、岗位职责。譬如，根据成人学校学员量大、面广、点多的特点，制定了班主任工作制度。按学科分班，由任课老师兼任班主任，在教学上班主任从本学科的特点出发各自为政，在管理上则相互配合、协同作战，进行叠合强化，使学校的教学管理做到"行为有规范，工作有标准，操作有程序"。这些制度简单易行，上海市经委教育处曾经将这些资料"借"出去作为全国职教研修班的教材，受到外省市同行的一致称赞。

张惠莉的管理理念是"软硬兼施、情理相融、宽严相济"。她对教职工的关爱令人铭记，同样，她在教学管理上的"严"也令人难忘。她的"严"体现在对制度的严格执行上，不管是谁，只要违反制度，她必照章办事，毫不含糊。

会计上岗证班主要的学员都是下岗工人，基础差，其他地方可以处处为他们着想，但在学习质量上，张惠莉一点都不肯"放水"。那时，学校已经有出卷的资格，每次考试，考题都是临考前从学校的题库里随意抽取。会计教研组组长何汪才老师向张惠莉提出，能否考前让他看一下试卷，也可以针对性地帮学生复习，被张惠莉一口拒绝。张惠莉说："学校的考试制度对每个教师都是一视同仁的，我要考虑对大家是否公平，还要考虑到学校的声誉，所以不能答应你。"那位老师没想到校长会当场不给他的面子，有点下不来台，赌气说："要是这样，那我就不干了。"张惠莉不为所动，她很平和地说："那我也没办法。"后来，试卷没有透露，那个老师也没有离开，他教的班还考了个第一。他对张惠莉说："校长啊，对你的管理，我是真的服帖了。"

有家职校因为生源不足，一直为招不到学生发愁。他们来跟张惠莉商量，是不是能借震旦的名义招一个班。张惠莉答应了，但有一个条件，借震旦的名义招生可以，必须按震旦的要求统一管理，譬如考试，一定要一人一桌，两人监考。他们同意了这个要求。

果然，有了震旦的名头，他们一下子就招到了 40 多人。又到考试了，考卷照样是隔夜给，可是第二天在考场上，震旦派出的监考老师发现有学生在偷偷看字条，收上来一看，全是考试的内容。这肯定是考题泄露出去了，调查后发现，这所学校在收到考题后当晚就组织学生"复习"，说是"复习"，其实就是告诉大家考试范围。听了监考老师的汇报后，张惠莉二话不说，重考！以后，这家职校就被拉进了黑名单，再也没有机会跟震旦合作了。

对教师的管理张惠莉也有严格的规定。譬如选聘教师，高学历当然是首选，但学历再高，这山望着那山高，喜欢经常跳槽的人，不用。学生参加市统考，连续两年成绩不理想的，授课教师就请回吧，不再聘用了。对新聘任的教师，张惠莉会在聘任仪式上发放"一历、二表、三书"。"一历"是校历，"二表"是课程表、教学进度表，"三书"是聘书、任务书、教科书，要求教师在拿到这些资料后，对自己的教学任务、进度，乃至教什么班级、在哪间教室上课，都能做到心知肚明。最后教师们还会收到一个"老师请您"的文件，在尊重又客气的称呼下其实是个任务清单：教师必须制订每学期的教学计划，每节课都要填写教室日志。各学科的教研组要定期开展教研活动，及时交流教学信息和教学方法。每学期结束或培训班结业，学校会公布成绩排行榜，按 12% 的比例评选优秀教师，对照教学成果奖勤罚懒。张惠莉还要求专职教师每年都要完成年终总结，自己再忙也会认真阅读每个教师的总结，并对他们的教学情况写下评语，有勉励，也有期望。

严格管理下的教学质量好那才是真的好。震旦进修学院在 1993 年的成人高中市统考中考出了骄人的成绩，语文、政治、历史、地理四门课全部是区里榜首，数学也名列第二。在上海市成教处主办的各类学科竞赛中，取得了政治团体一等奖，个人一、二、三等奖，"闸北杯"数学竞赛个人三等奖，"徐汇杯"历史竞赛个人三等奖的好成绩。

岁末，是震旦收获的季节，震旦进修学院被评为 1993 年度卢湾区成人教育先进集体，包括张惠莉在内的 5 名教师被评为先进个人。学院荣获 1993 年度市教育局成人高中教育"教学管理工作成绩显著奖"，成为诸多社会力量办学中唯一获此殊荣的单位。在上海市成人高中教育教学质量研讨会上，震旦进修学院受到了市局领导的表扬，张惠莉在大会上以"敢问路在何方"为题作了发言，她讲述了这些年震旦人在创业、探索路上走过来的苦和乐，她自豪地说："无私地为成人教育事业做贡献，是震旦人的共同心愿，也是震旦不断发展、前进的动力源。

域外的来客

1994 年元旦刚过，张惠莉正在学院办公，突然听到外面一阵喧哗，有孩子高声喊着："外国人来了！外国人来了！"一路喊到学院门口。那时虽然改革开放已经有一阵子了，但是金发碧眼的外国人走进弄堂还是不多见的，难怪大家觉得稀奇。到访的是 2 个爱尔兰人，一个叫凯恩，一个叫布莱恩，两人自我介绍说他们在美国 ELSI 学校的台湾分部任教，布莱恩是教务长，听说了震旦的办学成果，故慕名而来。他们有多年的执教经验，熟悉中国人学习英语的特点，会根据学生的不同程度编写教材，所以希望能跟震旦合作办学。张惠莉知道随着改革开放进程的加速，中国与世界沟通的机会越来越多，成人学习英语的需求一定会大增，所以当即谈妥合作条件，并请他们尽快拿出教材。

1 月 26 日，震旦召开新闻发布会，邀请《解放日报》、《文汇报》、《劳动报》、《新民晚报》、《每周广播》、上海人民广播电台、上海电视台、东方电视台等媒体，宣布美国 ELSI 学校台湾分部英籍教师将受聘于震旦进修学院，开展市民英语口语普及教学工作。次日，震旦进修学院聘请外籍教师的新闻就见报了。

没过几天，市教育局国际交流处、市政府外事办、公安局出入境管理处的工作人员都来了，他们问张惠莉："你们怎么可以招呼都不打就直接聘用外籍教师呢？"张惠莉说了一句："你们发过文吗？法无禁止即可为。"对方一愣，一时无言以对。

"法无禁止即可为"起源于 17—18 世纪的西方，是卢梭《社会契约论》、孟德斯鸠《论法的精神》的相关表述与延伸，指公民的行为没有法律条文禁止的皆不违法，后来成为法治国家通行的法律原则。来的都是懂法的，岂有不知之理，所以临走时他们说："我们回去研究研究，不过，手续还是要办的。"

不久，布莱恩（Brian）和凯恩（Ken）的教材编纂完成，两位根据中国人学英语的特点编出一套口语教材，共分 9 个等级，再以 3 个等级为一组，分初级、中级、高级，学员由他们测试后根据程度分班。4 月 4 日，市民英语口语班正式开学，4 个初级班的 164 名学员当天就开始上课，中级班也在第二周开始上课，一时引起了轰动。

几天后，上海市政府外事办、市教育局国际交流处、外事处、市公安局外事处、市成教处、区成教科的领导专门来学院就"震旦进修学院聘请外籍教师资格"召开现场办公会，他们问张惠莉："你是希望中外合作办班呢？还是只是聘用外籍教师？"张惠莉回答："只是聘用。"于是，在充分肯定震旦的办学方向和开展市民英语口语培训的思路和热情后，对方当场接受了震旦申请"聘请外籍教师资格证书"的相关材料。

7 月，国家外国专家局正式向震旦进修学院颁发了聘请外籍教师资格证书。张惠莉一看，证书居然是 001 号！据此判断，至少在成人教育和民办教育领域聘请外籍教师，震旦是第一家。有了合法的手续，英语口语班更火了，当年就开了 62 个班，使 2573 名学员的英语口语水平上了一个台阶。一时间，"学外语到震旦，不是出国，胜似出国"的口号很快在全市的街头巷尾传开了。黄浦区人事局、卢湾区人事局都委托震旦为他们的英语教师进行英语口语培训，在很多企业开办英语口语班。

那段时间的震旦可以说是形势一片大好，他们继续"攻城拔寨"，开辟新的办学场所，先是在浦东浦电路 313 号潍坊中学设立浦二分部，陆续开出高中、会计上岗、电脑五笔字型、厨工、厨师等培训班，后虽因故搬迁至潍坊六村 653 号的光辉中学，但教学未受影响。7 月，学院又与位于昆明路 101 号的上海机电局职工大学二分校签订了合作办学协议，成立震旦进修学院虹口分校。设立在长宁区华阳路 112 号现代职校内的长宁分部，也已开设高中、会计中专、会计上岗培训、会计大专、电脑、调酒师等培训班。这些教学点，都成为张惠莉教育布局棋盘上的一颗颗棋子。

最让张惠莉兴奋的是，1 月上海市教育局成教处领导来学院对中专办班的资格进行审核之后，9 月学院就拿到了同意成立上海市震旦成人中等专业学校的批文，任命张惠莉兼任成人中专的校长（当时获批的只有两家，还有一家是燎原成人中专）。这块中专的牌子不仅回来了，还带来了它的"兄弟"——中专函授。中专函授可以在全市招生，生源也更广泛。有了资格，中专函授很快开出了会计班和沟通班，分别招收了250名会计班学员和50名沟通班学员。何谓沟通班？这是上海成人高中教育的一个创新，学员进校学完高中的七门文化课程后，还可增加五门岗位专业课程，这样，可以同时拿到两张证书，对学员有很大吸引力。

办学，震旦是认真的，仅仅1994年，震旦的学员就在市教育局组织的化学竞赛、语文知识竞赛、成人中专数学竞赛中获奖，震旦进修学院高中数学教研组也被评为上海地区成人中等学校先进集体。更让人可喜的是，震旦大专班的学生在全国统考中政治经济学获第一、二、三名，大学语文获第二、四名，逻辑学获第三名。震旦的名声已经走出上海，走向全国，难怪市教育局的领导看到张惠莉便会打趣说："你们真是名副其实的得奖专业户啊！"

学校名气大了，方方面面的领导都来了，有指导工作的，有了解情况的，也有表示关心的。6月，上海市成教协会会长芮兴宝、副会长徐瑞麟、秘书长吴一江来学院指导工作。7月，中共卢湾区委书记翁蕴珍、副区长吴幼英、区人大常委会副主任安维友也来学院进行视察。

头上的桂冠多了，跟外界同行学习交流的机会也多了。4月13日，上海市教育局召开上海市社会力量办学先进集体、先进个人表彰会，张惠莉被评为先进个人并在会上发言。5月6日至14日，张惠莉赴京参加了由23个省市、近200个院校代表参加的全国民办教育研修班。

领导的重视增加了接待任务，摊子铺得开了，需要处理的工作也更多了，那段时间，张惠莉恨不得长出三头六臂，一天掰成两天用。工作重心都在学校，对家人的关心自然就少了。

其实，张惠莉对女儿还是挺上心的，学校曾经先后开办了面向厂长子女的英语口语班和语文辅导班，要求对象是四年级以上的孩子，那年张沈只有三年级，但张惠莉也让她跟班就读，提前学习四年级的课程。有一次，语文包老师让大家写作文，张沈写的作文得了一个优，回家特别高兴，给外婆看完又给妈妈看，以后，张沈就喜欢上了写作。有篇文章题为"拔河比赛"，这个选题张沈一直写到高考，她把人生比喻为一场拔河比赛，写得非常精彩，连要求严格的张惠莉也不得不说好。张惠莉其实很想多留点时间给家人，总想着等空一点了，或者等忙完这阵子再陪陪家人，可是，这点愿望老是实现不了。

那年，张沈小学即将毕业，张沈很希望妈妈能给自己补补课，让自己的成绩再上一个台阶。因为妈妈讲课通俗易懂，一听就明白。可是，说了好几次，张惠莉虽然都是一口答应，可到了晚上，张沈摊开书本等了又等，却每次都被妈妈"放鸽子"。电话去催，张惠莉说："我在学校帮一个学生补课，马上就回来。"既然马上就回来，那就再等等，可是最后等到张沈困得趴在桌上睡着了，也没见到妈妈的身影。

有一天，张沈突然发起了水痘，持续高烧，满脸潮红，身上的水痘奇痒无比，又不能抓挠，实在难受。早上，她拉着妈妈的手说："妈妈，你能不能在家陪我半天啊？"张惠莉爽快地答应了："好好好，我去学校请个假就回来陪你哦。"可是张沈在家左等右等，知道妈妈又"失约"了，只好打电话给爸爸，让爸爸回家陪她。张惠莉忙完回家，看到床上的女儿，才刚刚想起："哎呀，我怎么把请假的事给忘了。"

一天，沈永根因为身体不适在家休息，突发急病，手脚抽搐、呼吸困难、摔倒在地。他挣扎着给张惠莉打了一个电话说："我，我不能动了，我不行了。"平时遇事冷静的张惠莉一下子愣住了，不知该如何是好。市教育局成教处的顾国治处长刚刚在会议室坐下，等待张惠莉前去汇报工作。但沈永根是自己的至亲啊，又怎么能不管！身边的老师见状抢过话筒，简单了解情况后，立即作出安排，请学校的老师陪同妈妈一起将沈永根送进医院。张惠莉忍着内心的焦虑处理完一天的工作，赶往医院时已是深夜，所幸有惊无险，沈永根已经脱离危险了。

难道张惠莉的眼里只有工作？其实不然，她亏欠的只是自己的家人。了解她的人都知道，她的内心深处非常柔软，从小受外婆和妈妈的影响，善良，早就在她的心里扎下了根，所以她才会处处同情弱小，关爱他人。

有位学生母亲去世，父亲待岗，生活拮据，交不起学费，张惠莉为他免去全部学费，让他完成了学业。这名学生毕业后写了一篇《老师，您是我的母亲》的文章寄给报社，动情地讲述了震旦从校长到老师帮助他成长的故事，表达了自己的感激之情。每次社会捐助，如向灾区捐衣物或者向里委孤老送温暖，张惠莉总是捐得最多的一个。

1994年，随着上海慈善基金会成立，开展社会化的慈善行为成为经常性的工作。张惠莉的邻居是个聋哑人，除了生活上的不便，教育的缺失也让他只能从事最基层的工作，这让张惠莉萌生了一个念头。她提出了成人教育与慈善事业相结合的构想，她认为慈善事业不光是要让社会上的残疾、病患、下岗等特困人员在生活上活下去，还要在事业上站起来，教育机构应该为社会上有条件参加学习的困难人群提供培训，使他们走上自强自立的道路。在她的倡导下，震旦在暑期专门开办了小学五年级程度的免费英语班，主要对象是居委选送的孤残学生，仅一个暑假，就培训了129名少儿。

一天，恰逢民政局局长施德容来参加英语口语培训，张惠莉抓住机会，提出希望开设面向残障人士的计算机五笔字型打字、计算机初级、计算机中级、插花艺术、点心师、厨师、食品雕刻师、调酒师、摩托车修理、盲人英语口语等10个项目的培训班，得到了施德容局长的支持。为了招生，张惠莉与其他老师一起下基层、跑工会、去街道，说服动员、贴海报，千方百计让那些最需要帮助的人都能参加培训。短短一个月，就有一百多名残障、下岗等特困人士免费入学。

1995年1月13日，上海慈善基金会在教育会堂召开由基金会会长陈铁迪主持的上海慈善教育培训基地授牌大会暨"蓝天下的至爱"活动启动仪式，震旦进修学院和上海第二工业大学是唯二被授予"上海慈善教育培训基地"铭牌的学校。张惠莉承诺，从 1995 年起，所有的学科都会向慈善敞开大门。

经过培训的残障人士都取得了很好的成绩，学员毕业时，还进行了作品展示和节目展演：盲人用英语接待外宾，聋哑人操作计算机和表演舞蹈，《解放日报》《新民晚报》还专门刊登了震旦残障学员学习电脑和食品雕刻等的照片。以后，由张惠莉开创出的慈善教育这片新领地，被列为震旦的慈善工程一直延续下去，造福了很多人。

美好的开局

又是一年春节团拜会。在欢快的音乐声中，震旦进修学院对 1994 年度的先进集体和先进个人进行了表彰。其实，震旦的每个部门都非常努力，每位老师都非常出色，每年的评优名单报到院部，都会让领导班子左右为难，最后只能忍痛割爱，好中选优。今年评出的先进集体是 2 个，先进个人是 5 名，陈文英作为先进班主任，她的名字第一次出现在光荣榜上。当宣读到陈文英的名字时，张惠莉偷偷地看了妈妈一眼，妈妈对全场热烈的掌声有点不习惯，略带羞涩，但脸上洋溢的是满足、是幸福。张惠莉对自己说："做了这么多年校长、院长，在别人的口中，你是最大公无私的一个人，但恰恰一直亏待了自己的妈妈，今天，你总算公平了一次。"

其实，妈妈的辛勤付出张惠莉是看得到的，每年报先进，几乎所有的部门都会提名陈文英，先进事迹洋洋洒洒好几页，但最后妈妈的名字都被张惠莉划掉了，她一直严于律己，对自己的家人，自然也是一样的。直到有一天，她正在表扬某位教师的时候，妈妈在一旁悄悄地对她说："你怎么从来不表扬我啊。"张惠莉一震，她看看妈妈已经有了皱纹的脸庞，心里有点痛。她原以为有了全校师生对妈妈的热爱和肯定就够了，可是，妈妈最希望看到和听到的，一定是女儿对自己的认可。那天，她作了一个决定，在年终评优的时候，顺其自然，不再坚持划掉妈妈的名字，于是，便有了今天的一幕。妈妈幸福的微笑也感染了张惠莉，她默默地许了个愿，愿新的一年里，一切都好。

春节后不久，震旦便与嵩山街道合作，共建震旦嵩山科技服务中心，由震旦出资购买20台电脑，利用图书馆阅览室，开辟面向社区的计算机房。作为嵩山街道当年的一名病休青年，一路走到今天，张惠莉一直忘不了养育了自己的那片弄堂，忘不了弄堂里的那些阿姨、爷叔。或许也会有不舒心的时候，但想起的更多的是温暖的回忆。现在学院有了起色，在教育上帮他们一把，也算了了自己的心愿。在当时，还没有这样的新闻，《文汇报》很快便以"本市首家电脑服务中心应运而生，令'小电脑迷'拍手称好"为题，报道了震旦资助街道办计算机房的事迹。

上了轨道的震旦走得很顺当，很多企业纷纷慕名而来跟震旦谈合作，上海蓬垫厂、上海异型钢管有限公司、申美饮料有限公司、上海油脂厂等单位都委托震旦开办适应他们需要的各类培训班，当年那些为生源发愁的日子，已经一去不复返了。

张惠莉一直主张少说多做，不求名利，但是即便不说，成绩也是大家看得到的。4月2日，上海召开成人教育工作会议，张惠莉被评为上海市成人教育十佳优秀工作者，谢丽娟副市长为她颁发了获奖证书和一万元奖金。5月，张惠莉获卢湾区三等功。5月22日，张惠莉又代表上海出席由中央教科所组织、国家教委重点课题组在青岛召开的研究会，并承担了中央教科所八五规划的子课题"成人教育发展方向"的论文撰写任务。

随着浦东改革的深入，浦东新区社会发展局也想在教育领域加大改革力度，他们希望借助社会力量对沿江的薄弱学校进行改造，准备拿出三所学校交由教育界名人和社会名校来承办，他们看中震旦的办学理念，希望震旦能够配合社发局改变一下公办学校的不足。承办是个新生事物，之前没有经验可借鉴，是有风险的，但张惠莉认为，不是一直提倡"摸着石头过河"吗？那她们就试一试。经过权衡利弊，震旦选择了临沂中学。1995年6月，浦东新区社发局发文同意震旦承办临沂中学，改名为震旦中学。原临沂中学是一所普通中学，因为种种原因，学校的教学质量一直止步不前，生源质量不好，教师人心涣散。张惠莉当即召开班子会议，要求以最快的速度凝聚教师队伍，改变教学现状。很快，震旦中学就交出了一份漂亮的答卷，首届毕业生参加市统考的参考率 100％，合格率 99％，升学率97％。考试的6门学科中，4门超过区平均分。50多名学生升入市三、建平、进才、上南等市、区重点中学。高中、中专入学率高出浦东新区平均数 14 个百分点。这些数据，让那些观望的人彻底服帖。

除了繁忙的教学管理工作，张惠莉一直没有离开她热爱的讲台。6月8日，由上海市教育局数学中心组、市成人教育教研室联合组织的数学公开课在卢湾区教育学院举行。市、区的有关领导，各中心组的老师约 70 人，聆听了由张惠莉亲自执教的数学公开课。张惠莉在课堂讲授的是解析几何，条理清晰、逻辑性强。对于一个身兼多职、教学管理任务极其繁重的院长来说，还能坚持在一线教学、带头授课，让在座的领导、专家都非常感动。此后，张惠莉又在市级公开课上执教高中数学"圆"，吸引了全市数百名教师前来听课，获得市中心组和全体同行的赞誉。《上海成人教育》1995 年 10 月刊还对张惠莉的市级公开课作了专题报道。

还有一桩事让张惠莉比较舒心，那就是延续了五年的国家机关编制之困终于有了着落。自1992年学校12位教职工的编制暂时落在卢湾区工业委员会教培中心后，领导对张惠莉曾有过多次安排，但张惠莉都婉拒了。有的位子上明明有人，她去的话就"鸠占鹊巢"了，把人家挤走，不太好。还有的依然是去当校长，但是去一个陌生的地方，还不如留在自己一手创办的震旦呢！这么一拖就拖了好几年。郭伯农调任上海电视大学党委书记后，得知此事，便说："你们都到电大来吧。"他给了张惠莉三个职务选择，一个是电大的教务主任，一个是电视中专校长，一个是高教音像出版社社长。张惠莉暗自寻思，当了教务主任或者校长，自己该如何处理震旦与这两个学校的关系？哪还有时间管理震旦呢！于是她选了一个与震旦业务不冲突的单位——高教音像出版社，不过她说："我不当社长，当个常务副社长吧。"就这么确定了，张惠莉等 12 名教职工转入电大编制，张惠莉任高教音像出版社常务副社长，她还推荐了一名教师任高教音像出版社副总编辑。

等张惠莉上任了解情况后，才发现高教音像出版社积弱已深。那时的中国唱片公司和上海外语教育出版社等同行业单位的码洋已经上亿，可是高教音像出版社的年收入只有 38 万元。张惠莉坐不住了，又开始为出版社谋出路，她启发大家说："我们不一定局限于面向高等学府，高，是高级、高层次、高规格的意思；教，可以理解为多种教育，职业教育艺术类教育、医学类教育还有老年教育，都是可供我们发展的领域。"那年，他们在艺术教育上制作了很多 CD，在贺卡里附上一张录有世界名曲的 CD，新鲜又时尚，投放到市场上很受欢迎，局面一下子就打开了。但是，多了这么一个头衔，张惠莉累多了，每天早上要去高教音像出版社上班，中午赶回震旦，再处理学校的各项事务。有时候因故耽搁了，中午吃不上饭，好几次都饿得手发抖。后来在家人的提示下，口袋里装上几块糖，饿了，就吃上一块，补充点糖分，硬撑着完成每天的工作，殊不知，这一阶段的辛苦加上无规律的饮食，早已在张惠莉身上埋下了病根。

第四章

特色兴校

特色，是指一个事物或一种事物显著区别于其他事物的风格和形式。

——汉语词典

全面的大考

1995 年的一天，张惠莉接到通知，从 8 月 5 日开始，来自五个区的成教科长组成的上海市、区的专业督导评估组将对震旦的办学水平进行为期三天的评估。评估期间，评估组成员要听取学院的自查报告、查阅资料，分别召开学生、教师等相关人员座谈会。评估组成员还将深入课堂听课，对震旦的办学总体水平进行分析研究，拿出评估意见。张惠莉意识到，这次的评估内容之多、范围之广，都是震旦办学以来从未遇到过的。这是对学院的一次大考，她希望借助外部力量对学院的各个方面进行一次全面检查，找出不足之处，为学院今后的发展增加后劲。

评估前先开了一个大会，大会是借卢湾区政府礼堂召开的，很隆重，市教委、市成教协会、市成教办、市《成人教育》杂志社、《文汇报》、《新民晚报》、区电视台，区政府、区人大、区教育局、区计经委、区工业党委等领导都来了，看这阵仗，就知道从市里到区里对这次评估都是极其重视的。

原以为评估就是来挑毛病的，没想到在评估过程中，反倒挖掘出震旦很多出色的地方。就拿学生管理来说，成人学生既要工作，又有家庭拖累，所以缺勤是难免的，但学院规定：学生只要缺课三次，就要发出缺课通知；缺课五次，老师就要家访问清原因；缺课三分之一，就不能参加考试，自然也拿不到毕业或结业证书。但是对后进或者基础差的学生，学院秉承"一个也不放弃"的原则，竭尽全力进行帮扶。成人高中有个学生，书不想读班不想上，整天在社会上浪荡，抽烟酗酒，让家人非常头疼。后来迫于家长的压力，进了震旦的高中班，可依旧三天两头旷课，连个假都不请。但班主任从不放弃，几次三番上门做工作，甚至去大街上、弄堂里寻找，把他拉回教室。有一次，这名学生因为心情不好，酒喝多了失态，在教室里又哭又吐，班主任不仅帮他擦洗污秽，扶他到办公室休息，还多次找他谈心。以后，这名学生彻底变了，完成高中学业后，又参加震旦的高复班，并顺利考上上海大学国际商学院。家长带着孩子到学校来，千恩万谢，感谢震旦拯救了他的孩子。

评估组随机抽了一些学生召开座谈会，在会上学生说出的每一席话都在无形中为震旦加分。有位中专班的安徽女孩，因为单位效益不好被清退，没了经济来源，但她有志气，表示就是在上海做保姆也要完成学业。学院知道后，免掉了她所有的学费，还帮她介绍了一份工作，帮她走出了困境。还有一位中专学生，因为数学考试不及格，想退学，没想到张惠莉知道了亲自帮她补课，让她受宠若惊。她说被张院长点拨后，发现数学并不是很难嘛，以后，她的数学再也没有不及格过。有个厂里的下岗工人，想读一个会计上岗证，但又担心自己读不好，抱着试试看的心态报了震旦会计上岗班，他说进了震旦就不好意思不好好读了，因为老师都太好、太负责了。经过市统考，他终于拿到了会计上岗证，现在他已经可以独立做账了。有位聋哑人，在震旦报了两门免费的慈善课程——烹饪和食品雕刻。她说："聋哑人找工作很难，很多企业都向我们残障人士关上了大门，只有震旦给了我们未来，希望震旦这扇大门始终向我们敞开。"还有个学生说："我在震旦五年中读了四个班，今年还准备再报一个班。这所学校正气，没有歪门邪道，在这里读书很舒心。"

接着，评估组又召开震旦合作单位的座谈会。某用人单位说："震旦是个可信赖的合作伙伴，它向我们推荐的很多学员都成了单位的骨干，以后只要是有地方需要用人，我就向他们推荐震旦。"卢湾区服装公司感谢震旦为公司下属的女经理开办了女子家政班，增强了她们的文化、生活素养。因为工作原因缺课的，震旦还会在晚上为她们义务补课，解决她们的后顾之忧。

召开教师座谈会是评估必须有的程序，原以为上百名教师，总不会一边倒地唱赞歌吧，谁知教师们一打开话匣子便滔滔不绝，说的都是震旦的好。有教师说学院注重感情投资，对工作认真并作出一定成绩的教师，学院有各种形式的奖励，先进教师不仅有物质奖励，还会在院刊《震旦之声》上刊出表扬，对学院工作提出合理化建议的也有合理化建议奖。每年暑假会组织教师旅游，逢年过节会组织教师聚会，对十年以上教龄的教师还会颁发证书和奖金，并给予教龄补贴。人都是有感情的，学院的这些措施不仅留住了人，还留住了心。还有的教师说，震旦最吸引人的地方就是注重发挥教师的自主创新能力，学院组织教师跨专业听课、上课，提倡教师"一专多能"。譬如，地理老师刘椿荣同时教大专自考班的经济法、自然科学基础和国民经济管理概论。每门都是统考的，压力很大，但是合格率很高。学院还鼓励教师创新教学方法，地理老师的线状记忆法，历史老师的知识网络构系法，数学老师的开放式公开演示法，语文老师的作文面批法、融会贯通法，都是学院教师自创的。学院的整个专兼职教师队伍奋发向上，积极性得到充分发挥。

张惠莉认为，震旦进修学院的办学目标既然是引导全社会接受终身教育，那么学院自身的教职员工也应该率先实践，不管原来的学历基础如何，在这信息爆炸、知识快速更新的年代，不学习就会落后，就会被淘汰。她要求没有达到大学本科学历的教职工，必须自行进修本科学历，震旦在时间上会给予适当照顾。对于教辅人员，她也要求在一定的时间内达到大专以上学历，如果在本院就读，还可以享受学费减免的待遇。

严习萍老师是学校财务，为了提高学识水平报考了上海财经大学。可是，对基础不够扎实的她来说，高等数学成为学习上最大的拦路虎。张惠莉知道后，挤出宝贵的业余时间帮严习萍补课。张惠莉深厚的数学底子让严习萍非常惊讶，她说："校长脑子里就像有个习题库，随便讲到哪里，马上就可以在纸上'刷刷刷'写出一堆题目来。"更让她钦佩的是张惠莉那么忙，但是在教学上对自己要求非常高，为了笔记的整洁美观，每个等号都是用尺子画出来的。张惠莉的率先垂范对严习萍的影响很大，之后在财大的学习过程中，严习萍每门课都拿到了奖学金，最终以优异的成绩毕业。

为了提高教育管理水平，张惠莉作出规定，教职工必须人人学会使用电脑，教师要用电脑备课、制作课件，职工工作中形成的小结、总结、申请等各种材料，也要用电脑打字储存，因此，教职工必须参加每周半天的计算机学习。《文汇报》还以"充电，老年教师们在认真学习电脑"为题的图文，介绍了震旦这一举措。

市成教委有位领导曾经说过："震旦的校舍我不敢恭维，但震旦的办学精神和办学成果，令人叹服。"

震旦的"软件"自不用说，"硬件"虽然有点差强人意，但学院还是通过人为的努力，尽可能美化、优化教学环境。震旦在自忠路的校舍是旧式里弄，建筑面积只有300平方米，面积虽小，但年年粉刷、维修。外墙洁白，室内也有足够的照明，通风好的教室有电扇，通风不好的教室有空调，办公室和计算机房更是如此。学校在教学设备上舍得花本钱，电脑以及先进的复印机、打印机、高级照相机等电化教育设备一应俱全，教学所需的实验室也跟友邻高校谈好合作，可以满足各种教学需要。

三天紧锣密鼓的评估终于结束了，评估组也已撤回。有的教师心中忐忑，不知评估结果会怎么样，但是张惠莉知道，学校拿出的自查报告和学生、教师们讲的事例都是实打实的，没有一点水分，对评估结果，她有信心。

两个月后，学院终于收到了上海市教委发出的通告和上海市社会力量办学管理办公室出具的评估意见书，评估组认为，震旦进修学院的院领导能以身作则、严于律己，团结全院教工共同艰苦创业、积极奉献。能坚持"面向市场、面向全国、向管理求效益，服务学生、服务社会、以质量求发展"的办学宗旨，学院的规模不断扩大，办班的门类不断增多，已成为拥有二百多班级、一万多在校生的覆盖全市、功能齐全、与企业行业合作的形式多样的综合性成人教育基地，取得了明显的社会效益，赢得了较高的社会声誉。对学院能坚持社会主义办学方向，在教学管理和教学质量等方面，评估组也给出了很高的评价。最后的评估等级是 A 级优秀学院。

震旦成为首批通过评估的四所社会力量办学的高校之一后，《新民晚报》随即报道了震旦进修学院被评为星级高校的消息。

震旦的教育实践也在不断向新的领域延伸。

法藏寺位于原卢湾区吉安路，始建于 1924 年，与玉佛寺、龙华寺、静安寺统称为"上海四大丛林"。得知震旦之名后，法藏寺还特别邀请震旦去开办短训班，选派教师蒋宝梁为寺里的师父上语文课，帮助师父们理解佛经要义。

为了帮助大墙内的犯人认真改造、重新做人，成为社会需要的有用之才，上海提篮桥监狱提出了"把刑期当学期"的口号。张惠莉又主动与监狱分管教育的曹栽源联系，免费上门送教，与市监狱局联合举办函授中专，对犯人们进行学历和食品雕刻培训。开学时张惠莉特地去讲了话，她对下面的犯人们说，希望他们利用这个机会，学习一技之长，为自己铺下一条路，改变未来的人生。

函授中专设财会和艺术设计两个专业，对狱中这些特殊"学生"来说，还是太难了。震旦的教师每次课后都顾不上休息，利用一切时间为他们答疑解惑、个别辅导。美术教师除了教学，也千方百计地开拓他们的想象力。1996 年 8 月，曾荣获全国两块金牌的著名食品雕刻大师侯根宝教授还走进提篮桥监狱，为犯人免费传授食品雕刻技艺。狱中关押的意大利贩毒犯人，看得着了迷。震旦这一被誉为"大墙工程"的善举，使 500 余名犯人拿到了中专学历文凭。有些犯人因为设计出的作品被采纳使用还获得了减刑。

岁末年初，传来的都是好消息。震旦被上海电大评为"上海市电视大学自学考试工作先进单位"；在全国高等职业技术教育研讨会五届二次理事会上，震旦进修学院成为新增理事；在"职业技能开发、促进就业工作"会议上，震旦进修学院被评为 1995 年度"上海市社会化职业技能培训先进单位"。

1996 年的《成人教育》刊登了《女校长张惠莉抢滩浦东》的文章，称张惠莉这位成人教育领域的佼佼者，不只是一名教师、一个校长，还是个开拓型的创业者。大家看到的是她抢滩浦东的开拓行为，其实，她的思想更是领先一步，走在众多教育工作者的前面。

张惠莉曾针对成人高等职校的专业设置，提出了"以高取位、以低扩面"的思路。她认为职校应该围绕一个"多"字做文章，要做到办学思路多视角、开设专业多品种、办班结构多层次、教学手段多形式、设点布局多地区，重点解决"多品种"和"多层次"这两个问题。因为这两个"多"，基本解决了成人学生选择的主体走向。她强调这里说的"多"，不是"多多益善"多而无序，而是必须建立在对成人学生和社会需求的理性思考和清晰的分析之上的有针对性的"多"。这里说的"多"，也不是杂乱无章的"多"，而是要让各种专业形成系列，构成梯度。这样既满足学员的横向选择，又能适应学员的纵向发展需求。

她还认为，多层次、多品种也不是没有重点。一要根据社会的热点和缺门来设置专业，二要根据人才层次的结构与分布以及成人高等职校的自身办学实力综合考虑本校的主攻方向。成人高等职校的师资、设备等各方面的条件都不如全日制高校，这是显而易见的。再就业者的整体素质及发展取向虽高低并存，但从绝对数量上讲中低层的是大多数，这恐怕也是毫无疑问的，因此成人高等职校设置专业不能一味追求高规格、高层次，一定要做到高、中、低并举，而且应适当放低重心，以高取位，以低扩面，在一个专业中由不同层次构成梯形结构。以高取位的意思，是指一系列的专业，必须有相对高层次的班级，或以大专、本科、研究生学历为依托，或以权威性部门颁发的证书为后盾。没有高层次班级的开设，就难有某一专业的一席之位。高层次的培训可以说是某一专业的标杆，它以权威性取胜，满足社会对相对高层次人才的需求，满足人们高层次发展的需求。中低层次的培训面广量大，它是高层次培训的基础，它以量取胜。这两者的结合，可使培训上有方向、下有基础，这样做能使生源多次重复使用，是成人高等职校的理想布局。

既要思想引领，又要实际推行，所以，进入 1996 年，张惠莉更是忙得不亦乐乎：4 月，被上海市成人教育研究所聘请为上海市教育研究所兼职研究员，同月，又与市教委领导一起参加了在鞍山举行的国家学历文凭考试试点工作座谈会；7 月，参加上海中专校长研讨会；9 月，参加上海市成人中等教育研究会年会；10 月，又被邀参加在北京举行的全球震旦大学校友联谊会。除此之外，中招办在复兴公园举办的中专咨询日，震旦成人中专双证书班开学，与光辉中学联办的国贸双证书班开学，与东日广告公司谈合作开办电脑美术设计班事宜……几乎所有跟教学有关的事，张惠莉都是亲力亲为。忙碌，早已成为张惠莉的生活常态，她习惯了自己在前面冲锋陷阵，她没有后顾之忧，因为她知道，她有一个牢固的后方阵地，她的妈妈和丈夫会为她默默扛起一切。

殊不知，意外正在悄悄走近……

慈母的离去

1996 年 11 月，高等教育自学考试结束，妈妈是班主任，按例从 11 月 7 日开始有 20 天的休假。前些天她有点咳嗽，咪猫知道姐姐工作忙走不开，自己正好又有工休，便对妈妈说："等你休假了我陪你去医院看看吧。"7 日早晨，咪猫带妈妈去了医院，检查下来说是有点肺部感染，医生便开了一周的先锋霉素，让妈妈在家输液，可是没吊两天，妈妈觉得手上、头上都有红点，发痒，浑身不适。告诉负责输液的周月华，周月华劝慰说："陈老师，再坚持坚持哦，吊完就好了。"那就坚持吧。可是，每天只要输上一会，妈妈就感到不舒服，把针拔了。输了一周，没见病情好转，妈妈的身体反倒更加虚弱，原来能吃饭的，现在只能吃粥了。再去医院，医生见病人肺部感染没有痊愈，便又开了一周的先锋霉素。第二周的先锋霉素还没吊完，妈妈的病情就急转而下，原来还能喝粥的，现在只能喝水了。张惠莉得知后急了，丢下手头的工作陪妈妈四处检查，在医院做了B超，妈妈胃里呈现出的全是球状阴影，密密麻麻的水泡占满整个胃部，诊断结果说是胃癌，需要马上住院。进了病房一看，那张床的病人刚刚离世，护士正在换床单、枕套呢。估计是有点忌讳，妈妈摇头拒绝说："我不住医院，莉莉、咪猫，我要回家。"姐妹俩还想劝，见妈妈态度坚决，便听从妈妈的意思，把她带回了家。

妈妈一直吃得下、睡得着，连胃病都没得过，怎么一下子就得了胃癌呢？姐妹俩有点疑惑，但她们还是相信了医生的诊断，配了很多药拿回家。咪猫请了假在家陪伴，张惠莉也跟学校打招呼说："如果你们能处理的事就自己处理，实在遇到大事了再来找我。"

第二天就遇到了大事。

学校打电话来说，卢湾区教育局希望震旦能够转制一所学校，还有个协议意向书，条款很多。这事谁都做不了主，只能向张惠莉汇报，请张惠莉去一趟。

原来，为了贯彻《中国教育改革和发展纲要》，深化卢湾区教育办学体制改革，卢湾区教育局希望将区内相对薄弱的马当中学作为转制试点，由震旦进修学院接手承办。张惠莉对办学一向充满热忱，但一看转制条件就摇起了头，马当中学现有60多名教职工，但是已经离退休的教职工就有80多人，如果接手过来，这该是多么大的一个负担啊。回到家里，躺在床上的妈妈见女儿一脸愁云，便知道女儿遇到了难题，得知情况后，对女儿工作一向无条件支持的妈妈第一次劝女儿："还是算了，莉莉，你已经够忙了，不要再给自己压担子了，身体要紧啊。"张惠莉本来就有点不情愿，再说现在妈妈重病卧床她也没心思，所以拒绝了卢湾区教育局的转制要求。

妈妈一直说："我要走了，我走的时候要穿人民装，我是人民教师，不要穿那种寿衣，难看死了。"那时，咪猫已经在世界时装公司做经理，公司有很好的裁缝师傅，她请公司里的顶级裁缝为妈妈做了一套上青色的人民装。张惠莉脑子清爽，一看妈妈的样子觉得有点不对，就把爸爸找来了，想让这对恩爱夫妻再见上一面。爸爸见了妈妈当时就流泪了，有点不知所措，急得团团转，一个劲地说："要去看呀，怎么不去医院？你们带你妈妈去医院啊。"看爸爸这个样子，妈妈反倒安慰起他来："她们都会照顾我的，你就不要担心了。"

都说病急乱投医，那时候姐妹俩真是急疯了，只要听到有什么法子，都想拿过来试一试，去浦东一个算卦的家里，给妈妈算了一卦，说："放心好了，你妈妈不是癌症，她可以活到 88 岁的。你们学校的那口井里死过一个男青年，她是被鬼缠住了。"张惠莉很奇怪，他怎么会知道我们学校门口有口井的！但既然说妈妈不是癌，至少宽心一点。

11 月 24 日早晨，妈妈忽然能坐起来了，拉着姐妹俩的手说："你们跟你爸爸那边的几个孩子，以后也要走动走动。那几个孩子都不错的。"沉吟了一会她又说："你爸爸要是不在了，你们千万千万不要把他的骨灰一分为二，只要拿他的帽子和衣服陪陪我就行了。"

听妈妈这么说，姐妹俩心如刀绞，但还是点着头答应了。

11 月 25 日上午，妈妈陷入了昏迷。张惠莉心里知道已经回天乏力，但仍然不死心，之前曾有一个气功师给妈妈做过治疗，妈妈说挺舒服的，11 月 25 日中午，赶紧又去找了一个气功师来。那气功师住得远，他给妈妈发完功，张惠莉把他送回去，自己踏进家门时，妈妈的脉搏还在微弱地跳动，不一会，便咽下了最后一口气。张惠莉的心咯噔了一下，她知道家里的天塌了，自己最亲爱的妈妈真的走了。没多久，张沈放学回家，邻居们跟她说："你的亲阿婆走了。"她还一脸懵懂："走了？走到啥地方去啦？"等知道原委，才放声大哭起来。

那天是 1996 年 11 月 25 日，中午十二时半，妈妈的心脏停止了跳动。

张惠莉一直不愿相信，前一周妈妈在家做饭的情景还历历在目，才过了 18 天，就已经阴阳两隔了。

守灵的那几晚，张惠莉一直在哭，呼喊着妈妈："我最最亲爱的妈妈，您就这样匆匆忙忙地走了，您一句话也没说，来不及作一个交代。您辛辛苦苦一辈子，把您的全部心血投在我们两个姐妹身上，您牺牲了青春、牺牲了爱情，把您的一生都奉献给我们张家。您 23 岁正当风华正茂、年轻美貌的年纪，您离开了父亲，全然不顾自己的得失、个人的幸福，维护两个家庭，保护了我们两个孩子日后的名声。以后的日子里，您一个人又当妈又当爹，经受了多少闲言碎语，度过了多少艰难困苦，拖着年迈瘫痪的母亲，带着 2 个年幼的孩子，一家 4 口人的所有担子都压在一个年轻女人身上。有苦说不出只能往肚子里咽，有眼泪只能背着人偷偷地擦。您把我们 2 个孩子当成您的命根子、生命的希望。我们理解您的心情、理解您一生受过的苦难，所以我们从小懂事听话，有志气。我们为妈妈争气，要弥补您为我们所受的一切苦难，我们俩默默下决心不会早嫁、不会远离、不会分开，包括您的女婿和第三代，包括我们选择读书的学校，要一直陪伴在您的身边。现在您突然离开，让我们两家六口人悲痛欲绝、无法忍受，我们还没来得及尽一点孝心，您就走了。走得如此匆忙、如此无情。亲爱的妈妈，您就这么狠心，您就这么丢得下我们！一晃间您不在了，从此我们永远看不到您慈祥的一颦一笑、听不到您关心我们的一言一语、见不到您关爱我们的一举一动。您就这么独自离去了，您的在天之灵听得到我们的呼喊吗？我们的哭叫吗？一下子我们叫天天不灵，叫地地不应。天昏地暗，我们不知哪儿去找妈妈。"

妈妈的声音也一直在耳边萦绕，一会说："莉莉，我不求你大富大贵，不求你出人头地，只希望你做个平平凡凡的人。"一会又说："你要记得别人的好，不要有事有人、无事无人。"

张惠莉大喊了一声："妈妈，我知道了。"一惊，醒了。眼前没有妈妈，只有妈妈放在案头的照片。照片前香火缭绕，烟雾中妈妈似乎还在说："莉莉，当校长了，你要公私分明、是非分清、尊重教师、关爱他人啊。"

俄国作家冈察洛夫曾经说过："当你回想过去幸福的情景时，回忆是一首最伟大的诗。"但是现在回想起妈妈的一切，张惠莉却只有撕心裂肺的痛。

得知妈妈去世，很多老朋友、老邻居、老同事和老师、学生都很痛心，咪猫本来在大门上贴了一张丧事简办的告示，见悼念的花圈已经延绵几百米摆出了弄堂，便又默默地把告示撕去了，她想也不要拂了大家的好意，就让他们都去送送妈妈吧。

11 月 27 日，本来是休假结束上班的日子，没见到早早就在学校忙碌的妈妈，大家已经有点诧异，再听说她居然已经"走了"，更是震惊，一时间悲痛异常。

因为悼念的学生、同事、邻居、朋友实在太多，葬礼还是定在龙华殡仪馆大厅，11 月 28 日早上，2 辆大巴 40 多辆小车，直奔龙华。

很多人都来了，妈妈这一辈子做了很多好事，之前资助过的孩子，过去帮助过的学生和邻居，得到消息全来了，光是震旦就来了 400 多人。一个普通的人民教师，居然有这么多人念着她的好、不舍她的离去，她一定很欣慰吧。

妈妈病重期间，爸爸打了好几次电话，关心妈妈情况，得知妈妈去世后，泣不成声，考虑到爸爸年纪大了，太激动对他的身体不好，张惠莉说："爸爸，大殓你就别来了。"虽然看不见爸爸的表情，但张惠莉知道爸爸一定是极其伤心的。电话里好一会都没有声音，张惠莉刚想问，爸爸却突然说："你妈妈当年给过我一个银子做的首饰盒，可惜啊，抄家的时候给抄走了。"爸爸在电话那头哭了。

爸爸让张惠莉置办了一个大大的花篮，挽联上写着"沉痛悼念爱妻文英"的字句。其实，平日里爸爸一直喊妈妈的小名二囡，他最常说的一句话就是："二囡啊，你耐心点哦，你要等我哦。"妈妈心里只有爸爸，所以她一直等着，等了一辈子，可是，最终也没能等到那一天。

事后遇到熟识的医生朋友，张惠莉说起妈妈当时的病症，那医生想了一下说："你妈妈的症状很像是过敏，先锋霉素跟青霉素一样，也需要做皮试的，你妈妈输液前做过皮试没有？如果没做，那就是药物反应。"

后来，医院有人前来回访，听说病人已经过世，也非常诧异，即使是胃癌，也不可能这么快啊，18 天就走了！

按照传统，逝者在冬至落葬。见证了妈妈人生的卢湾区党史办主任陈振国，在妈妈的墓碑上写下了对这位伟大的老师、慈善的母亲最高的褒扬："栉风沐雨，解衣推食，难忘清清亮亮慈母心；笃行不倦，披心相见，思忆堂堂正正好老师。"在妈妈的墓前，张惠莉已经哭不出声音了。她看着妈妈的照片，妈妈微笑着，似乎还在对她说："莉莉啊，我相信你会把学校办好。"

张惠莉默默地发了一个誓："妈妈，你在天上好好保佑我，女儿一定不辜负您的期望，把震旦做大做强，做到最好！"

爸爸是 2010 年走的，享年 91 岁。遵照妈妈的意愿，将爸爸的衣帽焚烧成灰装进盒子，由张惠莉的两个同父异母的弟弟捧着，与妈妈的骨灰一并落葬于新墓穴。张惠莉给爸爸妈妈重新用大理石做了一个墓碑，上书"思高堂音容犹在，忆椿萱恩重如山"。她在爸妈的墓前久久站立，这对恩爱夫妻，生虽不能同衾，但死能同穴，作为子女，也算是一个莫大的安慰了。

马当的新生

妈妈去世后，张惠莉的情绪一度比较低落，回到家常常会放声大哭，话比平时少了许多，但待在学校里的时间更久了。身边的人都看得出，她是在努力压制自己的悲痛，用繁重的工作帮助自己振作起来。

1997 年 6 月 18 日，学校接到一个文件——《关于马当中学转制的协议意向书》。

去年卢湾区教育局跟张惠莉协商转制马当中学的事宜，被张惠莉拒绝了，今年局长干脆不协商了，直接签好字让中教科科长徐铮送过来。科长把协议书递给张惠莉时说："你看，局长都已经签好字了，你就签了吧。"张惠莉心里有点不悦，这一个名字签下去，就像下棋，落子无悔，就再也没有回旋余地了。但是，领导的签名无形中给了自己很大压力，也是对自己的信任，再不签，就有点"不识抬举"了。思去想来，张惠莉还是签了名，但她在协议意向书后面给局长、书记写了一封信，第一句就是："为了顾全大局，我在协议上签了名。"她还说："在场地租金上，震旦和其他的民校是一样的，但在承担的义务上多了一条，因为是转制一个学校，多了三个年级学生的管理，特别是原马当中学教师、离退休干部和退休人员的福利待遇都要震旦承担，更是不堪重负，希望领导在政策上特别是经济政策上给予倾斜。"

经过多次协商修改，6 月 28 日，卢湾区教育局正式下发《关于马当中学转制的决定》。比起之前的协议意向书，正式的协议书在共享费等问题上作了些许调整，原定的校名上海市民办震旦外国语中学，也改为上海市震旦外国语中学。

从 1994 年起，震旦就开始聘请英、美、澳等国的外籍教师开办英语口语教程，采用配有录音带的自编教材，广受社会欢迎。从 1994 年到 1997 年 5 月，共开班 240 个，招收学员 9 000 多人次，多家媒体都进行了跟踪采访，社会影响很大。所以，市教委基教处批准同意马当中学转制为震旦外国语中学，这是上海第一所称为"外国语"中学的学校。

时间已经到了 6 月末，9 月份要开学的话，实打实只有两个月的时间，而在这两个月的时间里，起码要完成几件大事。

第一是教师的去和留。按照协议，震旦必须聘用原马当中学的教师，对没被聘用的人员，还要提供一次上岗机会。马当中学过去不管在区里排行老几，至少还是一所公办学校，现在听说要被转制为民办，很多教师都不愿意，有的教师想去教育局讨说法，有的教师写信到总工会，提出不愿转制、反对转制，还有的教师说要离开。张惠莉召开教师大会，作了三分钟的发言，通篇没有大道理，只是讲了教育改革的形势以及震旦的未来发展方向，把去还是留这个选择题交给教师自己。有的教师前一天还说要走，回家想想第二天又说要留下，还有的教师找到了新的去处，离开了。张惠莉不动员不强求，一切听凭自愿。同时，聘请了向明中学退休的俞培芳、童晓珠、罗亦群、王世俐等四名优秀教师担任语数教师，很快，教师问题就一一落实了。张惠莉兼任外国语中学校长，聘请原五爱中学副校长、退休高级物理教师潘泳葦为常务副校长。

招生，也在另一个场所展开，为了体现外国语中学的特色，同时了解学生的外语基础，张惠莉决定聘请 2 名外籍老师，由原震旦大学校友会理事上外教师蓝鸿春女士带领上外教师一起策划面试试卷，用上外的试卷与报名学生进行交流、测试。但是聘请外籍教师代价不菲，张惠莉便给中招办打了个报告，希望能把每个学生的报名费提高到 20 元。中招办很快给了答复：报名费一人 6 元。那就是不同意啰，好吧，6 元就 6 元，超出部分学校自己想办法。或许是震旦的名气响，也或许是外籍教师的吸引力，短短三天，震旦外国语中学就招满了两个初中预备班。原计划每班 45 人，共

90 人，最终招了 92 名学生。而且，这批学生的质量真是太好了，成绩优异，几乎全部是学校的少先队干部或者班干部，报名刚一结束，招生老师便拿着报名表兴奋地向张惠莉报喜。

既然是外国语中学，要迅速集结起一支高质量的适合外国语教学的教师队伍不是一件容易的事，而且现有三个年级的马当中学学生跟新招进来的外国语中学的学生如何对接也是个难题，但这些事至少还不算太难，最火烧眉毛的是学校的硬件改造。

位于马当路 354 弄 10 号的马当中学校舍，是建于 1960 年代的兵营式建筑，外貌陈旧、场地狭窄、设施简陋。且处于石库门民居的重重包围之中，很难有"用武之地"。狭小、陈旧且不说，最要命的是 3 000 多平方米的校区内，居然挤进了 1 家校办工厂、13 家外借企业和 2 家业余学校，工厂生产时的嘈杂，公司运作时往来人员的频繁进出，都极大影响了学校的教学。张惠莉迅速作出决定，为了净化教学环境，花 20 多万把这些单位请出去。她还要求大家兵分二路，清理外借单位与装修改造校园同时进行，务必在开学前给师生一个全新的校容校貌。

如果把这次校园改造说成是一次"战役"，一点都不过分。按照设计，学校的校门区域和校园绿化要改造，要增加学生的读书休闲廊、中外科学伟人雕塑头像、不锈钢制的世界版图、中英文对照的名人名言，还要打造电脑机房、图书室、阅览室、美术室、音乐室、乒乓室、体操房、团队活动室……工程浩大，难以想象。可是居然就在一个暑期内，租借场地的 10 多家单位全部撤走。取消那 13 家单位与马当中学的合同学校赔偿了 10 多万元，而装修花了两个多月时间耗资 760 万元，是震旦创办以来最大的一笔开支了。

马上就要开学了，可校园操场上堆满了像山一样高的建筑垃圾，角落里还有一辆早已报废的 2 吨卡车，4 个轱辘的轮胎都已老化，趴在那里就是一堆废铁。因为进校门的过道太窄，运垃圾的车无法开到操场边来，只能用黄鱼车一车一车运。建筑公司说工人都累趴了，干不动了，再也派不出人来清垃圾了。张惠莉一挥手，他们不干我们自己干！于是，借来七八辆黄鱼车，将垃圾一车车运到校门外。那辆动弹不了的卡车，完全靠人力一点点挪了出去。

陆宝芳原来是集管局行政科科长，张惠莉是教育科科长，每周行政例会上都会见面，彼此熟悉。局里为了提高干部学历水平，组织陆宝芳等一批干部在职校脱产学习，而妈妈恰好是他们的班主任，所以颇有渊源。集管局解散后，陆宝芳曾经出去开了两年出租车，最后还是来了震旦。他说张惠莉对教育事业的热爱和她的创新思维、办事能力都让他折服，所以到了震旦他就把这里当成自己的家。他做事不惜力，奋力骑着黄鱼车，别人一圈他已经骑了一圈半，还不停地对装车的人说："多装点、多装点！"一车一车，眼看着垃圾山渐渐变小，6 天后垃圾山终于消失，已经是开学前夜的半夜 12 点，再开始铺设彩色瓷砖、摆放绿植……说起这些往事的时候张惠莉特别感动，学校还在暑假期间，可一个电话大家就全来了，没有人说一个不字，来了就干，直到干完。震旦之所以能走到今天还在继续壮大，靠的就是这种团结、务实、拼搏、进取的震旦精神吧。

鲜明的特色

9 月 1 日，震旦外国语中学开学。

修葺一新的校园，让人眼前一亮，之前老、破、小、杂乱无章的马当中学，终于脱胎成一个全新的外国语中学。

上午 8 时，全校 17 个班的学生举行了隆重的升旗仪式，第一届外国语中学的学生身穿有"震旦"字样的校服，佩戴着"震旦外国语中学"的校徽，列队参加军训，给前来参加开学典礼的卢湾区副区长金因及教育局局长郭伯农等领导留下了深刻的印象。

张惠莉在开学典礼上讲话，提出了"综合、创造、人格"的培养目标。

综合，是指综合素养。震旦培养出来的学生，要具备"精一门、通二门、会三门"的综合能力。学校要利用各种形式帮助学生掌握生存、生活、健康成长的基本知识和技能，使学生成为一个具备丰富知识的人、见多识广的人、兴趣广泛具有综合素养的人。

创造，是指创造能力。学生是未来社会的主体，仅仅掌握基础知识不行，还必须敢于创造、能够创造，具有创造性思维和创造性劳动的能力，能取得创造成果，从而在终身学习教育中与社会发展取得协调和一致。

至于人格，是从人的精神层面提出的要求。震旦的学生要善于与人沟通，学会共处、学会尊重、学会包容，做一个能与自然、与社会、与自己和谐相处的，具有完美人格的人。

张惠莉说外国语中学就是要突出一个"外"字，学生和学生家长选择来外国语中学，就是冲着这个"外"字来的，所以一定要办出外语教学的特色。所以，震旦外国语中学的外语教学除了英语之外，还增加了 5 个小语种——德语、法语、韩语、日语和西班牙语，在早读和其他课程中穿插进行，如果学生的哪个语种比较出众，还可以继续深造。

顾佳文是高盛（亚洲）有限责任公司的执行董事，当年是马当路震旦外国语中学的第一届学生。说起震旦外中的教学特色，他用了新颖、别致、意想不到来形容。他清楚地记得，那年因为报名时妈妈忘带户口本，再去时被告知名额已经满了，张惠莉给了他一次机会亲自面试，面试时问了他一个问题："请你描述一下你是一个什么样的孩子？"顾佳文回答说："我是一个粗心的孩子，经常不死在大河里，死在阴沟里。有时参加美术比赛忘记写名字，有时完成了电脑作业又忘记保存。"张惠莉正好在报名现场，听见了这个有趣的回答，破格录取了顾佳文。

　　震旦外中四年，让顾佳文感受最深的是除了日常教学，学校还设置了许多鲜活生动的课程。学校对音乐很重视，音乐教室很大，有电钢琴和打击乐器，在那里他和同学们学会了五线谱，受到了最正规的音乐教育。不久，他又成为学校管乐队的小号手。乐队成员都是由上海交响乐团的老师来选拔的，看形象、看嘴型。顾佳文嘴型并不是很好，但他身姿挺拔、形象出众，还是被选上了。管乐队，由朱伯联组织管理让顾佳文真正受到了音乐的熏陶。学校对传统文化也很重视，有书法课，甚至还有篆刻课。老师教他们用小篆写好自己的名字，再一笔一画地刻，顾佳文因此完成了人生中第一枚自己刻的印章。学校对德育教育也很重视，当时有位解放军战士朱春权，因为救战友被炸伤，成了植物人，学校组织了几名优秀学生去华山医院探望，还在病房里为英雄唱歌。不久英雄苏醒了，大家都开心地说那是被他们唱醒的。最让顾佳文难忘的是房地产刚刚兴起时，张惠莉校长居然请老师带着大家去看当时的高档商品楼盘——复兴苑，校长说："要让学生们知道，家可以是这样子的，只要努力，你们今后也可以住这样的房子，可以有更好的生活。"学校还鼓励学生积极参与各种活动，在"救救老虎"公益大赛中，顾佳文得了市里第一名。所以顾佳文说："是震旦外中帮助他形成了自己的价值观，弄堂中学小小的一方天地，却让他知道了外面大大的世界。"

　　金靖目前是上海电视台纪录片中心的运营部主任，之前她曾在纪实人文频道和外语频道工作，做过导演、制片人等。金靖也是马当路震旦外中的第一届学生。那时社会上民办学校很少，大家都不甚了解，为了决定是否让金靖上震旦外中，家里还特地开了个家庭会议。最后还是奶奶拍板说："我认识张校长的，只要是张校长办的学校，肯定是好的。"

　　金靖原来在小学就是大队长，进了震旦外中，被选为大队主席。刚进学校她感受到的还是些表面的东西：学校的伙食非常好，干净美味，下午还有点心；学校的校服非常漂亮，英伦风，有西装外套，还有小马甲；别的学校只做广播体操，但是震旦外中除了广播操之外，还教健美操、韵律操！所以，那时候她每天都盼着早点去学校，因为开心。渐渐地，除了学校的外在美她更体会到震旦外中的软实力。每周都有外教课，这在其他学校是不可想象的，外籍教师上课幽默风趣，教学不拘一格，是不折不扣的快乐学习。学校有专门的听力室，聘请的是一名大学正教授，而且教材用的也是大学英语的听力教材，程度高、词汇量多，这种挑战让本来就喜欢外语的金靖非常享受。初中毕业后金靖考取了市三女中，英语摸底考试时全校新生的平均分都在 50 分左右，可金靖和另一位震旦外中毕业的同学都考出了 80 分以上的好成绩，以至于老师还以为她们是上外附中的学生呢。女孩子感情细腻，最让金靖难忘的是学校老师的教学方式都很浪漫、有趣。譬如语文课，语文老师会带他们去人民广场喂鸽子，然后当天布置的作文题目就是"我和鸽子在同一片蓝天下"；再譬如地理课，老师会带大家去莫干山住一晚，目的居然就是为了看星星；学校还经常组织大家看演出、采风，丰富大家的知识面。在经历了高校和职场巨大的学习和工作压力之后，金靖觉得最美好的时光还是在震旦外中度过的那段日子。

　　张闻宇的头衔有好长一串，可简单称之为高级机器学习工程师。其实，只要知道他的工作都是跟最前沿的人工智能技术打交道就行了。张闻宇很小就对计算机感兴趣，走进震旦外中，他发现自己真是来对了地方，学校鼓励学生有自己独立的思考，保护自我意识，学习上也有很大的自由度。有一次张闻宇因为玩电脑跟父亲发生冲突，父亲认为学生放学回家就应该多背外语，可张闻宇说老师没要求他们背课文，只要理解就行了，父亲不信，父子冲突升级，为此张闻宇差点离家出走。英语老师得知后去找了张闻宇的父母，还说张闻宇已经做得足够好了。以后，张闻宇的成绩一直非常稳定，连续四年都拿到了奖学金。张闻宇计算机方面的能力也得到了老师最大的鼓励。那时计算机拨号上网费用贵、网速慢，学校计算机老师允许张闻宇使用自己的电脑，后来还专门给他配备了一台，并鼓励张闻宇尝试做网站，在学校的科技节上展示等。张闻宇很多编程方面的专业书籍都是老师提供的，还见识了很多新设备，以至于后来去了美国，在接触一些项目时，张闻宇可以在同事面前自豪地说："这个我在初中就已经做过了。"所以他说他有现在的成绩，都是在震旦外中打下的基础。

著名影星王传君最近大火，在电影《孤注一掷》中他饰演犯罪老大陆秉坤，入骨三分，演技传神，受到高度赞誉。其实，王传君当年也是震旦外中的学生，是张惠莉亲自面试招进来的。初中时王传君就已经身材高挑、帅气阳光。据他的班主任蔡炳欣老师回忆，王传君一直是个尊师守纪的好学生，在校期间他的演艺天赋就已经展示出来了，初二那年学校组织春游，去松江车墩参观影视基地，正在拍摄的影视剧中缺少一位四姨太的角色，大家都在观望，王传君却毛遂自荐希望让他试一试，从未受过专业训练的王传君第一次反串亮相，居然恰到好处，让大家非常惊讶。所以蔡老师说震旦外中的学生中藏龙卧虎，王传君能有今天的成就她一点都不奇怪。

震旦对马当中学的转制很快就见成效了，震旦外中的第一届毕业生100％考进高中，其中80％以上进了市、区重点学校。之后的三年中，陆续有毕业生回母校报喜，他们考进了复旦大学、交通大学、同济大学、上海外国语大学，有的进了法领馆、韩领馆、上海电视台LCS外语频道工作，还有的成了《文汇报》英语版的记者。他们说是张惠莉校长倡导的"精一门、通二门、会三门"，让他们受益终身。

坚强的毅力

1997年5月7日，震旦进修学院等6所A级进修学院都被批准为高等教育学历文凭考试的试点学校之一，由市考试院组织自学统考。6月25

日，市教委批准震旦进修学院进行 1997 年度高等教育学历文凭招生。

高等教育学历文凭考是对尚不具备独立颁发国家承认学历文凭的民办高校的一种学历认证考试，是全国民办高等教育试点中的一种。由试点学校进行招生并组织全日制教学，学制一般为三年。学校按市教委审定的教学计划和教学大纲组织教学，由市自考办组织 10 门的市自学考统考课程考试，其他十几门学科由学校组织考试，毕业后国家承认其专科学历。

跟原来的自学考和大专班相比，学历文凭考具有不少优势，首先学生的入学有一定的标准，学生必须是当年未上高考录取线的学生，录取标准以当年高考成绩为主要依据，一般在全日制普通高校大专录取分数线下 50 分以内。学生的年龄和文化程度都相对一致，容易保证教学质量。其次，除统考课程外，学校对其他课程有考试的自主权，这样在三年全日制的教学中，可以按照本校的办学特色培养学生。所以拿到市教委的这个批文，张惠莉心中一喜。

9 月 20 日，震旦高等教育学历文凭考试会计、涉外文凭、计算机及其应用三个专业的 92 名学生，在二医大参加了隆重的开学典礼。这次开学典礼特地邀请了一百多名学生家长，并在会后召开了家长会。郭伯农和张惠莉都在会上讲了话，他们告诉学生和家长，学历文凭考的专业主要是应用型、职业型和社会急需的专业，虽然高考落榜对一个理想青年来说是个遗憾，对一心盼着儿女跳龙门的家长来说更是个打击，但是"榜上无名，脚下有路"，在震旦同样可以成为社会需要的人才。

这些年来，震旦的教改之路一直没有停步。5 月，在姚轶凡老师执教的"函数图像与性质"公开课上运用了 T1 - 82 型教具。T1 - 82 型图形计算器是美国德州公司生产的，既增加了课堂容量又形象动态地描绘了函数图像，对加深学生的理解很有帮助，所以张惠莉大胆引进。此举乃震旦的又一个首创，且是全国首创。

在震旦外中，张惠莉也将每节课的课时从 45 分钟压缩到 40 分钟，每天 6 节课，一天下来就可以挤出 30 分钟，这 30 分钟集中用在外语教学上，积少成多，四年下来，学生得到的外语训练就会比其他学校多得多。压缩学时曾经遭到有关部门的质疑，但张惠莉仍然坚持了下来。在当时，张惠莉是那个"第一个吃螃蟹"的人，而现在基本上所有学校的课时都只有 40 分钟了。

9 月，《上海成人教育》杂志在第九期刊登了文章，介绍震旦的教学改革信息。

雁过留声，很多外地、本地的领导和同行闻讯后前来参观、学习、视察、调研。广西省教委分管民办学校的领导前来了解学校的转制经验；苏州教委 60 余人的代表团前来参观学习；市教委领导及各区教育科长前来视察；区督导组前来调研。隔三岔五就有接待任务，再加上张惠莉又在 1998 年当选为卢湾区第十二届人大代表，整天忙得不可开交，幸好张惠莉从小就有边听评弹边做作业、一心多用、一脑多用的本事，常见她边接听电话、边处理公务、边写文章，心到、脑到、口到、手到，"拳打脚踢"纹丝不乱，令人佩服。

沈明哲可谓见证了张惠莉一路的奋发图强。沈明哲当年是免试保送进复旦大学数学系的。1984 年在上海市卢湾区教育学院工作时与张惠莉在上高等数学课时相识，不久后调去深圳教育局，主持深圳市初高中数学竞赛培训辅导工作。在深圳，沈明哲创下了很多第一，首次帮助深圳市获得国际数学竞赛金牌，全国数学教师课堂教学评比、数学论文评比一等奖等荣誉。退休后被青浦震旦中学聘去担任数学教师。那时她还不知道这个震旦中学就是张惠莉创办的。张惠莉接受马当中学改制时沈明哲前去拜访，这才得知一别经年张惠莉已经在教育领域创下了这么大一片天地。张惠莉深知沈明哲的能力，立即聘请沈明哲担任震旦外国语中学的顾问，共同耕耘这片沃土。

为了适应上海国际交往和旅游事业发展的需要，浦东机场一期于 1997

年 10 月开工建设。1998 年，上海市政府又将征地后的原江镇、施湾镇合并成机场镇。新上任的机场镇镇长很想做点事，他找到张惠莉，说机场镇可以拿出 2 000 亩土地跟震旦合作，办一个无围墙的开放性大学。那时的震旦虽然已经在各区设了多个分部和教学点，但点多面广，教学管理成本很大，现在面前摆着 2 000 亩土地这么大一个香饽饽，大家都觉得是件特别好的事。于是张惠莉立即拍板，请了同济大学介绍的美国设计师来做设计。可是冷静下来张惠莉又觉得不妥，这么大一项投资，还是需要慎重一点，便想找一位市领导咨询一下，不巧的是那位市领导去中央党校学习了。

　　1998 年 5 月份，张惠莉接到通知，要去北京参加一个国家学历文凭考试制度研讨会，趁开会的间隙张惠莉在中央党校找到了那位市领导。那位领导听了张惠莉的设想后立即否定，说："你看看有谁是把学校建在机场边上的，况且浦东机场都还没有造好，你即使把学校建好了，什么时候才能招到学生呢？你这样要亏死的，赶紧停下来！"张惠莉一听，领导说得有道理，自己确实是冲动了，幸亏只是做了设计，其他的钱还没有花，那就赶紧停下来吧。在京期间，一次因为不小心，张惠莉洗澡时滑了一跤，肋骨重重地磕在澡盆边缘上，一时疼痛难忍。去医院拍了片子，医生说没有骨折。既然没有骨折，那就放心了。此时，震旦刚被中央教科所批准为国家重点课题《发展和改进民办教育的理论、政策、实践的研究与实验》的实验学校，震旦外国语中学也被定为中央教科所国家教委级重点实验学校，要筹备揭牌的事。正逢招生季，外国语中学、震旦中专、高等教育学历文凭考试都要招生，震旦咖啡沙龙也即将开张，各种事情千头万绪，所以张惠莉一下飞机就直奔复兴公园招生咨询现场。可是坐了一会就觉得有点支撑不住，坐立不安，非常难受。学校老师见她脸色不对，赶紧叫了一辆三轮车将其送到曙光医院，再拍片，还是说没有骨折。可是回到家只躺了一晚，不光是剧痛，连呼吸都感觉困难了，再去瑞金医院检查，医生责怪地说："还说没骨折，2 根肋骨骨折，都已经错位了！刚骨折时如果马上休息就不会错位，你是不是拎过重物了？"张惠莉一想，还真是，在北京回沪的路上确实帮同事拎过书。但是已经错位了还能怎么办呢？将错就错吧。

6 月 12 日，实验学校揭牌，中央教科所副所长、联合国教科文组织 21 世纪唯一的一名中国委员周南照博士，中央教科所成员、全国教育科学规划领导小组周天幸教授及上海有关部门领导百余人参加了揭牌仪式。教科所的领导还对张惠莉说："你们可以永远地改革，没有时间限制。"

上海市副市长周禹鹏也向震旦发来了贺信："值此你院与震旦外国语中学被中央教科所定为国家级、国家教委级重点课题及实验学校之际，我向你们表示热烈的祝贺。国家的发展、经济的腾飞离不开科技和教育，教育要适应跨世纪的需要，必须不断完善、不断改革、不断探索。希望你院继续发扬大胆改革、勇于开拓、积极创新、不断实践的优良传统，相信你们一定能担起教育实验基地的重任，成为教科研战线上的示范。祝你们在今后教育改革的实践中，不断取得新成果。"

揭牌仪式完成后，大家都劝张惠莉继续回家休息，但是事情太多，一直没有消停。英国教育领事来院商谈给震旦提供教师、教材的可能性；市教委在震旦召开社会力量办学十位校长会议，商量讨论设分院分校的政策问题；外国语中学开始加层施工，继续完善校容校貌。很多事都需要张惠莉亲自参与或拍板，况且唯一能管管她的人也不在了，所以张惠莉躺了没几天就开始上班，每天工作十多个小时。大家劝说无效，只能心疼地看着校长天天忙来忙去，一筹莫展。

又到了开学季，经过一个暑假，震旦外国语中学像被施了魔法，再次以新面貌亮相。教学楼增加了一层，环境更宽敞了。每个教室都装上了 34 寸彩电。学校还组建了 ATV 一台、AURORA 第一电视台，全校电脑联网正式启动。对马当中学改制时，张惠莉曾经提出"软硬兼施"的方针，现在学校的管理和硬件设施都到位了，向现代化又迈进了一步。老师们私下里赞叹："我们的张校长，真是大手笔啊。"

10 月 19 日，首届震旦中学生运动会在卢湾区体育场进行，学生的比赛结束后还增加了一项教工兴趣比赛，大家惊讶地发现运动场上 4×50 米的接力赛中，那个急速奔跑的居然是张校长！大家相视一笑，对这样的"意外"，已经习以为常了。

岁末，又是收割荣誉的时候。夏季的时候，震旦会计上岗证班的学员参加市统考，因成绩优异，项目特出，区财政局奖励了 2 000 元奖金。别看钱不多，这可是区财政局开天辟地的第一次。经全国民办高教委通过，张惠莉获得了"学校创业奖"。在上海市成人教育会议上，震旦再次荣获上海市 1998 年"成人教育先进单位"称号。鉴于震旦出色的办学成绩，有关领导给了很大的鼓励，上海市政协副主席谢丽娟为震旦题词：为迎接新世纪挑战，积极培育创新人才。祝震旦学院不断进步。上海市成教委副主任、上海电大党委书记、震旦校务委员会主任郭伯农也为震旦题词：希望震旦学院全体同仁一心一意、艰苦创业、众志成城，办一所举世瞩目的，受社会和公众欢迎的，质量一流的民办大学。

张惠莉很感动，同时也感到了身上的压力，要把震旦办成举世瞩目、质量一流的大学，前面还有很长的路要走啊！

无奈的放弃

进入 1999 年，信息界开始敲响了"千年虫"警钟，并很快引起了全球关注。据说，从计算机系统、数据库软件、商用软件和应用系统，到与计算机和自动控制有关的电话程控交换机、银行自动取款机、保安系统、工厂自动化系统，乃至使用了嵌入式芯片技术的大量电子电器、机械设备和控制系统等，都有可能受到"千年虫"的攻击。

对"千年虫"张惠莉并不怎么担心，世界各国已纷纷由政府出面全力围歼"千年虫"，那就交给专家去解决，自己还是管好学校的事吧。

事情可真多啊！随市教委代表团去日本考察访问；去北京参加中华职业教育社民办教育局人士座谈会和第二次全国民办学校对外交流工作会议；接待绍兴市政府代表团；参加上海国际教育交流展；去安徽蚌埠进行高等学历文凭考试和自学考招生工作。张惠莉天天忙得不亦乐乎，不知道另一个"千年虫"已经悄悄逼近，而这个"千年虫"对学校的伤害，绝不亚于信息系统的崩溃。

1999 年上半年，张惠莉得知在嘉定戬浜镇有一块 2 000 亩的土地。戬浜，以河得名。明末清初，东市梢河水干涸，河底露出竹箭，乡下人稀奇，称该河为"箭浜"。清乾隆年间，又取"箭"之谐音"戬"，为有"福"之意。戬浜镇的这块土地新加坡尧泰集团已经投资，原准备建造哥士摩游乐场，后来觉得造游乐场不太合适，想要另觅其他出路。又是 2 000 亩！张惠莉很是心动，火速寻找对方接洽，几番商谈下来很快达成一致意见，双方共同投资 5 亿元，用此地块筹建新的震旦学院。

为了划清产权、确立投资收益，张惠莉决定注册成立由三位自然人组成的上海震旦教育发展有限公司。1999 年 7 月 21 日，工商管理部门批准并核发了企业法人营业执照。7 月 29 日，上海震旦教育发展有限公司在新锦江大酒店与新加坡尧泰集团香港金马广告公司举行了签约仪式，当晚《新民晚报》和教育电视台进行了报道，次日，《解放日报》《文汇报》等主流媒体也纷纷以"民办高教冒出领头雁""投资 5 亿元的民办震旦学院今签约筹建"为题报道了这件事，一时引起轰动。

张惠莉深知，造一所大学不是一件小事，必须找一个靠得住的人跟各方联络。她的一名顾问得知后，推荐了自己的儿子小杨，并提出每月要 4 500 元的工资。20 世纪 90 年代 4 500 元可是高薪啊，张惠莉心想，以后也就是跟嘉定方面对接一下，沟通沟通信息，又不是技术活，这 4 500 元的工资也太高了，就没有答应。几天后，学校发防暑降温的饮料，搬饮料的队伍中多了一人，还干得非常卖力，一看，正是小杨。张惠莉很感动，说："小杨啊，要不是你妈妈开的工资太高，我就让你来上班了。"小杨说："那是我妈妈瞎说的，我不要你工资，就是来帮帮忙。"张惠莉善良，被小杨这么一说，就更加感动了，马上答应让小杨来上班。小杨随即去人事部门填写了一张职工登记表，然后对工作人员说："我能到震旦来上班非常开心，我想复印一份带回去留作纪念。"工作人员也没多想，就让小杨复印了一份职工登记表。

第二天小杨拿来一个大信封，里面装着某建筑集团公司的邀请。张惠莉心里清楚，建校的建筑单位一定要通过招投标，现在去哪家公司参观、洽谈都不合适，便推掉了。

得知震旦有大工程，很多亲友都来游说，说某某公司实力如何强，质量如何好，但张惠莉一概不听。送礼的也络绎不绝，有送大闸蟹的，还有送补品的，张惠莉也一概退回。

此后，小杨又多次相邀，不停地介绍那家建筑公司的实力，引起了张惠莉的警觉。这么大的标的，按当时的行规，如果推荐的建筑公司被采纳，光是中介费就是好几百万。张惠莉觉得有猫腻，赶紧叮嘱办公室，工程建设的公章一定要管住了，千万不要交给任何人。同时，她又请一家建筑公司的老总推荐一名懂工程的技术人员，跟小杨一起负责前期工作，可以互相牵制。推荐来的技术人员姓钟，张惠莉私底下对小钟说："你作为项目经理，不管什么事都要留个心眼，有什么问题马上跟我汇报。"

作了这样的安排，张惠莉稍微安心些了。

过了几天，张惠莉想起这两人天天跑嘉定，学校也没车给他们，挺辛苦的，便在晚上打电话去慰问。可是，小杨的女儿说她爸爸不在，还没回来。打去钟家也是如此。张惠莉感叹这么晚还没回家，真是不容易啊。第二天刚上班，那位顾问就赶紧来澄清，说昨天晚上小杨在家的，哪里都没去，他女儿不知道，瞎说的。张惠莉好生奇怪，在不在家有什么好隐瞒的？于是心里有了疑问。过了几天，张惠莉抽空去了趟嘉定，发现原来已经平整好的土地上居然盖起了一排平房。她把小杨找来说："连设计图纸都没有出来，谁同意你盖房子的？"可是小杨却轻描淡写地说："也就造了点民工住宅，一二十万的事。以后哪个建筑公司进来民工总是要住的，谁住谁给钱嘛。"

张惠莉意识到问题的严重性，专门召开班子会议进行讨论。大家都认为这个小杨做事太不靠谱，有点"野豁豁"，决定直接辞退，免生后患。张惠莉也再次强调，今后各项基建工程一律采用公开的、书面（合同协议）的、校方集体讨论的和招投标的形式进行，并希望把这次会议精神立即传达到有关人员。

到了年底，原来小杨推荐的那家建筑公司派了十多名民工拎着行李铺盖来要钱，张惠莉很意外，说："谁让你们造的你们找谁要钱去，跟学校有什么关系？"她还告诉小钟："你让他们造的，那你就掏钱吧。"最后，小钟拿了2万块钱出来，暂时把事情压下去了。

那家建筑公司为了承揽日后的工程，之前曾不断向震旦示好，还在工地上打出"坚守阵地、迎接开工"的横幅和标语。没想到后来因种种原因建校工程停止了，那家公司索要钱款无果，居然把震旦教育发展公司告上了法院。公司的律师还扬言他们公司打官司从来不会输。张惠莉不信，也请了律师，律师听了事情缘由说："你们占理，他们没有委托书，你们连公章也没有盖过，官司肯定赢。"可是上了法庭，对方的律师却振振有词地说："震旦填写的工程报建表上联系人是小杨，小杨是你们公司的职工，有职工登记表为证。他与我公司达成口头协议，请我们进场完成前期准备工作，现在我们建造了活动房、平房等临时设施，对这些工作量小杨都已经签字确认，所以你们必须认。"果然，嘉定区人民法院判震旦败诉，支付对方 67 万元。小杨擅自建房时说只有一二十万，现在居然要支付 67 万元！张惠莉越想越生气，马上提起上诉。

那段日子真是不好过，先是受到各种骚扰，建筑公司派人在张惠莉住过的居民楼外四处张贴法院判决书，到学校发法律败诉书，说震旦欠债不还，说张惠莉拖欠农民工血汗钱。对方还说他们每年都要装几个麻袋，官司从来没有输过，其中威胁的含义十分明显。好在那时张惠莉已经搬家，但听老邻居这么一说，还是受到惊吓。为了不影响家人，每天上下班张惠莉都要请司机绕上几个圈，觉得没人跟踪，才安心回到住所。那伙人找不到张惠莉，又几次三番威逼办公室主任施佩梅说出张惠莉家地址，办公室主任自然不会说，但她有个 80 多岁高龄的老母亲，那伙人经常半夜三更坐在她家不走，让老母亲很受惊扰。张惠莉觉得这样不妥，是祸躲不过，天大的事还是应该自己来扛！于是告诉对方律师，双休日在学校见面。

到了双休日，进学校一看，十几个农民工带着行李铺盖，把学校的走廊都占满了。张惠莉说："你们来干什么，我们学校又没有让你们造房子，你们该找谁找谁。"可是那些人不是来讲道理的，什么都听不进去，只是一个劲地要钱，那天，张惠莉被足足围堵了好几个小时才脱身。

上诉到上海第二中级人民法院，张惠莉也写了很多封信以人大代表的身份申诉，可是法院虽然认定小杨与该建筑公司的口头施工协议不符合法律规定，确认无效，又说建筑公司在没有合同的前提下进场施工也有过错，而且小杨 11 月 18 日签字的工程确认单有明显的伪造痕迹（因为 11 月 8 日小杨已被辞退），但是第二审判下来，居然还是震旦败诉，并且要全额支付 67 万工程款，扣去小钟此前支付的 2 万，尚需支付 65 万元。张惠莉一肚子的委屈，实在是想不通，但继续上诉耗时费力，况且不结案的话学校银行账户都被封着，影响学校工作，于是从不服输的张惠莉第一次放弃了，认了吧，就当自己投资失败了。

事后得知，那家公司给了小杨不少好处，中午有饭贴卡，晚上经常请他们泡脚、洗桑拿，还借了一辆轿车方便他跑嘉定，所以怎么都要把这些"损失"捞回来的。至于那个小钟，事先张惠莉还再三关照过，怎么也见利忘义了呢？见到张惠莉他确实有点羞愧，他说是因为小杨说他妈妈是张院长的顾问，张院长什么都听他妈妈的，所以他信了。

官司结束2个月后，那家公司的律师居然又来电话找张惠莉，说："知道你们这个案子有点冤，如果你们要继续打官司的话，聘我当律师，我对这个案子的前后细节非常了解，知道来龙去脉，只要我来打，官司一定会赢的，只是这65万我要分一半。"

张惠莉心想世界上居然有这样恬不知耻的人，吃了上家吃下家。她平静地说："这官司我们不打了。"

费了这么大周章，那块地究竟怎么样了呢？

其实，当时震旦在那块地上已经花了好几百万，小河的水已经抽干，淤泥都已清除，打桩机也已经到位。嘉定区政府很支持，还专门开会协调各种事宜，可谓进展顺利。张惠莉请来几位教育界的专家想做个咨询，专家们说："现在刚刚宣布部属大学都要下放，像华东政法大学、华东师范大学等都要在上海地区招生了，以后招生会非常困难，你现在铺开那么大一个摊子，今后生源从哪来？"他们都劝张惠莉赶紧停下来。恰巧这时嘉定区催着震旦支付首款2000万，张惠莉一想，这2000万投下去再要抽手就难了，还是谨慎一点吧，于是工程就停了下来。

张惠莉再次与2000亩土地失之交臂。

突发的官司

跨世纪前的这一年似乎特别漫长，除了嘉定戬浜镇的官司，1999年还遇到了其他一些匪夷所思的事，使震旦再次陷入官司泥沼。

震旦进修学院拟在嘉定建设震旦学院的新闻被媒体广泛报道后，10 月 29 日，张惠莉在震旦办公家具公司与震旦行股份有限公司的副总经理史先生就有关合作事项进行了会谈。

怎么又出来一个震旦？其实，这个震旦是个台湾的公司，1965 年就创立了，但是他们是以打造美好办公环境为目标，主营业务涵盖办公设备、办公家具、3D 打印、电子、智能装备及云商产业等。1995 年，震旦办公家具作为震旦集团的核心产业之一，在大陆开始经营。1996 年在上海市嘉定区建厂投产。震旦行是上市公司，震旦办公家具是震旦行控股的子公司。

震旦行进驻大陆经营时，震旦进修学院已经如日中天、声名远播。震旦行意识到震旦是块金字招牌，所以很想"搭个便车"。1992 年他们跟张惠莉有过多次接触，流露出希望合作办学的意向，但一直没有实质性进展，这次他们在嘉定盖的办公楼和培训楼相继竣工，便邀请张惠莉前去参观。张惠莉欣然前往，还邀请了教委的相关领导。会谈时史先生提出，建议双方合作建一所企业大学，震旦进修学院为震旦行股份有限公司培训人才，震旦行股份有限公司为震旦进修学院提供学校发展所需的资金和硬件设备。双方相谈甚欢。史先生还说："如果别人问你们和震旦行有关系吗？你们就说'我们是天生的一对'。别人问你们震旦行会投资大学吗？你们就说震旦行会投资大学的。"

震旦经过长期的发展，张惠莉也意识到产学结合的重要性，只有把教育当做一门产业，才能获得更大的发展，所以双方相约作进一步商谈。同年 11 月 15 日，双方再次就合作办学有关事宜，如合作方式、财务评估、投资方案、市场前瞻等几方面进行了协商，震旦行还希望得到震旦自编的各类培训教材，但合作还没谈成，张惠莉怎么会把教材交给对方呢？果然，最终因为股东人数和股份等问题，未达成一致意向。

那时，震旦进修学院已经向商标局注册了震旦商标，10 月份注册通过后进行公示，可是刚刚公示了不到两周就接到通知，震旦的商标已经在 7 月 29 日被震旦行申请注册，震旦进修学院不能再使用震旦商标。

顿时蒙了！

张惠莉仔细回想了一下，自己曾经在一次跟震旦行的会面中说起已经注册了商标。当时是 3 月份，震旦确实已经递交了注册申请，但是因为 LOGO 还在设计中，3 000 元的注册费没有马上交，所以商标局直到 10 月份才审核通过。或许是因为自己这句话提醒了对方？可是震旦行也太缺德了，一方面在谈合作，一方面却悄悄地注册了震旦商标，做人怎么可以这样！

震旦自创立以来，走过了那么多艰难的路，获得的每一个成绩、每一项荣誉和社会认可度，都是用教职工的倾心付出换来的。6 月份上海经隆会计师事务所根据震旦进修学院建校以来的实绩、办学规模、效益、声誉和发展前景进行了无形资产评估，认为震旦是有潜力、有发展前途的高层次民办高校，无形资产总值可达 5 000 多万元人民币。张惠莉对自己说这次不能再当自己是投资失败，无论花多大的代价，都必须把官司打到底，绝不能把这个商标拱手让人。

北京商标局正好有位领导在上海出差，觉得震旦行做得很大，震旦进修学院又做得很好，双方都是知名单位，所以很想了解一下情况。晚上九点多钟张惠莉在马当路震旦外国语中学接待了他。他问张惠莉："你知不知道商标的申请在先原则？"申请在先原则就是指两个或者两个以上的商标注册申请人，在同一种商品或者类似商品上，以相同或者近似的商标申请注册的，商标局会初步审定并公告申请在先的商标。他又说："震旦行申请注册是 7 月 29 日，你们是 10 月份，从这点看他们申请在先。关键要看你们有没有比他们更早的证明。"听了他的点拨张惠莉赶紧让人去查，值得庆幸的是 7 月份震旦刚刚成立了震旦教育发展有限公司，一看证照，是 7 月 21 日，而震旦行是 7 月 29 日，那位领导说这是个有利的证明。

打官司的过程是令人焦虑的，一次次地陈述，陈述震旦从无到有、从小到大的办学经历，陈述这么多年来的办学成绩和社会知名度，还要指出震旦行的商标注册行为严重违反了我国民法所规定的，也是商标法应遵循的诚实信用原则。起先委托北京英特普罗知识产权代理有限公司代理，后来又选择了北京隆天律诚知识产权代理有限公司。2002 年，国家商标局通知张惠莉去一趟。那天张惠莉上午有点事，让律师和缪新亚老师先去，等张惠莉中午赶过去的时候，商标局已经快下班了。张惠莉见到处长，很激动地表示震旦行就是恶意抢注，然后把事情的来龙去脉说了一遍。处长听完后说了一句："恶意抢注不成立，你们不用再多说了。"为震旦打官司的是律师楼仙英，小楼律师虽然年轻，但脑子活络，是个有智慧的人，中午吃饭的时候，她建议要换种方式，既然商标局认为恶意抢注不成立，那就要动脑筋用事实举证来证明自己。法院开庭那天，震旦方将所有的材料带齐，包括执照、各类荣誉证书，震旦进修学院、外国语中学、震旦中专等校舍和毕业典礼的照片。开庭的时候，震旦行先陈述，说他们在上海大学设立了震旦奖学金，他们还办过班做过培训，这些也都是教育。张惠莉质疑："那你们有相关执照吗？"法官也问："你们有没有许可证和发票呢？"震旦行都提供不出，而震旦一所所学校的办学执照、校舍和学生毕业照，都是事实。终于，2002 年 9 月 12 日，国家工商行政管理总局商标局下发了《"震旦"商标异议裁定书》，认定震旦进修学院从 1992 年开始就将"震旦"作为企业名称使用，在招生中也突出使用了"震旦""震旦教育"等文字。自建校以来，震旦已为社会培训了大量学员，招生范围包括 17 个省市，并在各大媒体上进行了大量的广告宣传，"震旦""震旦教育"在上海市教育界已经具有较高的知名度。震旦进修学院对"震旦""震旦教育"文字的使用行为应视为服务商标的使用，消费者已经将"震旦""震旦教育"与震旦进修学院紧密联系在一起。震旦行商标的注册与使用会使消费者对服务真实来源产生误认。依据《中华人民共和国商标法》第三十三条规定，裁定异议人（震旦进修学院）所提异议理由成立，第 1459791 号商标（由震旦行注册）不予核准注册。

这次裁定只是初步裁定，要在公告后异议期满，无他人提出异议，震旦商标才能办获准注册，整个过程大约需要 18 个月。

初战告捷，大家都松了一口气。

用人的独到

1999 年 8 月 18 日，位于浦东新区耀华路 215 号的震旦成人中专新校舍于 8 月 18 日正式启用。8 个专业、25 个班级、900 多名学生开始在新校舍上课。

王纯玉被任命为震旦成人中专副校长。

王纯玉毕业于上海大学美术学院，之前是震旦成人中专装潢设计专业的兼职教师。她专业水平高，五岁就开始学美术，上海大学至今仍挂着王纯玉素描 100 分的作品。她在教学上有创意，虽然教的是成人学生，但她在教学上完全按照大学的正规模式，学生毕业时要求有论文答辩，还请来上海大学的专家做评委。起初她跟张惠莉并没有过多接触，但是每次晚上来上课，都会看到张惠莉站在校门口跟每一位教师打招呼，很有亲和力。一次张惠莉参加了王纯玉组织的学生论文答辩会，被形式和内容的新颖吸引，顿时感慨，怎么这么好啊！两人交流起来，又觉得非常投缘，一天工作结束，两人继续谈工作、谈设想、谈未来。两人的家住得不近，但常常你送我过来，我再送你回去，走上好几个来回，说了无数的话，依然意犹未尽。张惠莉劝王纯玉到震旦来，说在震旦一定会有前途的，但那时上海大学招聘教师，王纯玉也已经参加了应聘，正在等待通知，虽然动心，但一直在纠结之中。

马当中学改制时，王纯玉负责宣传册页的设计。她工作起来废寝忘食，答应当天完成的工作绝不过夜。负责印刷宣传册页的人告诉张惠莉，当他问王纯玉册页设计当天能不能交稿时，王纯玉对他说："半夜 12 点见，不见不散！"张惠莉很欣赏王纯玉工作时的那股劲，再次邀请她加盟震旦，可那时王纯玉接到通知，她已经被上海大学录用了。上海大学毕竟是公立大学，去那里当教师等于端上了铁饭碗，所以张惠莉也不好勉强。谁知就在王纯玉去上海大学报到的那天中午，她忽然打电话对张惠莉说："我豁出去了，上海大学不去了，我到震旦来。"

与王纯玉一起被上海大学录用的还有另外一位教师，那位教师事后告诉王纯玉，说上海大学给他一辆助动车作为交通工具，还答应让他去俄罗斯考察。王纯玉无意中说起，张惠莉听了只是淡淡一笑说："助动车算什么，我给你汽车，也让你去俄罗斯。"

不久，王纯玉被任命为张校长的助理。

对王纯玉的专业水平、业务能力以及人品，大家都是赞许的，可是她从来没有做过教学管理，一下子提拔到管理岗位上，行吗？很多人都表示质疑，但张惠莉却胸有成竹地说："跟着我，还有什么学不会的。"果然，王纯玉的管理能力和组织能力很快就体现出来了，她办事干脆利落，处理问题大胆稳妥，作风跟张惠莉有几分相似，被大家称为"小张惠莉"。现在，她又被任命为震旦成人中专的副校长，事实证明，张惠莉看人是很准的。

其实，张惠莉用人一向非常大胆。

很早以前，震旦在办厂长子女英语口语班的时候，经教育局的陆局长推荐，从茂名路二小聘来一位老师，叫冯克馨。冯老师不是英语科班出身，而且不大会处理与领导的关系，但是她教学认真，自己一直在努力进修，后来，电视台还请她带着学生去上英语示范课。她对学生更是要求严格，哪怕是张沈，她都不会因为是校长女儿而降低标准。一次，张沈在自己学校英语考了 93 分，校长告诉了冯克馨，冯克馨却说："93 分又不算好，而且张沈发音不准，还要好好纠正。"马当中学改制后，张惠莉把冯克馨请到震旦外国语中学来当英语教师。把小学教师请来教中学已经是破格了，而且她还让冯克馨一直教到 82 岁。后来，接替冯克馨的老师教学不理想，张惠莉把冯克馨请回来，又教了一年多，这在其他学校是从未有过的。冯克馨感念张校长的知遇之恩，对教学非常上心，英语成绩满分 150 分，她教出来的学生能考 145 分，非常厉害，这位学生后来成了震旦外国语中学的王牌教师。

2009 年的一天，张惠莉去吴越人家吃面，无意中与老板胡云仪聊了几句，张惠莉发现胡云仪有国外创业背景，又很有思路，张惠莉觉得她开面店大材小用了，邀请她来震旦工作，2009 年胡云仪被任命为集团后勤部副部长，在老部长奉金发的带领下一起为震旦的后勤工作做出了不小的贡献，到秦部长 77 岁退休时，她已经可以独挡一面了。

东儒实业有限公司聘请了孙静为总经理，她曾是美国惠兰特公司驻上海办事处的总经理。管理上既有国际视野，又有国际化的能力。

震旦成人中专这块地皮是张惠莉费了不少工夫觅来的。之前上海的成人中专大多是大楼中专、弄堂中专，没有像样的校舍。这是成人中专的通病，也是张惠莉的心病。1993 年国家要开发浦东，中央的一些部委也都纷纷南下抢占先机，国内贸易部的下属单位中国商业建设开发公司在耀华路买了 18 亩地，建了一些宿舍楼、办公楼、礼堂、食堂等，建筑面积约一万多平方米。该公司只有十几个职工，场地原来是准备建商业设施的，还没落实，所以一直空着。张惠莉得知后赶紧与对方接洽，拿出比当时价格高的年租金 100 万元，将耀华路园区租到了手，经过改造，震旦成人中专终于有了一个宽敞的新校舍。不久，浦一分部也搬至此地办公。1999 年 9 月 25 日，震旦的全体教职工在新建的中专校舍内举行了国庆、中秋、教师节暨震旦建校十五周年庆祝大会。

学校在发展，张惠莉的身上也增加了许多桂冠：荣获上海市 1999 年度"园丁奖"和上海市商业系统教育工作先进个人，并作为上海民办学校唯一的代表，参加了由上海终身教育研究会和英国总领事馆文化教育处联合举办的"走向 21 世纪的终身教育"研讨会，张惠莉在会上作了题为"可持续发展与终身教育的两点思考"的主题发言。她指出，人的可持续发展必须依赖终身学习，人们对教育的需求是多次叠加、多层构成、多项选择的，光靠学校进行职前教育绝对不能满足人的一生需求。她认为，在市场经济背景下，民办学校也有一个谋生存、求发展的需要，也有一个可持续发展的问题，所以，民办学校的发展必须适应终身教育的特点。震旦采取统一管理、连锁办学的形式，目前在全市有 9 个分部 2 个教学点，教学招生由总部统一协调，管理由总部统一输出，总部类似超市的配货和结算管理中心。如今，震旦正在积极探索构筑纵向衔接、横向贯通的"立交桥"式的办学模式。

张惠莉的发言反响积极，在她的发言中，大家看到了她的抱负和远见，也看到了她投身教育的赤诚之心。

第五章

守正创新

中华民族是守正创新的民族，有着守正创新的传统……无论时代如何发展，我们都要激发守正创新、奋勇向前的民族智慧。

——习近平

三林的奇迹

终于跨入了 21 世纪，新世纪的第一年总是令人充满希望、充满遐想的。

那天，是震旦成人中专艺术类招生的日子，在整个招生咨询大厅，震旦的展位照例是最靓丽的。白色台布一直垂到地面，到处都是震旦的 LOGO 和彩旗。招生的教职工统一着装，热情地向前来咨询的家长和学生们介绍学校的情况。墙上挂满了学生的画作，让整个展位充满了艺术氛围。王纯玉还请来了黄俊基、戚福光两位艺术系的教授，前来报名的学生可以拿自己的作品请教授当场点评。教授们长发长须，倍有艺术范，被前来咨询的家长和学生里三层外三层地围着，发挥得愈加出彩，像表演现场秀。震旦招生教师的待遇也是其他展位望尘莫及的，喝的是自家磨的豆浆，装在热水瓶里，随时倒出来都是热气腾腾，豆香扑鼻。到了中午，又有总务主任挑着担子送饭，饭是自家食堂烹制的，一打开色香味俱全，像是美食展示。周边展位的工作人员走过路过都会伸长脖子看上一眼，心里五味杂陈，说不出的羡慕嫉妒。隔壁摊位的学校校长一直铆着劲想跟震旦比出个高低来，但是比来比去总是差一口气。有一次他对张惠莉说："哦吆，我说张校长啊，你们统一穿西装的时候，我们没想到，等我们也穿西装了，你们又统一穿起鳄鱼牌 T 恤衫来了，实在是跟不上你们的节奏。"

来的人多，索要招生简章的人也多。别的摊位都是追着人送，不感兴趣的人看上一眼便扔了，地上满是被丢弃的招生简章，只有震旦是要收费的，2 元钱一张。有家长不满意，说："人家都免费，为啥你们要收钱？"招生老师就会耐心地跟他们解释："我们的招生简章是有限的，如果免费发放的话，拿的人多了，没有控制，下午有需求的家长可能就拿不到了，我们必须通盘考虑。"家长们听后觉得有道理，纷纷掏钱购买。就这样，连招生简章的成本都节约了。别人都说，这个震旦，就连招生也要出点

"花头"，跟别人不一样的。

前面两次建校选址的失败，并没有打消张惠莉想办一所民办大学的念头，她设想，在2000年一定要筹建一个新校区，开十个专业，每年招收新生800到1000人，在校学生要达到2400到3000人。"你想想，目前上海高中生进入大学的入学率仅65%，每年都有一大批高中毕业生和三校生不能进入高校学习。这些每年约2万人的落榜生年仅十八九岁，一方面给就业带来巨大压力，另一方面也给社会稳定带来重大隐患，所以，办一所大学给这些落榜生创造机会，有百利而无一害。"上面这些话是张惠莉对周六寅教授说的。周教授2000年1月刚从交大教务处退休，经人介绍与张惠莉见面。张惠莉对周教授的到来非常欢迎，她希望周教授能帮她实现这一夙愿。

当时，震旦在二医校区已经有了学历文凭考的专业，每年招收两个班，100来人，规模偏小。周教授一方面被张惠莉的话感动，答应留下，但另一方面觉得，理想很美好，现实很残酷。当时已是2000年2月，校舍、专业设置、师资、教材等一无所有，新学校几乎就是一个空中楼阁，要想在当年招生，几乎是不可能的。可是张惠莉却说："你只管考虑专业设置，制定专业教学计划，校舍的事我来想办法。"她还再三叮嘱，专业设置要跟着市场走，找不到工作的专业不办。

在随后的日子里，周教授牵头带着一组人东奔西走进行社会调查，最后确定，除了已有的涉外文秘、商务英语、计算机应用、会计专业外，再增加人才市场呼声较高的计算机网络、电子商务、机电一体化、宾馆管理、旅游管理、装潢美术等六个专业。对每个专业他们都制定了课程设置、三年的教学进度表、教学与实践分配表等专业教学计划。虽然工作量很大，但毕竟是在纸上做文章，所以很快就完成了。

可是张惠莉寻找新校舍却十分不顺利，她天天四处奔波，漕河泾、嘉定、宝山、南汇、闵行，听到一点消息就直奔而去，但不是对方要求的一次性付款方式无法接受，就是地方太小没有操场不适合办学，或是地块太大财力不足。每天教师们眼巴巴地盼着她回来，希望她能带回好消息，只要见她拖着疲惫的双腿踏进办公室，大家就知道这一天又没有收获。眼看就到 6 月份了，周教授他们都开始泄气，有一天却见张惠莉兴高采烈地回来，说是在浦东三林中学东校找到了 70 亩地，现成的校区，教室、运动场、健身房、食堂，一应俱全，而且环境清静优美，是一个理想的办学场所。

上海市三林中学东校位于浦东新区南林路 733 号，学校所处的三林城系国家建设部重点开发的上海市样板房工程，学校建筑及周边小区全部由新加坡设计师整体规划、设计。校舍为联体建筑，错落有致，非常现代，环境确实很好。但是校舍造好后，因为三林周边没有居民，所以招不到学生，70 间教室只用了 5 间。浦东新区的领导对三林中学的校长说："你们可以去找民办大学进来嘛。"就这样，经人介绍，三林中学的校长和张惠莉见了面。张惠莉提出希望可以租借 6 年。两人商谈时，会议室角落坐着一个人，只是听，并不打扰，等张惠莉再询问怎么解决学生宿舍的时候，那人突然插嘴说："学生宿舍我们可以帮你们解决。"原来，那人是上海公积金中心的一个处长，他表示，对面 734 号凌霄苑他们有 8 幢宿舍，可以先拿出 2 幢给震旦当学生宿舍，双方谈妥采取以租代售的方式，以每年招收 1000 个学生为基准，震旦每年支付 100 万元租金，直到付清所有的房款。另外，他还提出，可以拿出 150 亩土地给震旦造校舍。

这真是天大的好事啊，听了张惠莉的介绍，大家都开心坏了，拿到了三林中学东校和凌霄苑 2 幢宿舍的钥匙后，总务部主任陆宝芳马上做了震旦学院和震旦学院宿舍两块招牌挂在校门口。

可是兴奋了一阵冷静下来一想，离开学满打满算只有三个月，在硬件上，计算机房、语音实验室、图书馆、办公室、学生宿舍和教室的各种设施都要配备完毕。在软件上，任课老师的招聘、教材的订购、班主任的配备以及招生工作也都是一场场硬仗，来得及吗?

其实，对于进驻三林，一开始也有许多不同意见。有人说，公办学校要扩招 200 个人都是件大事，现在一下子就要招 1 000 个，怎么可能! 有人说，三林就是座空城，居民一个都没有，到这里来干什么。还有人质疑，别的学校学生宿舍都使用电热水器，现在安装燃气热水器会不会有危险。但张惠莉坚持，电热水器不能保持恒定的水温，燃气热水器主机可以挂在阳台上，只要考虑周全，安全是不会有问题的。学生就餐也遇到问题，三林中学东校食堂一下子增加 1 000 名学生的就餐有困难，只能解决一部分，张惠莉就将凌霄苑的地下防空洞改建成学生的就餐场所，决定在震旦外中食堂做好早餐往浦东三林送。每天一大早，刚出锅的包子、馒头、茶叶蛋就装车从马当路送往浦东三林，只要保温工作做得好，就不会有问题。这些在别人眼里无法解决的难题，到了张惠莉面前都被一一破解，她就像一名升帐的大元帅，有条不紊地指挥着千军万马，调动一切可以调动的力量，开足马力落实开学前的各项工作。

所有的任务都以惊人的速度完成着。由于震旦在社会上的知名度，前来应聘的教师络绎不绝，经过选拔，很快就录用了 51 名班主任和任课教师。教材的订购、各专业的课程安排也都一一落实，7 月底，教室、学生宿舍、计算机房等所有的硬件设施也都奇迹般地完成了。8 月 2 日，上海市教委薛喜民副主任前来视察震旦三林的新校区，还大大称赞了一番。

张惠莉让大家想想还有什么遗漏的问题，有人提出，三林校区太远，很多任课教师和学校工作人员都居住在市区，需要一辆大巴来接送他们。张惠莉立即拍板，请总务部门马上落实。报区财政和市财政批复，一天就完成了，第二天购买牌照、定制车辆、去无锡提车做标识，仅仅四天，一辆有着震旦学院标志的新校车就停在大家眼前了。这真是震旦速度啊! 以前都说深圳速度怎么怎么惊人，其实，震旦速度是绝对不亚于深圳速度的。

招生也是一场生源大仗，之前曾有人向张惠莉推荐，说庞某某可以帮助震旦招生。那人也拍着胸脯说，不就招 1000 名学生嘛，没问题。他要求给他一间办公室和一部电话，但是电话机主要转到他私人头上。一切就绪后，他招来几个女孩开始上班。没过两天，教委就来找了："张惠莉，怎么回事啊？"原来，那人印了很多"要发财，找震旦"的小广告，四处张贴，承诺介绍一名学生来震旦报名就可以拿到多少钱。小广告都贴到交大、同济、复旦的食堂里去了，所以有人反映到了教委。张惠莉一听，这样下去有损震旦名声，反正也没签过合同，就终止合作吧。那人没赚到钱，心有不甘，将震旦告了，说张惠莉曾经在什么时间什么地点答应给他多少钱。可是后来证明那都是子虚乌有，所以那人输了官司。

8 月份，上海市教委在世贸商城举办了民办高校招生咨询活动。震旦在大厅东侧很醒目地布置了宣传栏和咨询台，学校组织了十几位老师和工作人员接待前来咨询的家长和学生，张惠莉也亲自出马组织安排，这边介绍完学校的情况和专业，缪新亚老师就在那边用话筒喊："要看震旦的，请上车！"当时还没有一家民办学校有大巴，况且还是一辆弹眼落睛的新车，所以咨询的人像潮流一样涌了过来。人实在太多，靠一辆车子跑不过来，张惠莉又立刻让人去租了一辆，几乎将所有的人都吸引到了三林。漂亮的三林校区加上崭新的校车等于是广告，所以凡是看过校区的家长和学生基本上都在震旦报了名。第二天，震旦的大巴又去宁波设摊招生，同样拉回来满满一车。1000 名学生很快就招满了，不管是招生速度还是生源数量，震旦在民办学校中都是排第一的。

学生报到的前一天，要把学生的生活用品分开装袋摆放，可是装一袋要 5 元钱，教师们就说："我们自己来装，可以省下 5000 块钱。"那天，学校所有的教职工都加班不回家，把学生宿舍的被褥铺盖以及热水瓶、脸盆等生活用具分拆摆放妥当，忙了整整一个通宵。

9 月 7 日，震旦三林校区如期开学。1000 名学生加上 1000 多名学生家长，把校园挤得满满当当。为了避免混乱，让大家尽快安顿下来，张惠莉让学生分三个时间段报到，由她亲自接待并召开三次家长会，每次家长会她都要说上一个小时，讲震旦的教学理念、办学思想，讲学生的培养目标。家长会结束还要解答家长的各种疑问，有家长问："一间宿舍四个人，用电用水钱怎么算啊？"张惠莉说："学生进了学校开始集体生活，就要学会树立集体观念。"还有人问："大衣服有洗衣机，小衣服怎么办呢？"张惠莉便劝家长："早日让学生学会生活自理，对他的成长有好处。"那几天，因为一直在不停地说，张惠莉的嗓子都喊哑了。

之前被很多人觉得是不可能完成的事，就这么完成了。所以很多人都说张惠莉是一个能够创造奇迹的人，而震旦也是一个能够创造奇迹的学校。

开学后发现了一些问题，从任课老师到工作人员，新面孔居多，大家互不认识，给工作衔接造成了不便。学生中也发现了思想问题和不良习气。按照震旦的传统，张惠莉还是把班主任作为抓手。她亲自给班主任培训，她指出，震旦的可持续发展要靠大家，班主任是震旦的主人，班主任在工作中应严但不能无情，要"活"但不能乱，要变但不能无章法。要做到情理相融、宽严相济。震旦的学生是大家的学生，对有困难的班级大家都要关心。班主任的思想得到了统一，学校又辞退了几个教学不力的老师，学校很快进入了有序的教学状态。

来碧云曾是贵州省委教工委党委副书记，之前有三十多年高校系统的领导工作经验，2002 年退休，经建桥董事长周星增介绍加盟震旦，被任命为震旦进修学院副院长和三林校区的校长。民办高校党工委成立之后，要求 50 名党员以上要成立党总支，100 名党员以上要成立党委，来碧云又兼任了党总支副书记。她坦言，她对管理民办学校没有经验，更没有接触过学历文凭考的学生，但是张惠莉给了她很大的支持，在一次教师大会上张惠莉宣布："三林校区的教学任务和管理权限我都交给来院长了，既使她做错了，责任也由我承担。"来碧云深受感动，暗自对自己说："张院长既然把担子交给我了，我一定要尽自己所能，不让震旦的牌子有损。"

来碧云从两方面入手，首先是抓招生。生源是学校的命脉，每年到了招生季，来碧云都要组建精干的招生队伍，让大家把手里的工作放一放，集中精力研究招生方案，然后划分片区、分配任务、跑学校、了解落榜生资料。跑本市的学校还好一点，辛苦的是跑外地的，外地有很多是乡村学校，有时可以坐公交，有时连公交都没有，全靠走路，所以每年的招生都是一场硬仗。其次是抓学生管理。学历文凭考的政策是宽进严出，学生都是三校生以及高考落榜生，不管是心理上、学习成绩上还是行为规范上，与正规大学的生源都有很大差距。来碧云依靠班主任和辅导员，先是端正学生的学习态度，及时和家长沟通，共同帮助他们树立正确的学习观，培养他们的自觉性和自信心。最后是全方位抓管理、抓纪律，从教室管到寝室。学生上课包括晚自习都要点名，去查去喊，把缺席的一个个找回来。学生染头发了、打架了或者过生日喝酒了，都要去谈心、去处理。来碧云感慨地说："震旦的班主任和辅导员真的是非常尽职，工作非常到位，所以短短几年，三林校区学历文凭考的学生精神面貌和学习成绩都脱胎换骨，有了很大提升，这也是震旦创下的又一个奇迹吧。"

迁址的烦恼

早在 1996 年，张惠莉就听说太平桥地块要动拆迁了，但是几年过去了，一直没有拆到自忠路这里来。年年喊"狼来了""狼来了"，但"狼"一直没有来，等大家觉得"狼"不会再来时，"狼"却真的来了。2000 年，张惠莉接到通知，自忠路一带即将拆迁，震旦进修学院务必于年底前完成搬迁。

前面说过，太平桥地区一直是上海市井生活的样板，这里虽然聚集着小商小贩、小店小铺，人气很旺，生活方便，但毕竟是老城区，居民生活条件简陋。卢湾区政府希望通过旧改，改善住在石库门里的"72家房客"的居住条件，同时提出，要在这块土地上做点不一样的东西，体现当时上海提出的建设国际经济中心与国际大都市的功能与形象。几经接洽，香港瑞安集团接受了太平桥旧区重建项目，他们对石库门进行了前所未有的改造，成功保留了很多历史建筑。这就是现在的上海新天地。

旧区改造当然是社会文明的一大进步，但是自忠路一拆，又将面临着寻找新校址的难题。三林校区、耀华路校区都在浦东，离市区太远，有诸多不便。可现在市中心寸土寸金，短时间内上哪去找性价比高的校舍呢？新的地方没有找到前，张惠莉要求大家对动迁组采取"不见面、不开价、不托关系"的三大原则，总之，就是尽量避免接触，避免"言多必失"，失去主动权。动迁组的工作人员一次次上门，教师们都客客气气地接待，但是问："你们院长呢？""不在，去开会了。""你们要多少拆迁款才愿意搬走呢？""那我们不知道，这个要等院长回来。"几个月过去了，动迁组一直没能跟张惠莉直接接触。

其实，张惠莉绝不是"耍无赖"的人，她在教职工面前泰然自若，其实心里急得像被猫抓过一样，天天四处打听哪里有合适的房产出售。

那边自忠路拆迁后的新址还没有着落，这边三林校区又出了新问题。原来说好10月8日跟上海公积金中心签合同的，可是到了那天，公积金中心却通知张惠莉说，因为市政府要安置延中绿地动迁的居民，所以734号凌霄苑的2幢楼不能给了，150亩土地自然也不给了，不过他们答应把一公里外的高层给震旦做宿舍。张惠莉一听就急了："宿舍里空调、热水器都装好了，你现在说不给了，要我搬到一公里外去？学生在733号上完课，然后还要走一公里路回宿舍？这样太不安全。市政动迁虽然重要，但不能影响我们民办高校大学生的安全和利益，我们不搬！"

其实，9 月 9 日南汇区政府也有意与震旦合作，他们想要在惠南镇建一个高职园区，邀请二工大和震旦入驻，并且承诺需要多少亩土地、需要多大规模，他们都会根据学校的要求来建设，但是，园区的竣工计划要到第二年才能完成。张惠莉回去跟班子成员一商量，大家都觉得现在已经有了三林校区，而且公积金中心还承诺给 150 亩土地建校舍，有发展空间。从自忠路总部去三林差不多是 17 公里的路程，去惠南镇的距离是 52 公里，路途实在太远。况且三林的学生都已经安顿好，南汇那里要到 2001 年以后才能建成招生，不确定因素太多，所以领导班子决定放弃。没想到公积金中心不到一个月就变化了。张惠莉当天即给南汇有关部门打电话，询问高职园区的事，但是对方说第一批三所学校已经确定，第二批的学校名单要等到 10 月底。到 10 月底再问，他们说已决定园区不再扩大。只好作罢。

没有其他后路，只有继续待在 734 号。到了第二年的五一期间，趁学生放假，公积金中心居然停了电，还把震旦告上了法庭。公积金中心说："安置延中绿地动迁居民是市政府实事。"张惠莉说："我们的大学生上学也是市政府实事。"公积金中心说："我们没有签过合同。"张惠莉回答说："我们是'事实婚姻'，不然我们手上的钥匙哪来的，还不是你们给我们的。"双方都不肯让步，最后张惠莉考虑再三，不能硬来，办法还是要自己想，只有把房子买下来才能避免被赶走，于是，干脆把宿舍买了下来。虽然经过一番折腾，好在宿舍总算保住了。

这些压力都是张惠莉和班子成员一起扛下来的，学生在一点不知情的情况下度过了危机，安心完成了学业。

进入 11 月，事情似乎有了转机，上海复星高科技集团的董事长郭广昌前来震旦洽谈合作办学事宜。

郭广昌出生寒门，是复旦大学的高才生。1992 年用 3.8 万元开始创业，1995 年就赚到了一个亿，他创立的复星集团也成为上海第一家民营高科技企业。之后，他继续进军医药、科技、金融、房地产、保险，甚至影视行业，复星医药和复星国际先后在上海和香港上市，他也登上了中国富豪榜，成为商业界的传奇。这样一个大佬看中了震旦，给人们带来了无限的遐想。况且，他与宝山区政府谈好合作，还拿到了2000亩土地。

又是一个2000亩！

原来，郭广昌是从宝山起家的，很想为宝山区政府做点事。当时宝山区政府想投资200亩土地建设上大附中，建设到一半缺乏资金，便让郭广昌买下了上大附中。郭广昌答应上大附中旁边的400亩土地给震旦建设新校舍，还有1600亩土地用来建设震旦产业园区。他还说："之前我毕业于复旦，今后要投资震旦。我前半生在复旦，后半生在震旦。我是个农家子弟，我要在震旦设立奖学金帮助那些贫困学生。投资震旦我不以营利为目的，只是想回报社会。"他还对张惠莉说了很多其他肺腑之言。

震旦一直想申报成立高等职业技术学院，苦于没有土地，现在郭广昌就像天降的救星，眼看资金和土地都有了，岂不是做梦都笑醒。所以张惠莉赶紧要求办公室加紧准备申报高职的报告，立即将20份申报材料报市教委。得知此消息后，教委夏秀蓉副主任还在大会上欣慰地说："现在上海终于也有企业家来投资高等教育了。"

高职的评审却很不顺利。高职评审专家组分为两组，一组6人，一组7人。6人组的专家听了郭广昌的介绍，都认为方案非常好，有复星集团的支持，震旦办高职肯定没问题，所以都在评审表上签名同意。但7人组的专家中，有一个专家看了介绍说："上大附中明明是上海大学的，怎么变成郭广昌投资的，我就是上海大学的，我怎么不知道？这是瞎说。"听他这么一讲，其他人也不了解一下相关情况，就都投了反对票。6票对7票，震旦的高职评审就这样没有通过。没有办高职的资格，要土地又有何用？所以，郭广昌的投资也就黄了。

都说"过一过二不过三"，可张惠莉却三次都与2000亩土地擦肩而过，让人感慨。

再回到自忠路。

眼看快到年底，一天，拆迁组来了几个人，高大威猛，看到张惠莉就很冲地说："什么意思，不见面也找不到人，你们什么意思啊！"张惠莉很婉转地对他们说："我们也没办法，没地方去啊。我们有这么多教师要养活，真的很困难。"那些人碰了一个软钉子，回去了。拆迁办见工作无法推进，汇报工作时向有关领导告了一状，说震旦是钉子户。领导让教育局处理，教育局局长便请张惠莉去一趟。那天张惠莉正好有事，请两位校领导代劳。局长对这两位校领导说："震旦还要评先进吗？张惠莉如果动迁协议不签字，这次震旦进修学院评先进我们图章就不敲了。"听了两位干部的汇报，张惠莉觉得再拖也拖不下去了，便爽快地在动迁协议上签了字。后来有一次区长碰到张惠莉，说了一句："谢谢你哦。"张惠莉不知道他谢啥，事后再想想，估计就是因为动迁的事吧。

其实，关于新校址张惠莉心里已经有底，她刚得到消息，原集管局下属的纸杯厂在复兴中路有一套房产想出售，开价 220 万元，银行和房地公司都要买，但是又不愿一次性付清房款，所以房子还没卖出去。对复兴中路张惠莉很熟悉，那里都是洋房，身居闹市但周边环境幽静，是个办学的好地方。有这样的机会张惠莉自然不愿放过，那天是周五，她找到对方的陈兆平经理，答应一次性付款，但希望便宜点，200 万元买下复兴中路 498 弄 8 号的房产。陈经理当时答应了，但到了周六他又打电话给张惠莉说公司班子讨论下来，房价还是要 220 万元。张惠莉仍然一口答应，但要求周一上午签约，一边签约一边交钱。周一在马当路外国语中学的办公室双方签约，震旦也当场付清了 220 万元。过了几天，纸杯厂的朱厂长见到张惠莉懊恼地说："要不是你落手太快，现在这套房子已经有公司肯出 300 万元了。"可是懊恼也没办法，合同签了，也收了震旦的全额房款，已经没有回旋余地了。

上海的房价在 2000 年是个拐点，2000 年前政府为鼓励买房，不仅买房退税，还送蓝印户口，可大家依然没什么买房意愿。仅仅过了一年，2001 年，亚太地区级别最高、影响力最大的区域性经济合作组织 APEC 峰会在上海成功举办，把上海的经济带上了一个新台阶，紧跟着一个由 157 个温州人组成的"看房团"携 5 000 万元来到上海，一次性买下 100 多套房！新闻一出，此后的房价就开始以火箭般的速度飙升。现在看来，要不是张惠莉做事决断，稍一迟疑，像市中心这样的高品质房，还真的不一定买得起了。

复兴中路 498 弄 8 号是一栋独立洋房，实际面积 400 平方米，房间非常整齐宽敞，每间房有 40～50 平方米，做教室、做办公室都是极佳的。这房子真是来得太及时了，11 月 18 日震旦进修学院停止办公，告别了自忠路"大本营"。次年 3 月，就搬进了修缮之后的复兴中路新校址，什么都没耽误。当时要是没有买到房子会怎么样呢？很多教师都有点后怕，但张惠莉说："没什么好担心的，这么多年，震旦好几次看似'山重水复疑无路'，最后总是'柳暗花明又一村'，是马相伯老先生在保佑我们呢。"

买复兴中路的房子花了 220 万元，但自忠路校区动迁政府只给了 190 万元，有 30 万元的差额。张惠莉想多花了 30 万元，但是多得了 100 多平方米的面积，值！

科学的管理

2001 年大年初五，按震旦的惯例，全体同仁都在耀华路 215 号震旦成人中专礼堂举行春节团拜会。张惠莉在新年致辞之后，简单罗列了一下震旦在新的一年里的几项主要工作。她说："为了提升现代学校教育管理水平，提高教育质量，谋求自身的持续发展，为中外合作交流创造条件，震旦决定自我加压，在自觉接受政府教育监督和各种专项评估的同时，引进 ISO 质量认证，选择震旦进修学院、震旦中专、震旦外国语中学三所不同类型的学校开始贯彻 ISO9001：2000 版质量标准。"她特别强调，在震旦全面推行 ISO9001 质量管理体系是管理工作的重中之重，各学校都要高度重视、积极配合，接受评估验收。

ISO 质量管理体系认证标准是很多国家特别是发达国家多年来管理理论与管理实践发展的总结，它体现了一种管理哲学和质量管理方法及模式，已被世界上 100 多个国家和地区采用。因为 ISO 可以为企业提供科学的质量管理和质量保证的方法和手段，帮助企业提高组织绩效、品牌信誉，提高产品和服务的质量，所以当时质量体系审核中心在中国的推行主要针对一些知名的有实力的大企业。可是张惠莉却在其中看到了先进的管理方法对震旦未来发展的助力效应，在 2000 年就请来上海创新质量认证咨询公司上海质量体系审核中心，对震旦进修学院、震旦中专和震旦外国语中学全体教职工进行培训，并在 2001 年初批准发布了本院编制的 ISO9001 质量、程序、操作三个文件。

刚刚引入 ISO 时并不被大多数教工理解，有人认为学校的声誉和品牌取决于教育质量，对学校的评估一般都是政府督导说了算，采不采用 ISO 无关紧要。ISO 适用于工商企业，而学校则属于不同领域，差别明显，没必要受它约束。有人反映 ISO 标准有大量陌生的专业术语，咨询师上课的语言深奥难懂，所举的事例绝大多数是企业商店，中层干部学习时常被搞得晕头转向。况且 ISO 派来的审核员大多不是教育专业的管理干部，更不是教育行家，他们对教育问题的诊断未必切中要害，外行审核内行，缺乏说服力。还有人从经济成本的角度出发，认为实行 ISO 需要耗费大量的人力、物力，学校的干部教师工作本来就繁重，ISO 标准的手续又特别繁琐，文件化管理的表单多如牛毛，工作量陡增，令人不堪重负。另外，ISO 每年进行一次监审，两个审核员工作不到两天就收费上万，至于他们的售后服务——对学校的具体指导则不敢恭维，性价比不高。

为了消除大家的困惑，张惠莉专门就此召开会议统一思想。她说："ISO 标准发端于国外的企业，进入教育系统尚未成熟，有它的局限性并不奇怪，只有在教育评估社会化广为推行，ISO 评价体系逐步完善之后才能得到纠正。震旦引进 ISO 旨在结合学校自身特点，为自己建立一套适合于实现办学目标的教育管理保障体系，它既是一种理念，也是一种模式、一种方法，是对旧的教育管理思想和模式的冲击和挑战。ISO 强调教育各环节的过程管理，杜绝任何环节的不规范行为，确保学校最终目标的实现，这正是我们追求的境界"。她还说："当前中外合作、学历互认、国际交流方兴未艾，各校为拓展国际教育市场，急需国际教育权威机构的认证，以求互信。政府的督导尽管有权威，但缺乏国际认同的条件，而 ISO 正是具有这种资质、能够满足这一需求的认证机构。引进 ISO，可以为打开海外市场服务，我们应该抓住这个机遇。"对那些认为 ISO 成本太高的教工，张惠莉说："我们这是花钱买管理，震旦的立校之本就是教学质量，而教学质量，是需要完善整个管理系统来保证的。值不值得，你们以后看得到。"

震旦的执行力一直非常强，对于张院长拿定主意要做的事，大家自然全力以赴去完成。日常的整个运作全部纳入系统管理，确保有章可依、不留死角。6 月 18 日，上海质量体系审核中心对震旦的 ISO9001 质量管理体系进行了评估验收。他们一方面惊诧于震旦的完成速度和质量，另一方面也感慨于张惠莉的超前意识。他们说还从来没有学校实行 ISO9001 质量管理体系，震旦是教育系统的第一家。

震旦的三所学校在完成 ISO 质量管理体系之后取得了四方面的成效：提升了理念，规范了管理，提高了质量，扩大了影响。那些原先还有质疑的教工都服了。

这些年，张惠莉一直在为震旦成人中专的"成人"二字烦恼。中等教育分为五大类，招生代码用数字代替，1 代表高中，2 代表中专，3 代表职校，4 代表技校，5 代表成人中专。去外地招生，看到招生代码不是"2"字头，就会有家长质疑，每次招生老师都要苦口婆心地解释半天。2001 年 2 月 28 日，张惠莉向卢湾区教育局申请更改校名。她详细汇报了当前震旦成人中专的硬件设备和师资力量，希望为了更广泛地服务于中等教育，将震旦成人中专改名为震旦中专。区教育局经过审核同意了，但市教委还需要上海市教育评估院作个评估。市教育评估院出评估意见的那天，张惠莉正好去评估院，一看，不对啊，发文的抬头怎么不是震旦中专而成了震旦职校呢？原来不是说好震旦和燎原两所民办成人中专都改为中专吗？她打电话给燎原的刘校长问："你们的校名改好了吗？"刘校长说改好了："燎原中专啊。"于是，在评估院张惠莉当即一个个打电话，给市教委，也给中招办。中招办的工作人员听了也说："一样的民办体制，怎么会有两种不同说法呢？"那天是 3 月 8 日，学校有一个女教工时装走秀活动需要张惠莉主持，她对同去的王纯玉说："你就在这里看着，不能让他们把文件发出去，我去一下马上回来。"那天会场上欢声笑语，大家都在欢度三八妇女节，只有张惠莉焦躁不安，一直在角落里不停地打电话。经过一番力争，等张惠莉结束这边的活动再赶往评估院时，王纯玉对她说："改好了，震旦职校已经改为震旦中专了。"2001 年 3 月 23 日，卢湾区教育局发文，同意"上海市震旦成人中等专业学校"，更名为"上海市震旦中等专业学校"，并上报市教委。

大家事后得知，都对张惠莉非常钦佩，文件已经在打印了还是被她扳了过来，真是力挽狂澜啊。张惠莉却无奈地说："我也不想这样，因为职校的学生入学没有分数线，中专学生入校最低分数线是 320 分，这件事非常重要，我要是不去争取，等定了震旦职校，就没有退路了。"

日子一如既往地繁忙，很多单位慕名而来与震旦谈合作，环球教育网络中心、加拿大成达顾问公司，之前还有美国新泽西州乔治法学院和德国伊诺凡公司，可是因为种种原因都没有谈成。有人说，人最缺乏的是两种品质，一是等待时机时的耐心，二是遇到机会时的勇气，而这两种品质张惠莉都不缺，等待合适的机会，她有这个耐心。

3 月，上海市高等教育自学考试委员会授予震旦进修学院"上海市高等教育自学考试先进助学单位"，《文汇报》刊登了这条消息。9 月，上海电视台新闻频道报道了民办院校的招生情况，特别是震旦在世贸商城招生时广受市民青睐的场面，显示了震旦很好的社会影响力，这些，都让张惠莉很是欣慰。

2001 年的一天，浦东新区社发局跟张惠莉商量，希望震旦中学能换一个校长。原来的老校长虽然有经验，但教学管理上没有什么创意，几年下来，没有太大的起色。张惠莉想了一下，王纯玉有想法有闯劲，就让她再去开辟一块新天地吧。随即，任命王纯玉为震旦中学校长。

王纯玉到校后推出了两项举措：一是奖励能够改变现状的教师，二是学生按成绩的优劣分班。她再三强调，分班不是放弃差生，而是有针对性地因材施教，提高整体水平。她又召开了家长会，针对部分家长的质疑，她希望家长能给震旦三个月时间，大家一起努力，把教学质量搞上去。

在张惠莉的支持下，王纯玉进行了一系列的改革：学校对外公开教学，每个教师的简历、照片、成果都贴在校门口，布置得很漂亮。家长或者兄弟学校的教师只要想听哪位教师的课，在门口登记一下就可以进校听课。这样，对教师的教学是个很大的压力，但对教学也有很大促进，提振了他们的精神面貌。同时，学校还安排专职教师给学生补课，提高学生的整体水平。第二次再召开家长会，已经没有人提反对意见了。震旦中学的改革引起了各方面的关注，社发局、教育局中教科都派人来听课，充分肯定了震旦的做法，王纯玉也因此被任命为区督导组成员。

艺术的芬芳

一天，张惠莉对王纯玉说，学校同意由她带队，带 20 名学生前去考察俄罗斯列宾美术学院。

张惠莉经常说："搞艺术就是要开眼界"，"我们要用好社会资源"，"要合作我们就要跟最好的学校合作"。基于这个理念，王纯玉充分利用大都市的资源，给学生们办了一张可以参观上海所有博物馆的卡，同时还提出，希望利用暑假期间带学生去俄罗斯列宾美术学院参观考察。张惠莉不假思索就同意了，对学生来说这是个很好的机会，而且，让王纯玉去俄罗斯，也是兑现自己当年的一个承诺。

张惠莉如此看重艺术教育，是源于她的一个教育理论。她认为，艺术教育能激发学生的创新能力，而"创新是一个民族进步的灵魂，是国家兴旺发达的不竭的动力"。所以震旦坚持以德育为核心，以创新精神和实践能力为重点的素质教育，在教育改革的实践中作了有益的探索，也取得了可喜的成绩。

过了半个月，王纯玉回来了，她汇报说这次赴俄罗斯列宾美术学院的访问，不仅进行了艺术上的交流，还与列宾美术学院结成了姐妹学院，并协商将在上海美术馆联合举办一个艺术设计展。

列宾美术学院！天哪！

列宾美术学院的全称是——油画、雕塑与建筑艺术研究学院，位于俄罗斯圣彼得堡，原是俄罗斯皇家美术学院，现隶属于俄罗斯艺术学院，是俄罗斯美术教育的最高学府，培养出了许多世界知名美术家。列宾美术学院的毕业生甚至可以得到画家、剧院美工师、文物修复师、版画家、雕塑家、建筑艺术家、艺术评论学家等资格。

能与这样的艺术学府结为姐妹学院自然是求之不得的事，很快，震旦就与俄罗斯列宾美术学院正式签约，震旦还聘请圣彼得堡国际大学校长、功勋艺术家拉莉莎以及格拉布克女士为震旦艺术设计系名誉教授。

2002 年震旦最出风头的事大约就是与列宾美术学院联手举办的艺术设计展了。2 月 25 日，张惠莉广发邀请函，称震旦进修学院与俄罗斯圣彼得堡列宾美术学院将于 3 月 14 日至 3 月 16 日在上海美术馆联合举办艺术设计展，展出两校师生近期创作的优秀作品。已邀请圣彼得堡国际大学校长拉莉莎教授以及列宾美术学院代表玛利亚女士参加展览，并在画展期间商谈两校合作事宜。学院还将邀请俄罗斯方面的教师给震旦学生进行为期一个月的艺术教学。

这么大的国际展会，又是在上海美术馆，布展肯定是一桩需要特别认真、特别仔细的事。震旦的学生创作了一个名为"空罐导弹"的艺术品，是由一万多个空可口可乐罐做成的一个"导弹"造型，长 11 米，直径 1.5 米。这么大的作品怎么运进展馆？又怎么能在保证运输途中不被损坏呢？陆宝芳想出一个点子，用两辆黄鱼车拼接在一起，让"可乐导弹"稳稳地"躺平"。白天怕影响交通，运送大型展品只能放在晚上，车是没法骑了，只能慢慢地推，就这么走走歇歇，走了很久，才把这个"庞然大物"运进展馆。其他的一些大型作品，也都是用类似蚂蚁搬山的方式运进展馆的。布展也不是件容易的事，需要楼上楼下地跑，展品全部到位后，还要反复调整，等全部布置停当已是深夜，家住得远的已经回不去了，住在附近的教师便会邀请他们去自己家对付一宿。虽然个个都累得腰酸背痛，但彼此都能感受到家人般的温暖。

3 月 14 日，"我们为未来设计——震旦学院·俄罗斯列宾美术学院美术设计专业学生作品展"在上海美术馆隆重开幕。原上海市委书记、震旦名誉董事长夏征农，市教委副主任薛喜民，市文联党组书记兼常务副主席周渝生，市教育发展基金会副会长、市成教委副主任郭伯农，原同济大学副校长、震旦名誉院长黄鼎业，卢湾区政协主席翁蕴珍，以及教育界、美术界的相关领导出席了开幕式。8 个国家的领事和文化参赞以及列宾学院的拉莉莎教授出席了开幕式，俄罗斯驻沪参赞还跟夏征农等有关领导一起为作品展剪了彩。

区领导和市教委领导都在开幕式上致辞，他们认为艺术是没有国界的，震旦走出国门、探索新路，是迎接世纪挑战的大胆举措。震旦的可贵之处，就在于以学生为本，不墨守成规。他们对震旦在艺术教学上的探索表示了充分的肯定。

作品展分为十三个展区，一百多幅（件）作品，表现形式各异，非常震撼。其中列宾美术学院带来的 33 幅美术作品，也是好中选优的精品，让人流连忘返。装置艺术展区的作品都出自震旦学生之手，有色彩写生、主体构成、包装设计、广告设计、产品设计、壁挂设计、创意设计，还有素描等。那个装置艺术作品《空罐导弹》尤为吸引眼球，大家在作品前驻足凝视，纷纷揣摩作者的真实意图。有的说可口可乐代表现代生活，如导弹一样威力巨大，不可阻挡。有的说用空可乐罐作为材料，寓意变废为宝，呼唤人们的环保意识。还有的说，使用红色的可乐罐带有警示的意思，提醒大家在享受现代生活的同时不要忘记保护我们的环境。

由十几把椅子不规则叠加、直指高空的作品叫《一个都不能少》，寓意我们的社会是一个互相依赖、环环相扣的团体，缺少任何一部分都会导致平衡的坍塌，提示大家要团结友爱、珍惜彼此。巨型软壁挂《人与自然》寓意人类生活在由金木水火土组成的大自然中，难免会受到大自然的各种侵害，呼吁大家学会与大自然和谐相处、互惠共荣。还有一个作品由各式大小不等的锯子构成，锯子和锯子齿牙交错纠缠不清，寓意你在伤害别人的同时也会受到伤害。《危？机？》更是一件别出心裁的作品，在一个透明的箱子里，两只小鸟自由自在地活动。如果你是一位猎手，你会因为眼前的猎物而欣喜，因为机会就在面前。但如果你是小鸟，那就是可悲的，因为身处危险之中而不自知。作品提醒大家，凡事都应该换个角度看。面对这些大胆创新的作品，大家都为震旦学子的思想深度和艺术才华而赞叹不已。

艺术展盛况空前，观众络绎不绝，很多学校的老师还把展会的入场券用来奖励那些品学兼优的学生。事后，可口可乐公司曾希望购买那件《空罐导弹》，当时校方有点不舍得，没答应。

除此之外，2002 年还有一件值得开心的事，新年伊始，由震旦现代教学设计中心参与编写的《多媒体课件的设计、开发与应用》正式出版发行。全书共十四个单元，震旦现代教学设计中心编写了其中六个单元。震旦很早就开始引进现代教学技术，将现代信息技术跟教学有机整合，制作了很多高质量的多媒体课件，并屡屡获奖。学院还组织举办了两期由百名教师参加的多媒体课件制作培训班。张惠莉一直认为，民办学校的可持续发展有一个不断追求自我发展、自我完善的内驱力问题，教师的自我成长必须跟学校的发展同步，跟国内外教育发展同步。不久，震旦教育校园网也正式开通了，学校所有的重要信息从线下走向线上，打开了一个面向社会的窗口。

土地的得失

对张惠莉来说，忙碌是她的习惯。除了平时的教学，震旦仍然需要面对大量前来要求合作的单位。1 月，与北京泰德时代空中美语网络技术有限公司签署合作培训协议书，与上海水产大学成教学院签署联合办学协议书，与中教国际教育交流中心签署合作意向书。3 月，与加拿大环球教育网络中心签署课程合作协议书。5 月，与上海地铁培训中心签署定向委培协议书。6 月，美国缅因州圣约瑟夫学院院长哈任斯博士率团访问震旦，双方签署合作办学协议；与上海国际交流学院签署合作协议书，上海国际交流学院震旦校区正式挂牌，将开出由加拿大维多利亚大学教师任教的为期 10 个月的外语强化班和暑期外语培训班。9 月，与上海新世纪职业技术学院兆丰分校签署合作办学协议书，与上海染料有限公司人事部签署合作办学协议书。10 月，与上菱职业技术培训学校、上海幸福·本田摩托车维修技术学校签署合作办班协议书，与上海育青中学签署合作协议书。11 月，与卢湾区职业介绍所签署计算机操作初级培训协议书。合作单位林林总总、五花八门，都是冲着震旦的金字招牌来的，所以张惠莉的忙，也在情理之中。

让张惠莉忙的，还有另一桩事。

早在 1998 年，上海市政府就出台了一个《上海市企业国有资产产权界定暂行办法》。产权界定，是为了进一步明确产权归属，维护国有资产所有者和其他产权主体的合法权益。收到文件后，卢湾区教育局拿出了主导意见，随后，卢湾区集体资产办公室对震旦进修学院进行了产权界定，最后确认产权的 50％归区集体资产管理中心，50％归集体劳动群众共有。经过近一年的协调，2002 年 6 月 20 日，震旦进修学院的全体事业编制的教工开了一个有关资产转让的会议，大家一致确认，原卢湾区集体资产管理中心享有上海震旦进修学院 50％的股权，集体资产管理中心 50％的股权转让后，张惠莉享有震旦进修学院 100％的股权，该股权作价后的有关款项由张惠莉支付。股权转让的交易基准日是 2002 年 5 月 31 日，凡在 2002 年 5 月 31 日前的债权、债务及其他权利和义务，均由受让方张惠莉承担。受让方张惠莉必须按照国家规定的法律法规办理股权受让手续。转让手续全权委托上海泰丰产权经纪有限公司代理股权交割手续，受让方张惠莉要在 2002 年 6 月 30 日前将股权转让费交付集体资产管理中心，股权转让手续费也由张惠莉承担。

会议结束后，全体在编教工都在会议纪要上签字认可。

当时，上海的产权界定已经全面铺开，政府允许可以有多种形式，譬如丰裕生煎是卢湾区第一家转制改革单位，采取的是全员职工持股的股份合作制方式。震旦是卢湾区的第二家转制单位，区政府给出的主导意见是由张惠莉一人持股，这样对学校管理更为有利。这个意见记录在卢湾区人大文件中。

产权界定时对震旦进修学院进行了全面的审计，确定从1984年创立以来，震旦一直是自负盈亏的，可毕竟学校由卢湾区集管局职校转制而来，戴过一顶公家的帽子，所以这50%的股权，也等于是"交公粮"吧。

震旦进修学院转制后，集体资产管理中心主任周锋还找张惠莉谈了话，希望震旦在股份制改革之后，成为成功转制的典范。

2002年9月27日，杉达建校十周年，邀请张惠莉参加庆祝活动。杉达的情况跟震旦有几分相似，杉达也是一所民办高校，也是1992年创办，建校初期也是四处租借校舍办学，唯一不同的是，因为金桥开发公司在1994年以无偿捐赠土地、低价转让旧有用房的方式支持杉达办学，所以杉达得以正式建校。而震旦却因为土地问题，一直拿不到全日制高职学院的办学资格，对震旦来说，真是万事俱备，只欠土地啊。

金桥，金桥！张惠莉忽然想起，杨明老师的儿子杨小明不就在金桥联合投资开发有限公司当董事长吗？有没有可能解决震旦的土地问题呢？因为有心事，张惠莉几乎一夜未眠，第二天推掉一切手上的事，立即去拜访杨明老师。杨明老师早就离休了，之前也曾被聘为震旦大专班毕业论文的指导老师，听了张惠莉的想法，他当即给儿子写了一封信，称："张惠莉是我的得意门生，这个忙你一定要帮。"

9月30日，张惠莉在金桥开发公司的会议室与杨小明见面。双方相谈甚欢，听了张惠莉的设想，杨小明当即答应拿出浦东新区曹路镇的土地投资震旦办学。曹路镇在浦东新区的东部，东临长江入海口，西与高行镇、金桥镇及金桥经济技术开发区相邻。虽然路有点远，但杨小明能这么爽快答应，还有什么话好说呢？已经是下午三点多了，为了抓紧时间，张惠莉在会议室就直接打电话给震旦办公室，请他们马上准备申办"震旦高等职业技术学院"的报告，赶在市教委下班前递交。

张惠莉知道政府部门办事按部就班、不急不慢，但是申办高职是有时间表的，拖不起，必须再推一把。她想到周禹鹏副市长对震旦一直很支持，便直接给周副市长打了份报告。10 月 17 日，周副市长批示：请泉璋（时任浦东新区区委副书记）、南岗（区长助理）、伊里（浦东新区社发局领导）阅，并予以关心。

杨小明毕竟是公司董事长，天天忙得找不到人，而且 10 月 25 日还要去美国出差，11 月 7 日才能回来。张惠莉自己 11 月 2 日也要带团赴美考察 20 天，如果在这之前不能草签合作协议，事情就等于黄了。那几天张惠莉一直在联系杨小明，一直到 10 月 24 日，金桥方面给了回复，请震旦起草协议。

震旦以最快的速度草拟了合作协议书。

协议称，为了贯彻落实中央科教兴国的要求，上海金桥联合投资开发有限公司与上海震旦教育发展有限公司决定依靠自己的力量筹措办学经费，开展合作办学。金桥方面决定总共投资 400 亩土地，建筑面积 12 万平方米。拟先期投资 200 亩，建筑面积 4 万平方米，提供给震旦办学。金桥还将在震旦设立教育奖励基金，用于奖励优秀的教师和学生，并尽可能为震旦学子提供全方位的就业和发展机会。

协议起草好马上送金桥，杨小明不在，出去开会了，由律师先审，等杨小明回来已是晚上 6 点，杨小明将协议书上的合作关系改成了租赁关系，并在协议上签了字。

11 月 2 日，张惠莉也带着震旦考察团赴美，对美国的教育状况进行了考察。20 天的考察收获满满，张惠莉不仅荣获了西耶那大学颁发的名誉顾问证书和圣约瑟夫学院颁发的国际教育名誉顾问证书，还与洛杉矶社区学院达成了协作办学意向。在美考察期间，张惠莉也一直惦记着金桥的事，多次跟杨小明联系沟通。

11月21日张惠莉访美返沪，几次约杨小明都没有约到，12月5日就是高职评审专家组对震旦申办高职进行初审的日子了，总算在12月4日见到了杨小明。张惠莉请他在专家评估时出场，杨小明欣然答应，可是，次日早上9点，杨小明的秘书却打电话来说："杨董需要马上入院做心脏手术，不能出场了。公司的章副总会代为前往。"

专家马上就要到了，章副总对前面商谈的事情一点都不了解，他出场有用吗？张惠莉非常担心。但担心归担心，事已至此，着急也没用，只能祈祷评估顺利。好在震旦有着多年的教学积累，不管是师资、管理还是教学质量，都拿得出手，专家们一致认为震旦申报高职没有问题，符合条件，关键就看金桥的投资了。

其间有点小插曲，浦东新区说应该由金桥方面出面立项，但杨小明说还是请震旦方面立项，一直没有统一意见。12月10日，张惠莉以震旦进修学院和震旦教育发展有限公司的名义向浦东新区发展计划局递交了立项申请。立项申请称，震旦经历了20年的办学实践，从无到有，从小到大，历经风雨，对党的教育事业忠诚不改。震旦曾经多次设想筹办高职，并付诸准备，均因基础建设投资无着而搁浅，最近有幸与浦东新区金桥联合投资开发有限公司董事长杨小明先生进行了投资办学的洽谈，杨小明先生颇有诚意，在金桥地区曹路镇觅得一处约400亩的地块，可作为建设校舍用地。目前已签订投资合作协议。对照市教委有关规定，震旦初步具备了申报开办震旦高等职业技术学院的条件，已向市教委申报。市教委组织的专家评估组对震旦进行了视察和评估，也一致认为震旦的办学质量和管理水平已具备申报高职的条件，所以恳请浦东新区政府对立项申请早日予以批复。

立项申请递交之后，一直没有动静。2003年1月中旬，专家组就要对高职资格进行终审表决了，眼看时间一天天过去，每一分钟的等待都是煎熬。12 月 30 日，张惠莉再也等不及了，她以私人名义给周副市长写了一封信，在信中她恳切地说，离专家组表决只有十多天了，这些天自己急得像热锅上的蚂蚁，不知如何是好。因为这关系到学校的生死存亡，也关系到震旦在市教委和社会上的诚信度。20 多年来，自己始终以诚信两字作为为人的准则，得到了大家的信任，学校才发展到现在。现在好不容易有这个机会，在这关键时刻，只能写信再次恳请周副市长百忙之中关心一下震旦，请政府部门协调一下，尽快使震旦学院的规划立项问题，能够特事特办、急事急办。她真诚地向领导保证，如果高职批下来，她一定一如既往，在市政府和浦东新区政府的领导下，努力把震旦学院办好，开创新局面，取得新成就。

12 月 31 日，周禹鹏副市长就震旦申报高职一事再次批示：速请林泉璋牵头研究并提出意见。比起之前的请某某某阅，这次的批示有了明确的要求。果然，这个"速"字起了作用，元旦刚过，1 月 2 日，浦东新区区委副书记林泉璋便组织新区社发局、发展计划局、农业局、建设局主要领导专题研究震旦高职用地问题，1 月 9 日，浦东新区又印发了《区委、区府专题会议纪要——研究震旦进修学院建设用地规划问题》，这样的速度和力度都是前所未有的。

有了领导的支持，一切都好办了，那几天，震旦有关人员连续几天加班到深夜修改材料、补充资料，1 月 16 日，立项报告送至浦东新区发展计划局。发展计划局 17 日收到报告后，发现立项报告中缺少建筑面积和投资总价，要求震旦补充。在添加了一期投资 1.5 亿元、完成 4 万平方米校舍建设等内容后，当天就进入各有关部门会签阶段。

1 月 20 日，全部会签结束，上午文件套红，立即送专家组，而此时专家组已经在讨论了，幸亏及时赶到。下午，专家组对震旦申报高职一事进行了表决，一致通过。

终于尘埃落定。

从 9 月底张惠莉的一个想法，到 1 月 20 日专家组终审通过，三个半月时间，震旦的"申高"简直就像一场战役，寸土不让、分秒必争、逢山开路、逢河搭桥。震旦"申高"的过程，虽然比不上中国的"申奥"、上海的"申博"，但困难重重、跌宕起伏，确实值得全体震旦人铭记。

3 月 11 日，上海市政府办公厅下发了《关于同意筹建上海震旦职业技术学院的通知》，同意在浦东新区曹路镇筹建上海震旦职业技术学院，筹建期不超过三年，筹建期间不安排招生。

3 月 19 日，上海市教委也下发了《关于同意筹建民办上海震旦职业技术学院的批复》。至此，震旦"申高"大功告成。

3 月 20 日举行了震旦职业技术学院名誉院长聘任仪式，中国工程院院士、血液学专家王振义，原上海市人大常委会副主任胡正昌，原同济大学副校长博士生导师黄鼎业被聘为名誉院长，原上海市市委书记夏征农被聘为顾问。

但是，校舍建设又起波澜。起先跟金桥的合作一直进展顺利，7 月底办结了建设项目选址意见书，9 月 9 日金桥方面给震旦发了《关于震旦学院曹路校区建设项目有关事宜的函》，进一步明确，由震旦委托设计机构进行方案设计、扩初设计，完成施工图。同时征求环保、消防、卫生防疫、交通、市政及公建配套等部门的意见。金桥方面则负责各个环节的行政审批送审工作，负责完成项目投资的建设和施工，直至完工交付使用。可是，再往后却一直没有进展，打电话询问，董事会秘书说："我们董事长调到陆家嘴集团去了，我们这里已经来了新的董事长，所以之前答应你们的土地和投资都取消了。"

很突然，连一点迹象都没有，眼看到手的土地又突然飞走了。但是再想想，至少已经拿到了高职筹办资格，这些日子的辛劳，总算没有打水漂。

办学，真的是好难啊！

幼儿的乐园

2003 年，元旦刚过不久，震旦第六期教育教学骨干学习班就在太仓浏家港青草湖度假村开班了。这是张惠莉很多年来坚持的惯例，在新的一年，她用这样的方式凝聚人心，明确共同的努力方向。

她把 2003 年确定为"培训年"：以全员培训为契机，抓队伍建设；以教育创新为动力，抓各项管理；以教学质量为基础，抓工作评价；以办学效益为中心，抓学校发展。实施三个培训：全年培训、全员培训和全面培训。坚持三个教育：德育、智育和人文教育。落实三个管理：现代化管理、规范化管理和人性化管理。她倡议，大家都要"做一个可爱的震旦教工"。

1 月 23 日是震旦任教老师的迎春联谊会，那时，震旦的高职资格已经通过专家组终审，张惠莉心情愉悦，所以大家起哄让她表演一个节目时，她破天荒地没有推辞："那我就表演一个背电话号码吧。"大家还没反应过来，她已经开始背了，从总部工作人员的手机号码，一直背到各基层学校领导班子和主要部门工作人员的手机号码，甚至还有区、市教育部门、招生办、合作单位的电话号码。上百个电话号码，居然没一个错的！大家惊愕地看着眼前的创始人，过了好一会才想起鼓掌。掌声经久不息。

张惠莉把位子让给主持人，请大家继续欢乐，自己则走出会场，跟闸北区教育局的工作人员联系，约见教育局局长。

震旦创办以来，从一所弄堂学校，到现在有了中学、有了中专、有了进修学院，现在连全日制的大专也批出来了，可谓成绩斐然。但是，没有小学和幼儿园，总觉得不够圆满。张惠莉听说闸北区建了一个占地面积近 200 亩的教育园区，从幼儿园、小学、初中、高中、高职一应俱全，还听说教育局局长想引进民办机构，把幼儿园、小学办成民办体制。

2月19日，张惠莉与闸北区教育局局长见了面。局长黄孟源坦言，园区内初中、高中的位置是留给区内学校的，但是小学和幼儿园可以出让，他非常欢迎震旦进驻教育园区。

不久，投资方也找到了，据说还是澳门赌王的亲戚。他一副腰缠万贯的模样，听说小学加幼儿园的出让价格是4400万元，还连声说太便宜。他对张惠莉说："你全权代表我去跟局长谈吧。"闸北区教育局要求签订合同后在一周内先付500万元定金，张惠莉通知他时，他说："这个500万元嘛你们就先垫付一下，我随后会给你们的。"过了几天张惠莉问他后续的款项什么时候可以到位，他又说："我会去银行办贷款，办好之后就可以付了。"他说得十分轻巧，张惠莉却觉得哪里不对，回到家仔细一想，忽然想明白了："他这不是空手套白狼吗？定金要我们垫付，后续资金还要去银行贷款，与其他去贷款还不如我去贷款，这样学校还是我自己的。"想明白之后，张惠莉不再找合作方了，同时受让小学和幼儿园要4400万元，压力太大，幼儿园只要1500万元，那就只受让幼儿园吧。

5月13日，闸北区教育局评估中心对震旦申办幼儿园的条件进行了评估。评估通过后，5月28日，震旦外国语幼儿园就向全市各区发出招生简章，开始正式招生了。刚开始招生时，张惠莉担心宣传不够，派职工去马路上和小区里分发招生广告，遇到城管、保安驱赶，还要拼命解释、说好话。但就是凭着这最原始的宣传方式，让周边的居民都知道了震旦外国语幼儿园。

震旦外国语幼儿园坐落在原平路58号的闸北区教育园区内，占地8亩，建筑面积8800平方米。张惠莉提出的办园理念是"一切为了幼儿的快乐成长"，她对大家说："我们之所以要办外国语幼儿园，不光是为了帮家长看看孩子，给他们一个游戏场所，还要培养自信勇敢、好奇探索、亲近自然、身心健康、品格良好、多元发展、有初步责任感、具有国际视野的世界小公民。"所以，在教学环境的设置上，震旦外国语幼儿园比一般的幼儿园多了很多配置：儿童琴房、美术室可以增加孩子们的艺术熏陶；陶艺吧、纸雕室可以锻炼孩子们的动手能力；围棋室、游戏室、图书馆可以开发孩子们的智力；剧院、表演厅、幼儿电视台可以鼓励他们的个性化发展，培养孩子们的自信；中国厅、日本厅、西餐厅可以让孩子们在这里学到不同的礼仪；而心语苑则是幼儿园专为孩子们创设的诉说心里话的地方，在那里由青年团员轮流担任知心姐姐，他们会耐心地倾听孩子们的喜、怒、哀、乐，并把有关信息及时反馈给家长，同时邀请专家研究、分析、指导，共同保护孩子幼小的心灵；最特别的是园内还有个小小动物园，有猴子、孔雀、山羊、鸽子、兔子，特别是孔雀，不是一只两只，是六只，开起屏来真是满园生辉。养动物开销大，张惠莉请了一个彭师傅，既当保安，又在闲暇时种点胡萝卜、大白菜等，充作动物的饲料。果园内还有桃树、李树、石榴树、枣树、橘子树和苹果树。果树都是张惠莉安排种的，她说三五年之后，这些果树便可以成为幼儿园一景，还可以满足孩子们探寻自然奥秘的好奇心。这些绿化需要很大一笔钱，为了节省开支，陆宝芳四处托关系寻找资源。一天，朋友告诉他可以给他一批树，但是树在江苏浏河，需要自己去运。陆宝芳早早赶去浏河，忙了整整一天，然后打电话给负责车辆管理的王家庆，说运输树木的车晚上到，让他准备一辆吊车在幼儿园等着。晚上 10 点，货车准时到达，等卸完车收拾干净，已经是凌晨了。这可都是些 40 公分粗的香樟树啊，以后就在幼儿园园区内扎根了，长得郁郁葱葱的。

类似的事还有很多。

外国语幼儿园聘请了韩国学前教育的博士韩泰铉当园长，还聘请了有经验的外教，可以用外语跟孩子们进行交流，不断探索外语教育与品格教育从婴幼儿抓起的模式。

毕竟之前没有幼儿园的办学经验，为此，张惠莉还专门跟王纯玉、新任震旦外国语幼儿园副院长龚文洵在暑假期间由韩园长带队赴韩国对幼儿园进行了考察。闸北区领导对震旦外国语幼儿园也十分重视，9月1日上午，闸北区区委书记和区教育局局长、副局长等领导赴震旦外国语幼儿园视察，听取了张惠莉和韩泰铉园长对幼儿园筹建和开学准备情况的汇报。区领导对幼儿园全新的办学理念和特色鲜明的环境设计表示了很大的兴趣，还提出了一些建设性意见。

9月8日，幼儿园举行了开学典礼，震旦名誉院长王振义院士等参加了开学典礼，并作了热情洋溢的讲话。开学典礼那天又开了个家长会，家长们对幼儿园的环境很满意，对孩子即将接受的教育很期待，大家畅谈着，其乐融融。可是，家长们一走就出了点小状况，新入园的小朋友们一看身边都是陌生人，咧开嘴就哭。哭是会传染的，只要一个孩子哭，其他的孩子也会跟着哭，有的找妈妈，有的找阿姨（家里的保姆），怎么哄都不行。有人说，孩子入园都要哭上几天，没什么大不了的，但张惠莉觉得还是应该采取点措施，她沉吟了一下说："这样，马上找几名女员工，有经验有耐心的，手头工作先放一放，都给我去抱孩子，不管用什么办法，务必把孩子们哄好了。"当天，幼儿园去了好几名女员工，看到哭的孩子，抱的抱哄的哄，各显神通。毕竟是孩子，慢慢被新鲜的环境和好玩的玩具所吸引，也就不再哭闹了。

因为韩园长是外籍人士，不能担任园长，张惠莉又聘请了从新加坡回国的学前教育硕士夏苗担任园长。此后，在夏园长的领导下，幼儿园越办越好，先后被上海市教委评为上海市民办优质园创建单位、上海市安全文明校园、上海市文明单位、上海市餐饮服务食品安全规范化管理示范单位、上海市民办非企业单位规范化建设评估4A等级单位、全国AAA级放心示范幼儿园和一级幼儿园等，不久，幼儿园又购买了上海市的第一批校车样板车，起先是1辆，后来增加到4辆。色彩艳丽带着"震旦外国语幼儿园"标识的校车每天在马路上开来开去，十分醒目，等于是一个移动广告。

哪怕是办一个幼儿园张惠莉都如此用心，这让大家对她又多了几分敬意。

震旦中专接受百所中等职业学校重点建设的验收评估也是 2003 年的一件大事。2 月，市教委、市劳动和保障局印发了《关于开展上海市百所中等职业学校重点建设验收评估的通知》，通知称，市教育评估院将分批对上海市的中等职业学校进行评估验收。2 月 28 日，张惠莉参加了上海市中等职业学校校长会议，会上部署了百所中职校评估的相关事宜。

这次评估主要以专家审阅申报材料、实地评估和集中汇报的形式进行。评估内容之多、要求之高，是前所未有的。譬如就业情况这一项，光是学生就业还不行，还需要有本校毕业在近三年内被评为各级劳模、先进个人，担任中级以上行政领导职务或拥有中等技术职称，在技能大赛中获过奖等突出贡献者。示范专业建设，要看是否有国家级示范专业和省市级示范专业，还要看双证书获得率和就业率。专任教师必须具备大学以上学历和中级以上职称。校外实习这一项要有三年以上的长期实训协议，要拿出实训计划书和指导书，有指导教师或带教人员，有实训报告、考核和评价。至于硬件条件就更多了，中心城区的校区占地面积要 30 亩以上，图书馆要有 6 万册以上的藏书和 50 台以上的计算机，有供学生雨天上体育课的室内运动场所和 200 米以上的塑胶跑道，等等。而且其中必备的条件只要有两项不合格就被视为整体指标不合格。

上海的中职校在 2000 年还有 205 所，很多学校因为生存困难或者其他原因办不下去了，到了 2003 年，中职校只有 149 所了。为了整合教学资源、改善办学条件、改革办学体制机制和教育教学方法，促进各中职校在硬件建设、专业建设、课程建设、师资建设等方面的发展，上海市教委提出了建设百所重点中职校的要求，并且为了这百校工程花了 14.2 亿元的巨资。

震旦中专被列为第一批参加百校评估验收的学校。

12 月 12 日，上海市教育评估院专家组及市教委成教处和卢湾区教育局有关领导对震旦中专进行了评估。虽然评估十分严苛，但震旦中专平时对教学和教学管理一直是高标准、严要求的，面对专家，只要实事求是地提供资料就可以了。次年 3 月，震旦中专成为上海市百所中等职业学校重点建设第一批验收评估合格单位。市教育评估院还编辑印发了《上海市百所中职校建设工程》专辑，选登了 26 所中职校的办学特色，其中震旦中专的《机制活是关键》入选。

隆重的庆生

2003 年春季，"非典"突然来袭。震旦召开了紧急会议，张惠莉传达了市委和卢湾区教育局关于抗击"非典"的会议精神，成立了由主要领导挂帅的"非典"防控领导小组，建立了由院长、校办、校医三级管理的"非典"防控信息网络。在会上，张惠莉部署了疫情通报、疑似检测、环境消毒等 10 条措施。震旦还向市民政局捐赠了抗击"非典"专项资金。

但日常的工作依然在正常运转。3 月 3 日，在震旦外国语中学多功能厅举行了卢湾区人大代表候选人与选民代表的见面会。3 月 6 日，张惠莉当选为卢湾区第十三届人民代表。4 月 29 日，上海市政协副主席谢丽娟等领导在市终身教育协会会长、市教委副主任薛喜民的陪同下赴震旦三林校区进行调研，谢丽娟高度评价震旦为教育事业作出的辛勤努力，认为震旦是上海民办教育的一面旗帜，对震旦的发展方向、规模、办学特色提出了十分中肯的建议。

进入 5 月，"非典"逐渐离去，因疫情防控而暂停上课的夜校也逐渐恢复上课。7 月 1 日，张惠莉被评为上海市教育系统优秀党员。11 月，复旦网络教育学院和上海中宽信息网络有限公司与震旦签署合作协议，复旦新英语特许教学中心也挂牌震旦。

虽然整天忙忙碌碌，但张惠莉心里一直牵挂着明年震旦的二十周年大庆。从二十年前走到今天，震旦确实发生了翻天覆地的变化，怎么才能通过办周年庆总结经验、凝聚人心，进一步发扬震旦精神呢？她召开了震旦二十周年校庆筹备工作会议，提出了以一本大事记、一本教师回忆录和一台文艺演出为基本内容的庆典活动思路。她说："我们举办二十周年校庆，不是为了炫耀我们取得的成绩，而是为了放下包袱、轻装上阵，为震旦下一个二十年的发展继续奋斗。"

进入 2004 年，经人介绍，张惠莉认识了上海童的梦实业发展有限公司的董事长。童的梦公司有一所童的梦小学和童的梦中学，分别于 1994 年和 1997 年投资建成。童的梦小学在闸北区阳泉路，小学占地面积 12 亩，建筑面积 11 000 平方米，可容纳全寄宿学生 650 人。校舍的产权人是闸北区教育局，后因闸北区教育局不同意转让而作罢。

童的梦中学位于青浦区外青松公路 7718 号，张惠莉听对方介绍学校占地面积 100 亩，另有 56 亩学校运动场地。校舍建筑面积约 17 000 平方米，产权是自己的。中学的上级主管是普陀区教育局，现有在校生 372 人，实际可容纳全寄宿制学生 16 个班 648 人。张惠莉去看了校区，那里环境非常好，草木青翠、空气清新，走进校园就像走进了一座森林公园，令人心旷神怡，张惠莉很是动心。更何况，有了 150 亩土地就可以办大学了。11 月 4 日，双方签署了合作办学协议，为了避免跟震旦中学重名，童的梦中学改名为上海市民办震旦中学。

其实，张惠莉后来才知道，童的梦实业公司当时已经资不抵债了，此时震旦提出合作，真是帮他们解了围。中学校舍的产权的确是他们自己的，但是已经用产证向银行抵押贷款 2 000 万元，且本息一分未还。有人给张惠莉出主意，他们如果还不上银行贷款，学校的土地还可以拿来拍卖，震旦倘若如果能用较低的价格买到手，还是比较划算的。可是再一打听，土地也不是他们自己的，是租赁青东农场的。青东农场的前身是江苏省第二十四劳动改造管教队，1959年改由上海市公安局管辖，成为上海第六劳改队。后因劳改、劳教从公安系统分离，青东农场转而隶属上海市司法局。现在这片土地上还有青浦监狱、女子监狱等十家劳改、劳教单位。

土地不是自己的，校产被抵押了，中学的招生指标又一再被压缩，一年只能招30名学生，却要维持这么大的开销，确实有点亏。但张惠莉信守的是宁愿亏自己也不能亏教育，既然挂了震旦的名，就不能让教学质量滑坡。第二年，震旦中学高中毕业生的高考率，就达到了100％。

盼着盼着，震旦的生日终于到了。2004年11月18日，在上海大剧院举办了震旦二十周年庆典。原上海市委书记夏征农、上海市教委主任张伟江、卢湾区区长张载养、卢湾区政协主席翁蕴珍等领导，以及市教委、市经委、市旅委、市公安局、市教育考试院、市教育评估院、市成人教育协会、市终身教育研究会、市托幼协会等相关部门和不少学校都出席了庆典。

张惠莉在大会上致辞。她回顾了震旦从之前的一所职业学校发展为拥有7所学校的教育集团的创业历程。在二十年教育创新的实践中，继承了马相伯先生"崇尚科学、注重文艺、不讲教理"的教育思想，形成了震旦独特的教育理念，为国家培养和输送了二十多万名各级各类人才。为此，她感谢领导的支持，感谢兄弟单位和社会各界的关爱，感谢一起奋斗的教职员工。但是她还说："我们只是教育发展长河里的一朵小小浪花，在这喜庆的日子里更应该谦虚谨慎、冷静思考，对二十年的工作进行梳理，为明天的事业留下一份积累和反思。"

上海市教委主任张伟江在发言中高度评价了震旦这二十年的创业、拼搏、奋斗历程。他说，最近的上海市教育工作会议上推出了"十大行动计划"，其中一项就是要促进和发展社会力量举办的各级各类学校。震旦已经有了很好的基础，他希望震旦能够集二十年之经验，为上海率先实现教育现代化而作出应有的贡献。他还号召全体办学同仁都要向震旦学习，让人民更满意。

在教师代表、校友代表发言之后，本来安排的是卢湾区副区长忻伟民发言，可是区长张载养自告奋勇上台了，为的是想当面表达自己对震旦的敬意。他很荣幸震旦诞生在卢湾区，从一个呱呱落地的"婴儿"成长为二十岁的"妙龄少女"，在上海甚至是全国都有了很大影响，是非常不容易的。他说，震旦有过坎坷有过艰辛，有过喜悦也有过辉煌，震旦的二十年是我国民办教育的一个缩影。创办一个企业不容易，创办一个学校更不容易，创办一个像震旦这样的民办学校更是太不容易。创立一个品牌不容易，创立一个教育品牌更不容易，创立一个像震旦这样的品牌就更难了。他说，教育在发展，民办教育也一定会有蓬勃的发展，政府应该关注教育，关注教育就是关心未来。政府也应该投资教育，投资教育就是播种希望。他承诺，卢湾区政府会一如既往地支持震旦。他的发言赢得了经久的掌声。

震旦大学校友会专门寄来了贺信，他们还引用了张惠莉的诗句："震旦、震旦，救国兴国，一脉相承，宏图伟业，后继有人"，表达了他们激动的心情。一些市、区领导还为震旦的二十周年庆典题词。夏征农题的是"震旦教育越办越好"，谢丽娟题的是"教书育人以德为本，辉煌待观学子奉献"，教委主任张伟江题的是"教育功德传颂千古万代，办学利民乐享人生春秋"。

最后震旦师生为大家奉上了一台文艺演出，有管乐合奏、独唱、小组唱、童声合唱，有武术、舞蹈、魔术，节目繁多、精彩纷呈。特别是情景小品，演出表现了震旦初创时期大家骑着自行车、黄鱼车四处奔波寻找教室的艰难，为了逼真，还把黄鱼车推上了舞台，为震旦的二十周岁庆典画上了一个完美的句号。

二十年辉煌已成过去，震旦！震旦！整装再出发！

再起的烽烟

其实，对地球来说，2004 年是很不太平的。1 月，埃及闪光航空一架包机从旅游胜地沙姆沙伊赫起飞不久在红海上空坠毁，机上 148 人全部罹难。2 月，麦加朝圣发生踩踏事件，251 人死亡。3 月，西班牙首都马德里发生连环爆炸案，死伤超过 1700 人。9 月，车臣武装分子在一所中学劫持了近 1500 名人质，其中大部分为儿童。12 月，印度洋大地震引发巨大海啸，有超过 20 万人在此次海啸事件中丧生。中国的日子略微好过些，但也出现了电荒、煤荒、民工荒，上证指数直跌 300 点。

震旦也遇到了一个坎，上半年突然接到卢湾区教育局一个《关于震旦外国语中学 2005 年停止招生》的文件，说是因为新天地动迁，涉及马当路等地块。震旦外国语中学是张惠莉花了很大的心血改制成功的，一直运行得非常好，现在突然停止招生，实在很难接受。去找教育局，局长说："只是停止招生而已，只要你找得到地方，还是让你办下去的。"于是，张惠莉又开始满卢湾区找校舍，可是找来找去，有厂房没有操场，有操场没有教室，总是不满意。大连有个枫叶国际学校，是中国与加拿大不列颠哥伦比亚省合作的民办学校，震旦跟很多国家都有办学的合作，能不能也办一所国际学校呢？张惠莉开始动起了脑筋。她邀请教育局局长一起去大连考察，一圈看下来，局长也觉得可行，说："这次出差的费用就由教育局负担，你们回去跟市教委好好联系吧。"可是去市教委一提，市教委说根本不可能，这是要教育部备案的，全中国也就批出来这么一所国际学校。张惠莉无奈，只得回来。过了没多久，苏州也批出来一所国际学校。张惠莉又去找教委，问："苏州可以我们为什么不可以？究竟是什么不行？"教委的有关领导便说："这个国际学校必须董事长、校长都是外国人，这样的合作你愿意吗?"张惠莉一听,没话说了,只好作罢。

震旦外国语中学还没找到地方,那边与震旦行的商标纠纷又起波澜。2004 年 7 月 15 日,震旦行向上海市第一中级人民法院提出诉讼,称震旦行在 2000 年 10 月 14 日就取得了"AORURA 商标"在第 41 类的注册商标专用权,并花巨资对 AORURA 商标进行了广泛的广告宣传。而震旦进修学院 2002 年起将"AORURA"用于学校的英文名称、网站、橱窗、广告牌、招生简章,并对商标进行了突出宣传。故他们要求判定震旦进修学院立即停止擅用 AORURA 商标的侵权行为,立即清除 AORURA 商标侵权标识,在全国媒体上刊登致歉声明,消除影响,赔偿因侵权而给震旦行造成的经济损失。

法治社会,一切靠证据说话。震旦一方面准备应诉材料,同时也向国家工商管理总局商标局以连续三年停止使用为由,申请撤销震旦行注册的 AORURA 商标。震旦方面陈述,震旦进修学院一直将"AORURA"作为学校的英文名称广泛使用,譬如震旦外国语中学在揭牌仪式上分发的宣传画册上就显著地标有"震旦 AORURA"。震旦每年还在《新闻晨报》《新民晚报》《解放日报》《文汇报》《每周广播电视报》等各大报刊上刊登招生信息。长期以来,报纸杂志大量报道了震旦的办学经验和成果,刊登了对震旦法人代表张惠莉的专访,震旦的教学成就也获得了各级教育主管部门、社会各界、广大学生和家长的广泛认可,多次获得各种殊荣。值得一提的是,2004 年 11 月 18 日,震旦进修学院在上海大剧院举行了盛大的震旦教育二十周年庆典,上海市政府官员、社会各界人士、毕业学生代表都出席了这次庆典,震旦在教育领域取得的成绩得到了高度评价。而震旦行只是一家营利性的公司,并不是一家能够从事教育办学活动的教育机构,他声称为上海大学提供奖学金、在嘉定区设立培训中心,但众所周知,在大学设立奖学金是任何一家热心教育事业的企业都可以办得到的,而嘉定的培训中心,也只是一个为震旦行子公司和其他公司提供培训的场所,并不是真正意义上的教育单位。教育培训不仅需要资金、设备、土地和校舍，还需要生源、师资、完善的管理和丰富的教学经验，而震旦行无论从教育机构组织形式还是师资力量上看，既不符合《教育法》，也不符合《民办教育促进法》规定的要求，更不具备办学所必须的办学许可证。所以震旦进修学院才是教育服务的真正提供者。

2004 年 9 月 13 日，中国工程院院士、著名的血液学专家王振义也代表震旦大学校友会提交了证明，证明震旦大学是由创始人马相伯在 1903 年创立的，校名采用印度对中国的旧称，佛经的谐音"震旦"，意为"中华曙光"，法、英文校名分别为"l'Aurore"和"Aurora"，意义相同。同时，他证明上海市震旦进修学院院长张惠莉女士为震旦大学上海校友会特邀会员，震旦大学校友会同意上海市震旦进修学院使用中、英文校名：震旦、AORURA。

理由如此充分，证据如此实在，但是，2006 年 10 月 9 日，国家工商行政管理总局商标局还是作出决定，驳回上海市震旦进修学院的撤销申请，判定震旦行 AORURA 商标（第 41 类）的注册继续有效。倘若震旦进修学院不服该决定，可向国家工商行政管理总局商标评审委员会申请复审。

自然是不服的，震旦直接向国家工商行政管理总局商标评审委员会提出了复审申请。可是到了 2010 年 1 月 25 日，商标评审委员会作出的决定仍然认为，商标局的行政程序并无不当，商标局要求震旦行提供注册商标使用证据，震旦行提交的答辩也未超过法定期限。同时认为，商标核定使用的教育、培训等服务项目，并不仅仅指义务教育等学历教育，还应包括职业教育、技能培训等非学历教育，因此，震旦行具有注册使用 AORURA 商标的主体资格。震旦行在规定期间，为美标中国等企业提供了财务、贸易等方面的技能培训，且在相关交易文件中使用了 AORURA 商标，因此，商标评审委员会作出维持商标局决定的决定。

官司到这里似乎已经走进了死胡同，但是张惠莉不是个轻易认输的人，商标评审委员会既然不主持公道，干脆一纸诉状将商标评审委员会告上法庭。北京市第一中级人民法院于 2010 年 3 月 22 日受理后，组成了合议庭，于 2010 年 12 月 7 日公开进行了审理。

法院认为，根据商标评审委员会的陈述，震旦行已经向商标局提供了相关证据，但商标评审委员会未在评审程序中向震旦进修学院交换并听取震旦进修学院的意见，属于程序违法，也未在法定举证期限向本院提交，属于诉讼行为失当。震旦行在评审阶段提交的证据仅为教育训练客情单、教室准备事项一览表、住宿房间安排表等，大部分为单方制作，仅部分有受训方确认，且均无发票、收据等交易凭证予以佐证，不足以证明对 AORURA 商标进行了真实使用，同时，现有证据不能证明 AORURA 商标在核定使用的教育、学校（教育）、教学、讲课、函授课程、教育考核、教育信息、寄宿学校等服务上的使用，根据《中华人民共和国教育法》第二十七条规定，学校及其他教育机构的设立、变更和终止，应该按照国家有关规定办理审核、批准、注册或者备案手续，AORURA 商标在学校（教育）等服务上的合法使用，应以使用者具有相应的教育办学资质为前提。故判决如下：撤销被告商标评审委员会 2010 年 1 月 25 日作出的关于 AORURA 商标撤销复审决定；被告商标评审委员会于本判决生效后针对上海市震旦进修学院就 AORURA 商标提出的撤销复审申请重新作出决定。

这次张惠莉虽然没有到场，但听律师回来说，北京市第一人民法院的判决把以前商标局和商标评审委员会的结论统统翻了过来，直接切中问题的要害，有理有依据，真的是让人心服口服。

此后，跟震旦和 AORURA 商标使用相关的很多细枝末节，与震旦行的民事诉讼也一直没有中断，前后延续了十几年。此处就不再一一赘述了。打官司是一桩极其耗费精力、财力的事情，但把一桩没有多大胜算的官司打赢了，今后震旦可以理直气壮地使用震旦大学留下来的中英文校名，这是一个多么大的胜利啊。张惠莉很想感谢一个人，那就是律师楼仙英。小楼律师从一个年轻律师到现在的资深律师，一直在为震旦的商标官司劳心费力。她的律师咨询费很贵，是按分钟用美金计算的，可是为了震旦，她付出了很多，也放弃了很多，不计报酬。张惠莉十分感慨地说，对帮助过震旦的人，震旦永远不会忘记。

一百年前，老震旦的标识以传统吉祥物"雄鸡报晓"形象为基本元素展开设计，震旦即为早晨的太阳。而现在新震旦也设计了自己的 LOGO，并赋予了更多的涵义：一轮红日位于正中，象征震旦的教育事业如朝日般璀璨；太阳的周围由六只抽象的雄鸡环绕，象征震旦的六大教育板块；雄鸡的翅膀和尾巴抽象为彩色线条，象征震旦教育散发的光和热，也象征震旦学子遍布全球。LOGO 采用红、蓝、绿、黄四种颜色，红色代表事业，蓝色代表科学，绿色象征生命，黄色象征未来，LOGO 的整体构图传达了震旦教育的团队精神和强大的凝聚力。

马相伯老先生曾将"从黎明走向光明，由震旦成就名人"作为校训，一百年后在震旦，这些话依然在延续。

2022 年 10 月，震旦教育集团与震旦行股份有限公司停止纷争，双方同意震旦、AURORA 等商标可在书籍封皮、办公必需品、印刷品、新闻刊物、报纸、教学材料、说明书等商品上共存，对对方在上述商品上使用各自前述商标的行为不得采取行政投诉、民事侵权等行为。震旦行撤回对震旦教育 LOGO 的异议申请，并承诺今后不得对该商标采取任何措施。双方在第 16 类商品上申请相应商标的过程中将相互配合，提供相应的共存同意书。双方承诺，在实际使用前述商标过程中，应注意一般公众的注意力，以不足以造成相关公众的误认为前提，不得刻意制造混淆、误导消费者或实施其他不正当竞争行为。在这些方面双方达成了和解协议。

打了十几年的官司，剑拔弩张的双方，却最终在 16 类商品上达到了和解，在这点上张惠莉挺感谢女儿，是董事长张沈的努力促成了这次和解，有了这份协议，今后不必再为除教育外的其他事情耗费心力，就可以心无旁骛、一心一意办学啦。

第六章

再创辉煌

盛世迎华诞，明朝更璀璨。

——无名氏

老天的眷顾

其实对震旦来说，2004 年还是可圈可点的。9 月，张惠莉再次荣获上海市"园丁奖"，12 月，震旦进修学院被中国成人教育协会评为"全国成人教育先进集体"，同时被上海市高等教育自学考试办公室评为"上海市高等教育自学考试示范助学组织"，并在表彰大会上接受了铭牌。震旦2001 年即被上海自考办授予先进助学单位，现在成为示范助学组织，说明又上了一个台阶，是件值得高兴的事。可是张惠莉却高兴不起来，因为怕影响教师队伍的稳定，所以震旦外国语中学停止招生的消息，除了王纯玉之外，还没有其他教师知道。张惠莉面上不露声色，但心里着急，一直悄悄地四下寻找新校址。

尽管事务缠身，但张惠莉一直没有停止对教育改革的思考。2004 年 12 月，在上海市第一次民办教育工作会议上，她探索性地提出了"做大、做强、做活，实施集团管理"的思路。她认为，生逢盛世，遇到了改革开放的年代，人民渴望知识，国家发展教育，政府支持民办。尤其是《民办教育促进法》以及实施细则的颁布，上海市教育发展战略目标的制定，市政府、市教委的大力扶持，为民办学校的发展壮大提供了前所未有的机遇和条件。抓住大好机遇，适应形势需要，努力做大、做强、做活，是摆在震旦面前新的课题。

究竟以什么形式、什么办法来管理像震旦这种发展中的集团型民办学校呢？她对外省市大型民办教育集团进行调研后发现，在办学目标、领导机构、资金来源、人员构成、软硬条件等方面都不尽相同，不能照搬别人的经验，只能走自己的路。她在震旦以教育集团管委会的形式运作了一段时间后，肯定了这种管理模式。她说："管委会形式不同于董事会独创的教育集团管理模式，是介于宏观与微观之间的管理决策主体，是集团的决策中心。它筹划集团的宏观决策，又直接通过管委会成员——各院校园、各部门负责人，贯彻于各学校和各职能部门。各院校的领导直接参与集团对重大问题的讨论和决策，办学过程中发生的重大问题或经预测可能发生的问题，都拿到管委会上来讨论，减少了中间环节，管委会的决议可以迅速地直接贯彻到各院校。"针对集团管委会在运作过程中产生的许多具体事务，张惠莉又在管委会下面设置10个部和1个中心，各司其职，具体办理集团的日常事务，实施管委会决策。震旦采用扁平式的集团管理模式之后，通过规模效应，优化资源配置，实施了品牌扩张，受到学生家长和社会各界普遍欢迎。兄弟学校前来加盟，国外学校希望合作，办学规模日渐扩大，管理效应非常显著，同时也产生了良好的经济效益。那段时间，可谓是震旦的又一个高速发展期。

可是，人生总是喜忧参半的，办学亦如此。不久，又有不好的消息传来，教育部发文明确，在全国范围内取消高等教育学历文凭考试，相关民办学校于2005年起停止招生，国家和各省统考课程于2007年后停止，并要求各省教育主管部门制定高等教育学历文凭考试结束阶段的工作方针。真是屋漏偏逢连阴雨啊！高等教育学历文凭考试一直是震旦教学种类中的主力，已经成规模了，每年招生都在1000名左右，在校生达到3000多人，学费收入也十分可观，现在一下子停止招生，直接影响到学校的生存。

正发愁呢，临近春节了，张惠莉接到电话，耀华路校区的业主抱歉地说："不好意思啊张院长，我们耀华路地块已经被划进世博园区了，只好请你们另找地方办学了。"

原来，为举办2010年上海世博会，上海划出黄浦江两岸的城市老工业区重新规划布局，作为世博会选址区域，进行世博场馆建设。2004年6月2日，世博园区企事业单位动迁工作动员大会在市政府召开，动拆迁工作从2004年6月开始，至2009年3月完成，为上海有史以来规模最大的动拆迁工作。

世博会园区场馆建设，这不光是市政府的事，更是中国的一件大事，震旦中专当然得让路。中专搬迁，外国语中学和高等教育学历文凭考试停止招生，3 所推行 ISO 的学校全部停止招生，对一个教育集团来说，每一件都是生死攸关的大事。更让人揪心的是，好不容易才到手的震旦职业技术学院筹建资格，期限只有三年，如果 2006 年 3 月之前新学校仍没有着落，这块"筹"的牌子就作废了。眼看已经是 2005 年，张惠莉再有定力，心里也不免发慌，大家都在忙忙碌碌地准备春节的年货，可是那些天张惠莉实在没有心情。小年夜忙完工作，张惠莉想去超市采购一些食物回家过年，超市为了增加节日气氛，增设了一个抽奖活动。张惠莉也顺手摸了一张奖券，打开一看，居然抽到个特等奖——一袋大米！店员忙不迭地向她道喜，说中奖是个好兆头，寓意一年都会有好运气。走出店门，张惠莉看着手中的大米，脑子里忽然灵光一现，"有米"不就是有饭吃的意思吗？这大概是老天爷在暗示她，她和震旦一定会有饭吃，一定会渡过难关！

春节刚过，张惠莉便带着王纯玉四下奔波找校区，找可以合作的学校。几乎天天一大早出去，深夜才回来，每天车行上百公里，可是仍一无所获。焦头烂额之际，有一天，张惠莉听说金山有一所高级中学愿意与人合作，便立即赶了过去。该校位于金山亭林镇，是一所寄宿制高级中学。校长介绍说，学校占地 150 亩，校舍建筑面积约 5 万平方米，宿舍、操场和教学设备一应俱全。张惠莉听下来觉得很满意，有了这 150 亩土地，震旦职业技术学院这块牌子就算保住了，所以打算与他们签约。签合同之前，张惠莉跟市教委领导通了个气，谁知领导一听就急了，说："张惠莉啊，你千万不能跟他们签约。他们说有 150 亩土地，其实只有 120 亩，还缺 30 亩。震旦职业技术学院的筹建期限马上就要到了，而他们还有在校生，要等三年才能全部毕业，这两个条件都会阻碍你的计划。"

被领导这么一说，张惠莉也觉得是自己心太急了，很多问题没有考虑清楚。但是，唯一的方案被否定，一切又得从头开始，这可怎么办呢！

或许是太了解张惠莉这一路走来的艰辛，教委也很想帮她，有人悄悄告诉她，听说东方文化职业学院出让，有人想接手，但是没有钱，所以一年了都没有出让成功，可以试试看。张惠莉马上要来东方文化职业学院董事长的电话号码，当即拨通了董事长张鸿儒的电话。张惠莉说："张董啊，我是震旦的张惠莉，你们东方文化职业学院有没有可能跟我们合作啊？"对方一口答应说："可以啊可以啊。"张惠莉又问："那我们什么时候见个面？"对方又说："现在就可以啊，你说在什么地方见呢？"张惠莉说："复兴中路 369 号 18 楼。""好的，十分钟后见。"

张惠莉没有想到，张鸿儒会答应得这么爽气，当时她在外面办事，十分钟赶不回去，所以赶紧打电话给办公室，说等会有一位董事长要去，让他们接待一下。复兴中路 369 号大同大厦是一栋现代商务楼，2003 年张惠莉买下了 18 楼，总面积达 746 平方米，作为进修学院的办学地点。因为在市中心，地处新天地，交通便利，又是新的商务楼，所以张惠莉常常在那里接待来宾。

张惠莉赶回去的时候，张鸿儒董事长已经到了，他一见张惠莉便说："大妹子啊，我们的事一定能成功。"张鸿儒是贵州人，他说自己一年来不了上海两次，东方文化学院地处宝山区，他就是来上海也是去宝山，可世界上真有这么巧的事，"你打电话来时我正好在复兴中路办事，冥冥之中是老天爷把我送到你面前的。"张鸿儒兴奋地说。

张鸿儒和妻子原来都是贵州医学院的医生，后来辞职下海做生意，赚了不少钱。他有两个女儿，因为小女儿想进上海音乐学院读书，可是上音又不招外地学生，张鸿儒便出了赞助费满足女儿借读的愿望，这么一去二来，在上海认识了一些人。一次，有人说起想办一所文化学院，也有很好的设想，张鸿儒听得入耳，一时兴起，便说："我给你们 100 万元，你们去办吧。"1993 年，以张鸿儒的名义注册成立了东方文化学院，一开始也是以高等教育学历文凭考试为教学模式，2002 年学院在上海宝山罗店镇征地

200 亩建设新校区，2003 年 3 月，经上海市政府批准正式建校，改名为东方文化职业学院。一期工程规划是 31 614 平方米左右的一栋教学楼、两栋宿舍楼和一些后勤设施，基本上是工程队带资建设的，经办人在银行的贷款既没有抵押也没有担保，加上院长和董事长矛盾重重，学校无法再办下去，所以张鸿儒才想把这亏本的学校出让。

那时张惠莉还不知道东方文化职业学院的实际情况有多么糟，但学制三年的全日制普通高校、学院招生列入国家统一计划、具有独立颁发大专学历文凭的资格，有这些条件，就足以让她下定决心了。那天谈判时张鸿儒提出想要留有一定的股权，张惠莉因为希望合作成功，可以保住学校、保住教师的饭碗，所以不假思索一口答应了。

那天是 2005 年 6 月 2 日，似乎已经到了绝境的震旦，终于出现了转机。

两位董事长谈得很顺利，但张鸿儒说女儿张曼一直在处理学校转让的事，希望张惠莉能再跟他女儿谈一谈，约定 6 月 4 日在罗店的校区见面。

罗店校区在市一路 88 号，虽然说起来是所学校，但空空荡荡的，操场上的野草有 1 米多高，统共只有一栋教学楼、二栋宿舍楼、一个食堂。教室里没有一张课桌椅，教学楼也没有办公室，只有一间房间里摆着一张桌子，放着几个铁皮架子，连空调都没有。宿舍那边更是空空如也。张曼告诉张惠莉，因为这边的校区一直在建设之中，所以他们在杨浦区政立路 483 号租了部队的 70 亩土地及建筑，在校生大约 2 500 名，目前都在政立路校区上课。

两人坐下商谈，张曼提出了三个想法：第一她父亲不做董事；第二不占股份，今后她父亲不参与学校的任何事情；第三每年要支付他父亲一点补贴。张惠莉觉得都没有问题，只是补贴支付到什么时候呢？后来商定，支付到张鸿儒 80 岁为止。张鸿儒原先说是要参股的，现在张曼又说不参股，到底听谁的？张惠莉当即打电话去问，张鸿儒表态，一切都由他女儿决定。双方说好 6 月 11 日签约，签约当天由张惠莉支付定金，如果一方违约，违约方将支付双倍的违约金。

一个下午，就把所有想得到的细节都谈妥了。

压在肩上最重的一块石头终于可以放下来了，张惠莉开开心心地回到家，谁知跟亲友们一说，却招来各种质疑："你发神经啊，你已是近 60 的人了，还去办什么大学，这要花多少钱啊！"总之，都是反对的声音。那年，张惠莉已经 58 岁了，这么多年的拼搏，已经为震旦打下了一片江山，确实该歇歇了。但是，办一所大学一直是她的梦想，以她的个性，只要是她下决心想做的事情，就一定要去做，谁都阻止不了她。

约定 6 月 11 日晚上 7 点在复兴中路大同大厦 18 楼签订合同。签约时间是张鸿儒挑的，说是黄道吉日吉时。震旦编制内的所有员工都参加了，张沈 2003 年出国留学，正好学校放假回国探亲，所以也一起去了。但是对方的律师一看合同说："今天签不了，这个合同主体不对，不匹配，要调整。"张惠莉担心夜长梦多，便说："正好我们的律师也在，你们马上修改，我们就在这里等，什么时候改好我们什么时候签。"斟酌、修改、调整，所有人都等得昏昏欲睡，合同打印完已经是凌晨 3 点，等签好约一看，天都已经蒙蒙亮了。

只花了 10 天时间，张惠莉便签下了受让一所大学的合同，速度让人惊诧。

意外的曙光

合同刚签好不久就听人说，浙江有一家企业和陕西的一所学校也想收购东方文化职业学院，这两家单位实力非常雄厚，如果他们真要插手，支付定金和违约金对他们来说都是毛毛雨的事。在手续没有办好之前，一切皆有可能，唯一的方法就是跟他们赛跑，看谁先到达终点。

张惠莉请市教委的人跟市委副书记打招呼，市教委的同志也确实帮忙，对领导说，现在有人想与东方文化学院合作，震旦也在谈，如果震旦办不成，希望再把机会让给别人。打过招呼后，教委的人又对张惠莉说："我们这边为你争取了时间，你那边可要抓紧哦。"

他们不说张惠莉也知道，机会稍纵即逝，容不得半点拖沓。

首先是资金。付的只是定金，要买下 200 亩土地和现有的校舍建筑，还要一次性拿出很多资金，后续的校区建设，更要源源不断地往里砸钱，哪来那么多钱呢？张惠莉卖掉了两套别墅，还是不够，再四处去借，从银行借到亲友，再借到学校职工，她横下了心，就是砸锅卖铁也要把这件事办成。

其次是组织架构。东方文化职业学院的董事会原来是五名成员，除了张鸿儒和他的妻子，还有院长、副院长和一名教工代表。教工代表到时候可以自然替换，但院长和副院长很难缠，之前就因为他们的董事资格和董事会决议是否有效等问题与张鸿儒产生矛盾，此后矛盾还不断升级，所以要让他们主动退出董事会有一定难度。律师出了个主意，向他们用挂号信发函调整董事，如果两次挂号信他们都不签收也不参加董事会，就属于自动放弃，可以替换他们的董事身份。果然不出所料，他们拒绝签收挂号信，他们的董事名额换成了震旦的名誉院长郭伯农和黄鼎业，张鸿儒和他妻子退出后，再换成张惠莉和王纯玉、施德容、祝幼一等，这样，新的董事会就产生了。

这边的各项手续以最快的速度在办理，那边震旦外中也传来了好消息，6 月 13 日，卢湾区教育局局长通知张惠莉去一趟教育局，局长对张惠莉说："我们商量下来，决定把现在的向锋中学给你们震旦外国语中学使用，原向锋中学的 92 名学生并到李惠利中学去。不过那里的校舍已经是危房了，你好好装修一下，办成民校的样板。"

这真是意外之喜！向锋中学位于鲁班路 407 弄 1 号，张惠莉之前去过，学校虽然破旧，但建筑面积有 6 500 多平方米，而且地处卢湾区中心地块，好好改造一下，可以成为一所像样的学校。紧接着，震旦中专也在杨高南路找到了地方。三个接踵而来的难题，忽然在短时间内全部迎刃而解了，让人不可思议。

8 月 9 日，作为东方文化职业学院的举办者张鸿儒，向市教委申请变更举办者。他说，为使学院有更好的发展，他自愿将上海东方文化职业学院的举办者东儒实业有限公司转移给上海震旦教育发展有限公司，他与上海震旦教育发展有限公司已签订了举办者变更协议书，并按照《中华人民共和国民办教育法》及其他法律法规的要求进行了举办者变更有关工作事项的办理，请市教委办理有关手续。

其间，市教委曾问张惠莉："你是当董事长还是校长呢？"张惠莉不假思索地回答："董事长。"之前有所学校的创始人选择当校长，结果被董事会免了职，丢掉了自己创办的学校，前车之鉴啊，张惠莉当然不会重蹈覆辙。但同时，她还兼任副校长，这样既可以把控学校的经营大局，还能掌握具体的教学情况，两者都兼顾到了。

张惠莉不当校长，那么校长谁来当呢？其实张惠莉心中早有人选，那就是杨德广。她与杨德广早就认识，听过他的报告，还曾邀请杨德广到震旦来做校长。也是机缘巧合，受让东方文化学院那年，杨德广刚从上海师范大学校长的位置上退下来。他的头上有一大串头衔，曾任上海市高教局副局长、上海大学副校长、上海师范大学校长等，同时兼任中国高等教育学会副会长、中国民办教育研究院副院长、上海市高等教育学会常务副会长等，长期以来从事高等教育管理工作、研究工作及教学工作。张惠莉希望他的到来，可以让震旦教育得到新的提升。张民选主任听说张惠莉请杨德广担任校长，还说："你要好好待他。"

8 月 28 日，张惠莉按每年的惯例举行了中层干部学习班，之前瞒着大家的几个难题张惠莉一一道出，看大家眉头紧锁，窃窃私语，她忽然话锋一转，告诉大家，三大难题已经全部解决，震旦外中要搬家了，搬到鲁班路去，震旦中专也有了杨高南路校区，最令人振奋的是，虽然国家取消了高等教育学历文凭考试，但是他们成功受让了东方文化职业学院，拥有了一所全日制高职，这是一个非常大的跨越，一个新的里程碑！张惠莉话音刚落，大会现场便爆发出绵延不绝的掌声，大家欢呼雀跃，都为震旦的新发展而高兴。

9 月 9 日，在市一路 88 号举办了东方文化职业学院举办者变更新闻发布会，上海市教委副主任张民选宣读了市教委的批复，上海市民办高校党委副书记宣读了有关决定，张惠莉宣布了董事会组成人员名单。张惠莉和新任院长杨德广都在发布会上讲了话，张惠莉表示，接管东方文化学院后，会继续坚持不以营利为目的、不求回报的办学宗旨，同时，会本着统一安排、分步实施的原则，在当年启动一期的校园续建工程。杨德广则表示，将根据高职教育的特点，根据学生实际，坚持以育人为中心，以能力为重点，以就业为导向，拓展中外合作的办学途径，把学生培养成既有一定理论基础，又有较强动手实践能力，并有良好综合素质的高技能型、应用型专业人才。

2005 年 10 月 28 日和 2005 年 11 月 17 日，上海市政府和上海市教委相继发文，同意上海东方文化职业学院更名为上海震旦职业学院，同时撤销上海震旦职业技术学院（筹）。

市政府的批复下发后，新生的震旦职业学院马上拿出了学院的发展规划：在校园建设上，2006 年计划完成校内 400 米跑道，完成第二栋教学楼和第三栋学生宿舍楼。在专业建设上，将现有的 12 个系 18 个专业调整为商贸经济系、管理系、外语系、艺术系、信息传媒系 5 个系，在以后的几年里增加机电系、教育系和医卫系。在专业设置上，增设营养和食品科学、汽车维修与检测、商务法语等专业。这些专业有的是震旦在学历文凭考时开发的，如机电一体化、汽车维修与检测等，都受到社会认可。有的是按需增设的，譬如震旦与二医大有长期的合作关系，在营养专业方面有国际市场的需求，可与法国、美国签约，培养和输送医卫系的学生。法语教育是震旦的传承，目前常有法领馆的官员和法国教育参赞等来校参观，增加商务法语专业，有利于与法国在教育、文化方面的交流。此外，规划还提出要在体制创新和管理创新上下功夫，构建具有鲜明特色的校园文化，形成教科研良好的学术氛围，建立广泛的国际合作，提升震旦教育品牌，争取成为全国知名的民办高校。

这次"震旦"接管"东方"，被媒体誉为民办高校的资源优化重组，而且又创下了一个沪上首例！

无尽的纠纷

收购东方文化学院是张惠莉打的又一个漂亮仗，但是，别人只看到学院挂牌时的光鲜，殊不知在接手后，张惠莉耗费了大量精力来处理东方文化学院遗留下的各种纠纷。

首先是债务泛滥。当时东方文化学院没钱，工程队很多项目都是自己带资建设的，而且欠了供货商不少货款，听说现在换了东家，都来要钱，今天是瓷砖钱，明天是油漆钱，核实后，只能一一支付。东方文化学院在银行有 4 000 万元的贷款，没有担保也没有抵押，也不知凭什么关系贷出来的，当然，也得还。原来的副院长起先不相信震旦能把东方文化学院拿下，后来见既成事实，便跟震旦打起了官司，说 2004 年 6 月东方文化学院资金周转困难，为了帮助学院渡过难关，他跟院长每人借给学院 26 万元，合计 52 万元，现在要求震旦归还。震旦提出反驳说，2004 年 5 月对方就与张鸿儒产生了矛盾，而且经过审计，当时东方文化学院并不存在经济困难的情况，借款不太可能。但是财务有入账记录，法院判定震旦归还，所以，又得还。不久，他们又拿出一张条子，说张鸿儒答应他们年薪 20 万，每年增长 5％。其实纸条上没有张鸿儒的签名，根本说明不了问题，但是他们告到了法院，法院判定他们赢，震旦也只能接受。

当时张鸿儒和副院长联合成立了一家小公司，公司在政立路校区和市一路校区分别开了一家小店，小店的作用就是无论学校采购什么物品，不管是建筑材料还是汽车，都从小店的账上过一下，雁过拔毛，小店自然是包赚不赔的。8 月底，张惠莉准备进驻时找小店的负责人谈话，她很礼貌地说：“不好意思，不能将你留下来，因为大家都会比较敏感，但你下面的职工可以留用，小店也可以正常经营下去。”他们一共有 4 名员工，张惠莉也与他们见了面，谈得都很融洽。当时还去政立路的小店看了，因为市一路没有学生，所以小店几乎是空的，没什么货物。回来后张惠莉对张曼说：“这个小店的负责人还不错，蛮好说话的。”张曼说：“你上当了，这个人其实是非常难搞的。”果然，第二天打电话去，他说：“我们要开会研究，晚些时给你们答复。”结果，不但没等到答复，再去，连小店的门也被锁上了。有人建议：“他们锁了门，我们也加一把锁，让他们也进不去。”张惠莉觉得这样不好，这样有理也成无理了，以后解释不清楚。

那段时间，教委不断收到举报信，说张惠莉“没有管理手段，学校混乱得一塌糊涂”。好在这些年来张惠莉的教学成就有目共睹，而且大家能猜到是谁写的，所以也没人理会。举报信没有见效，副院长又跑到杨德广那里去告状，说张惠莉带着小舅子和一帮人，把小店经理打伤了。听了杨德广的转告，张惠莉真是啼笑皆非：“我家只有俩姐妹，哪来的小舅子。况且，当天大家谈得客客气气，怎么可能发生打人的事，真是恶人诽谤。”

不知受了谁的指使，一批农民工带着被子开始在市一路校区门口静坐，隔几天又去市教委、市政府门口静坐。市教委都是些读书人，哪见过这种阵仗，赶紧打电话给张惠莉，请她过来解围。张惠莉说：“这事跟教委不相干，这是公司与公司之间的事。这公司不是我们的，他们又不是学校的正式职工，你们不用理会。"教委想想也对，就这么答复了他们。对方看无计可施，又告到法院，说小店为了开学进了90万元的货物，要求震旦支付。当时小店明明没什么东西，根本没有90万元，法院部分采信，判震旦支付60万元。如此折腾了半年，这才稍稍太平。

院方与张鸿儒的纠纷还留下了很多后遗症。矛盾激化的时候，副院长找来16名保安，让他们把张曼打出去。当时保安的月薪是3000元，他承诺，如果提前解约，双倍赔付。在金钱的刺激下，这些人不仅动了手，还把张曼踩在地上。张曼为此要告他们，副院长对张曼说："你是外地人，我是上海人，我还是律师，你想跟我打官司，没门，不可能赢！如果我赢了，你离开，我输了，我离开。"后来张鸿儒赢了官司，张曼从体院请来16名武术专业毕业的学生当体育老师，又把那16名保安赶了出去。现在东方文化学院一转让，这些遗留问题统统需要震旦来接盘。那16名保安张惠莉肯定是不能留的，但之前他们都跟东方文化学院签了合同，现在只能按双倍的月薪赔付给每个人。学校也不可能要16名体育老师，最多留下2、3名，其他的只能遣散，于是，又引来了诉讼，最后自然少不了支付遣散费。至于学校财务、教务处长这些重要岗位，当然都要换人，解决的办法还是赔付。所以那些日子天天花钱像流水，赔出去的钱不计其数。

等暂时安定下来，张惠莉想，学校在宝山罗店镇的地盘上，也应该去拜访一下父母官，有事好得到他们的支持，于是带着张沈一同前往。那天，镇党委书记正好在开会，张惠莉和张沈就站在门外等，好容易等到他们散会了，张惠莉刚站起来想自我介绍，书记却看都不看她们一眼，径直走进了副镇长办公室。张惠莉敲门进去说："我们是震旦的。"书记很不耐烦地说："什么震旦，我们不认的，不接待。"随后就把张惠莉母女关在门外。张惠莉并没有赌气离开，而是站在外面继续耐心地等，心想："你态度再恶劣我也要跟你把话说明白。"当时张惠莉随身带着市政府的批文，等到他们开门时，张惠莉便直接把市政府的批文递上去说："我们震旦是市政府发文批的，你们为什么不认！"后来才知道，当初张鸿儒答应镇里，学校不会卖的，要是办不下去了，就把土地还给罗店镇。没想到不到两年时间张鸿儒就把学校出让了，书记很生气，自然把气出在了张惠莉身上。

以后，因为震旦职业学院不断做大做强，成了罗店镇的一张名片，镇里对他们的态度完全转变了，关系也越来越好。

摆平这些麻烦后，剩下最大的事就是筹款盖房子。张惠莉知道，虽然学生现在可以在政立路上课，但那毕竟是租来的，部队的房产随时可能收回，自己不想再经历一次学校无处可搬的困境，必须未雨绸缪，把校舍建起来。按照计划，先要将 400 米跑道和一栋宿舍楼、一栋教学楼建起来，保证 2006 年入学的学生有地方上课、住宿。想象中盖楼应该是件很容易的事，真做起来才知道当初为什么亲友会反对，因为办一所大学实在是太费钱啦。就拿最简单的操场改建来说，草坪分两种，一种是人工草坪 380 万元，一种是天然草坪 180 万元，天然草坪虽然便宜一点，但是管理麻烦，过几年说不定又要换，所以尽管当时那么缺钱，张惠莉还是选择了 380 万元的人工草坪。不久，学生宿舍和 2 号教学楼也相继建成，原先破败的校园渐渐有了大学的模样。张惠莉只要有空就会四处走走看看，发现问题随时处理，在她的心目中，震旦职业学院就像她的孩子，她得看着它慢慢成长、发展壮大。

在震旦职业学院筹建的风风雨雨中，其他以震旦冠名的学校，教育秩序和教育质量居然丝毫未受影响，反而收获满满、硕果累累：

2005 年 3 月，震旦外国语幼儿园被闸北区教育局评为"安全工作年终考核优秀单位"，获此荣誉的仅有两家民办幼儿园。

2005 年 5 月，震旦中专被上海市教委命名为艺术教育特色学校，并成为中央教科所艺术教育实验学校。

2005 年 5 月 26 日，震旦外国语中学被卢湾区教育局、卢湾区科技委员会、科技协会联合命名为"科技特色学校"，张惠莉参加了揭牌仪式并接受了铭牌。

2005 年 9 月 23 日，卢湾区民办学校诚信办学倡议活动在淮海公园举行开幕式，张惠莉接受"卢湾区民办非学历教育示范合同试点"铭牌，并在诚信办学倡议书上签名。

2005 年 10 月 18 日，经上海市教育评估院评估，震旦进修学院被评为"上海市社会力量办学（非学历教育）2004—2005 年度教学管理示范优秀院校"，张惠莉参加了授牌仪式并接受了铭牌。

2005 年 12 月 30 日，震旦进修学院被上海市高等教育自学考试委员会授予"2003—2005 年度上海市国家教育考试示范考点"。

2006 年 1 月 20 日，震旦进修学院被中华人民共和国民政部评为"全国民非企业单位自律与诚信建设先进单位"，全上海仅此一家！

2006 年 2 月 7 日，震旦中专被文化部所属的六个协会组织授予"和谐中国·青少年艺术人才培养基地"称号。

张惠莉也当选上海市终身教育研究会副会长。

很多人都佩服张惠莉的本事，在别人眼里，光是遇到东方文化职业学院那一堆破事都可能焦头烂额，可能崩溃，但张惠莉就像驾驶着一艘巨轮的船长，无惧风雨，破浪前行。

张惠莉平时很喜欢台湾歌手郑智化的《水手》，曾经多次用这首歌激励学生。"风雨中这点痛算什么，擦干泪不要怕，至少我们还有梦。"或许，这也是她的力量来源。

老校的新装

新生的震旦职业学院已经矗立在上海的东北角，按理说震旦当年的三大困境中最关键的难题已经解决，可是，中专的搬迁其实也不是一件容易的事。一个学校，不用说几十个班级的桌椅板凳，各个专业的仪器、投影等教学设备，上千名学生宿舍的床具、用具，光是食堂的炊具、餐具拆卸包装就是一个大工程。几十辆十吨重的卡车装得满满当当，浩浩荡荡地从耀华路开往杨高南路，再一件件搬下来摆放安置，虽然找了搬家公司，但很多活都是陆宝芳带着几名维修工、厨师、保洁员自己干的，只要身体健康、有力气的，喊上就走，没有谁会讨价还价、推诿逃避，短短几天时间就把一个庞大的学校挪了一个窝。为此陆宝芳还得到了另外一个"雅号"——搬场公司头头。震旦能有今天，真的应该为这些无名英雄记上一笔。

现在再回过头来说说向锋中学。

原先只知道向锋中学破，但不知道向锋中学会这么破。整个学校挤在弄堂里，进门的道路上竖着好几根电线杆，既阻挡视线，又显得局促小气。进门是破旧的自行车棚，几块已经破损的塑料顶棚，在风中吱嘎作响。教学楼破旧不堪，已被定义为危房，整个学校只剩下 92 名学生，看上去都蔫蔫的，所以即使是下课时间，也看不见学生应有的朝气和活力。可能是因为学生少，也可能是为了增加点收入好补贴教学经费，校园里居然七七八八挤进了 21 家小店！杂货店、足浴店，还有做安利直销的，嘈杂混乱，知道的晓得是学校，不知道的还以为走进了郊区的集市。张惠莉仔仔细细地兜了一圈，心里已经在盘算该怎么改造了。

2005 年 10 月 12 日，张惠莉代表震旦外国语中学与卢湾区教育局校产管理站签订了一份租赁合同。校产管理站同意将原向锋中学的校产租赁给震旦外国语中学，租赁期自 2005 年 10 月 12 日至 2020 年 8 月 31 日，共 15 年，租金为每年 80 万元，自 2006 年 9 月起支付租金。

教育局也给予了很大帮助，将原向锋中学的 92 名学生转学至区内的李惠利中学，还对校门的位置作了改变，从弄堂里改成了沿街面，随后，便把一所空校交给了张惠莉。

由于收购东方文化学院耗费了大量财力，所以改建向锋中学，钱，是一个很大的问题。但张惠莉还是按当时的最高标准，请了著名的台湾设计师廖南荣，开始了大刀阔斧的装修改建。

首先是净化教学环境，张惠莉下了死命令，要求那些开小店的一个月内必须统统搬走。再怎么大呼小叫、诉苦漫骂都没用，这是学校，是教书育人的神圣之地！在这点上，张惠莉的意志坚如磐石，谁说都不行。总算，清退了所有小店，开始封门砌墙，建设学生宿舍。可弄堂里的居民不答应了，说砌墙可以，但不能朝着弄堂开窗。原先小店的门都是开在弄堂里的，那时候可以，现在怎么不可以了？张惠莉对建筑公司说："我们学校的房子，学校的墙，怎么就不能开窗？你干你的，不用理睬。"见反对无效，居民们也就偃旗息鼓了。

教学楼原来屋顶渗水，墙体多年失修，干脆推倒重来，屋顶平改坡，内部走廊改成欧式的穹顶，红顶白墙，火柴盒子般的灰色教学楼顿时变得洋气。自行车棚改成二层小楼，一楼是图书馆，里面使用渐变的绿色涂料，清新自然。靠墙是火车座，隔断处掏出小壁龛，放置装饰用的书籍和小摆件。书架敞开式摆放，一眼望去，视线不会遇到阻拦。除了火车座，图书馆还准备了灰色的沙发和彩色的懒人沙发，看书的时候，老师跟学生可以各取所需。二楼是学生宿舍，一间可以住 4 名学生，采光好，还有独立的卫生间和户外晾晒衣物的平台。

进出教学楼的门洞向外延伸，搭建了一个二层的平台。一楼延伸部位用的都是玻璃，增加了采光和视线，二楼是个小小的屋顶花园，夜里射灯亮起来的时候似梦似幻，非常漂亮。

向锋中学原来没有食堂，张惠莉申请了煤气，建造了厨房操作间。张惠莉又将教学楼背面的一排危房改造成了教工食堂，去食堂的途中还设了小小的水景，摆放着盆栽和花木，饭后闲步时，可以放松心情。

操场的边上新搭建了一个观礼台，观礼台的后壁上书写着"微笑相处，快乐学习"和"每天，在生命的每一面，我都有进步"。这是学校的倡导，是一种积极向上的心理暗示，天天看着它，不知不觉间会被同化，变得开朗、快乐、自信。最有创意的是观礼台边上的一座 7.5 米高、钟面上有 AURORA 字样的欧式钟楼，庄重而时尚，有了钟楼，连学校的操场都觉得有点不一样了。

学校有个小礼堂，可容纳 180 人，经过改造后安装了最新的电教扩音设备，但是最有价值的不是那些设备，而是几十排长条桌椅。那些桌椅是原震旦大学的，一直留在二医大，后来二医大不想要了，被张惠莉觅宝一样搬来，摆在礼堂里。那些桌面由整块木板制作而成，朴实而坚固，历经百年依然不朽不腐，是历史的重要见证。张惠莉将原来的学生食堂改建成"学生天地"，这是一个多功能场地，既可以用于学生餐饮，又可以让学生进行文化展示、娱乐活动。另外建造了一个大礼堂，可容纳 400 多人。大礼堂的舞台用了最新的灯光和音像设备，适合学生展示风采、艺术表演，还可以播放电影，是一个不折不扣的电影院和剧院。

教学楼里有各种实训室，可以培养学生们的动手能力。有西式的版画室和中式的木作工坊，还有最先进的物化实验室和融媒体中心。最特别的是西学教室和国学教室，西学教室里摆放着 18 世纪欧式家具——椭圆高靠背的软垫座椅和雕花圆桌。每一届新生入学张惠莉都会给学生们上西餐礼仪课，吃西餐应该怎么吃，喝汤应该怎么喝，如何用刀叉切牛排、剥虾。上完课还有实操的机会，可以真的吃一顿西餐。而国学教室就更让人惊艳了，35 套中式单人桌椅和墙上的木制挂屏以及各种摆件，居然全部是货真价实的红木！在红木案几上，学生可以练习中国书法，学习中国文化。

那段时间张惠莉脑子里就像装着整个设计图，事无巨细，都亲自安排，连图书馆里摆放的那些小摆件、小自行车、小火车、小动物，都是她一点点四处淘来的。同时，她还将一间教室拓展成一个中西合璧的咖啡吧，里面的每个细节、物件都是自行设计，很多香樟木的桌椅和摆设都是由女儿张沈设计，教师们集体布置的。

大家都说台湾设计师设计的是宏观大局，而微观细节都是张惠莉的心血。

装修期间也不是一帆风顺，学校原来在弄堂里，现在成了沿街的单位，要重建门卫室。门口有间小房间，是房地局的产权，所以很顺利便谈好价钱租下来了，可是门卫室对面的一户人家却开了家小店。一所学校的大门口开个杂货店，人们进进出出去那里买东西，像什么样子，张惠莉难以接受，最后还是出了较高的价格租了下来。学生都是住校的，难免有这样那样的需要，为了给他们提供方便，张惠莉又在校内图书馆边上开了一家小店，不以营利为目的，只卖些学习用品、生活用品以及小点心、饮用水等，以满足教师、学生的不时之需。

学校沿街了，门牌号码要改，张惠莉去公安局申请时，发现鲁班路369号的门牌正好是空号，因为震旦进修学院所在地是复兴中路369号，所以张惠莉立即拿了这个号，便于记忆。从此，震旦外国语中学的地址便从鲁班路407弄1号变成了369号。不知道内情的人都说："张惠莉真是有想法，连门牌号都可以随心所欲地改！"其实并不是那么回事。

时间一天天过去，新校舍也开始一点点露出新面貌。从大门往里，是一面名人墙，霍金、毕加索、爱因斯坦等世界名人，一直伴随访客走进学校。张惠莉对校园内的绿化布局也进行了重大调整，拆去学校大门口的电线杆，操场内竖起了旗杆，还在教学楼外墙种植了爬山虎，让绿色藤蔓蜿蜒向上，给校园带来春天的气息。

搬迁和开学的时间都很紧迫，卢湾区建设和交通委2005年12月7日就向区教育局发文称，根据城市规划，轨道交通10号线和轨道交通13号线马当路换乘站年底前要启动施工区域内的房屋拆迁工作，施工范围包括震旦外国语中学校址，希望教育局尽快做好搬迁协调工作。区教育局校产管理站也给震旦外国语中学发了函，要求震旦外国语中学在 2006 年 5 月 15 日前完成搬迁。2006 年 7 月 31 日，教育局校产管理站再次发通知，催促震旦外国语中学在 2006 年 8 月 15 日前完成旧校址的搬迁工作，支持市重大工程建设。尽管时间很紧，但是再快也要保证质量，这是张惠莉的原则，所以，必须全力以赴。

区领导和区教育局的领导很关心震旦外国语中学的改建，局长王伟民在改建期间多次视察校园，对教育功能设置提出了不少前瞻性的意见。2006 年 4 月 13 日，卢湾区沙海林区长和忻副区长一行也视察了正在改建中的外国语中学新校舍。听了张惠莉的汇报后，沙区长对震旦的工作表示了充分肯定，他说："震旦教育的发展符合现代教育的模式，区政府将一如既往地支持震旦教育。"他希望震旦教育的发展要和卢湾区的发展紧密联系，要为卢湾区的经济文化建设作出贡献。

整个装修改造工程持续了一年，2006 年 9 月 1 日，修葺一新的震旦外国语中学正式亮相。学校举行了隆重的开学典礼，区教育局局长王伟民也在开学第一天视察了开学工作，参观者都纷纷赞叹："过去破败的向锋中学已经完全脱胎换骨，变成了一所美丽精致的现代化学校。"

但是，张惠莉还有一个未了的心愿，她一直希望在校园内树一座马相伯先生的雕像，可是，马相伯先生存世的照片不多，而且应该以他什么时期的照片为原型是个难题，是选择他与"救国会七君子"出狱时的合影？还是选他在办学时的照片？需要好好斟酌。张惠莉跟王纯玉四处查找，最后，她们在震旦大学建校百年纪念册上，找到一张马相伯先生百岁诞辰与孙女马玉章的合影。这张照片上的马相伯先生是一个慈祥的百岁老人，虽然没有在日军进犯时书写"还我河山"的大义凛然，但是给人一种说不出的亲近感，两人不约而同地选择了这张照片。接下来，就是找雕塑公司塑像，再选择良时安放到位。

2006 年 12 月 25 日，震旦外国语中学举行了第十届外语节暨马相伯先生坐像揭幕仪式，在教学楼正中面对操场的一面红墙前，马相伯先生庄重地端坐着，神态安详，日日看着操场上跳跃奔跑的学生，也关注着新震旦的发展和壮大。他的背后镌刻着他当年创立震旦大学时的校训："崇尚科学，注重文艺，不讲教理。"

几年后，马相伯先生的孙女马玉章和马相伯先生的曾孙女马百龄也受邀来到了雕像前。她们接受了学生们敬献的鲜花，并与张惠莉、王纯玉以及学生们一起在雕像前合影留念。当年的垂髫女童马玉章已经成了95岁高龄的耄耋老人，听说震旦教育取得的成就后，十分高兴激动。张惠莉也向两人承诺，会永远感念马相伯先生兴教育贤的公德，一定会带领新震旦人把震旦做精做强，让震旦精神代代相传、发扬光大。

艰难的前行

都说狂欢之后会形成巨大的落差，等各种赞叹声远去，搬迁后学校的各项工作趋于稳定，张惠莉这才定下心来算了算账。几处大的改建一共增加了1107平方米，工程费用高达1200多万元，单是电力增容、移除电线杆和增设煤气就花了140万元。而且为了教学需要，添置了投影仪、电脑等一大批教学设备，总费用高达1950万元，仅改建工程款就达1600万元。马当路的学校拆迁补偿款404万已经全部投入其中，但只是杯水车薪。装修改建时张惠莉希望一切都要最好的，好的设计、好的工艺、好的材质、好的设备，质优就等于价高，所以留下巨大的亏空是必然的事，而教育局校产管理站已经在催讨租金了。

2006年8月1日，张惠莉给教育局副局长写信，说目前资金困难，希望对校产部分和新增面积的工程建设费用能给予支持。2006年11月22日，临近年底，因为工程队频频催要工程款，张惠莉又给教育局局长写信，希望局里能够预付一部分款项，以解燃眉之急。2007 年 3 月 8 日，张惠莉以震旦外国语中学的名义发文向区教育局提出了减免租金的申请。张惠莉指出，总支出高达 1950 万元，单是改建装修款就达 1600 万元。除了马当路的动迁补偿款，其余都是学校举办者的投资和工程建设单位的垫资。而从 2003 年开始，学校就因周边动迁招生困难，现有的 16 个班级 412 名学生，因为坚持小班教育，每班只有 30 名学生，远低于全市中学学生平均数，再加上在编人员的补发工资等，给按时支付租金造成很大困难，因此，她希望区教育局能够免去学校装修期间 2006 年 9 月至 2007 年 9 月一年的租金。

可是，一直没有得到回复。

2007 年 12 月，区教育局校产管理站将震旦外国语中学告上法庭，索要 2005 年 10 月至 2007 年 10 月的房屋租金 160 万元。此时，当年的沙区长已经是区委书记了，想起之前沙区长说过区政府会一如既往地支持震旦的承诺，张惠莉又在 12 月 20 日给沙书记写了一封信，坦诚诉说了目前遇到的经济困难，希望区里过问一下，帮助震旦渡过难关。

12 月 24 日，法院还是如期开庭了，意料之外的是，卢湾区人民法院的判定结果是支持教育局校产管理站的诉讼请求，要求震旦外国语中学在判决生效后支付 2005 年 10 月至 2007 年 10 月的房屋租金 160 万元。张惠莉对官司会输有思想准备，毕竟欠债还钱是天经地义的事，要不是学校实在拿不出钱，有谁愿意做老赖呢？可是，租赁合同明明写的是租金从 2006 年 9 月开始支付，法院为什么会无视如此明显清晰的合同约定，判定从 2005 年 9 月就开始支付呢？2008 年 1 月 7 日，震旦外国语中学向上海市第一中级人民法院提起上诉。除了陈述事情的经过，上诉状还特别指出，国务院明确县级以上各级人民政府有关部门应当按照有关法律、法规的规定，对社会力量办学给予扶持，所以，震旦外国语中学要求二审法院撤销原判决，对案件重新进行审理。

或许是区政府进行了干预，也或许是教育局看到了震旦的困境，2008年5月28日，校产管理站与震旦外国语中学在卢湾区人民法院签订了和解协议书，校产管理站同意免去震旦外国语中学2005年10月12日至2006年8月31日租金71万元，如果区教育局同意给予震旦电力、燃气设施补偿的话，费用将直接抵缴学校尚欠的钱款。

此后，又接到校产管理站的函，说学校"关于减免租金的请示"教育局已转至管理站，根据教育局的有关精神，管理站决定对震旦外国语中学减免部分租金，从2009年4月12日起，房屋租金由原来每年的80万元降至40万元。双方租赁合同的其他条款不变。

这些举措充分体现了卢湾区政府和教育局的体恤之情，让张惠莉感到温暖。

没了纠纷分心，经济压力也轻了，张惠莉得以开足马力，将全部精力投入教学。2008年2月19日，卢湾区教育局唐局长一行赴震旦外国语中学指导工作，同时向学校颁发了"2005—2007学年教育质量信得过学校"的铭牌，并希望学校在取得成果的基础上，再接再厉，在民办教育中树立一个榜样。2月27日，市人大常委会副主任周禹鹏又一次视察了震旦外国语中学，周禹鹏副主任一直关心震旦的发展，曾多次给予帮助和支持，看到震旦的成长他由衷地高兴，并祝愿震旦越办越好。

有了新的学校，张惠莉就有了新的用武之地，她对震旦外国语中学的办学目标、办学特色作出了新的思考，在上海市卢湾区教学工作会议上，张惠莉向大会汇报了自己对震旦外国语中学的定位，那就是，办成一所上海中心城区外语特色明显、教育质量一流的现代民办学校。为什么要强调上海中心城区？她说："国际大都市中心城区的义务教育质量，理所当然地应当高于老少边，高于广大农村，高于中小城市，甚至高于大都市的非中心城区。卢湾区教育局提出了在卢湾区率先实现教育现代化的目标，我们每所学校就有义不容辞的责任。这就需要办学者站在全球的高度，观念前瞻，具有同国际教育接轨的视野，同国际教育接轨的举措，以及同先进国家大都市中心城区的知名学校相比肩的胆量和气魄。"张惠莉还列举了学校在软硬件上的种种构建来说明"外语特色明显"。譬如设置了牛津英语、口语、听力三个课程板块。在三个年级中，每周安排四个课时，让学生接受小班口语和英语听力的培训。开设了法语、西班牙语、日语、韩语、德语五门小语种选修课，先后引进了十余位外籍教师执教口语。创设外语学习的内外环境，每天除英语晨读外还有五个小语种的选读，中午播放原版片，平时英语问好，学习中外格言，加上外语节的各项评比展示活动和中外交流等，为学生营造浓厚的英语学习氛围。至于"教育质量一流"，张惠莉的解读是："一流的教育、一流的师资、一流的设备、一流的服务。"震旦外国语中学的教学质量在卢湾区处于上游，五门课平均成绩超过区平均分 40 分，英语、数学更是体现了学科的优势。对于"现代民办学校"张惠莉是这样定义的："具备现代教育理念、现代教育设施、现代教育的手段和方法，实行现代教育管理。"她承诺将继续探索学校持续发展的途径，让社会来检验震旦办学的成果。

2008 年 4 月 7 日，为了贯彻落实市教委的"二期课改"，已经被任命为震旦外国语中学校长的王纯玉提出，举办为期一周、面向社会的教学公开展示周活动。"二期课改"是市教委针对"一期课改"后教育现状的反思而推出的，在课程理念上实现了突破性变革，主要树立课程是为学生提供学习经历并获得学习经验的观念，以学习方式的改变为突破口，重点培养学生的创新精神和实践能力，注重学生的全面发展，真正实现学生由学校人向社会人的转化。举行教学公开展示周，课堂教学向教育界同行、家长和社会公开，正是为了践行这一理念。

王纯玉的想法得到了张惠莉的大力支持，也体现了她的智慧和自信，因为展示周既是对"二期课改"的最好落实，也是刚到一个新地方用实力说话的亮相方式。

张惠莉在展示周开幕式上说，开展课改实践汇报活动，是全面汇报教学成果的过程，也是实践探索的过程、教育创新的过程、学习提高的过程，更是自我挑战的过程。她希望全体师生紧密配合、互相协作，在学校搭建的舞台上，充分展示师生综合的素养，创造的能力和高尚的人格，展示震旦外中综合发展教育理念结出的硕果。

在展示周内，所有课程全部对外开放，老教师上示范课、中年教师上研究课、年轻教师上汇报课，还推出了一批精品课程。张惠莉及其他震旦领导一起走进课堂听课指导，教育局副局长及兄弟学校八十多名教学专家也参加了听课、评课活动。这次教学公开展示周活动在卢湾区教育系统引起了不小的震动。

震旦外国语中学初二（4）班的何晨琳就是震旦综合发展教育理念结出的硕果。何晨琳十分爱好无线电项目，在青少年活动中心老师和学校教师的指导和支持下，多次参加市、区的无线电竞赛活动并取得优良成绩。2007 年获得全国无线电测向分区赛（华东赛区）女子第一名的好成绩，接受了国家体育总局颁发的证书，并于 12 月受邀赴京与中国首位宇航员杨利伟对话。2008 年，美国业余无线电联盟（ARRL）、国际业余卫星组织（AMSAT）、美国国家航空航天局（NASA）等共同组织发起了面向全世界青少年的"与宇航员对话活动"，何晨琳先后经过英语对话能力、心理素质、航天知识、无线电通信知识等层层考核，从上海市和苏浙地区 100 名学生中脱颖而出。4 月 1 日 16 时 6 分至 16 时 15 分，她代表上海市和苏浙两地学生，在上海科技艺术教育中心大礼堂，与距离地球 400 公里外的国际空间站展开了一次"天地对话"，宇航员雷斯曼博士回答了学生们提出的诸如在天空中你看到的月亮是什么样子的、空间站有没有重力、人会不会长高等问题。事后，上海人民广播电台还对何晨琳进行了采访。

在震旦外国语中学，像何晨琳这样的学生不是个例，单是 2008 年，震旦外中的学生就荣获了中国上海第 21 届头脑奥林匹克创新大赛暨世界 29

届创新大赛第一名，以及全国青少年航天模型教育竞赛总决赛第一名等。

"是金子总会发光"，不管是在马当路还是在鲁班路，震旦外国语中学都是教育实践的先行者以及教育系统的明星。

2007 年，张惠莉再次荣获上海市"育才奖"，《民办教育新观察》第五期人物栏目登载了《教育长河里的一朵浪花——记震旦教育集团董事长张惠莉》的文章。上海市成人教育协会、院校教育专业委员会也授予震旦进修学院 2007 年度上海市成人高校先进集体，授予张惠莉 2007 年度上海市成人高校系统"十佳"校长的荣誉称号。

合作的拓展

张惠莉曾经多次强调，震旦的目标定位是"三民、三优、三特"。"三民"是民办学校、民主管理、为民服务；"三优"是优良环境、优秀队伍、优质资源；"三特"是学生有特长、教师有特点、学校有特色。而教育国际化，就是震旦教育最显著的特色之一。张惠莉还提出了"两头并重，内外并举"的发展思路。"两头并重"，指知识与能力并重；"内外并举"，即国际与国内文化、校内教学与校外实践并举。从 2007 年开始，张惠莉就为深层次的教育国际化、特色化建设进行了大胆、有益的尝试。

2007 年 9 月，震旦进修学院与德国职业促进会培训学院合作开办了德国汽车机械电子师资格证书班，经过五个月封闭式德语中教基础课的学习，学员掌握了基本的德语听、说、读、写、译的技能。2008 年 3 月，德国外教来上海对学员进行为期 5 个月的德国汽车专业语言及专业理论教学，全德语的沉浸式体验和对专业理论的强化，使学员们不仅可以熟练地使用德语，而且学到了高水平的专业技术。之后，学员们又赴德国进行了 9 个月的理论学习，参加了相关企业的实习，最终参加 ITW 和 ABU 联合举办的理论及技能考试，通过考试的学员可获得德国行业协会认可的"汽车行业销售、服务和营业的汽车机械师证"。

2008年5月15日上午，在复兴中路369号大同商务大厦18楼，震旦进修学院召开了"德国职业教育及中德合作职业教育项目"新闻发布会。德国特利尔手工业商会主席鲁道夫·穆勒，联邦德国GF－BM职业教育集团执行董事希格弗莱德·福格尔，上海市高校继续教育中心、上海市社会劳动保障局、卢湾区劳动局、上海大众汽车有限公司人事部等单位领导，以及部分中职学校代表、部分学生和家长代表出席了新闻发布会。鲁道夫·穆勒向与会者介绍了德国职业教育的情况并进行了答疑，希格弗莱德·福格尔先生对ITM德国柏林技术学院及项目做了详细的介绍。震旦中德汽车班的在读生作了发言，谈了自己的收获和感想。《新民晚报》《新闻晨报》《时代报》《申江服务导报》《青年报》等十余家新闻媒体出席了发布会，新闻媒体和学生家长还分别就各自关心的问题进行了采访和咨询。

中德合作职业教育只是张惠莉在成人教育领域的一次尝试，接下来的几年里，她更是在震旦外国语中学和震旦中学等学历教育领域进行了中外合作的探索。

2009年3月3日，英国圣巴塞洛缪学校（又称圣巴斯）校长罗宾逊先生及语言系主任威廉姆先生到访震旦外国语中学，与张惠莉、王纯玉等校方领导就合作交流事宜进行了商谈。圣巴斯学校位于英国伯克郡的纽伯里，成立于1466年，至今已有近600年历史，被认为是英国仍然存在的最古老的学校之一。圣巴斯学校既有悠久的教学传统，但在培养学生素质等方面又有创新，双方经过友好协商，达成一致意见，明确了今后的交流合作方式，11月18日，张惠莉和罗宾逊校长代表双方签订了合作协议书。

震旦外中与圣巴斯学校结成友好学校之后，双方交流频繁，相继开展了教师互派、学生互访以及双方课程资源的整合等一系列合作交流活动。2011年暑期，震旦外中的学生访问圣巴斯学校后，双方的学生结成"对

子"，日常通过互联网进行沟通交流，了解双方的学习生活情况。2012 年 4
月，震旦外中的师生们又迎来了圣巴斯学校的"朋友"。张惠莉在欢迎会
上致辞说，震旦外国语中学一直秉承"面向国际、综合发展"的办学理
念，致力于培养学生的"综合素养、创造能力、高尚人格"，与圣巴斯学
校的交流合作，深化了双方在教育理念、课程优化、人才培养等方面的交
流与合作，进一步拓展了学生的国际视野，加深了两校师生的友谊。张惠
莉向圣巴斯学校赠送了"友谊长存"的书法条幅，圣巴斯学校的领导也把
见证圣巴斯发展的珍贵纪念品赠送给震旦外中。

在 8 天的访问时间里，圣巴斯的学生住在结对同学的家中，既增进了
彼此的友谊，还体验了中国家庭的日常起居。白天和震旦外中的学生一起
上音乐课，欣赏中国古典音乐；一起上体育课，学习中国武术；一起进行
篮球友谊赛，一起玩"老鹰捉小鸡"游戏。在国学教室，听老师介绍中国
的宫灯、玉雕、木雕、书法、篆章等工艺作品，介绍中国的象形文字和文
房四宝，然后学习中国书法。同时，圣巴斯学生还参加了震旦外中特有的
拓展课：刻纸、串珠、抖空竹、打腰鼓。他们学着包馄饨，然后品尝自己
的劳动果实，感受中国饮食文化。在彼此的交往中，震旦外中学生不仅了
解了英国的风土人情和教学内容，英语的口语、听力也得到很大提高。英
国朋友走后，震旦外中的同学依依不舍，邵潇炀同学回忆了跟自己的"对
子"一起拼装车模、一起在家包饺子的情景，倪天韫同学则感受到英国同
学的绅士风度。圣巴斯师生是 4 月份来的，他们刚走，震旦外中的学生就
已经在惦记暑假的回访了。

两年之后，圣巴斯学校的师生再次来访，这次震旦外中为他们准备了
更多的中国传统文化课程，除了之前的腰鼓、空竹、武术、书法等课程
外，还增加了十字绣和京剧脸谱上色等工艺手工课，同时，还安排了以唐
诗宋词为主题的中国诗歌文化专题讲座，以及学唱一首中国歌、学做一道
中国菜等课程，让他们体验中国文化的博大精深。这次圣巴斯学校震旦之

行的最大亮点是教师的交流。来自圣巴斯的马克老师为初三学生带来了一堂"戏剧101"的戏剧主题课，更让人瞩目的是双方数学老师间的切磋，圣巴斯的安娜老师和震旦外中的陈传杰老师就同一个内容——"一元一次不等式的解法"分别上了公开课，课后，两校教师在听课的基础上开展了以"对话课堂"为主题的教学研讨活动。这次跨越中英两国的"同课异构"教学方式，为老师们提供了非常好的研究视角，大家畅所欲言，沟通了两国两校不同的教育教学情况。此后，英国的教师还在震旦进行了为期两年的教学。

震旦外中与圣巴斯学校的交流合作卓有成效，双方校长互聘对方为名誉校长。2011年4月，圣巴斯新校舍落成之时，张惠莉、王纯玉受邀参加了庆典，还受到了英国爱德华王子的王妃威塞克斯伯爵夫人的接见。

为了满足更多个性化的教育需求，张惠莉又别出心裁地开辟了海外课堂。

自2010年起，已有多位人大代表和政协委员提出要改革中考制度，改变初中教育围着中考转的倾向，而且，那几年上海出国读高中的学生，几乎占了全部留学生的一半。到了2011年，报名参加美国中考STA的人数已经从过去的几百人飙升到3 000多人。张惠莉看到了这一变化，她敏感地意识到，既然初中毕业的学生在升学问题上有不同选择，不妨给他们单独设计一套课程，也为中考改革探索一条新路。但是，义务教育是国家法定的国民教育，如何设计出既合法又有特色的校本课程呢？在设置海外课堂的课程时张惠莉强调："首先不能改变义务教育的目标要求，不能降低国家规定的课程标准，在这个基础上，再融入满足学生个性化发展需求的国际教学内容。"2011年，震旦外国语中学在新招收的预备班年级学生中，由家长自愿报名，经外语成绩测试后，单独组建了一个国际初中特色班，这个班绝大多数的学生选择在高中阶段留学，或升入市内各实验性、示范性高中开设的国际课程班。

　　开学不久，震旦外中就为这些参加海外课堂学习的学生召开了欢送会。张惠莉把震旦外中的校旗交给了带班老师，并祝学生们学习好、身体好、玩得开心。

　　乔美玲老师是震旦外中的班主任，2011 年 10 月 2 日，她带领 24 名预备班的学生，前往澳大利亚布里斯班的约翰保罗学校，进行为期一个学期的游学。约翰保罗学校是澳大利亚最大的私立学校之一，在占地 30 万平方米的校园里，有现代化的建筑、绿地、湖泊、桥梁和瀑布，环境非常美丽。游学期间，震旦外中派出语、数、外等基础课的教师，每周二、四上午教授国内统编教材，以保证在整整一个学期的游学期间义务教育的课程不会拉下。其余时间学生们分别编入该校的班级上课。刚到学校，校方就给每个震旦学生发了一个笔记本电脑，所有的学习课程、作业、查询资料，都在电脑上完成。那时国内笔记本电脑的使用尚不普及，让学生们大大地开了眼界。全英语的授课、精美的课件、先进的教学设备以及外教丰富有趣的讲解，让上课成为一桩特别有趣的事，所以几个月下来，学生们的英语书写、口语会话能力突飞猛进。在生活上校方也考虑得很周到，24 名学生被分别安排在 12 户当地居民家里，居民们对学生都十分友善，非常照顾，每天放学后都会开车来接，日常还会耐心地用英语跟学生们沟通。

　　11 月 17 日，张惠莉带着学成归来被任命为董事长助理的女儿张沈，一同赴澳大利亚布里斯班探望海外课堂的学生。同学们看到校领导的到来非常兴奋，他们汇报了在当地的学习和生活情况，张惠莉也从他们身上看到了发生的变化，短短一个多月的时间，同学们的观察和思维能力都有了很大提高，在离开父母的日子里，他们不仅没有不适应，反而锻炼了半独立的生活能力，这让她感到很欣慰。约翰保罗学校的校长非常认可震旦外中学生的表现，对两校的国际化合作表示赞赏。

　　春节前，海外课堂的学生回国参加期末大考，英语成绩在平行班中遥遥领先，语文、数学等基础课的成绩也十分不错，得到了各方面的认可。

海外游学虽然短暂，却改变了很多学生的未来。陈坤仪也是当年澳洲的游学生之一。海外课堂的教学更强调多元融合、师生互动、学生主动参与、发挥的自由度，这样的课堂氛围让学生有了浓厚的学习兴趣，学习的积极性和主动性大大提高。后来他当了一名教师，在教学中借鉴了许多类似的方式方法，取得了很好的效果。

管邦祥也是那一批的游学生之一，澳洲的经历奠定了他良好的英语基础，现在他在英国曼彻斯特大学读研，在与来自世界各地的同学交流时，他明显高于内地同学的英语能力，给了他更多自信。他说，他由衷地感激震旦外中的英语教育，那是一种开放的思维和全球视野的体现。

国际初中特色班采取了全新的教育模式，除了海外课堂，每周还有20节全英语外教课程，使用英语原版教材，全英语授课，学生的作业也要求完全用英语完成。为了检验国际特色班的教学质量，张惠莉还邀请家长现场观摩特色课程。在一次外教展示课上，执教的是两名外籍教师大卫和丹尼尔，他们有丰富的教学经验，擅长调动学生的积极性，设置的问题也很有创意。学生们争先恐后地抢答，自信从容地发表见解，课堂里充满了欢笑声。展示课结束后，围绕"如何让孩子更好的成长"这一主题，老师和家长又聚在一起，探讨、分享教育孩子的成功经验。家长们表示，进了特色班之后，孩子们的英语听说能力有了明显提高，学习更有热情了。外教布置的作业侧重培养学生的创新能力，他们指导学生创作剧本、自制 PPT 阐述自己的观点、合作探究解决问题，孩子们忙得不亦乐乎，有时即使熬夜也要独立完成作业。孩子们的这些变化让家长们非常欣慰，也坚定了张惠莉进一步创新的信心。

被誉为世博会最牛"外交官"的彭贝蒂，她出色的英语口语能力就是在震旦外中打下的扎实基础。彭贝蒂入学震旦外中后，学校浓厚的外语环境、前瞻的教育理念、上乘的外语教学质量使彭贝蒂的外语潜能得到了充分发挥，2003 年，她参加全国首届大都市英语邀请赛，一举夺得金奖第一名。毕业后就读于育才中学，又以优异的外语成绩受聘于上海世博会，担任世博会思科馆礼宾官，因出色的工作业绩被誉为世博会最牛"外交官"，从而受到众多国外公司的青睐，美国纽约的一家企业还开出了 180 万元人民币的高年薪邀她入职。

还在外中就读的林雪舒则在世博会期间参加了由上海市世博协调局、上海市教育系统精神文明建设委员会等部门主办的首届上海市"世博小使者"活动，经过层层比拼，通过复赛、决赛，林雪舒一举夺冠，荣获金奖。

朱蓉现在是大华银行的市场战略项目经理。她在初一的暑假参加了澳洲的夏令营。她的房东特别热爱生活，她住在他们的大别墅里，春天屋子里的窗帘是嫩黄、嫩绿色的，到了秋天又换成了绛红、深咖色。院子里有苹果树，苹果熟了，房东会摘下来做成维也纳风味的苹果派请朱蓉品尝。她跟当地的孩子们一起爬树，万圣节穿着吸血鬼的服装去派对，狂欢节的时候穿着奶牛服去街上游玩。她还学会了用心去感受生活中的点滴，倾听雨后水珠在树叶上滚落的声音，凝视小猫酣睡时萌萌的姿态。在那个夏天，她收获的东西远远超越了语言能力上的提高。朱蓉后来先后在花旗银行、盛宝银行任职，从执行到策划再到战略制定，职级一路上行。作为优秀毕业生，她被请回母校在学弟学妹们 14 岁集体生日的大会上分享她的成长与感悟。她用"自由飞翔"来形容在震旦的快乐学习生活，她说她行走世界，在德国、丹麦、美国等大企业工作时，那些基础礼仪、扎实的外语功底以及与人沟通的能力，都是在震旦外中学会的。

在震旦中学，张惠莉也进行了新的探索和改革。2012 年 3 月，张惠莉与美国安生文教交流基金会的代表签署了联合设立美国高中课程暨 AP 课程实验班的合作协议。实验班将引入国际先进的高中课程体系、理念和手段，结合中西方教育的优势和特色设置课程，使学生不出国门就能接受最先进的教育。

震旦国际高中课程体系以美国课程为主体，旨在为中国学生提供进入国外大学的有效途径，为初高中学生提供高质量的国内段的海外高中教育。学生通过在震旦中学3年的学习和考试，可获得震旦中学高中学业证书和美国高级课程的证书，并在学校升学顾问的指导帮助下，申请就读国外一流大学。

这一系列的国际化交流与合作，为震旦教育的发展增添了新的活力，丰富了教育教学内容和办学色彩，也让震旦学子成为最大的受益者。

校友的嘱托

刚刚起步的震旦职业学院困难多多，首先是教学基础设施的缺乏，学院的教学大楼、行政大楼、教学仪器设备和校内实训基地都严重不足。学院已经开始正式招生，为了保证学校教学的正常运转，张惠莉边还债边加快了校区建设进度。2007年，建筑面积13420平方米的2号教学楼和3号学生宿舍楼竣工。教学楼和宿舍楼都非常现代，大厅安装着43寸液晶电视，各种设施一应齐全，深受学生们的喜爱。2008年4月8日，建筑面积7385平方米的艺术体育中心打桩兴建。5月11日，教学楼六楼加层，建筑面积2000平方米的实训广场竣工。同月，建筑面积4900平方米的实训楼竣工。8月，位于月罗路2106号建筑面积7859平方米的职业学院南校区竣工。9月5日，4号、5号学生宿舍楼竣工，建筑面积26603平方米。短短两年间，张惠莉就在这片荒芜的土地上盖起了近5万平方米的大楼，让人惊叹。这些新大楼如雨后春笋般一栋栋耸立在震旦校园，映入眼帘的是景，落入心中的则是愉悦和希望。

当然，也有点让人添堵的事。

　　建筑方有个杨老板，公司不大，资产不多，一个小老板。张惠莉跟他打过交道，觉得他为人还不错，4、5 号宿舍楼盖好后还有一点路面的活，建宿舍的潘老板说："我帮你一起带掉吧，也就 10 多万的事情。"杨老板表示："我也是差不多的价格，12 万。"张校长想既然差不多的价格，就照顾一下杨老板吧，就把工程给了他。但没想到工程结束时他开价 100 多万！这不是乱搞吗？杨老板解释说他的路面做了 30 厘米厚，所以成本高。无凭无据无法反驳，于是学校后勤部门的工作人员干脆撬开地面检验，居然连 10 厘米都没有。这个价格肯定无法接受，他还恶人先告状，把学校告上法庭，还是因为牵涉农民工，法院又一次判学校输了官司，最后支付了 60 多万元，从此与杨老板也断绝了往来。不过，张惠莉大风大浪经历得多了，杨老板的事只是一点浪花，不算啥。

　　根据教育部和国家发改委的有关文件精神以及上海市高等教育发展的实际，2006 年，市教委向震旦职业学院下达了 1400 名的招生计划数，其中上海生源 1250 名。到了 2007 年，市教委下达的招生计划数依旧是 1400 名，但是给了震旦职业学院 680 名的自主招生计划数。自主招生是对现行高考招生按分数录取的一种补充，同时也是中国扩大高校招生自主权、深化高校招生录取制度改革的一项重要举措。高校自主招生制度改变了"一考定终身"的弊端，为选拔和培养好的学生开辟了新的途径。对学生来说，自主招生多了一次机会，对自主招生的学校来说，可以根据学校对学生的培养目标，选拔具有学科特长和创新潜质的好学生。

　　那天，招生办的老师很兴奋地向张惠莉汇报，他说："张院长啊，自 2 月份启动网上报名之后，您知道有多少人第一志愿填报我们震旦职业学院吗？2064 人！可惜我们自主招生的指标只有 680 名，实在无法满足那些信任我们学校的学生和家长。"

　　大家对震旦这么认可，让张惠莉非常欣慰。她想起 1998 年《上海人才市场报》组织的一次社会调研。那时上海一共有 100 多家培训机构，但是真正做到常年招生的培训机构只有一半，而且良莠不齐。为了帮助上海广大的求学者，上海某职业信息中心以"求学者心目中最为理想的培训学校"为题开展了一次随机的问卷调查。这次调查没有导向和提示，没有内定和照顾，更不存在"候选名单"，一切听凭求学者自由选择，结果，被求学者一致认可的排名前十的培训机构中，震旦进修学院超过上海外国语大学夜大学等实力雄厚的培训机构，位居榜首。那时张惠莉就暗暗对自己说："震旦一定不能辜负大家对我们的期望。"现在，学生们依旧用最大的信任选择了震旦职业学院，震旦唯一能做的，就是用最好的教育质量回馈社会。

张惠莉曾经把市场机制下的社会力量办学归结为几个"多"字，"开拓思路多视角，开设专业多门类，教学手段多形式，聘才用人多方面，学校发展多模式"。所以要吸引学生，震旦职业学院开设的专业也要适应社会需要，适应市场需求，给学生更多挑选余地。

2007年6月，震旦职业学院申报的出版与电脑编辑技术、图文信息技术、计算机多媒体技术、工商企业管理等4个新专业获得上海市教委批准。学院专业数达到17个。2008年，学院的专业数增加到21个，除了之前热门的机电一体化技术、营养与食品卫生、国际商务、新闻与传播之外，社区管理与服务也意想不到地受到广泛欢迎，1530个招生指标很快就全部完成了。2008年7月28日，上海市人力资源和社会保障局通过了震旦职业学院机电一体化预备技师的实施方案，震旦职业学院同时成立机电一体化技师学院和广告技师学院。

尽管形势一片大好，可是，张惠莉心中一直有个愿望。

那年，她作为特邀会员，应邀参加了震旦大学校友会在香港的第六届全球校友联欢会。那些校友几乎都是硕果累累的科学家、专家和艺术家，梅派艺术大师梅葆玖、梅葆玥，卫生部长陈敏章，血液学专家王振义院士和高能物理专家叶铭汉院士等。那天她坐在最后一排，听那些校友一个个上台倾诉自己对母校的怀念。美国校友会会长袁道新说："请允许我用全英语发言。"法国校友会会长罗远俊说："请允许我用全法语发言。"张惠莉问身边的一位校友："您都听得懂吗?"那位校友说："听得懂啊，不但听得懂，还感到很亲切。"因为那时他们上课老师就是用英语或者法语讲课的。这事让张惠莉很有感触，她在一篇题为"老树新枝"的文章中说："马相伯先生开创的震旦事业，在以另一种生命形式踏着时代的节拍不断向前延伸。"这句话她是对震旦大学校友们说的，也是对自己说的。

校友会对张惠莉很认可，介绍她时说："张惠莉女士是震旦教育的创始人，上海十名优秀校长之一。她崇敬马相伯先生的办学精神和教学思想，执着于弘扬震旦精神，支持校友会工作，被邀请为震旦大学校友会特邀会员。"可是，张惠莉聘请王振义院士担任震旦职业学院名誉院长时，王振义却婉拒，他说："没有医学专业，还不能算真正的震旦，我不能空挂其名，什么时候震旦职业学院有了医学专业，我再当你们这个名誉院长。"当时张惠莉再三承诺，一定会努力争取，王振义院士这才答应。

现在，震旦职业学院与医学相关的专业已经有了 4 个：护理、药学、食品检验检测、呼吸治疗技术。这些专业是怎么诞生、发展、一步步走过来的，除了张惠莉，毛达娟教授也是一个最好的见证人。

毛达娟 1960 年从二医大毕业，留校后一直从事公共卫生、营养与食品卫生等专业的教学，2001 年退休，准备安享天伦之乐。那时震旦学历文凭考新增了营养与食品卫生专业，二医大的几位老同事几次三番地相邀，说张校长人怎么怎么好，在震旦工作又是如何如何愉快，说得毛达娟动了心，于是辞了在二医大的课，来震旦担任了 2001 级营养与食品卫生专业的班主任。首批学生 48 人，一个班，因为高考落榜，所以学生大多不自信，有失落感。毛教授耐心地做思想工作，提振他们的信心，专业课请的又都是二医大的老师，所以学生们的学习成绩很快得到提升，考试合格率从最初的 35.4%、50%，一直到后来的 86.3%、91.1%。48 名学生，44 名拿到了大专学历证书。

2005 年，市教委提出配合科教兴市战略，要加强民办高校教学高地的建设。张惠莉又把申报、创建营养与食品检测实验室的任务交给了毛达娟，并强调设备都要一流的。经过调研和申报，2006 年市教委同意拨款300 万元，震旦自行配套 150 万元，总计 450 万元，用于实验室的创建。毛达娟参考了市卫生防疫站和二医大检测中心的设备清单，分别从日本和美国采购先进的食品检测设备，对五楼大教室进行改建，建成了一个一流的食品检测实验室。

那时张惠莉已经看到，随着经济发展和人民生活水平的提高，现有的医疗服务特别是护理人员严重不足，已经不能满足群众需求。所以从 2005 年开始，张惠莉便向市教委申报开办护理学专业。但是，申报护理学专业必须由卫生局审核，而卫生局对非医学专业学校申报医学专业的审批又非常严格，震旦职业学院连续申报了 4 年，都像小石头落进大海，悄无声息。为了多一个渠道，张惠莉又以震旦进修学院的名义向卢湾区劳动和社会保障局申报养老护理和母婴护理专业的办学许可，获得批准。

2009 年 6 月 24 日，震旦职业学院再次向市教委申报增设护理学专业，理由是随着卫生事业的不断发展，公办医院的规模与床位不断增加，民办医院和敬老院不断发展，社会对护理专业人才，特别是对高级护理人才的需要不断增高。目前上海市公办和民办高校中约有 10 所院校开设了护理学专业，但每年的毕业生远不能满足社会各大医院的需要，为了适应医学卫生事业发展需要，震旦职业学院希望增设护理学专业。学院还组织有关专家进行了内审，专家组一致认为震旦职业学院护理学专业定位高职三年制，培养目标明确，教学计划和课程设置合理，教学安排及时间分配符合护理专业高职教育要求，已基本符合增设该专业的要求。

2009 年 7 月 16 日，张惠莉带队去南非考察，考察期间，忽然接到市卫生局通知，7 月 23 日，卫生局将组织护理方面的专家去震旦职业学院实地考察护理学专业设置所需的基本条件和准备情况。张惠莉有点郁闷，这么多年每年都在申报，卫生局一直是否定的，现在忽然说要检查，根本来不及准备，而且学院的主要领导都在南非，可谓鞭长莫及，再着急也没有用，回去再说吧。

7 月 24 日，张惠莉一行从南非返回。回来第二天，她就去卫生局科教处找领导。她说："护理专业我们每年都申报，你们每年都不批，我们怎么可能买好设备一直等着呢？"她希望卫生局能再给震旦一次机会。好说歹说，胡副处长总算答应，等震旦准备好了再说。回到学校张惠莉立即召开了紧急会议，号召能动的全部动起来，撤空原先的 6 个计算机房，用最快的速度购置物品，布置成护理专业所需的病房。震旦的高效率一直是令人震惊的，仅仅三周工夫，学院里就有了内科、外科、小儿科、妇婴室，甚至是 ICU 病房。粉刷了房间，墙上还铺设了氧气带。病房所需的病床以及急救设施、辅助设施应有尽有，简直就像一个微型医院。8 月 18 日与 8 月 25 日，震旦职业学院又分别与交大附属仁济医院和长宁区同济医院、仁济医院长宁分院签署了共建护理专业教学实习基地的协议书。

万事俱备，8 月 28 日，张惠莉带着护理病房的照片去卫生局医教处，说震旦已经准备好了。医教处的处长说："我们对学校都是公平的，不应该有关系的就批。"张惠莉又与负责评估、正在出差的胡副处长联系，胡副处长说："你们等我消息吧。"过了一会又打电话通知："下周一去你们震旦"。

8 月 31 日，张惠莉终于迎来了评估专家组再一次的评估，负责评估的胡副处长见到张惠莉的第一句话就是："我还从来没有碰到过这样的事，评估都结束了还能再来一次。"听起来像是抱怨，其实还是支持的。

专家组组长叫夏海鸥，香港理工大学护理学院博士生导师，在复旦大学护理学院承担妇产科护理学、护理教育、护理理论等课程的教学，还是卫生部《妇产科护理学》高职高专教材的主编，绝对的业内专家。评估结果自然没什么意外，张惠莉一向注重细节，她要做的事情几乎挑不出什么毛病，对这点，大家都很放心。

10 月 1 日，张惠莉创办护理专业的愿望终于得以实现，护理学专业通过卫生局评估，获得了市教委批文。对震旦校友会总算可以稍有交代了。

2009 年 3 月 4 日，经上海市著名商标认定委员会第十三次会议审议通过，并经上海市工商行政管理局审定，震旦教育商标被列为上海市著名商标。此次认定的上海著名商标共 324 件，而属于学校（教育）类的全市仅有 3 件，大大增强了震旦教育在全市民办教育系统的知名度和影响力。4 月 22 日，卢湾区召开商标发展工作推进会议，对卢湾区荣获上海市著名商标的企事业单位进行表彰和奖励。会议特别强调，卢湾区区域较小，著名商标数量不多，但可以追求品牌的精度，而震旦就是脱颖而出的服务业商标。在会上，张惠莉代表震旦教育接受了卢湾区政府的 20 万元奖励。

2009 年 4 月 24 日，张惠莉成为《上海成人教育》2009 年第 4 期封面人物，刊物同期登载了题为"震旦精神传承者——记张惠莉"的文章。

曾有人问张惠莉："如果你是一颗种子，错过了播种的春天，却在秋天扎进土地，你能熬过漫漫冬夜，等待第二年的春天破土而出吗？"张惠莉的回答是："我曾经很多次与春天失之交臂，但我不怕，只要相信未来，错过一个春天，还会有很多个属于我，属于震旦的春天呢。"

是的，2005 年的三重困境没有把张惠莉难倒，几次经济纠纷也没有把张惠莉击倒，她就像涅槃后的凤凰，一次次浴火重生，强者恒强。

可贵的实践

"崇尚一技之长，不仅凭学历还要凭能力"，在震旦，这不是一句简单的口号，而是渗透在教学过程中，体现在教学成果上。文化节、体育节、科技节，都是震旦校园建设的精品项目，特别是科技节，是崇尚科学、鼓励创新、展示技能的一个很好的平台。首届科技节在 2011 年 5 月开幕，主要展示学生们的科技创新成果，如艺术系的三维动画《徽州民居》，机电系的声控智能机器猫，影视系的摄像作品《梦》，该作品曾获 "大学生看世博摄影摄像大赛" 一等奖。到了 2014 年的第三届科技节，则提升了科技节的内涵。首先是学生的职业技能竞赛，在长达两个月的时间内，经过院系整合后的五个二级学院分别组织学生进行职业技能竞赛，要求突出专业技能和动手能力，兼具趣味性和挑战性。其次是教师教学比武。组织包括 "085" 重点专业在内的 8 个教师参赛团队进行专业建设教学比武。最后是科技讲座，通过各种内容的讲座拓展师生的学术知识。学校名誉校长、2010 年度国家最高科学技术奖获得者王振义院士曾参观科技节展示馆并给予了高度评价。

"以人为本、育人育能"，震旦的职业技能教育不久便结出了硕果：2008 年，震旦职业学院广告与艺术设计系由青年教师和学生组成设计团队，在竞标中，一举击败诸多著名设计单位，拿下了总投资 2 400 万、总面积 13 000 平方米的国家级展馆——中国兵器博览馆的设计项目。该设计获得了建筑方的充分肯定。2010 年，艺术设计系又承担了上海世博园区内城市最佳实践区热电联供展示的设计项目。在项目实践中，教师将专业教学与服务世博相结合，不仅锻炼了学生们的实战经验，也提高了他们的社会责任心。该项目得到了世博协调局和建筑方中船重工的一致肯定。经过实战的学生，在各种大赛中大放异彩，获得 2010 年全国三维数字化创新设计大赛上海赛区特等奖。院系整合后的传媒艺术学院，又在上海市第 24 届公益广告大赛中，分获平面类和新媒体 H5 类广告一等奖。

2010 年，震旦外中学生达鑫昊、李闻代表上海市中学生参加全国劳技学科创新比赛，分获金、银奖。2012 年，震旦外中初一的 5 名学生在指导老师的带领下，赴马来西亚吉隆坡参加由 14 个国家和地区、1 万多名学生参赛的亚洲青年发明家协会主办的创新及技术展览会，外中的参赛项目以设计思路新颖、操作技能熟练、项目贴近生活而胜出，获得 4 项金奖和 1 项银奖。

"一张文凭多张证书"，是震旦教育的另一个特色。在震旦职业学院，张惠莉提出了开展 1 张学历证书加 4 张职业资格证书的教育培训要求，她说实训要与职业技能证书结合，对实训最好的考核结果，就是看学生能拿到多少职业资格证书。每年，震旦职业学院都会为学生推荐配套考证项目，多达 50 门，利用考证项目教材更新快、操作技能性强、能较快适应形势发展需要等特点，推进考证项目课程化，提高学生的实践能力。

震旦职业学院装修精美、实用的实训大楼和实训广场，为各专业的学生实训提供了保证：营养与食品卫生实训中心有 2 个多媒体教室，专业阅览室有 9 000 册医学专用图书，50 台电脑内安装了 50 套营养配膳软件及 SPSS 统计学软件，同时还拥有微生物实验室、理化实验室、精密仪器室等，可供食品检验、营养成分、食品卫生等实训课使用。

新闻系实训中心主要包括新闻传播实训中心、图文出版实训中心、电子采编实训室、摄影棚、办公自动化实训室。同时还配有演播室、导控室、非线性编辑室、化妆间、道具间。

图文出版实训中心则配备喷绘机、海德堡印刷机、晒版机等一系列实训器材。

机电一体化实训中心有电工电子实训室、PLC 实训室、教学用数控车床等，还有机床电器实训室、钳工实训室。以后，又增加了电力电子实验室、变频调速实训室、气动实训室、液压实训室等。

国际商务专业实训室还建了一个"报关大厅"。学生实训时，将轮流扮演初审、审核等报关工作人员，体验从初审到放行的全部工作流程。为了配合投资与理财专业的教学，学院还筹建了一个证券交易实训室。这些先进的设备和现代的教学设施，使学生们可以零距离贴近就业岗位，提高考证率。

杜飞龙教授原是上海出版印刷高等专科学校的校长，2005 年退休时由杨德广院长推荐任震旦职业学院副院长。2009 年杨德广院长离职，杜飞龙任院长。杜院长深知实训基地对培养学生动手能力的重要性，得知中央财政对高等职业教育实训基地的建设有一定的资助时，他立即组织相关人员对文件进行了研读，根据学院的未来发展方向，前瞻性地将数控技术作为向教育部、财政部提出申请的项目。经过积极申报，2010 年，学院的数控技术职业教育实训基地项目获中央财政资助 400 万元，用以采购数控车床、数控铣床、维修机床等 22 台，还有三维数控仿真软件、计算机辅助制造应用软件、加工工艺软件等，极大地丰富了实训内容。仅 2011 年，实训基地就为 300 多名高职学生和 50 多名社会人士提供了实训教学和相关培训，100％获得数控技术职业技能证书，其中高级 35％，中级 65％。

2012 年 8 月，震旦又申请到教育部、财政部资助项目——物联网专业实训基地，再次获中央财政资助 400 万元。在当年上海获批的 9 所高职院校中，仅 2 所院校获全额资助，这体现了教育部对震旦办学思想和建设新专业方案的肯定。除了完成原方案中的网络实训室、网络布线实训室、物联网应用实训室外，学院还利用中央采购结余的资金，购买了 100 余台计算机、20 台空调、2 台大型计算机以及电子黑板、投影仪等教学设备。

这两个实训基地为以后震旦与国外的合作奠定了基础。

校企合作是上海市人力资源和社会保障局推出的一项考证兼实习的政策，对象为毕业学年的在校大学生。学生可以在毕业学年通过校企合作途径，报名参加劳动局的考证项目，经过不少于 60 天的企业实习和考试合格后，可获得相应的高级职业资格证书。2011 年，学院的计算机多媒体技术专业和计算机信息管理专业申报校企合作培养高级多媒体作品制作员的项目，获人保局培训中心批准。2012 年，学院又有广告设计师、电子商务师、营养指导师等 8 个专业获人保局批准，具有校企合作项目的资质。这种实习加考证的人才培养方式，大大增加了学生的就业筹码。

此后，震旦学院又打破了以往仅在毕业班学生中开展考证培训的惯例，进一步尝试在大二年级的学生中举办考证培训。网页设计专业把网页设计制作员的考证课程与高职教学计划中的有关课程结合起来，并取得显著成绩。学生中中级网页制作员连续两年的考证合格率分别达到 92％和99％，远超过市平均 75％的合格率。

除了通过实训提高学生的动手能力，学院还通过项目实战和比赛竞争，培养学生技能、激发学生潜能，以赛促技、以赛促学、以赛促教。

工商管理专业把"连锁企业门店开发与运营管理"的期末大考从教室搬到了校区。为了让同学们更好地掌握书本上的商业理论知识，了解连锁业销售模式，任课老师王妙教授让同学们过了把"商人"瘾。她将同学们分为几个小组，让他们自己做好市场调查，选择自己准备售卖的商品，自己承担启动资金、采购货物，并参与摆摊销售。在"展销会"结束后，同学们要各自计算出自己的盈亏，老师再针对每个小组的销售情况给予相应的分数，作为他们的实训成绩。这次营销中最成功的一个小组一天之内就用自己的本金净赚 25％的利润。当然，也有连本钱都没收回的小组，但至少在这次实战中学生们学到了经商之道。大家对这种学以致用的考试非常认可。

针对上海市职业教育的现状，张惠莉又有了新的思考，她在上海市人大立法调研座谈会上提出了成立职业教育委员会的建议。她指出，当前上海的各职业院校还处在通过争取和占有教学资源，强化自身地位和优势的低级阶段，使得各职校不能从本区域整体利益出发，为实现教学资源合作而主动转变自身的体制和机制。从这一点看，依靠各职业学校自发地以学生就业为导向，坚持走产学研结合的道路，主动为社会服务，为地域经济发展服务，共同提升区域发展水平，显然是困难的。这就需要政府成立专门机构来协调。这个协调机构的任务，就是利用政府部门和企业的政策、资金、基地等资源优势，承担职业教育中相关规则制定、资源共享管理、协调和组织等任务；界定学校和企业合作的范围和方式，推动跨校和跨部门的合作计划；教师、网络课程与信息以及设备的相互支援等。因此她建议成立由教育主管部门牵头，人事和社会保障局等部门以及企业集团参加的职业教育委员会，来破除机制上的障碍。

她还在一次中层干部会议上问："在经济转型的大背景下，身在教育改革试验区的上海，震旦在体制改革上有什么举措？专业设置又如何与之相适应？"在全体教师大会上，她又作了《新学期教育理念改革》的报告，一再强调课程需要改革。

张惠莉的讲话像一颗石子落进水面，引发了层层涟漪。为此，各学院、学校先后开展教学课改讲课比赛、教案评比及教学质量月等活动，设立优秀校本教材奖、教育教学改革单项成果奖等。这些举措成了教师们创造精品的动力。

2010 年，职业学院管理系王妙教授率领教学团队建设的市场营销学获上海高校市级精品课程。2011 年，职业学院计算机系徐念祖教授担任课程负责人的电子商务实训课程通过专家评审和网上公示，被评为上海高等院校市级精品课程。2012 年，由徐念祖教授领衔的多媒体技术教学团队获"上海高等院校市级教学团队"称号。2013 年，震旦外中的"IB 理念引领下构建提升学生综合素养的语种体系的实践研究"课题，被列为上海市市级课题。2014 年，职业学院机电工程学院苏家健教授的可编程序控制器应用实训和徐念祖教授的视频编辑技术又被认定为市级精品课程。以后，各学院的精品课程层出不穷，仅一个二级学院——智能工程学院的市级在线开放的精品课程就达到了 8 门。很多教师获批上海高校选拔优秀青年教师科研专项基金及上海市高校青年教师培训资助计划。青年教师王斌，还在上海市青年讲课比赛中获得高职综合学科组二等奖。

在张惠莉教育理念的引导下，震旦教育集团全方位的教改、课改一直没有停下脚步。

2012 年，震旦外国语幼儿园推出了幼小衔接课程，通过开展系列活动，进行有目的、有计划的社会性适应与学习适应教育，帮助幼儿在入学前做好心理准备，养成良好的生活能力和学习习惯。2014 年，震旦外国语中学进入了"电子书包"时代。此次的"电子书包"是震旦外国语中学与苹果公司、电信公司合作的首个在上海中学生中全面推广的项目。"电子书包"是利用信息化设备进行教学的便携式终端，除了家校沟通功能，"电子书包"还提供更加丰富的教育信息化功能，如数字化教育资源、学生成长史等，使其成为孩子们学习和生活的信息助手，是一个真正的数字化书包。为了更好地运用"电子书包"，使其很好地与现在的教育模式、内容融合，震旦外中的老师们在一个月内接受了苹果公司的密集培训，从熟悉操作系统到应用软件制作课件，再到学习如何在震旦云课堂进行预、复习作业以及课堂习题的布置，老师们逐步掌握了使用方法后开始在课堂上运用，并有老师在市级课题结题论证展示期间，开设了一堂应用"电子书包"的英语展示课，得到市、区领导的高度评价。2015 年，震旦学院英语专业针对进入"互联网＋"时代的高职英语课程进行了改革，在课时大规模缩减的前提下，加强了英语教学的信息化建设，丰富了教学手段。教改后，学生在高等学校英语应用能力考试中，A 级的考试通过率达到了88％。教师制作的"微课"，获得第一届中国外语微课大赛上海赛区一等奖。

关于学院的未来发展，张惠莉曾提出过几种设想："可以做大专'3＋1'，朝本科高职院校努力；可以与市场结合，让企业老总、工程师成为我们的教师；可以与企业捆绑，资源互换；可以与其他大学共建，借鸡生蛋、借船出海，师资共享。但是，不管哪种选择，推进学院的国际化进程都是必由之路。"

学生赴海外学习、实习，可以大幅度提高英语能力、沟通能力、团队协作能力和对新环境的适应能力，是校内课堂向国外的延伸，是震旦在育人模式上的一种探索。

2012 年，学院选派并资助一名护理专业的学生赴美国加利福尼亚大学萨克拉门托分校学习。2013 年，学院选送了 15 名学生参加了为期三个月的赴美带薪实习项目。项目结束后，学院又召开交流总结会，了解同学们的收获和遇到的困难，以便今后工作的进一步推进。

2014 年 4 月 28 日，震旦职业学院成为中国首家加入国际大学联盟的学校。国际大学联盟是一个享有国际名望的教育联盟，震旦的加入，可以提高师生国际化视野，促进学科高水平建设，整合教学资源，推动学历互认，共享教育信息，获得更多赴海外研修和实习的机会。

在推进国际化进程的路上，震旦永远领先一步。

第七章

坚毅前行

仰望星空，脚踏实地；奋楫笃行，不负韶华。

——无名氏

办学的不易

张惠莉性格坚韧，做事有魄力，只要自己想做能做的事，都会不惧困难，勇往直前。可是，人生中总有些事是单凭一己之力很难改变的。

2010 年 2 月，上海市人民政府办公厅转发了上海市教委等七部门制订的《上海市推进民办高等学校落实法人财产权的实施办法》。

落实法人财产权是教育部提出来的，意思就是民办高校要把原来公司名下的资产过户到学校名下。外地有些民办高校不愿执行，觉得这个办法跟 2007 年出台的《物权法》有悖，但是张惠莉表现得很积极，上海一发文她就拿着原来东方文化学院张鸿儒举办方东儒公司的房地产证去办理过户手续。可是，房地局一看资料说："不行啊，你们这块土地上还有 21 户居民没有迁出，所以无法办理法人财产权落实的有关手续。"

这 21 户居民究竟是怎么回事，谁也说不清楚。他们既没户口，也没房产证，自己盖了点房子，就这么"安居乐业"了。受让东方文化学院时，对方没说，张惠莉也不知道，等到后来发现了，已经"既成事实"。为了落实法人财产权，张惠莉去跟罗店镇政府商议，希望让他们帮忙动迁。镇里答应了，但提出要按 5 000 元一平米的价钱支付动迁款。虽然在当时这是一个高价，但张惠莉还是答应了。在利益驱动下，迁出了 9 户，他们在没找到居住地时，过渡费用也由震旦支付。可是，剩下的 12 户，却怎么都不肯迁出，成了钉子户。

震旦教育的法人财产权就这样一直得不到落实，张惠莉去宝山区区政府说："这不是我主观上不愿意，是客观原因造成的。"可是说了没用，法人财产权没能落实，年检时，一句"法人财产权没有落实"，年检考核等级就成了"基本合格"，很多先进评不上，招生指标也会被扣除一些，政府的扶持资金也减少很多。后来市教委法规处李蔚处长给张惠莉出主意，把 200 亩土地一分为二，先把没有动迁户的 100 亩地落实法人财产权，有居民的另外 100 亩地暂时搁置。即便这样，政府扶持的力度还是大打折扣，别的学校拿到的扶持资金可能是 1 000 万元到 2 000 万元不等，但震旦职业学院只有 500 万元，这让张惠莉很困惑。但是，她争取政府支持的脚步一直没停。

2011 年，张惠莉当选为宝山区第七届人民代表大会代表，依靠这个身份，震旦加大了与当地政府的联系。2012 年 4 月 30 日，张惠莉与杜飞龙院长前往宝山区政府，通报了震旦学院近期的建设情况与发展设想，对汪区长之前亲临震旦视察表示感谢，并就校舍产证、学院周边公交延伸，以及学校周边土地的扩征等问题提出了希望和设想。2012 年 5 月 24 日，宝山区发改委、商务委、人保局、卫生局、民政局、文广局、食药监局等部门与震旦面对面地进行了"产、学、研"的对接调研。张惠莉强调震旦作为宝山区的高职院校，非常希望能够充分发挥学院自身优势，利用上海教委资助的营养与食品检测中心、新闻传播与影视中心以及中央财政资助的数控实训中心等，切实为宝山区的建设和发展服务。同时也希望政府能为学院与企业之间牵线搭桥，帮助学院完善校企合作等项目。各委局有关方面负责人肯定了震旦的办学理念，分别对下一步合作提出了建议，确保区校合作落到实处。以后，张惠莉又当选为宝山区第八届人大代表，与区政府继续保持着紧密的联系。

到了 2017 年，罗店镇第三任负责动迁的王主任上任。王主任工作积极主动，他向张惠莉保证，一定在两个月内完成剩余 12 家居民的动迁任务。可是，新来的镇党委书记把每平方米的动迁费用从 5 000 元涨到 10 000 元，足足翻了一番！倘若不答应，这些居民不迁走，法人财产权不落实，这块地皮就永远没法使用，所以最后张惠莉还是咬咬牙答应了。

总算，经过政府部门的一道道门槛——房地局、税务局、土地规划局，甚至惊动了宝山区区委书记汪泓，2018 年 6 月，震旦职业学院的法人财产权终于落实了。在民办高校系统落实法人财产权，震旦本来应该是第一名的，现在却成了最后一名。其中的艰难曲折，真是难以言说。

不知从什么时候起，上海的孩子想进个好点的幼儿园简直比高考都难，报名入园的排队时间越来越长，为了不让孩子输在起跑线上，很多家长不断地把起跑线前移，而上海也从一开始的"入园难"渐渐向"入托难"转变。张惠莉也开始向学前领域进军，除了 2003 年在闸北区开办的震旦外国语幼儿园外，短时间内连下三"城"，2012 年在黄浦区开办了震旦益智早教培训中心，2013 年开办了奉贤震旦外国语幼儿园，同年，又全资收购了福贝贝早教中心在上海的两个分支机构。

震旦益智早教培训中心坐落在新天地，位于复兴中路一栋充满法国风情的三层复式小洋房内，室内装潢温馨，每一处都贴心设计，让孩子们感受家一般的温暖。益智早教中心是具有民办教育办学资质的正规早教机构，所以张惠莉聘请了具有留学背景的台湾专家任园长，有许多先进的早教理念和课程体系，针对 0～3 岁的孩童，设计了感觉统合、音乐律动、数学逻辑蒙特梭利等六大核心课程，目的是让孩子们用手去触摸，用身体去感受，用双脚去行动，用眼睛去看，用耳朵去倾听，用心去思索，用大脑去创造，用他们的身体、感官去认识这个世界，从而可以自由、快乐地成长。震旦益智早教开办不久就赢得了很好的口碑，家长纷纷写信表达自己的感谢。

奉贤震旦外国语幼儿园原名月亮船幼儿园，举办者共办了三家幼儿园，分别是太阳船、月亮船和星星船，后来，举办者因为年龄关系，管理三所幼儿园有点力不从心，所以 2013 年 8 月，震旦接手月亮船，因为原来已经有了一个震旦外国语幼儿园，所以为了便于区分就在园名前加了个地名，更名为奉贤震旦外国语幼儿园。奉贤震旦外国语幼儿园位于奉贤南桥新建中路 438 号，毗邻古华园。园内设有钢琴房、图书室、多功能活动厅、小厨房、小社会等各类专用活动室。户外设有沙馆、沙池、水池、鱼池、大型玩具等运动游戏设施。办园理念跟震旦教育是一致的，即培养具有

"综合素养、创造能力、高尚人格"的世界小公民。

福贝贝早教中心曾被列为早教行业十大优秀品牌，在上海有两个分支机构，一个是江宁路中心，位于江宁路 599 弄 1 号，一个是七宝中心，位于七莘路 3599 号 5 号楼 216 单元。2013 年，在静安区教育局的引荐下，震旦全资收购了上海福贝贝早教中心。收购后的福贝贝更名为震旦静安福贝贝和震旦七宝福贝贝。震旦静安福贝贝内设婴幼儿游泳戏水区、体能锻炼区、游戏活动区，以及为家长服务的咨询交流区，采用双语教学，全天候外教陪同，为孩子创造自然的双母语环境，所以颇受中高阶层家长欢迎。震旦七宝福贝贝则引进了不少特色课程，譬如感统训练。七宝福贝贝特地邀请了台湾的感觉统合专家现场指导，将感统训练引入各个课程，让孩子们开开心心地运用自己的肢体，探索各类有趣、有意义的感觉刺激，促进大脑发育。

国庆周、文化周、读书分享周，故事会、生日会、国防教育会，消防日、家长日、社会实践日。震旦的几所托幼机构和幼儿园各有特色，为周边的小朋友和家长带来了福音。

金山教育局下属的一家公办幼儿园建造于 2016 年，位于新天鸿高尔夫社区内金石北路 6800 弄 873、875 号，该幼儿园非常宽敞，占地 17 亩，光是户外活动面积就达 9 073 平方米。园内有建构室、阅览室、美工室、生活馆、室内运动场、多功能厅等，建筑面积为 6 788 平方米，设施齐全，可容纳 16 个班级的孩子。2019 年，张惠莉前去考察后比较满意，便与企业家以股份制形式共同出资，受让了幼儿园，更名为上海金山震旦枫叶岭外国语幼儿园。如今，已成为一所开放、多元、国际化的优质民办幼儿园。

2020 年，震旦出资新建加拿大圣威治幼儿园。园内舒适宽敞，可保证每个孩童都拥有足够的活动空间。园内设施均按最高卫生标准装修，室内选用意大利进口、北美论证通过的婴幼儿防菌柜。幼儿园建成后聘请专业人士管理，目前学生已满员，逐渐成为加拿大温哥华地区的一线品牌。

震旦中专自从 2005 年搬至杨高南路后，也一直颇多周折。在杨高南路借的是公用事业学校的校舍，2007 年，因为当地政府要改变房产用途，震旦中专只能暂时搬至政立路校区。但是当时中专有 1000 多名学生，一直挤在政立路也不方便，所以张惠莉又开始找校址，最后在富乐路找到了理想的校舍。

富乐路原来是锦江进修学院的校舍，后来国家取消了高等教育学历文凭考试，锦江进修学院也就退出了。富乐路 38 号有 41 亩土地，近 2 万平方米的建筑面积，虽然离市区远一点，但是环境幽静、地方宽敞，张惠莉就租了下来，经过整修，2008 年 6 月，震旦中专又从政立路搬至富乐路。

震旦中专没有艺术专业，但在艺术教育方面一直很有特色，2005 年，震旦中专选送的舞蹈《红旗飘飘》获第五届全国校园春晚金奖。2009 年，震旦中专舞蹈队赴京参加为庆祝中华人民共和国成立六十周年而举办的全国青少儿优秀舞蹈展演，参赛舞蹈《年年有余》获金奖。

2010 年 12 月 28 日，上海市教委组织开展了"十一五"期间艺术教育特色学校第二轮评选工作，经市评审组评审、专家认定和公示，震旦中专再次被市教委授予"上海市艺术教育特色学校"称号。

2011 年 2 月 7 日，震旦中专舞蹈队受邀赴香港参加全国青少年国际艺术交流展演。共 81 个单位参加角逐，经专家评委评选，震旦中专舞蹈队的《送水情》因编排新颖、有民族特色、表演精彩而被评为金奖。在颁奖晚会上，震旦中专荣获"魅力校园——2011 魅力香港全国青少年新春大联欢艺术教育先进单位"称号。

2013 年，震旦中专被评为"上海市中职系统行为规范示范校"，荣获"上海市中等职业学校艺术教育工作先进集体"。

2014 年 1 月，在第九届全国校园文艺汇演暨第十四届校园春晚上，震旦中专选送的舞蹈《茉莉芬芳》，在全国 160 个节目中脱颖而出，获得金奖，震旦中专也摘得了"年度十优影响力艺术教育名校"荣誉称号。

学校不停地搬迁，本来就不容易，但是在一次中专校长的会议上，有领导还说："有的中专满天飞，几年间就换几个地方。"张惠莉知道这是在说震旦中专，她嘴上没说，但心里有点不服气，搬个家就已经够麻烦了，何况是搬一所学校，要不是没办法，谁愿意一直搬来搬去！这个小插曲成了张惠莉的一个心结，所以2018年听说房东想把富乐路的房产卖掉时，张惠莉立即决定接手，跟房东商谈之后，初步协议买下富乐路校区。

谁知，半路又有人插了一杠子。

那人自称是上海戏剧学院的，想买下富乐路，与上海舞蹈学校联合再办一所舞蹈学校。他给人的感觉财大气粗、牛皮哄哄，一开价就比张惠莉原先谈好的多了1000万元。有时正开着会，他忽然看看手表，就装腔作势地说："哦哟，我要去参加戏剧学院的党委会了，你们继续谈。"

天上忽然掉下个1000万元的大馅饼，房东被砸晕了，对方说什么信什么，他向张惠莉说明情况后，就打算毁约。张惠莉耐心地听房东说完来龙去脉，直觉那人不可信，她嘴上答应房东自己也可以提价，先稳住房东不要急于出手，私底下则悄悄对那人展开调查。不出所料，不管是上海戏剧学院还是上海舞蹈学校，都没有这个人，既然他前面说的都是谎言，那么他承诺的价格肯定也要打个问号。张惠莉告诉房东："我们震旦是实实在在的学校，跟我们交易你可以放心，该相信谁，你自己想想清楚。"房东冷静下来一想，果然是这么回事，最后还是答应卖给震旦，但是卖价比原来多出了800万元。于是，震旦的名下又多了一块产业。

震旦学院的南校区得来也很不容易。南校区位于月罗路2106号，距离震旦学院的市一路很近，就隔一条马路。这里的房产是一个台湾老板的，有2栋六层楼房、一个宾馆以及食堂等辅助设施，建筑面积大约在31500平方米。2008年，张惠莉租了8000平方米的几个楼面做学生宿舍。2016年，等其他租户的合约到期了，张惠莉就把整块土地上的建筑全部租了下来，租期 20 年。有了差不多 50 亩土地，在园区改造方面独具慧眼的张惠莉，又可以放开手脚了。校区外面紧挨着一大片绿化，都是十年以上的大树，枝叶繁茂，简直就像一片森林。本来就没有围墙，将交界区域稍加修整，这些树木就成了点缀校区的一大亮点。郊区盖的房子，底层的层高都比较高，可以在一楼做个隔断，这样又增加不少面积。整个装修花了近 5 000 万元，将原来一个多家合租的陈旧脏乱的区域，变成一个整洁、现代的校园，而且改造后的面积差不多增加了 6 000 平方米！现在，那里成了智能工程学院的领地和双创基地。

2016 年，震旦学院又创建了占地 50 亩、建筑面积 3 万余平方米的震旦创谷。园区是转化学校科技成果、孵化高新技术企业以及学校师生创业的重要基地。震旦创谷挂牌上海临港科技创业中心，享有临港特别优惠的税收政策及震旦教育基金会提供的创业基金双享扶持，为大学生创业创新提供了舞台。这也是民办高校中的又一个首创。

有人感慨民办学校办学这么不容易，但张惠莉总是能找到机会不断拓展。张惠莉却说震旦走到今天，哪件事不花力气？鲁迅先生说过世上本没有路，走的人多了，便成了路。所以震旦也一样，只有不停地前行，才能在没有路的地方走出路来，直到走出一条康庄大道。

教师的情怀

"士为知己者死"的典故出自春秋时期。豫让是春秋晋国智氏的家臣，公元前 453 年，晋国赵襄子联合韩氏、魏氏打败智氏，宗主智伯瑶被杀。豫让为报答智伯瑶的知遇之恩，多次行刺赵襄子，最后自刎而死，留下了"士为知己者死"的千古绝唱。这种行为虽然已经过时，但精神还在，有理想、有抱负的知识分子当然不必为知己者死，但是可以为知己者的赏识而留下，为知己者的鼓励而竭尽所能，为知己者的胸怀而拼尽全力。在震旦，很多教师都是因为被张惠莉的教育情怀和人格魅力所打动，而选择与震旦同命运、共发展的。十几年来，他们在成就震旦教育事业的同时，也成就了自己。

陈萍原来是东方文化学院计算机应用技术专业的老师，2005年，东方文化学院正式改弦易张，教师们心里都不踏实，不知道震旦的掌舵人会是个什么样的人，自己的未来还有没有前途。那天，张惠莉召集原来的教师们开了一个会，她讲了震旦这一路走来的艰辛，也谈了学校的发展。她特别强调一个学校的成败，成于教师，败于管理，教师是一个学校的生命线，她希望教师们能不断地充实自己，不做一杯水，而是一条奔腾不息的小河。她还承诺，在震旦，一定会给大家发光发热的机会。陈萍至今记得当时的感觉，她非常震撼，她想，这是一个知识渊博、拥有国际化视野，而且懂教育的董事长啊！张惠莉让大家谈谈自己的想法时，陈萍很兴奋地站起来发言，说了很多。张惠莉鼓励她说："陈萍，我记住你了，你会有前途的，加油！"

就为了张惠莉这席话，陈萍成了震旦有名的拼命三郎。2009年，她拿了市一级的教案设计和课件设计两个一等奖。2010年，又拿了信息技术专业教师国家级大赛的二等奖。2011年起，她开始组织学生出去参赛，经常在各大赛场上摘金夺银。全国的职业院校那么多，想要在技能大赛上拿到好名次，需要十二万分的努力。备赛一般需要3～5个月的时间，在那几个月里，她跟学生们一同进入"5+2、白加黑"模式，连续几周不回家，每天只睡三四个小时，顾不上吃饭。张惠莉得知后，感动之余又非常心疼，吩咐食堂在陈萍备赛期间做好夜宵和营养汤送去她的办公室，而且只要见到陈萍就会反复叮嘱，让她一定要按时吃饭注意休息。这些家人般的关怀，更成了陈萍"拼命"的动力。

2019年，青岛举办全国职业院校技能大赛，经过选拔，陈萍带领上海

震旦职业学院代表队，代表上海参加市场营销技能赛项。这次国赛由来自
31 个省、市的 86 所学校参加，竞赛共分为 5 个模块，竞赛时长超过 20 个
小时，赛程长，强度大，对手也是经过层层选拔的强队，竞争非常激烈。
比赛尽管是一种模拟，但企业、案例、情景等每个细节都来自真实。譬
如，学生在情景营销模块中要与另外 10 支队伍进行持续 5 小时的对抗，这
5 小时等同于企业的 3 年，由学生担任的经营者要在激烈的竞争中冷静判
断，把控每个环节，作出精准、正确的决策。而且随着"市场"的不断变
化，战略也要不断调整，学生的每一个决策、每一场比拼、任何一个环节
上的疏忽，都可能导致企业"破产"。最终，震旦摘得高职组市场营销技
能比赛团体一等奖。大赛的新闻播报后，很多企业来向陈萍要人，是呀，
这些获奖学生能市场调研，会分析数据，有创意、敢决策，善于沟通表
达，尊重团队协作，自然成了企业的"香饽饽"。之前陈萍带出来的许多
竞赛获奖学生已经进了华为、携程和阿里巴巴，还有的进了其他的世界
500 强企业。2021 年 11 月 16 号，由上海市高职高专经济类专业教学指导
委员会、丝路跨境电商产教融合联盟共同主办的第四届全国职业院校跨境
电商技能大赛颁奖典礼举行。智能工程学院及经济管理学院的学生在竞赛
中与 15 个省市 75 所院校 3 221 名选手同台竞技，在指导老师陈萍、李丽
群、金朵、陈洁的辅导下，最终包揽特等奖、一等奖、二等奖、三等奖、
电商达人等全部奖项。学校荣获"优秀组织奖"，陈萍荣获"优秀指导
教师"。

陈萍说："震旦给了我很多荣誉——突出贡献奖、教育功臣等，其实，
我在市里也得过很多奖——园丁奖、育才奖，2022 年还被评为上海市的思
政教学名师（是民办高校中唯一一名），但是我最看重的还是震旦对我的
认可。"曾经有好几个学校高薪来挖，陈萍都不为所动。

想起 2005 年的那一天，陈萍常常会为此红了眼眶，她很想对张惠莉
说："您兑现了您当年的承诺，给了我一个这么好的平台，而我，也完成

了我答应您的，为震旦争得了荣誉。"

其实早在 2007 年张惠莉就已认识到，培养高技能人才需要有一大批实践能力比较强、综合素质比较高的双师型教师。现在各职业技术院校对双师型教师的需求量都比较大，为了加快双师型教师队伍建设，她建议政府从立法的角度解决双师型教师培养存在的两大问题：其一，相关企业每年可根据有关部门的安排，接受一定数量的专业教师参与经济管理、技术攻关、项目设计、现场施工等与专业相关的职业活动，帮助教师积累职业经验，形成职业技能，获得职业资格，从而成为双师型教师；其二，职业教育学校可根据教学需要，聘请部分行业的专家和有经验的工程技术人员、经营管理人员和能工巧匠担任兼职教师，这些受聘兼职教师可不受学历等限制。

这些教育理念，对震旦打造一支职业教育的现代教师队伍，发挥了指导性作用。

苏家健是教授加高级工程师的双师型人才。2007 年苏家健经人介绍，从二工大来到震旦。当时震旦只有一个电工班，53 名学生都是男孩子，而且教学设备欠缺，条件跟二工大简直不能比。他之所以留了下来，是因为张惠莉对他说："你放手去干，这一摊子就交给你了。"这种绝对的信任，让苏家健特别感动。据苏家健回忆，几乎他报上去的所有课程安排、专业设置、设备购买、实训基地建立，以及对未来发展的设想、计划，张惠莉全都同意。苏家健知道，民办高校的每一分钱都来自举办者自己的口袋，所以他千方百计地找项目、办培训、找校企合作机会，用国家的、企业的钱壮大自己。2009 年，在他的争取下，学院获市教委机电一体化教学高地建设项目，用国家资助的 120 万元，建成了机电一体化实训中心。他还依靠学院自身的力量，建成了维修电工职业技能中、高级实训室，供本院和外来学生实习考证，每年，学院约有 120 名学生获得维修电工、数控机床、汽车维修等各类技能等级证书，同时还为建峰职业技术学院、上海中华职业学院、宝山区业余大学提供职业技术培训 600 人次，获证率 90％以上。苏家健教授虽然已经上了点年纪，但是学院依然以苏家健工作室的名义发挥他的余热。

为了切实帮助本市青年转变就业观念、提升就业能力、实现稳定就业和高质量就业，2016 年，市里探索设立青年（大学生）职业训练营（简称青训营）。青训营是借鉴国际经验，为青年（大学生）搭建的一个融合课堂教育、求职辅导、岗位模拟、职场体验和专项就业服务等各类功能于一体的综合性公共就业服务平台。全市高校都可以申报设营，获批后，可以得到政府在设施设备添置、训练项目开发、师资队伍建设和日常运营管理等方面的资助，对学校而言，这当然是件好事。张惠莉把申请办营的任务交给了苏家健。

申请办营不是件容易的事，要确定课程、编写教材，拿出一套完整的训练方案，而且政府的资金只到位一半，其余的一半要学校自筹，等完成职业训练项目计划并验收后，根据验收情况政府才拨付剩余经费。尽管这样，申办单位还是很多，竞争非常激烈，在苏家健和其他同事的共同努力下，最终拿下了这个项目，至今已完成了 7 期 14 个班的青训任务。

为了替学院省钱，教学用的所有机电设备，坏了都是苏家健自己维修。学校南校区装修竣工之后，机电工程学院要从学院总部搬到南校区，那些大家伙重达几吨，非常笨重又十分娇气，搬运起来费时费力。当时苏家健心脏病严重，需要住院治疗，他把住院通知单往口袋里一揣，一直在现场指挥装卸，直到把大型设备安放到位才安心去治病。这么多年来，苏家健已经把震旦当成了自己的家。

而徐磊选择震旦是因为张惠莉对他的看重。徐磊原是专业运动员，1998 年上海市体育局跆拳道组队，他是首批队员之一。2013 年他退役后来震旦应聘，当张惠莉得知他有这个特长时说："你可以在学校组一个队，发挥一下你的特长，我支持你。"徐磊心想，这么大一个教育集团的董事长，要管的事千头万绪，说支持，大概只是客套话而已吧，谁知在以后的很多年里，张惠莉言出必行，真的给了他很多实实在在的支持。

2013年5月，震旦跆拳道队组队完成，经过几个月的训练，正赶上11月份上海举办第一届大学生跆拳道锦标赛，徐磊带队出战，震旦拿了2个冠军。首战告捷，张惠莉非常高兴，主张要给徐磊奖励。当时学校里有人比较看重教学成果或者职业技能大赛的奖项，对体育项目获奖有点不以为然，张惠莉力排众议，她说："体育项目获奖也是非常不容易的，是培养学生综合素质的一个内容，我们对教师不管在什么领域取得的成果，都应该一视同仁。"那次，徐磊个人拿到了5000元的奖励。震旦30周年校庆，徐磊因贡献突出，又获得1万元的奖励。

为了不辜负张惠莉的知人善任，徐磊成了震旦的另一个"拼命三郎"。新生入校，他先以社团形式进行跆拳道普训，半年到一年后，经过自然淘汰剩下的队员，再按校队的要求进行系统训练。训练时间每天长达6小时，学生下午4点下课，4:30就开始训练，除了晚饭时间，训练一直要到晚上10:30。学生练多久，徐磊就教多久，从周一到周四，一天不落。徐磊在当运动员时从未受过伤，可是为了学生能出成绩，他想尽一切方法带他们训练。2016年，他右脚跟腱断裂，2018年，他左脚跟腱也断裂了。在医院做手术期间，他没想到张惠莉会拎着东西去医院看望，还说："我代表的只是我个人，工会的探望和慰问是另外的。"当时把徐磊感动得不行。民办院校养一个跆拳道队是不容易的，平时添设备，赛事要负担出行的一切费用，跟那些养尊处优、不愁资金的高校队相比，差距很大。徐磊说："别人就像高配的宝马，而我们就像标配的普桑。"但是，尽管条件艰苦，震旦跆拳道队在徐磊的带领下很快成为跆拳道界的翘楚，在大大小小的比赛中，金牌拿了上百块，4次参加全国大学生跆拳道比赛，一共拿了10个全国冠军。2022年，在第17届上海市运动会上，震旦是高校组中唯一一所高职院校，19名参赛队员，取到了6金3银4铜的好成绩，以至于抽签时只要碰到震旦的队员，外校的对手就会沮丧地说："碰到震旦，只好滚蛋。"后来，徐磊当上了保卫处处长、武装部副部长、学生处副处长，身兼数职，但是震旦跆拳道队主教练的身份，他一直不肯放手。最近，他把家安在距学校 5 分钟车程的地方，这样，只要学校有点事，他就可以随叫随到了。他说："其实我对奖励什么的看得很淡，关键还是一份情怀，一份想为震旦做点事的心意。"

有位老教师从教 41 年，其中 6 年是在震旦外中度过的。她认为这 6 年时间是她教学生涯中最值得珍视的，因为在震旦，教师不仅能得到充分的尊重，还能享受最好的待遇。每年张惠莉都会带他们去旅游，去高档场所开眼界，去各种酒店享用不同风格的餐饮。她一生中只坐过四次飞机，全都是震旦买单的。感念震旦的好，她在教学上不遗余力、倾心付出，甚至在课堂上昏了过去。2005 年因为娘家、婆家都需要照顾，她忍痛从震旦辞职，但是快二十年过去了，她还是会常常思念震旦的一切，会经常回学校走走看看。她说："我是震旦人，震旦是我的家！"

张惠莉一直告诫教师们："德高为师，身正为范。"这些教师高尚的师德和为教育奉献的精神，已成为大家的典范，有了他们，才有震旦精神的传承。而震旦对教师细致入微的关爱，也让震旦成为广大教师温暖的家。

思政的效能

有人一听到思想政治工作，就觉得都是些很枯燥的东西，但是张惠莉认为"育人为本，德育为先"，学生的思想政治教育还是非常重要的，关键看要不要创新、怎么创新。在一次民办高校校长论坛上她作了发言，提出要贴近学生实际，拓展思想品德课和法律常识课的空间，强化教育的转化功能，理解、宽容学生身上的问题。她的见解新颖独特，引起了广泛关注。

为了鼓励学生积极向上、树立信心、激活内动力，震旦专门出台了校园星星榜，针对那些学习不够优秀、品德不够完善，但经过努力有进步的学生，学校设立了奉献之星、拼搏之星、攀登之星，只要是要求上进并付诸行动、得到认可的学生，经过评选都可以上星星榜，获得荣誉和奖励。

钟劼菁是震旦会计专业毕业后留校的，先当了英语教师，后来从班主任、年级组长、中专校办主任、震旦中专副校长，一直做到五年一贯制的校长和学院的学生处处长。她认为，加强校风管理也是学生德育培养的一个重要内容。中专的新生都只是十几岁的孩子，他们自律能力差，又比较娇气，所以对刚入校的新生，学校实行学长、学姐带学弟、学妹制度。新生入学，家长都被拦在门外，不允许进学生宿舍给新生铺床、叠被、摆放物品，这些事均由学长、学姐帮助完成，等新生熟悉了一段时间后，生活上就让他们自主管理，但是寝室有寝室长，楼层有楼层长，还有严格的行为规范。学习上有考勤和晚自习制度，帮助学生养成良好的学习习惯。就连吃饭也有规定，学生入校的第一年必须在学校用餐。有的学生不满意，让家长出面来说，学校便耐心地说服家长，孩子正在长身体阶段，学校餐食营养均衡，而且也避免了学生乱吃垃圾食品引发食品安全问题。第二年逐步过渡，到了三年级，才允许他们自由选择。为了避免学生的小问题变成大错误，学校建立了过失提醒制度和惩戒谈话制度，建立由校领导、学生处、班主任组成的三位一体帮教网络，对极个别学生还使用家校联系册，形成家校共管的"双保险"。所以，震旦出去的学生礼貌、自律，用家长的话说："在震旦，孩子不会学坏。"

闵亮也是震旦计算机网络专业毕业的留校生，现在是五年一贯制的副校长和学院的学生处副处长。他经历了震旦中专的至暗时刻，三年中就搬了三次家，每次搬家都是一个大工程，体操房、舞蹈房、钢琴室、图书室，一件件拆开装箱，到地方再一件件摆放安置，累得脱层皮。坐在卡车上一趟趟押车的时候他常常问自己："为什么要留在震旦?"他听到了自己内心的声音——因为震旦有好的校长、好的老师、好的团队。那时候师资紧缺,没有带教一说,他的成长全靠自己仔细观察,看那些老教师是怎么带学生的,是怎么处理问题的,是怎么兢兢业业工作的。后来,他也成了管理者,因为有了样本,工作起来游刃有余。这几年震旦中专不仅保持了艺术教育特色学校的荣誉,还被评为行为规范示范校。

校风好了,自然就有了口碑,所以每年震旦中专的招生一点都不用担心。其他公办的中职校硬件条件很好,但就是招不满学生,他们很好奇地问闵亮:"你们学校条件比我们差,学费比我们贵,教师工资比我们低,为什么我们招不到学生,你们却每年都能完成招生计划,有什么诀窍吗?"闵亮嘴上谦虚,但心里说真的把诀窍告诉你们,你们做得到吗?

发挥先进的示范和导向作用,也是震旦思想教育的一个重要内容。对各方面表现比较好的学生,学院会充分尊重和保护他们的积极性,给这些学生压担子,唤醒他们的责任意识。

大学生征兵工作似乎与教学关系不大,但震旦学院把征兵工作作为爱国主义教育的一个重要组成部分。自徐磊担任武装部副部长以来,利用跆拳道队员身体素质好、意志坚强、吃苦耐劳等特质,把跆拳道运动与征兵入伍联系在一起,创新推出"送冠军进部队"活动,每年选送跆拳道冠军入伍,至今已有 9 名曾经的跆拳道冠军被评为优秀士兵,受到了部队的高度评价。

在震旦入伍的学生,倘若没有完成学业,退役后依然会回到学校把书读完。徐磊发现,刚退役时这些学生身上还带着浓浓的军人特质,懂谦让、肯付出,走路、站姿都还是军人模样,但是随着时间的流逝,他们慢慢从军人变成了普通学生,对自己要求也没那么严了。同样,大一新生入学参加军训后的那段日子里,精气神十足,到了大二也会慢慢松懈下来。怎么让退役军人保持军人本色,发挥军人的先锋模范作用,来带动其他学生呢？为此，徐磊在大二学生中成立了军训营，由退役军人担任军训营的教官，学生自愿报名参加。军训营除了体能训练、队列操练之外，还经常组织讲座、观影和参观，进行爱国主义教育。军训营成立至今已有 10 年，每年参加军训营的学生保持在 500 至 600 名，已成为学校正能量的一道风景线。

震旦学院还有个"八一社"。顾名思义，"八一社"的 36 名成员全部由退役军人组成，除了担任军训营的教官、参加日常的军事训练之外，发现安全问题时他们是信息员，抗疫期间他们是平安志愿者。2022 年入冬以来急速降温，"八一社"成员轮流参加校园巡视，从晚上 8 点一直到凌晨 2 点，无怨无悔，成为学院一支最强大、最可靠的队伍。

震旦学院传播与策划专业的陈迎禧 2021 年刚刚退伍，在部队他是武警上海总队"南京路上好八连"中队的护旗班战士。回校学习没多久就遇到疫情，在校期间他参加了志愿者队伍，24 小时待命，守护在学校抗疫第一线。后来全市统一改成线上教学，回到浦东新区康桥镇的家中，陈迎禧再次当上了社区抗疫志愿者，专门负责物资的消杀。小区内有 5 000 多户居民，封控期间快递、团购和政府下发的物资少则几百多则几千，作为物品转运的最后一道关口，任务重、责任大。陈迎禧拿出军人的担当，每天一丝不苟地完成每批物资的消杀和搬运任务，居民们交口称赞。2022 年 5 月 4 日的《人民日报》也以"00 后退役军人大学生，青春在抗疫一线闪光"为题，报道了陈迎禧的事迹。

如今，震旦学院已连续 9 年获得征兵工作先进集体称号，2 次在全市征兵工作会议上交流了"震旦经验"，得到了上级部门的高度赞扬。

夏臻原是二医大的办公室主任，2008 年被聘为震旦职业学院党委副书记。她原来以为民办高校对党建不会那么重视，但是来了才发现，震旦在党建和思想工作这一块，比起公办高校有过之而无不及。震旦的一个重要抓手是辅导员队伍建设，2008 年学校招聘了 50 名辅导员，要求非常高，一定要是有专业背景的硕士党员。这批辅导员到校后担任各班的班主任，加强学生的思想工作。每年根据学生的投票并参照其他指标对班主任进行评分，之后采取末尾淘汰制。学校共建立了 7 个党总支，抓好初、中、高"三级"党校培训，2005 年至今一共发展了以学生为主体的近千名党员。除了日常的党课教育，党委还特别加强了社会责任感教育，开展"我是党员我奉献""我是团员我奉献"等活动。震旦学子从 2010 年上海世博会开始参与志愿者活动，一直延续至今，为市里的旅游节、电影节、上海自然博物馆新馆、上海科技馆、上海罗店龙船文化节、上海美兰湖宝马大师赛等大型活动提供志愿者服务，震旦学院已连续 5 届获上海市安全文明校园称号。

社会责任感教育有没有效果，从无偿献血等公益活动就可以看出来。学院每年都会组织无偿献血活动，无需动员，活动当天校园里都会排起长长的献血队伍，献血完成率在宝山区一直名列前茅。王斌老师曾在某国际高校任教 7 年，2013 年加入震旦。他说起一件小事，刚到震旦不久，有一天他去上课，走进教室发现空荡荡的没几个学生，一问，说是去参加献血活动了。王斌有点不信，自己上大学那会，一个班最多有三四名学生去献血，怎么可能一大半的学生都去献血了呢？可是询问了辅导员，证实缺席的学生真的是去献血了，这在公办的高等院校是绝对不可能的，那一刻王老师觉得很温暖，同时，对震旦的学生也有了新的认识。

2012 年 5 月，学院开展了中华骨髓库血液样本集中入库的动员宣传，第一年就有 199 名震旦师生撸起袖子抽取了血液样本。十年来，包括董事长张沈在内，共有 2 658 名造血干细胞志愿者的样本入库等待配型成功。

学前教育专业的花愚盛是震旦首位成功捐献造血干细胞的在校生。2019 年样本入库，2021 年就接到红十字会的通知，告知他与一名白血病患儿初步配型成功，问他愿不愿意捐献，他毫不犹豫地同意去参加高分辨检测。辅导员问他："如果结果出来匹配的话，你会去捐献吗？"他和他妈妈都义无反顾地说："当然。"2021年2月9日，花愚盛在上海华山医院成功完成了造血干细胞的采集，他希望通过这份"髓缘"，让接受捐献的病患重获新生。倪铭洲曾是震旦应用艺术设计专业的学生，在校时捐献了样本，2021年临近年末，已经毕业7年、早已参加工作、结婚生子的他接到电话，说他的样本和一位白血病患者初配成功。倪铭洲之前刷到过一个视频，一个患上了白血病的小朋友对妈妈说："妈妈，如果我不在了，你再生一个跟我一模一样的孩子，这样你就不会难过了。"如此小的孩子说出这样的话，让已经当上爸爸的倪铭洲十分心痛。谁知随后他就接到了红十字会的电话，他说："这大概就是天意吧。"2022年3月11日，倪铭洲在上海市第一人民医院成功采集了造血干细胞，成为上海市第558例干细胞捐献者。面对垂危的生命该不该出手相救？震旦师生们用他们的义不容辞，作出了回答。

张惠莉曾在一次开学典礼上，以"修身、齐家、立业、助天下"为题发表讲话，希望震旦师生不仅要做到自我完善，还要有社会责任感，要胸怀大局放眼世界，尽自己所能来帮助他人、回报社会。她的讲话已成为一种精神力量，慢慢演化成学生们爱的行动。

全新的出发

2013年11月，即将迎来上海高职院校新一轮的人才培养工作水平评估，25日，震旦学院召开了评估冲刺阶段动员大会，张惠莉针对迎评备战进行了宣传动员，指出了当前亟待改善的问题，号召全体教职工立足本职，更充分地发挥主人翁精神，齐心协力备战评估。12月3日至6日，评估专家组对震旦学院的人才培养工作进行了现场考察评估，专家组听取了学院的自评报告，考察了校内外实训基地，与院领导、中层干部和教师分别进行了深度访谈，剖析了数控技术和国际商务两个专业，听取了思想道德与法律修养、国际贸易与实务、C 语言、程序设计等 4 门课程的说课，查阅了资料。考察了校外实训基地，同 6 位带教老师及 3 名实习生进行了交流。专家组多方面、多渠道收集信息，并进行认真讨论和研究。12 月 6 日，在人才培养工作评估反馈会上，市教委宣布震旦职业学院通过评估。

其实，关于人才的培养，张惠莉一直有自己独特的思考。她在一次大会上说："一方面高新技术发展、产业结构升级带来劳动就业结构的重大变化，各种工作岗位的技术难度和复杂性不断增强，一些新兴的职业需要劳动者具有较高的教育水平和技术水平，而高职毕业生却缺乏高新技术，尤其是信息发展所需的基本技能，不少人眼高手低；另一方面，在目前的劳动用人制度和社会分配结构中，技能应用型人才的重要作用还没有得到足够重视，不少职业院校学生认为，职业院校毕业生没有较高的收入，不能提高社会地位，无法获得社会的尊重和拥有一个美好的未来。这样的矛盾，既暴露了素质教育方面的问题，也反映了政策导向上的偏差。"她建议政府制订激励学生把高熟练技术作为自己的职业追求的相关规定和优惠政策。她还对学校的教职员工一再强调，人才培养工作做得如何，除了专家评估，更应该多听听社会反响。震旦的职业教育发展得好不好，成功不成功，一个重要的评判标准就是适应性强不强，与需求的对接是否到位。

震旦学院每年都会去毕业生的工作单位走访跟踪调查，广泛收集社会评价。以 2008 年为例，从 9 月下旬至 11 月中旬，历时一个半月的时间，就业办的老师就走访了近百家企业，共回收 84 份调查表，为当年毕业生总人数的 17％。很多单位对震旦的学生大加赞赏，认为震旦学生工作能力强、虚心好学、有上进心，表示非常满意。优秀称职率为 99％。2013 年，学院就业办加大了对毕业生就业情况的走访调查力度，自 6 月份开始至 10 月中旬，共走访了 2012 届 175 名毕业生所在的 172 家单位，调查主要内容涉及：毕业生专业对口率、单位需求状况、用人单位对毕业生称职情况的评定。总体反响非常不错，毕业生在专业应用方面特别受到赞扬，机电一体化、电气自动化、国际商务、汽车技术服务及营销、旅游、投资与理财、食品营养与检测等专业的毕业生动手能力强，能较快掌握岗位技能要求，做到学以致用。毕业生的平均专业对口率在 70％以上，为历届之最，食品营养与检测、机电一体化、文秘等专业更为突出。对毕业生称职方面的打分，优良称职率为 98.3％。用人单位反映，震旦的毕业生综合素质好、勤奋好学、认真踏实、吃苦耐劳，还对好几位毕业生提出了表扬。

特别值得一提的是，在"西部计划"的感召下，学院 2012 届的毕业生中，有 4 名同学经过严格考核与体检，成为赴西藏拉萨、日喀则地区服务一年的志愿者。4 名志愿者都是学生预备党员，学习勤奋，思想进步，具有奉献精神。

机电一体化专业的吴文赟是本批志愿者中唯一的男孩，"西部计划"项目报名启动后，他第一时间辞去高收入工作，谢绝了老板的一再挽留，成为第一个报名赴藏的震旦学子。应用英语专业的姚晓燕是一名退役女兵，2010 年世博会期间，她说服家人参军入伍，得到了"世博卫士"称号。临近毕业，听说了"西部计划"，她又一次说服父母，报名成为赴藏志愿者。同样是应用英语专业，黄雯洁是一个崇明女孩，她身材微胖，报名时就有人质疑她的身体不能适应西藏的环境，但她不改初衷，一直坚持锻炼，终于通过体检，踏上了征程。到西藏后她高反非常严重，但她还是坚持了下来。刘开容是仡佬族人，来自贵州农村，家庭不富裕。本来她已经在上海找到一份收入颇丰的工作，可以减轻家里的经济负担，偿还助学贷款，但是得知"西部计划"后，还是毅然报了名。

张惠莉曾经在一次开学典礼上对新生说："要做到三个自觉：要自觉地学习，维护校风、优化学风；要自觉地关怀他人，主持公义、抨击邪恶；要自觉地关心国计民生，关爱社会。"在社会最需要的时候挺身而出，承担社会责任，这或许才是震旦人才培养工作交出的最好答卷。

2014 年，震旦教育再次被认定为上海市著名商标，有效期自 2015 年 1 月 1 日至 2017 年 12 月 31 日。

面对头上的桂冠和各种荣誉，张惠莉告诫大家："广大师生要充分认识到我们的一言一行都关系到震旦的形象。每个教师都要以自己的师德和教育教学成果维护震旦的声誉。每个学生也要以自己的素质和形象增添震旦的光彩。震旦这块牌子，要挂在我们全体师生的心上。"

面对挫折永不气馁，面对荣誉保持警醒，宠辱不惊，这才是张惠莉。

2014 年 11 月 18 日，震旦迎来了建校 30 周年大庆。原市人大主任陈铁迪、原市人大常委会副主任胡正昌、原市教委主任郑令德和张伟江等领导应邀出席。市教卫工作党委副书记、市教委副主任高德毅出席大会并讲了话，他肯定了震旦教育在 30 年发展历程中的成果和对民办教育事业发展所起到的积极作用。他指出，30 年来，震旦教育坚持教育的公益性，从不以营利为目的，始终以办人民满意的教育为己任，一手抓改革，一手抓管理，以改革促发展，以管理保质量，各项事业得到全面、持续、快速的发展。他衷心希望震旦教育创新体制、机制和育人模式，为上海完善终身教育体系和率先建成职业教育体系作出更大的贡献。美国加州浸会大学副校长向震旦教育致贺词，原上海市教委主任张伟江也向震旦赠送墨宝"精彩震旦"。

张惠莉在大会上讲话，她感谢一直以来支持震旦的各级领导和各方朋友，感谢一直为震旦的发展而付出青春、作出奉献的教职员工。她说，震旦教育 30 年的历史，是一部历经沧桑、艰苦创业的奋斗史，也是一部勇于开拓、不断创新的发展史。震旦教育为走出一条新时期社会力量办学的探索实践之路，敢于站在教育改革的最前沿，尝试过多种办学模式，不断探索体制机制改革和教育教学改革，推翻了一个又一个"不可能"，创造了一个又一个"上海率先""上海首次"，攀登了一个又一个发展新高度。她说，震旦从创立以来为社会培养了近 40 万各类人才，其中不乏佼佼者，有区长、大律师和董事长，还有外语人才和自主创业人才。她还说，震旦正在积极进行顶层设计，修订发展规划，积极思考下一步的改革重点和发展格局，在上海教育综合改革试验区的版图中找准自己的位置，以"奔腾的血液、不竭的精神、不停的脚步"创造震旦教育新的辉煌。

张惠莉在总结震旦教育 30 年来为培养人才走过的艰难历程的同时，还有一位育人者也在默默关注着自己学生的成功，她叫董绵云，张惠莉高中的班主任，她目睹了震旦 30 年的奋斗史，为自己的学生写下了这样一段话：

社会力量办学办得成功的，北京有俞敏洪的新东方，上海有张惠莉的震旦教育。成功从来不是偶然的，成功者身上必有过人之处。我觉得张惠莉身上具有水的特质。第一是奉献。水滋润万物而不争，这不争，就是不争功。张惠莉姓张，但不张扬，高中三年，她一直很文静，肯奉献，说话不露锋芒。但她善于让人不知不觉地接受她的主张和观点，在同学中很有凝聚力。第二是透明。水无色无味，澄净透明。都说心底无私天地宽，张惠莉心底坦荡、宽厚待人，而且看人、看事很准，善于发现别人的长处，也能包容别人的短处。第三也是最重要的一点，坚韧。水柔而坚，能不断变换形式勇往直前，遇到山绕过去，遇到平原淌过去，遇到缝隙渗过去，遇到闸门停下来，等待机会再冲过去。坚韧，是张惠莉身上最突出的性格，她既不是红二代、官二代，也不是富二代，在创业的 30 年中困难不断，但她凭着如水的韧劲，靠着团队的合力，一路过关斩将、走向成功，这真是人心齐、泰山移啊！我为震旦，也为我的学生张惠莉感到欣慰，感到骄傲！

如何评价震旦教育的 30 年？比起大会上的官方语言，或许，这名老教师的评价才更为确切，更加中肯。

肩负的使命

　　2015 年，震旦职业学院召开了董事会，这次董事会是一个里程碑式的会议，震旦职业学院的首任董事长张惠莉宣布退任，张沈成为新一任董事长。这是一桩顺理成章的事。

　　其实，2011 年张沈学成归来，张惠莉把自己的女儿张沈正式介绍给大家的时候，大家就知道这是震旦未来的掌舵人。那天，张沈面对大家的第一句话就是："我是来服务的。"她回顾了自己在加拿大、英国等地 8 年的求学和工作经历，她说自己本打算在国外发展，也有很优越的发展机会，但是随着生活的积淀和自己的成熟，她突然领悟到，妈妈在国内有这么大一个摊子，这么重一副担子，这是妈妈倾尽一生心血和智慧经营的伟大事业，一种强烈的使命感促使她作出决定，要回到妈妈身边工作，要把在国外学到的知识和得到的历练，运用到震旦教育的发展中去。

　　张沈最初的职务是董事长助理，同时负责国际部和校园信息化建设等工作。那段时间，她在自己的工作领域推出了很多创新举措。具有国际市场管理学背景的张沈深知震旦教育集团要不断发展，首先就是做品牌、搭建平台、深度宣传、赢得社会认可，然后再一步步做大做强，而这里的每一位老师都是自媒体、震旦的子品牌，可以通过组织青年教师积极参与各类竞赛，以及不断选派优秀教师出国进修等举措，充分发挥教师的子品牌效应，扩大震旦的社会影响力，提升学校内涵。震旦教育的国际化进程一直在脚踏实地地前行，而教育信息化建设的程度，正是震旦教育国际化的明显标志。张沈认为，震旦的师生应该有共享的网络平台，至少每位教师、每个学生都应该有自己的工号或学号邮箱，获得统一的身份认证服务。如果能做到这一点，将是对震旦教育信息化的有力推动。

　　张沈担任董事长助理期间，天天跟妈妈坐一个办公室，跟着妈妈"贴身"学习，看妈妈如何处理教学上或者人际上的一些关系。她看到了妈妈身上的可贵之处，譬如，妈妈一直在不断地突破自己，一直在探索新的东西，对自己想做的事情非常坚持。而且妈妈的待人接物，也是需要自己好好学习的。震旦集团 30 周年大庆时，张沈任导演兼演员，与几位教师合作，特地排了一场独幕话剧《心路》，该剧生动再现了震旦面临三所学校同时关闭的困境时，张惠莉一行人为了找校舍而发生的感人故事，体现了震旦"永远在路上"的创业精神。为了真实再现当时的情景，他们甚至想尽办法把一台真的汽车搬上了舞台。张沈希望以此剧向妈妈以及那些艰苦创业者致敬。

张惠莉经常提醒自己，要给女儿成长的机会，有时开大会，她会突然让张沈说几句，一开始张沈没有准备，哪怕看到学校的一些不足也不好意思说，后来熟悉了一段时间，慢慢形成了自己的想法，她就会主动要求发言，提出很多中肯的意见，得到了大家的赞赏。

担任董事长助理的 4 年间，是张沈对中国国情和震旦教育集团熟悉了解的过程。刚开始她非常不习惯，在西方国家，讲究的是法律、规范，精力只要放在做事上就行了，可是在国内，想办成一件事，光靠政策不行，还要搞关系，无谓地消耗很多精力，这让她看到了中西方的差距。而且她也慢慢意识到，过于执着也有不足，可能会因为太坚持自己的主张，而不愿意进行调整和改变。

执掌震旦集团之后，张沈首先改革的是学校的体制。震旦集团是一个民办教育集团，体制上有优势，可是张沈却听有人说，震旦就像公办学校。公办学校的最大不足就是机构庞大、人浮于事，奖不多惩不严，缺少活力。张沈坦言，震旦的前生是集管局职校，职校身处计划经济时代，所以不可避免地带有计划经济的基因，虽然妈妈做了很多改革，但是有些弊病还是存在的。譬如学校的食堂，42 名职工，一餐只供应二菜一汤，菜品单一，而且教师和学生都反映菜不好吃。想把人员压缩到 30 人，但就是落实不下去。校车班的司机，每天只开两趟班车，空闲的时候喝茶聊天，而且一样享受寒暑假，日子过得很是滋润。保洁、食堂、校车班，光是后勤就养了 100 多个人，成本负担很重。再譬如教师待遇，后勤员工跟专职教师享受的福利待遇是一样的，每年享有休假、体检、节假日各种物品的发放、旅游（包括境外旅游），每人的福利开销大约在 7 800 元。这还不仅仅是成本问题，这样的"大锅饭"，会造成在岗教师的心理不平衡。张沈首先把校车、食堂和保洁外包，经过核算，给出承包条件，再对承包单位进行优化选择。这一次改革带来的好处是明显的，反响最好的是食堂，饭菜的质量大为改善，过去二菜一汤的固定模式，变成了自助式就餐模式，让教师可以自由选择。同时规定，每天必须有猪肉类、家禽、鱼虾、鸡蛋、豆制品、蔬菜，还有粗粮和饺子、馄饨等各种面制品，品种齐全，给教师满满的幸福感。职工福利，也按多劳多得的原则进行了调整。

其次是机制的改革。其实早年张惠莉就一直倡导"能者上、平者让、庸者下"，但是真的执行起来还是有不小的难度。张沈上任时集团教职工有 800～1 000 人，机构庞大，很多部门工作量不饱满，张惠莉又是个特别重感情的人，对当年那些跟她一起创业的老同事、老朋友，下不了手，开不了口，一直把他们留在重要岗位上，好吃好喝待他们。张沈了解了一下，发现那些老同事其实也不是真的不想走，是感念张惠莉的知遇之恩，即使年纪大了或者家里有事，也不好意思开口提离职，所以就形成了这样一个局面，集团管理层年纪偏大、流动性差，年轻人进不来也留不住。张沈做的第一件事就是搭建人员架构，对集团的干部、每个二级学院和学校的领导层都进行了换血，将那些老是撂挑子、掼纱帽的人，那些上班做私事、办事不力的人，逐一清退。集团的运作实现标准化、规范化、制度化，按流程化操作制定和调整了各项制度，如考核制度、激励制度、工作汇报制度、会议制度、招生奖励制度、后勤管理制度等。经过几年的梳理，现在集团总人数压缩到 600 人左右，中层干部几乎换了一半，50% 都是年轻人。工作上不讲私人关系、私人感情，办事有标准、讲规范，有些跟现在的企业文化不吻合的人，觉得待不住，也就自然淘汰了。

张沈对如何当董事长也有自己的想法：一个董事长既不必事事亲力亲为，也不能无为而治当甩手掌柜。重要的事情肯定要自己把住，譬如招生，招生是学校的命脉，所以每年的招生张沈都会亲自主抓，从过去的设摊、发海报，到现在的线上线下双管齐下。而小事可以放手让下面的干部去做，但是这种放手也是有度的，自己会一直关注进度和成效，以此做出对干部能力的判断。

张沈为人正直，眼里揉不得沙子，看见不对的人和事，就会当场"现开销"，所以学校的教工都有点怕她。学院设了个董事长信箱，希望为大家提供一个有效的沟通反馈渠道，可是除了偶尔有学生反映饭菜质量等小事，并没有教工提出意见和建议。对这个"怕"字，张沈是这么理解的，她说："怕是正常的，如果没人怕我，那才是不正常。"恩威并重，没有威，镇不住人，没有恩，也留不住人，关键还是要把握度，对这个"度"，她还在慢慢摸索中。

董事长指令的执行靠的是董事长办公室，张沈对这个团队的建设也提出了新的要求。过去主要关注他们对事情的管理水平，现在则更多关心他们个人的成长。教育单位往往女孩子居多，女孩心细，但也容易情绪化，张沈在每周一次的例会上，要求大家针对身体、思想、精神、关系、情绪这五个方面进行内省，再用一句话表示自己当下的状态。譬如情绪低落，为什么会低落？遇到什么事使自己情绪低落？说出来，不但个人情绪可以得到缓解，也便于找到导致情绪低落的原因，不管是工作因素还是自身原因，大家都可以帮她寻求解决方法。在每周的例会上张沈还让他们轮流当主持，学会把握会议主题、把控会议节奏、引导大家充分发表意见、最后归纳总结提出要求。经过这样的锻炼，这些年轻干部们都得到了快速成长。

张沈小时候主要是外婆带的，外婆管得特别严，只要认为张沈什么事做得稍微出格了一点，外婆就会召集家人进行"三堂会审"，一起对她进行帮教，告诉她什么该做什么不该做，这给张沈带来了很大的心理压力。后来去了国外，发现对人的评价中西方完全是两码事，中国人活在别人的评判标准里，希望在别人眼里是好的，是能够被别人接受的，可是西方人却只看能否被自己接受。张沈觉得，想做一件事，如果过多地考虑别人会怎么想、怎么看，活得太累，不如只想着怎么做才能把事情做好。哪怕做错了又有何妨呢！这不是自己成长路上必须经历的吗？

这几年，震旦集团实施国际化发展战略的路越走越宽，迄今已与十多个国外高等院校及教育机构建立了交流合作关系。2015 年获得教育部批准与美国加州浸会大学合作举办物联网应用技术专业，2018 年获得教育部批准与韩国东西大学合作举办戏剧影视表演专业。同年获批与美国锡耶纳赫兹大学合作举办艺术设计专业。

张惠莉也看到了女儿的成长，但欣慰中总还有点不放心，看到资历老的同事，总会叮嘱几句："张沈年轻，资历还浅，你们要多帮帮她哦。"可是在震旦员工眼中，这个年轻的董事长正在快速成长，未来可期。

公卫的拓展

震旦职业学院经过多次改革调整，目前共有五个二级学院：公共卫生与护理学院、智能工程学院、经济管理学院、教育学院、东方电影学院，每个学院的建设过程都很艰难，都是一部创业史。

公共卫生与护理学院现有四个专业：护理、药学、食品检验检测技术、呼吸与治疗技术。

吴景芳是公共卫生与护理学院护理专业的主任，高级讲师，上海市高职高专医药健康专业教学指导委员会委员。曾任南市区卫校校长，2009 年加盟震旦，在护理专业的创建过程中倾注了大量的心血，多次被评为"教育功臣""师德标兵""优秀园丁"。护理专业是震旦职业学院的热门专业，第一届 170 名护理专业的学生毕业后，只有一名学生没有参加考试，其余 169 名学生都取得了专业证照，考证通过率 99％。这些年来，震旦护理专业的发展规模不断扩大，招生数逐年上升，2023 年包括五年一贯制，护理专业一共招生了 770 名学生，要保证学生就业率，就要使学院的护理教学与医院等用人单位做到无缝对接，为此，护理专业建有 12 间实训室，包括基础护理操作室、ICU 实训室、母婴护理室、虚拟心肺复苏实训室等，可同时满足 400 名学生操作技能的实训。震旦的护理实训从最简单的皮下注射、肌肉注射、静脉注射，到导尿、灌肠、插管、心肺复苏、室内消毒和无菌操作，在护理的基本功上狠下功夫。有时七八所学校护理专业的学生都在一家医院实习，无形中等于教学质量的大比拼，实习结束后什么人能留下来，靠的还是扎实的基本功。目前，震旦护理专业与华山医院、瑞金医院、第九人民医院、第十人民医院等 26 家医疗机构建立了校企合作平台。每年毕业生参加国家护士执业资格证书的通过率大大超过高职院校平均水平。毕业生在三甲医院就业的占 45.57％，二甲医院就业的占 41.85％，一甲医院 10.57％，就业率 98％。护理专业还拥有一支非常强的师资队伍，2021 年、2022 年参加市级医药教学指导委举办的教学法和说课比赛分获一等奖，疾病学基础被市教委评为课程思政示范课程。教师参加"星光杯"护理技能大赛、上海市高校急救技能大赛和国际护理技能大赛等都获得了好成绩。吴景芳与张惠莉同年，今年已经 76 岁，按理说早就该颐养天年了，可是她说："张惠莉理事长为了护理专业的发展初心不改，她都还在努力，我又怎么能休息呢？"

开设药学专业，也一直是张惠莉的一个梦。很早，张惠莉就想在震旦中专开设药学专业。有一年，听说上海市药剂学校准备关掉，她就赶去向校长了解药学的情况。上海市药剂学校前身是普陀区卫生学校，1973 年就创立了，是当时市里唯一一所药剂中专学校。药剂学校校区占地 11 亩地，因为不符合教委中专 30 亩地的要求，区政府又没有给学校增加土地，所以只好关门歇业，另觅他处。一番交谈之后，张惠莉了解到上海只有这一所药剂学校，那么震旦中专是否可以开办药学专业呢？但是教委不同意，说："公办中专关门，反倒允许民办来办，这不成笑话了吗？"张惠莉心想："中专不同意我们办药学专业，那我们就把药学专业办到震旦职业学院里去。"有了震旦职业学院，开设药学专业就有了条件，而且因为申报护理专业时与卫生局打过很多次交道，卫生局了解震旦的情况，所以 2013 年申报药学专业时并没有费多大周折就批下来了。

胡鹏飞教授是上海健康医学院的副教授，2015 年退休。在 2014 年就听朋友说："震旦学院新开了药学专业，震旦是个很不错的教育单位，你退休后可以去那里教书。"胡鹏飞也听说过震旦，为了便于深入了解，他先兼职教了一段时间的课。震旦校风正，教师有凝聚力，在校园里，常常能看到张惠莉风风火火地行走，干脆利落地处理各种难题，这让他对这位教育集团的创始人生出由衷的敬意。因为知道退休后原单位一定会挽留，所以退休时他悄悄地办好手续就来了震旦。

张惠莉找他谈话，感谢他选择了震旦。她说："目前劳动用人制度和社会分配结构中，技能应用型人才的重要作用没有得到足够重视，不少学生、家长对职业教育有偏见，觉得低人一等，毕业后没有较高收入，也无法获得社会尊重。要改变这些人的想法，首先我们自己要抛弃所谓职业教育低人一等的旧观念，发展高质量的职业教育。药学专业必须确立制高点，深化产教融合、校企合作，依托龙头企业培养紧缺人才，服务上海地区经济建设。最主要的是拓展学生就业创业本领，让学生从'能就业'向'就好业'转变。"她还强调，校企合作一定要找龙头企业、上市公司，眼光一定要放远，要大胆创新。

张惠莉的谈话温婉而有力量，让胡鹏飞一下子明白了药学专业的定位和发展方向，他对自己说大方向已经明确，就看自己怎么去做了。

校企合作，一般都是学校热企业冷，而且张惠莉的标准高，必须是龙头企业和上市公司，所以，难度还是不小的。经过多次接触、沟通，2015年，震旦学院药学专业与上药控股结为校企合作单位，笃学砺德、共育人才。

上药控股是上市公司、世界 500 强企业上海医药集团的子公司，是一家以药品分销为核心的全国性现代医药供应链服务企业，经营中心网络遍布 17 个省市。双方商定，成立上药控股震旦校企合作定向班，为企业订单式培养学生。震旦学院根据企业发展需求，修订药学专业紧缺人才培养方案，实施"2＋1"培养模式，进行课程改革，把人才培养分为校内学习和企业实习两个培养阶段。学生在校学习 2 年，第 2 学年引进企业课程，最后 1 年在企业实习实践和完成毕业设计，通过岗前培训、岗位实训、跟岗实习三个阶段，对学生的职业能力和职业素质进行培养提升。

首届定向班开班时，张惠莉代表震旦学院前去揭牌，她勉励震旦学子，要打出震旦的招牌，利用自己所学，服务企业，服务社会。

上药控股对震旦学生的评价非常好，认为震旦的学生能够学以致用、责任心强，工作勤奋肯干、能吃苦，尊重带教老师、有礼貌，朴实稳重、有团队精神。上药控股的领导说："我对企业用人制度有了新的认识，我们不一定都用硕士生，震旦的高职学生就很好，有责任感，肯吃苦，我们欢迎这样的高职学生。"

而对定向班的学生来说，进了校门就等于踏进了企业的大门，在校期间有企业提供奖学金，毕业了马上就可以就业，是一条非常好的出路。所以，张惠莉提倡高职院校走校企合作的道路绝对是具有前瞻性的。

在胡鹏飞的记忆中，张惠莉从来不讲大道理，往往只是随口的一句点拨，就发人深省。譬如有一次吃饭时在餐厅遇见，张惠莉说："校企合作、产教融合是方向，你们要扩大成果，把订单式人才培养模式办成使老百姓满意的模式。不但要满足学生的教育需求、发展需求和社会发展的需求，还要解决困难家庭的后顾之忧，发挥职教一个、就业一人、脱贫一家的'兜底'作用。"还有一次，她又说："药学专业是震旦的骨干专业、吃饭专业，多多拜托你们啦！"看似简单的一句，但胡鹏飞说会有一种无形的压力，当然，也是动力。

除了上药控股，药学专业花了 2 年时间，在 2019 年，又与上海爱萨尔生物科技有限公司谈成了俗称"订单班"的校企合作项目。爱萨尔生物科技有限公司是一家以多种干细胞产品制备技术为核心，集科研、生产及技术服务一体化的生物技术公司，为基础医学、转化医学、新药筛选提供科研及临床治疗级别的人源性细胞产品及技术服务。核心技术人员均来自美国干细胞研究机构及生物公司，具有 10 年以上的产品研发经验。而且，对订单班的学生，爱萨尔的待遇更加优越，学生入职后，爱萨尔将出资为学生支付在震旦学院 3 年的学费。学生顶岗实习和入职之后，爱萨尔公司还会为他们提供免费住宿。对需要继续深造的订单班优秀学生，毕业后如果回爱萨尔工作，对该学生参加继续教育读本科的这部分学费，爱萨尔公司也会支付。谈成一家大公司，又有这么诱人的条件，让胡鹏飞喜不自胜，向张惠莉汇报时，张惠莉说了两句话，第一句是："刚开始摊子不要铺太大，学生质量关把把牢。"第二句是："民族大团结你也不要忘记哦。"第一句话胡鹏飞是懂的，第一期的学生一定要好中选优，少而精，做成样本，让企业放心。第二句话是为了落实国家民族政策，震旦招了不少少数民族学生，有些学生家境贫寒，张惠莉口中的民族大团结，意思就是有这样好的机会，不要忘记那些学生。

第一期爱萨尔订单班招了 29 名学生，反响很好，第二期招了 60 名，第三期也是 60 名。只要条件符合，少数民族学生和汉族学生机会是均等的。

学院有位教师，外地来沪的，在震旦教书期间，学校为她解决了户口、解决了职称，还送她出国进修，最后，那位教师拿到教授职称后却跳槽到了公办学校。有人觉得震旦太亏了，张惠莉却表示理解，她说："震旦本来就是个培养人的地方，不光培养学生，也培养教师，要允许他们展翅高飞。"胡鹏飞说张惠莉的气度和包容度是常人不能及的，所以，震旦的教师们看到张惠莉都是"的确凉碰到电熨斗——服服贴贴。"

药学专业经过 9 年的打磨，目前已成为中华人民共和国教育部认定的骨干专业及生产性实训基地，成为上海市民办高校中培养应用型技术型药学专业人才的唯一。每年招生 200 人左右，在校生 600 人左右，实习率和就业率都是 100％。对历年的毕业生跟踪调查，用人单位满意率为 92％。

药学专业学生就业，除了上药控股和爱萨尔公司这样的大企业，甚至还有机会进入中国科学院等高端的科研单位，至今已有 70 多名学生在中国科学院上海分院实习，20 多名学生留任。何钧是震旦第一位进入中国科学院的学生，目前就职于中国科学院分子细胞科学卓越创新中心的细胞分析技术平台，从事尖端前沿的工作，可以迅速提升自己。王超在中国科学院已经工作 2 年，从浑浑噩噩到自律奋发，是震旦给了他机会。陈天是 2018 年进入中国科学院实习被留任的，已经工作了 3 年。前同济大学校长、中国科学院裴刚院士对陈天的评价非常高，认为陈天身上有三大特点：认真苦干、勤奋学习、有团队精神。他还相信陈天的优秀不仅仅是个例，而是震旦整体水平和实力的体现。他感谢震旦为他们培养了这样的好学生，希望这样的学生越来越多！

目前，药学专业已形成了产学联合、基地联盟、培养联动和培养平台共建、项目共研、资源共享、成果共创、教学计划共商、指导队伍共组、实践过程共管、教学质量共推的"三联八共"校企合作共同体，为学院的发展增加了强大的后劲。

公共卫生与护理学院还有一个特殊的专业：呼吸治疗技术。那年，在申报药学专业的同时，卫生局医卫处的胡副处长建议说："你们震旦可以申办呼吸治疗技术专业，开设这个专业的高等院校全国都没有几家。"

2014 年，震旦学院依托上海第十人民医院呼吸科，开设了呼吸治疗技术的专业课程。全国只有四所学校开设该专业，震旦则成了华东地区唯一一家开设该专业的高职院校，每年招收 30～40 名学生。上海十院呼吸科专业能力很强，呼吸科主任十分支持震旦的教学，还推荐了两名硕士毕业生来震旦授课。一开始因为社会上并没有呼吸专业相应的专业证书，用人单位又必须是有 ICU 呼吸机的大医院，所以毕业生就业有点难，只能持护士证上岗。随着新冠疫情暴发，国家人社部在 2020 年 2 月正式发布了呼吸治疗师这一新职业，一直战斗在一线的呼吸治疗师，终于从幕后的默默无闻走到了前台，被大家所熟知。

目前就职于龙华医院天山分院的杨生旭是在 2020 年考进震旦的。疫情中呼吸治疗师发挥的作用让他看到了这个职业的前景，所以他毅然决然地做出了自己的职业选择。在震旦，他系统地学习了心肺复苏技术、肺功能检测技术、肺康复技术、氧疗技术、重症监护、无创呼吸机和有创呼吸机的应用等。又被安排在三甲医院上海市第十人民医院进行为时 10 个月的临床实习。在实习中，他轮转了重症医学科、急诊科重症监护室、呼吸与危重症医学科、肺功能室、呼吸内镜室，见识了很多以前只在书本上见到的设备和病例，目睹了许多生老病死，杨生旭迅速成长起来，成为一名称职的呼吸治疗师。现在，震旦呼吸治疗技术专业毕业的学生很抢手，每年的招生也非常稳定。

学科的融合

智能工程学院的前身是机电与建筑工程学院，在集团党政班子的认可下，机电与建筑工程学院更名为智能工程学院。别看只是改了一个名字，但是帽子变了，内容也完全变了。

智能工程学院的专业梳理为三个专业群。

智能工程应用专业群包含机电一体化技术、物联网应用技术和人工智能技术应用。在机电一体化技术中新增了机器人和工业互联网的内容，在物联网应用技术中新增了智能安防等内容，另外，人工智能技术应用专业是新申报的。

机电一体化机器人和工业互联网是国家人才紧缺专业，人才缺口巨大。该专业开设的核心课程，如数控机床及编程、工业机器人现场编程技术、工业机器人仿真技术等，可对接上海人力社会保障中心相关职业证书，就业前景广阔。震旦学院是上海高职首个开设物联网应用专业的院校，物联网应用技术又是教育部批准的中美合作专业，可培养具备物联网系统集成、安装调试、软件编程和测试等能力的高素质人才。该专业与多家物联网企业建立了深度校企合作关系，实行"课证融合、双轨递进、分层实施"的人才培养模式，毕业后可直接顶岗工作，100％就业。经过努力，震旦还成功获批教育部规划建设发展中心"互联网中国制造2025"产教融合促进计划项目，以及工信部人才交流中心产教融合试点建设单位项目。

数字工程应用专业群包含数字媒体技术、数字媒体技术（电竞内容制作）和虚拟现实应用技术三个专业。

震旦学院的数字媒体应用技术专业已开设超过10年，该专业的学生连续多年在市级、国家级的技能大赛中获得奖项，已与多家数字媒体制作企业建立长期产学合作基地。电竞是一个新兴的热门产业，为了对接快速发展的电竞产业，智能工程学院在开设的数字媒体技术专业中增加了电竞等相关内容，在学习过程中，学生可熟练掌握游戏电竞短片设计与制作、电子竞技节目制作、电子竞技编导技术应用与实践、电竞赛事活动策划应用与实践等知识和技能，毕业后可从事与电竞相关的各项工作。

震旦学院是全国首批、上海首家开设虚拟现实应用技术专业的高职院校。该专业群与某公司签订校企合作协议，联合开发工作室，培养动画工程师、动画设计师、3D 美术师、高级游戏开发工程师等复合型、技能型应用人才。

智能建造应用专业群由建筑工程技术、工程造价和无人机测量技术专业组成。上海作为智能建造与新型建筑工业化协同发展的全国行业先行示范区，在装配式建筑、建筑数字化标准化、绿色建造、建筑产业互联平台打造等方面，急需对口专业人才。该专业群尤其是新申报的无人机测量技术专业，正好可以填补掌握现代智能应用技术的建筑、造价和测量技术技能型应用人才的不足。

张惠莉曾在一次会议上倡导大家从自己的圈子里跳出来，开拓视野，抓住先机，大胆创新。她举例说，有家公司通过无边界创新，把篮球培训和英语培训这两个细分行业融合在一起，聘请专业外教通过打篮球的方式教孩子们学英语，从而开辟了全新的体育英语行业。尽管学费高，但是续费率达到 100%，还获得了天使投资。还有一个儿童戏剧项目，采用全英语授课，配合演出剧目，让学生通过表演、姿态、音乐感受艺术的同时，提高英语水平。这种戏剧教育的方式，突破英语培训与戏剧培训两个细分行业的边界，创造了英语儿童戏剧的商业模式，也获得了投资。她一直希望大家从思想上颠覆传统、大胆借鉴、敢于跨界，打造新组合。所以，智能工程学院建立多学科跨界融合专业群的思路和魄力，得到了张惠莉的充分肯定。

不管是智能工程学院，还是它的前身机电与建筑工程学院，都曾培养出很多优秀学生，岑超就是其中之一。岑超小时候贪玩，成绩平平，初中毕业没考上像样的高中，只能在杨浦区读了一个中专。毕业时恰遇震旦职业学院自主招生，岑超对计算机感兴趣，便报考了计算机应用专业。岑超认为，在震旦的三年是他人生的一个分水岭，他本来觉得像他这样反正已经

"输在起跑线上"的学生，进了大学可以放松一点不必学得那么累了，可是进了震旦，却发现一直有人管着、推着不让他懈怠。班主任抓学风、抓班风，尽量让大家在思想和行为规范上不走偏，还经常灌输"有技能在身才能在社会上有立足之地"的理念。各门任课老师对学习都抓得非常紧，陈萍当时是系主任，在专业上对他有很大帮助。在各种正能量的影响下，岑超开始蜕变，入了党、当了班长，专业能力突飞猛进，震旦毕业后在上海交大读了本科，又先后在中软国际和微软公司担任软件工程师，现在他是一名资深产品经理，为互联网用户提供从立项、需求分析、研发到上线运营全过程的服务。他很感谢母校，是震旦刷新了他的认知，让他知道哪怕起步不高，哪怕只是中专、大专学历，只要肯努力，就可以改变自己的命运。

申运波一直说自己运气不错，他之前也只是一个中专学历，因为偏好理科，所以 2017 年考进震旦时选择了物联网应用技术专业。这是一个中美合作的专业，经常会有美国来的老师用全英语授课，申运波说自己英语底子差，所以特地选读这个中美合作的专业，可以逼迫自己快速提高英语能力。他很喜欢震旦的校园文化，人和人之间联系紧密，不冷漠，可以交很多朋友。他也很喜欢震旦的老师，倾囊传授、不保留。他的指导老师也是陈萍，陈萍慧眼识人，申运波大二时便被选上参加物联网大赛，一下子拿了市里的一等奖，后来又去青岛参加了国赛。在震旦三年，申运波快速成长，学习上先后拿到学校的一等奖学金、国家的励志奖学金，当上了团支书、入了党，获得区三好学生、上海市优秀毕业生等荣誉。专升本考入杉达大学计算机科学与技术专业，毕业后又考进上海理工大学读研究生，获得了大学英语六级证书和"华为 HCIP 路由与交换"专业证书。现在，他在上海理工大学参与了一个非常尖端的网络项目——星地融合，参与了 6G 的研究。他说自己只是一名安徽的贫困生，因为耽误了几年，所以他比同届的同学都要大几岁，是震旦激发了他的能力和活力，让他意识到可以在自己的领域干更多的事。因此，他感谢震旦。

第八章

拥抱未来

未来是一种愿望，一种期望，是一种对还不存在的将来时所预定目标的展望。

——无名氏

幼师的诞生

都说孩子是祖国的未来，为了看护教育好祖国的花朵，张惠莉一直想增设学前教育专业。

张惠莉清楚地记得，当初震旦职业学院想要报批学前教育专业是多么的不易。必须先经基教处审批，再报高教处批准。2007 年震旦中专的学前教育专业就已经批下来了，但是震旦职业学院的学前教育专业，从 2006 年开始申报，连着报了 9 年，市教委基础教育处都已经换了 3 任处长，还是没有获批。2015 年，新处长上任。颜处长原是闸北区教育局的，震旦外国语幼儿园在闸北区，所以他对震旦的办学水平非常了解。那天，张惠莉去市教委办事，碰到颜处长，颜处长说："你们的学前教育专业我已经批了，你去高教处问一下吧。"张惠莉去高教处询问时，高教处说："批专业要报教育部的，这样吧，你们回去再写一份材料来。"

张惠莉暗自思量，为什么还要报材料？是什么条件不符合吗？想起之前在师资设置上报的是十几名教师，是不是师资力量不够呢？要不，就写 20 名吧。于是，充实了一下内容，把教师数改了一下，又报了上去。

那天，震旦学院档案室的一位老师脑梗，张惠莉前去探望，路上接到教委电话："你们两份材料怎么教师数字不一样？我们今天就要报出去了，下周一必须送到教育部，要不你们还是明年再申报吧！"张惠莉一听还要等一年，那可不行。她赶紧说："我们马上改，马上送过来，请务必等我们一下。"总算，教委同意了。那天是周五，她赶紧打电话给学院，让办公室把教师数字修改后再派人送到鲁班路来，还特地关照，周末晚高峰，路堵，不能让驾驶员开车，一定要用摩托车送过来。到了那位患病的老师家，张惠莉进门递上慰问金，顾不上寒暄就抱歉地说："对不起，我还有急事，要走了，你好好保重。"赶到市教委已是下午 5 点，临近下班，教委人很少，几位处长都不在，但安排了一位办事员等着。没多久，学院的材料也送到了，张惠莉翻看了一下材料，糟了，大约是因为太着急，前面的几处教师数字改了，后面却漏了几处，不行啊，还得改。因为要盖章，所以驾驶员必须赶回去，改好盖上章再送过来。真是好一番折腾。再次拿到材料，张惠莉从头到尾仔细检查了一遍才交给那位办事员。办事员接过材料时无意中说了一句："你们准备的材料太简单了，就这么黑白的，人家学院报的材料都有封面，还是彩色的。"张惠莉一看，还真是！她是个追求完美的人，赶紧问："你们这附近有没有彩色喷绘的店？"对方说："有啊，马路对面就有。"那天下着大雨，此时，来取材料的快递员已经等在大门外了，张惠莉也不管，径自跑去对面，在封面上用彩色喷绘喷上学校的 LOGO 和"追求震旦品格"等宣传语，再回来交给办事员。等快递员收好材料离开，已经是晚上 7 点多了。也许是累了，也许是心里踏实了，那天晚上张惠莉睡得特别安稳。

张惠莉很感谢那名办事员，一直陪到这么晚都没有怨言，当时忘了问他名字和电话，至今想起来还在内疚。

震旦学院的学前教育专业终于在申报的第十个年头批下来了，是真正的十年磨一剑。

震旦职业学院教育学院的院长曾是上师大钱源伟教授，上海行健学院学前教育系主任李杰 2015 年行将退休，听一位学前教育专家推荐，说震旦的张惠莉董事长急需学前教育的人才，于是推了行健的职务来到震旦担任常务副院长，2022 年担任院长。过去，学前教育专业只有大学本科才有，震旦是上海唯一的一家专科院校有此专业的，所以，开设学前教育专业等于一张白纸，不光要把本科四年的课程压缩到三年，还要参加国家幼儿教育资格证书考试，难度不小。经过调研，李杰把外语作为震旦学前教育的特色，同时开设了学前教育学、家长教育学、学前儿童发展心理学、幼儿园管理等课程。第一年招了 360 名学生。为了打牌子，学前教育专业的 5 名专业老师和 3 名艺术组的老师都很拼，经常工作到晚上 9 点，虽然辛苦，但都干得很开心。努力很快看到了成绩，第一年国家幼儿教育资格证书通过率就达到了 80％。教育学院还特别设置了观摩课，每个专业老师带一个班，每周两天去幼儿园观摩，让学生第一时间接触幼教。教师们经常对学生说："来到学前教育，就要学会做人，要善良、有爱心，因为我们的服务对象（婴幼儿）是弱势群体。"近年来，孤独症、多动症等特殊儿童增多，过去一所幼儿园只有 1～2 个，现在一个班级就可能有好几个，学院又开设了针对特殊儿童的教育课程，带着学生去观察、接触这样的孩子，让学生学会与特殊儿童沟通。目前，震旦已建立了中国福利院少年宫、上海静安南西幼儿园等 40 多个幼教实习实训基地，可以充分满足学生们的实训需要。

近年来中国人口出生率下跌，出现了幼儿园关停潮，教育学院又未雨绸缪进行课程改革，让一部分学生走专升本的道路，在课程上进行衔接；还有一部分学生则向早教倾斜，开设育婴师培训项目，鼓励、帮助学生去考高级育婴师证、幼师资格证等，为将来的择业打好基础。震旦学前教育专业的毕业生都有扎实的基本功，钢琴、舞蹈、外语、普通话都会，会哄孩子，还会用儿童的语言讲故事，专升本通过率全校领先，达 79％。高级育婴师首批通过率 80％，就业率更是高达 98％。

经济管理学院成立于 2007 年，原来的专业都比较传统，工商管理、会计、国际贸易等，要发展，专业是关键，2015 年学院对专业进行了调整，增设了电子商务、现代物流管理、大数据与会计等全新的专业，目前的 7 个专业中，不仅包括上海市 085 重点工程专业，还有五年一贯制、中高职贯通、高本贯通等多种学制，专业涵盖了工商、财税、大数据、电子商务、酒店管理、空中乘务等方方面面，在校生 1500 名。

职业高校培养的学生想在社会上有立足之地，必须拥有多张职业证书，这是张惠莉一直强调的。在目前大学毕业生普遍就业困难的大背景下，经管学院的毕业生就业率仍然高达 99％，这要得益于前瞻性的教学和实训。国际商务实训中心、电商智慧仓储实训室、智能财税职业技能实训室、互联网营销（直播）实训室等都是上海市教委教学高地建设项目。现任院长胡守中介绍说，近年来经管学院非常重视证教融合，现代物流管理和大数据与会计专业都被上海市教委确定为第一批国家"1＋X"证书试点项目，并成为"1＋X"等级证书的全国考点。学院推行"学分银行"，学生考证与学分挂钩，取得职业证书可以抵扣相应学分，鼓励学生学习第二、第三专业，有更多的就业选择。目前，有学生除了学历证书外，最多的已拿到三张职业证书。一大批学生专升本考入了上海海事大学、上海电机学院、上海理工大学、上海工程技术大学、上海对外经贸大学等院校就读本科。2021 年 11 月，经管学院与智能工程学院在第四届全国职业院校跨境电商技能大赛中，与 15 个省市 75 所院校 3221 名选手同台竞技，最终包揽特等奖、一等奖、二等奖、三等奖、电商达人等全部奖项。

经管学院的酒店管理与数字化应用是学院办学历史最悠久的专业之一，经过多年的调整与创新，已成为学院的重点建设专业，目前已有外滩茂悦大酒店、静安洲际酒店、美兰湖国际会议中心等十多家五星级酒店作为学生的实习基地。学院不断拓展校企合作渠道，与常州的中吴国宾馆合作，对接宾馆人才需要，创办师徒制的订单班，学生一入校就等于入职，为学生创造了更多的就业机会。为了进一步挖掘岗位资源，促进"校企合作、协同育人"向纵深发展，2023 年 8 月 1 日下午，张惠莉冒着酷暑亲赴常州中吴国宾馆走访，商谈未来双方在专业建设、人才培养等方面的深度合作。

为了学生，张惠莉总是亲力亲为、不遗余力。

东方的情缘

东方电影学院是 2009 年成立的，当时只有三个专业，经过不断地适应性调整，诞生了很多贴近市场需求、符合行业发展趋势的新专业。2016年，新增影视编导专业；2017年，新增影视摄影摄像专业；2018年，新增中韩合作的戏剧影视表演专业；2020年，新增影视多媒体技术专业；2021年，新增融媒体技术与运营专业，这是民办高校中唯一获批的专业。截至目前，东方电影学院已经有广告艺术设计、戏剧影视表演、影视编导等7个专业了。学院目前拥有近50家校企合作单位，既可为学生提供实训实习场所，也为学生开通就业渠道，毕业生深受企业欢迎，就业率100％。

祝华东2013年加盟震旦，任东方电影学院副院长兼书记。那年震旦正在筹备30周年大庆，张惠莉把拍摄宣传片的任务交给了电影学院。祝华东连夜加班写剧本，张惠莉亲自动手修改，然后再拍摄。拍摄需要很多价格昂贵的器材，摇臂车、轨道车、单反相机……只要是拍摄需要，张惠莉都是大笔一挥全力支持，终于，在震旦30周年大庆前夕，拿出了一部像样的宣传片。2014年在校庆的庆典上，著名表演艺术家秦怡被聘为东方电影学院名誉院长。2015年，张惠莉准备请上影厂的卢萍导演为秦怡拍一部电影，已经完成了电影文学剧本《秦怡》，还获得了中国电影著作权版权协会颁发的影视版权证书。

影视表演专业群跟各大影视制作公司、电影制片厂都有密切合作。专业老师结合学院的实训安排，分头带组，按照剧组模式对学生进行全方位实训，从剧本策划到影片拍摄再到后期制作，让学生在各个环节各个岗位上得到锻炼。学院每年均会安排学生参加一部或多部电影、电视剧的拍摄，让他们在校外实践中汲取经验，得到熏陶，并为优秀毕业生提供直接签约影视公司的机会。东方电影学院培养了著名演员黄奕和影视新秀翟一萤等，一些学生毕业后因主演《英雄郎部》《小山的童年》《入海湖》《抉择》等影视作品被观众熟知。

影视专业群则立足于影视产业链，培养一专多能、就业多元的学生，做到就业能就位、上岗能上手，入学即入行，毕业即就业。在来自18个国家1200部微电影参赛的首届国际青年微电影艺术节上，由任艾丽老师执导的微电影《灯塔》荣获优秀影片奖，音像技术专业的夏嘉诚创作的《大红哥》获优秀编剧奖，微电影《骑士》和微电影作品《还原》分获"汇创青春"大奖；参拍的电影《为了你的微笑》在2015年度圣地亚哥国际儿童电影节上获得了入围奖和新星奖。有些学生已经担任了多部影视剧的副导演和制片人。

现任院长郜明曾是上海大学新闻传播学院教授、博导，在震旦从事教学、管理十余年。他说张惠莉是一个非常值得钦佩的人，她对教育的发展具有战略性眼光，而且不计较利益得失。有一个阶段招生陷入低谷，可是张惠莉却坚定地认为这个难关一定能过去："实在不行我就再杀两只鸡（指变卖房产）！"果然，一两年后难关就过去了。他还说，东方电影学院能有今天的发展，要特别感谢学院的老师。公办学院1000名学生配备80名教师，但是东方电影学院近700名学生，任课老师加上辅导员只有28名，所以教师们身兼多职，都很辛苦。但是他相信，利用上海电影发源地、工业发源地等优势，利用科技手段，增加设备投入，东方电影学院一定可以在AI人工智能技术或后期制作等方面办出自己的特色，实现弯道超车。

东方文化学院就是原来的基础部，2021年7月9日，在张惠莉的授意下，基础部更名东方文化学院。学院设有六个教研室：语文教研室、数学教研室、基础英语教研室、专业英语教研室、公共体育教研室和五年一贯制教研室。学院开设大学语文、汉语普通话、高等数学、大学英语、职业英语以及公共体育等课程。

原院长万华曾是上海大学外语学院英语系副主任，英国皇家语言学会会员、上海分会理事。2018年，当时震旦职业学院基础部的主任离职，推荐万华接任。她对张惠莉说万华是个干实事的人，思路开阔，一定能把基础学科抓上去。当时基础部比较薄弱的是英语，第一学年学生的英语四级考试通过率不到 10%。万华与"学习强国"合作开发了一款软件，要求学生每天完成 50 个单词的学习，截至午夜 12 点必须完成 90% 以上。学得好的在线上分享，不足的要面谈。一开始学生有点情绪，但是一段时间之后效果明显，学生从"要我学"变成了"我要学"，有段时间地铁上经常能看见学习英语的震旦学生，到毕业时，全院英语四级的合格率达到了50%。2018 年至 2020 年，万华利用"中国故事"这个抓手将英语教学推向深入。中国故事是一片辽阔的土壤，已经出版的图书有《中国历史故事》《中国神话故事》《中国文学故事》《漫读中华》等，学院结合震旦的办学定位和人才培养方案，探索学院公共课程的课程思政改革，增加了教师的微课教学，并积极组织学生和教师参加上海市民办高校"中国故事"英语大赛，将育人与育才融为一体。2023 年 4 月，在昆明召开的全国高职院校课程思政研讨会上震旦做了主旨发言。2023 年 5 月，震旦职业学院承办了长三角应用型高校"中国故事"英语大赛，来自长三角地区 10 余所高职院校的 31 名教师参加了"中国故事"教师微课大赛，25 所院校的 168位同学递交了 56 件参赛作品。

万华说，参加"中国故事"大赛不仅仅是为了得奖，而是以比赛促学，以比赛促教、促技能，下一步将走出长三角，带动华东地区，将这些"中国故事"嵌入教学，形成校园文化。2023 年，考虑到院系设置、学科门类、专业数量、学生规模等因素，发展规划处与党政联席会议达成共识，把东方文化学院和教育学院合并成人文与教育学院，任命宓一鸣教授为院长。这样，可以进一步拓展人文类专业，有助于整合资源、顺畅管理，让专业特色更加清晰，使教育类专业有更好的发展空间。

机制的探索

2014 年 5 月的一天，上海市教委几位领导来震旦商量欧华学院托管事宜。上海欧华学院也是一家经市政府批准教育部备案的民办高职院校，该校有两处校址，徐汇校区坐落在徐汇区田林路 418 号，地处漕河泾高新技术开发区，2012 年又搬迁至占地面积约 150 亩的奉贤新校区。可是，由于举办者 2008 年以来就形成了巨额债务，接连发生债权人抢占徐汇校区校舍、抢夺学校财务凭证资料、强行"接管"学校等事件，银行账户也被冻结，长此以往势必严重影响正常的教育教学活动，损害师生的合法权益。市教委决定将欧华学院托管给其他民办高校，以维护欧华学院在校师生正常的教学秩序。张惠莉主动提出愿意整体托管欧华学院，而且没提任何条件。

这是市教委对民办高校退出机制的第一次探索。

5 月 28 日，经与欧华学院协商，两校拟定了欧华学院在校师生整体托管的实施方案，上报市教委。6 月 20 日，市教委办公室发文，同意按方案开展托管工作，做好应对预案，确保托管工作稳定有序开展。

收到文件的当天张惠莉就召开了全体教职工大会，宣布震旦将托管欧华学院。她首先感谢市教委对震旦的信任，把托管的重任交给了震旦。她说："既然我们挑上了这副担子，全体震旦人就一定要不负众望，不打折扣地完成任务。震旦和欧华的师生虽然不曾相见，但下学期就要坐在一起不分彼此了，这就是缘分。学校就是个大家庭，我们每个人都是家庭中的成员，要宽容、理解、包容。"她希望在工作中体现首涉责任制、首问责任制，首次涉及的问题，首次碰到人家的提问必须落实到底。她不希望在工作中看到推诿拖拉、敷衍搪塞、态度生硬、老大自居的情况。她说："不要觉得震旦托管欧华就了不起了，自以为是，欧华的校长、教师、学生，他们都没有过错，是董事会的矛盾造成现在的局面，所以我们不能看不起他们，要善待他们。"她要求教务处、学生处、办公室，甚至是食堂、宿舍，每个窗口要充分反映出震旦人的精神、震旦人的品格、震旦人的服务和微笑，使震旦和欧华两校的光荣传统熠熠生辉。她还说："对欧华学院的师生，我们要本着公平、公正、公开的原则，一碗水端平，秉公办事，增加透明度，努力做到大事讲原则、小事讲风格、共事讲团结、办事讲效率，踏踏实实地做好方方面面的工作。"

9 月，震旦学院托管欧华学院实现平稳过渡，成为市高教系统探索民办高校退出机制的首创性样板。托管结束，还有几位教师选择留在了震旦。

2015 年，上海市委提出"十三五"期间，上海要形成具有全球影响力的科创中心基本框架。别人或许觉得这只是一个口号、一个目标，离自己很远，但是张惠莉却敏锐地发现科创中心需要大量的创新人才。创新人才哪里来？靠培养。这跟教育机构密切相关。教育只有真正培养出创造性人才、综合性人才，学校才能立于不败之林。可是，跟销售领域敏感的市场意识相比，教师，包括震旦的教师都是相对保守的。她心里着急，在一次教师学习班上，她提出了很多改革设想，引导大家去思考。

她说："当今世界充满了不确定性，面对这种不确定，选择很重要。我们的课表周一到周五都是定死的，没有选择。没有选择，我们怎么成长？怎么发展？我们要改革课程，改革教育手段，改革学生活动方式，改革对学生的评价以及对课程和教师的评价。我们可以推行走班制、课程选择制（学分制），学第二课程，学专升本课程。学校的校本课程不能单一，教师的使命是导演而不是表演者，优秀的导演可以激发演员的潜能，让他们淋漓尽致地表现。考试成绩是对学生的评价，但不能是唯一的评价，改革就是希望把单一的评价变成多元、多维、多形式的。要让学生自我认同，了解自己哪一方面才是最优秀的。现在提出大众创业、万众创新，就要教会学生面向未来，能从事自己从未涉足的职业，教会学生跟各种人打交道。交往能力能使一个人从个人奋斗变成团队奋斗，一个人拉小提琴到交响乐的呈现就是从个人认同到了解别人声音之美后，从而学会团队合作的。"那天，张惠莉还说了很多，主要意思就是面对瞬息万变的局势，必须改革，只有改革才有出路。

2019年，上海市教委为深入落实《国家职业教育改革实施方案》《上海市教育改革和发展"十三五"规划》等改革方案，进一步整合职业教育资源，初步考虑在一个体制有中专和大专的上海震旦职业学院和上海电子信息职业技术学院这一所民办、一所公办高职学院，率先开展五年一贯制人才培养试点模式。所谓五年一贯制，就是招收初中学生，经过高中3年高职2年的学习，培养出过去需要六七年才能培养出的人才。因为这是一种全新的改革，教委比较慎重，先后两次请张惠莉前去召开专题会议进行讨论。会上教委陆靖主任提出，五年一贯制的学校要有这样的优势，即"学习有基础，就业有优势，发展有空间，教育更高效"。他要求，五年一贯制学校的发展目标一定要清楚。中专和高职两个教育团队如何形成一贯制，第一炮一定要打响。他对张惠莉说："你要站在全市职业教育试点的高度，破解一些有国际影响力的教育案例，大张旗鼓地改革。教委给你们一个贯通培养的专业，你们要还我一个新的专业。上海的高职要成为全国最好的，全国要是有50个好的高职院校，上海至少要占据10名，否则与上海国际大都市的形象不匹配。"他强调，为上海创造五年一贯制模式的示范，这是一个大目标，可以开展大讨论务虚，提高大家的使命感。改革以后，师资结构怎么变化，学校教师和企业教师的比例是多少，都要好好考虑。

张惠莉表态说："我们五年一贯制要办成不以营利为目的，与企业深度紧密合作，以企业运转为模式的高等职业学院。我们要努力做到教师100％下企业，100％成为双师型，教师100％出国培训。对五年一贯制的学生一定会精耕细作，让学生出去就业：学前教育专业争取对接一级、特级幼儿园，护理专业的出路应该是三甲医院，酒店专业毕业的应该去五星级酒店。我们一定要把五年一贯制的学生培养成国际化的、有综合素养的、有长周期训练的职业技能人才，让学生成为上海各行业抢手的人才。"

她的回答得到了教委的充分肯定。

2019 年 3 月 1 日，震旦学院召开全院教职工大会，张惠莉在会上做了动员。她说："对于五年一贯制我们要进行思想大讨论，至于如何转型，希望大家建言献策。学校的大转型，不追求大而全，追求的是特色，追求的是质量。上海戏剧学院、上海音乐学院都不是巨无霸，但他们拿得出一流的东西。改革是实打实的，我们将成立五年一贯制领导小组和工作小组，专门负责这件事。接下去要搞全院培训，学习国家政策，了解什么是校企合作，什么是产教融合，什么是工学交替。教学方法也要培训，要打开思路，渐进地改变教师的综合素质。学生处、团委、学工部等全部要进入五年一贯制的改革中。9 月份就要开始实际操作了，肯定有矛盾、有冲撞，需要我们不断解决问题。"最后她说："这是一个追梦的时代，只要有理想、有梦，就有未来，让我们抓住机遇、迎接挑战、创想未来！"

教委组织专家对震旦五年一贯制的申报方案进行了评议，综合专家的评议意见，2019 年 4 月 15 日，市教委下发了《关于上海市震旦职业学院、上海市震旦中等专业学校开展"五年一贯制"职业学院建设试点的通知》，通知说同意震旦开展五年一贯制职业学院建设试点工作，从 2019 年开展五年一贯制招生工作。希望震旦进一步完善试点建设方案，稳妥做好专业建设、招生培养、师资队伍建设、体制机制改革等工作。

第一年因为是试点，所以 2019 年震旦五年一贯制的招生计划数只有 100 名，报到了 98 名。2020 年招生计划数 350 名，报到了 330 名。2021 年招生计划数 430 名，报到了 409 名。2022 年招生计划数 440，报到了 446 名（其中几位因为分数相同一起被录取）。招生录取数的逐年上升，证明震旦的五年一贯制已经得到社会认可。目前，震旦五年一贯制已经开设了药学专业、护理专业、学前教育专业、大数据与会计专业、数字媒体技术专业、酒店管理与数字化运营专业、物联网应用技术专业、电子商务专业等 8 个专业，日益受到社会关注，2022 年震旦五年一贯制药学专业的录取分数是 630 分，已达到区重点高中的录取分数线。

吴越是震旦五年一贯制会计专业的学生，说起她，老师们众口一词：一个品学兼优的好学生！她对自己要求严，通过各种途径不断提升自己，学校组织的很多市级、国家级大赛，譬如大数据集群搭建与运维大赛、新商科青年创新云挑战赛、跨境电商比赛等，她都是积极的参与者。学习之余，她练舞蹈、打篮球、参加学校的跆拳道训练，跆拳道训练结束后，她还要完成当天各科的作业，直至深夜。入校三年，她已经硕果累累，成为宝山区的三好学生、上海市一等奖学金和国家奖学金的获得者，还获得了第三届全国职业院校跨境电商技能大赛一等奖。在 2021 年上海市大学生跆拳道锦标赛上，她战胜上海体院的专业运动员，拿下了女子 45 公斤组的金牌，成为震旦综合素质教育的典范，尚未毕业，已经被本科名校预订。

在一次干部会议上，张惠莉曾对未来的专业设置和职业方向提出自己的看法。她说："中国现有职业 2 000 多个，最具有发展前景的十大行业中，互联网服务正以摧枯拉朽之势改变着原来的实体经济，而他们巨大的吸金能力和对人才的需求和渴望，使得这两年的互联网薪酬不断向上。互联网本身是瞬息万变的大行业，不同行业的热门程度，往往与所在行业的垄断程度、发展速度和从业数量有关，所以我们不能用今天和昨天相比，要学会看未来。市场会决定未来，设什么专业，要看市场需求，办什么样的学校，要看家长、看社会，这就是需求侧改革。我们要用互联网的思想、互联网的技术，支撑未来体系的重建。让我们同心同行、开创未来，聚力聚情、坚毅前行！"

她的这段话成为震旦员工的一剂强心针，以后，凡是遇到困难了，遇到分歧了，大家都会想起"同心同行、齐创未来，聚力聚情、共绘精彩"这句话，有了这样的信念就有了力量，很多问题也就迎刃而解了。

民族的团结

为了支持新疆地区的经济发展，维护社会稳定和民族团结，政府出台了对口援疆政策，内地高校可以通过招生计划，有针对性地招收来自新疆地区的学生，为他们提供与内地学生相同的教育机会，促进新疆地区的人才培养。

对一所高职院校来说，招收新疆学生是需要胆量的。首先，这些学生文化基础差、家境困难、宗教习俗不同，甚至语言沟通都有困难。而且，为了促进民族融合，教委又规定新疆学生进校必须与汉族学生同学、同吃、同住。相对而言，同吃还是最好解决的，在学生食堂增设几个清真窗口，供应适合新疆学生口味的菜肴就行了。但是，同学就不容易了，新疆当地的学习质量跟上海的教学质量差好几个档次，学生进校，不光英语、计算机基础差，连汉语都不过关，老师上课有困难，教学进度很难推进。最麻烦的是同住，一间宿舍四个人，要求汉族和新疆学生对半，但是新疆孩子作息时间跟内地不一样。在新疆早上 10 点钟刚刚上学、上班，晚上九十点钟刚刚吃晚饭，等吃完晚饭休闲娱乐之后，睡觉基本要到凌晨。这些孩子到了上海，仍然改不掉他们的生活习惯，晚上精神百倍，又唱又闹，与汉族学生作息时间有矛盾，所以一直有汉族学生的家长找上门来要求换宿舍。

震旦第一年招了 200 名新疆学生，第二年市招生办问张惠莉："你们还要不要？"张惠莉就一个字："要！"于是，又招了 200 名，到了最高峰的 2020 年，震旦在校的新疆生已经达到 900 名。对震旦来说压力很大，只要有一名新疆生出事，年度评"平安校园"就是一票否决。有的教师认为这是自找麻烦，但是张惠莉力排众议，她说："对我们办教育的人来说，这是教学管理上遇到的新情况，我们要拓展民族学生管理的新路径，积累经验，推广宣传震旦的管理方法，提升我们的教育管理水平。"

学校成立了少数民族学生管理领导小组，由学校领导、学生处和当地派出所民警组成。领导小组经常开会，通报情况、发现问题、寻找对策。震旦所在地宝山区政府、政法委、公安局也很重视，派出所专门在校门口设了一个岗，每晚门口都停着警车，以应对可能发生的紧急情况。

很快，学校便摸索出一套针对民族生的特殊管理办法。

一是政治育人。学校成立了三个初级党校，经常为积极分子上党课，开展各种主题活动，很多新疆学生成为积极分子。通过上党课，让新疆生了解国家对少数民族的政策，了解国家多年来对新疆的各种援助，让他们懂得感恩。除了新疆的内派老师，学校还以 1∶50 的比例配备懂维语的党员辅导员，召开各种座谈会，请学生谈体会，了解他们的真实想法。目前，在新疆生中递交申请书的入党积极分子已经有 300 多名，有 3 名学生入了党。各班班委干部中，30%～40%是由少数民族学生担任的。

二是学习育人。学校的辅导员无偿地为新疆生补课，特别是数学、计算机、英语这几门，努力帮助他们跟上学校的教育进度。同时，通过教务处增加能够发挥新疆生特长的选修课，只要考取相应证书，就可以抵扣学分。有的学生考试前产生畏难情绪，想弃考，学校会请辅导员与他们谈心，打长途电话与家长沟通，让家长一起做工作，帮助学生重塑信心，顺利拿到毕业证书。

三是爱心育人。有段时间辅导员发现新疆生晚上都不能按时返校，了解下来他们都去打工了。新疆孩子男生英俊女生漂亮，在餐厅等很容易就能找到工作。还有学生从义乌批点小饰品、小摆件，晚上出去摆个摊也能有很好的收益。学校没有简单地用批评、处分来对待这些违纪的学生，知道他们家境困难，而是在助学金、奖学金上向民族生倾斜。沈宇光是经管学院的书记，分管学生工作，据他统计，四年中仅经管学院就有 253 名民族生获得了助学金，占学校助学金总数的 23.5%。学校设立奖学金是为了激励那些学习成绩出色的学生，但是新疆生在学习成绩上普遍较弱，想拿奖学金不容易，于是学校又特地设立了励志奖学金，只要学生学习努力，有进步，没有挂科，就可以获得励志奖学金。几年中获得励志奖学金的民族生也占了 25％。让新疆学生体会到老师对他们的爱，学校对他们的爱。

四是征兵育人，这是震旦的一个特色。根据国家政策，在校大学生服完兵役可以拿到 30 万～40 万的退伍金。退伍后可以回校继续完成学业，并且免考直接专升本，还能获得上海户籍。这对新疆生来说是一个非常好的机会。但是，入伍有要求，除了政治表现外，对学习成绩和行为规范也有一定要求。学校将征兵入伍作为培养新疆生的一个目标，在各方面提升他们的素质。2020 年以来，震旦共向部队输送了 24 名新疆籍学生，这些新疆生主动请缨去艰苦地区服役，一些人在高原，一些人在中印对峙的前线，甚至还有不少人参加了中印边境的特殊战斗任务。经过部队的锻炼，他们各方面都有了长足进步，目前已有 5 人退伍复学，在校表现优异，成为少数民族生管理和校园安全稳定工作的得力助手。

五是活动育人，这是震旦的一个创新。新疆生入校以后，张惠莉和学校领导班子立刻对新疆生进行了分析，认为这些新疆生虽然有点叛逆，还有这样那样的毛病，但是他们身体素质好、好胜心强、吃苦耐劳。学校可以通过一些社团活动和体育运动引导他们。震旦的跆拳道一直是学校的王牌，新疆生一进校就被这激烈的对抗运动吸引，很多人参加了训练，并在训练中学会了技巧、学会了坚持、学会了拼搏、懂得了团体荣誉。震旦跆拳道在大大小小的比赛中拿了上百块金牌，其中有不少新疆生的功劳。张惠莉还对校队的建设提出了很多新的想法和要求，男子足球队组建后，新疆生占了 70％，成为绝对的主力，经过多年打磨，2021 年，震旦男足站上了上海市大学生足球联盟联赛高职组冠军的领奖台，张惠莉非常开心，自掏腰包为球队办了庆功宴，极大地鼓舞了队员们的士气。第二年，男足又毫无悬念地蝉联冠军。

在生活上，学校对新疆生也给予了最大的关心。有个维族学生在斋月白天不能吃饭，只有晚上才能吃，在整个斋戒期学生都比较虚弱，上课时注意力不集中，辅导员得知该生每天只在校门口的一家兰州拉面馆吃饭，于是便去结交拉面馆的老板，侧面了解学生的饮食习惯，在生活上关心他。后来，这名学生毕业后回喀什，找到了很好的工作。

人都是会改变的，通过日复一日的教育、引导、感化，新疆生发生了很大的变化，每年他们假期回家，学校都会收到很多家长的反馈，称自己的孩子懂事了、爱学习了、肯帮家里干活了、会关心父母了、不喝酒打架了、变得安静了，这让付出大量心血的教师和辅导员们都很欣慰。

黄欢是护理专业的专业课老师，她对这些新疆生的印象非常深。一开始，自己上课时语速稍微快了点学生就说听不懂，如何让新疆生理解医学基础、内科护理学这些专业课程就是个难题。为了弥补这些学生的短板，学校规定晚自习增加答疑时间，当天上课的护理老师都要到场，站在教室门口，随时回答学生的疑问。考前增加复习时间，按照教学大纲的要求，把所有的知识点掰开来、揉碎了反复讲解，帮助学生理解、掌握。三年下来，这些新疆生变化惊人，有的学生专业成绩连续几学期位列第一，还有的学生成为预备党员和上海市优秀毕业生，这让黄老师非常感慨："教育，真的是可以改变人生的。"

第一届新疆生很快面临实习和就业。能收进来，还必须能送出去，这是一个非常大的难题。就拿护理专业的学生来说，上海的医院虽多，但是竞争激烈，对实习生要求非常高。新疆生的基础毕竟要弱一些，生活习俗又不一样，医院自然不愿"自找麻烦"。张惠莉提出在上海安排新疆生实习就业有困难，就去新疆想办法。2021 年 6 月，张惠莉亲自带着公卫学院的院长和护理专业主任，赶赴新疆，一下飞机，直奔喀什第一、第二人民医院，第二天一早又去教育厅，通过政府和上海驻疆办事处等关系，亲自去医院找院长商谈，讲震旦的优势，讲学生的质量，终于，在乌鲁木齐第

一人民医院，喀什地区第一、第二人民医院，新疆维吾尔自治区人民医院
等 4 家医院落实了当年 64 名学生的实习。第二年，又增加了库车市人民医
院和阿克苏市人民医院，落实了当年 114 名学生的实习。

这些学生毕业后基本都留在当时实习的医院工作，当地医院反映，震
旦回去的学生明显优于其他学校毕业的学生，纪律性强，动手能力强，对
病人的态度好，非常受欢迎。

民族生中，新疆生是大头，但其他民族的学生也不少。震旦还有一个
藏族班，都是因为对口帮扶政策过来的，刚开始是 15 名学生，一年后因为
学分不够或者退学等各种原因，只剩下 10 名学生，全部是女生。耿梅是藏
族班的辅导员，这些藏族生给她留下的印象都很好，她们脸上带着高原
红，人很朴实，穿着朴素，而且都很善良。耿梅就像她们的知心大姐姐，
在各方面关心她们，经常走访她们的宿舍，解决学生的心理问题和彼此的
矛盾，下了班也喜欢留在办公室，因为经常会有学生前来咨询问题。针对
藏族生学习上的问题，耿梅开展结对帮扶活动，要求 1 名学习好的学生帮
助 2～3 人，一段时间后，全班学生的理论和实操都得到了提高。这些学生
家境都不好，10 人中就有 7 个贫困生，耿梅一方面根据政策，尽可能地为
她们争取最高等级的助学金，另一方面还帮助学生获得勤工俭学的机会。
宝山有个龙湖天街，有很多企业、店铺，耿梅找到天街的一位领导，坦诚
相告这些藏族孩子面临的困难，希望能允许藏族生去天街打工。领导被感
动了，全部收下了这些学生，周末让她们去做些力所能及的工作，以解决
她们的经济困难。2021 年这些藏族生即将毕业，因为疫情，她们都在家乡
实习，机票昂贵，回校一趟是个很大的经济负担，耿梅就帮助她们拆蚊
帐，把书本、衣物等私人物品打包，再一点点从楼上搬下来，借了一辆货
卡送去快递站。很多学生毕业后回家乡工作，依然记着辅导员对她们的
好，常常会发微信、打电话问候，这让耿梅觉得一切都值了。

办玛草是藏族生中的佼佼者。刚入学时辅导员申连芳就发现这个学生

与众不同。由于两地教育的差异，办玛草的英语和计算机都是零基础，底子很薄，可是办玛草非常勤奋，上课总是坐在第一排，课堂笔记也记得非常认真。申连芳觉得，要树立好的学习风气，就要挑选出努力刻苦的孩子来带动大家，于是便让办玛草当了护理四班的班长。

郭宁宁和耿小敏先后担任过办玛草的英语老师。刚入学时办玛草还有点害羞，上课听不懂的地方不好意思问，等下了课才去办公室找郭宁宁，说："老师，我英语单词记不住怎么办？"郭宁宁便给她制订计划，教她制作单词卡片，每天打卡学习10个单词。上课鼓励她回答问题，现场纠正她的发音，一点小小的进步就给予肯定，这让办玛草对学英语有了更多的自信。耿小敏则常常给办玛草布置额外的作业，有时下课了还主动留下来，询问办玛草有什么不懂的地方，再给她讲解一遍。并勉励她，学英语不可能一蹴而就，需要长时间的努力才能看到效果。办玛草很争气，单词不会读，就在旁边标上藏语的发音，利用一切课余时间阅读，经过一番努力，短短三年，连英语字母都不认识的办玛草却拿到英语四级证书。办玛草的计算机老师叫李国珍，她同样对办玛草付出了很大心血，一步步地教她如何操作，搭上了很多业余时间。申连芳则为办玛草提供方便，允许她使用自己的电脑练习。担心一个女孩子人生地不熟，出去打工不安全，申连芳还介绍办玛草去一家教学机构打工，解决办玛草经济上的后顾之忧。

特别努力又特别争气，办玛草凭着非凡的毅力创造了一个奇迹，她所有的科目平均成绩都在95分以上，先是考出了计算机一级证书、营养师四级证书、护士资格证书，在大赛中获得了"护理技能"二等奖，同时还是校优秀团干部、国家奖学金获得者、上海市优秀毕业生，并在大二第一学期就光荣地加入了中国共产党。

办玛草在上海的一家三甲医院实习时得到了充分肯定，她本来可以留在上海工作，可是因为考虑到要照顾父母，她还是选择回到家乡。现在她有了自己的小家，特别幸福。丈夫是甘南藏区的消防员，自己则是县人民医院的护士长。她特别想念在震旦的校园生活，她说对震旦，对那些老师们，她都会铭记在心。

震旦所做的这一切，已不仅仅在教书育人，而是在做维护民族团结的大事啊！

慈善的力量

2015 年，从董事长位子上退下来的张惠莉有了一个新的头衔：上海震旦教育发展基金会理事长。母女俩拿出 70 万元作为基金会的启动资金。做慈善，一直是张惠莉的一个心愿，之前震旦教育集团的事千头万绪，实在无暇顾及，而且按规定慈善机构的负责人不能兼任任何企事业单位的董事长。现在好了，卸下了身上的担子，终于可以在慈善领域施展手脚了。

基金会刚成立，中国工程院院士、原震旦大学校友、终身博士生导师、震旦的名誉院长王振义教授便先后两次向基金会各捐赠了 50 万元。2017 年，震旦中专校长朱震寰向上海震旦教育发展基金会捐赠了 30 万元，设立"朱震寰奖学金"，以此奖励热爱文艺、热心公益的优秀震旦学子。2019 年，朱震寰校长意外离世，朱震寰的夫人宋鹤影和女儿朱育红代表父亲，向"朱震寰奖学金"又追加捐赠 100 万元。拜博口腔、哈根达斯、高跟 73 小时等爱心企业多次向震旦基金会捐款捐物，基金会还在震旦学生中开展"捐一份压岁钱，献一份爱心"等活动，借助基金会这一平台，引导学生尽己所能、传递爱心、反哺母校、回报社会。

张惠莉把基金会的业务划定了一个大致的范围，面向本校师生：奖励优秀、资助创新创业、资助贫困。面向社会群体：关爱特殊人群，帮助弱势群体。面向大环境：引领环保时尚，共创清洁家园。由近及远，由当下及未来，携手有识之士，共同推进社会公益事业的发展。

2017 年 4 月，张惠莉为藏族学生办玛草颁发了第一笔震旦奖学金 1 万元，号召同学们向办玛草学习，努力奋进、刻苦钻研、志存高远、健康成长，成长为德智体美全面发展的优秀大学生。

关爱特殊人群主要是针对孤独症儿童。自 2015 年起，每年的世界孤独症宣传日，震旦基金会都会协助上海精协孤独症工作委员会在全市范围内开展各种活动。2017 年 3 月，设立"关爱星宝，助力展翼"专项基金；2017 年 4 月，协助上海残联孤独症工作委员会在朱家角举办"星儿的呼唤"家庭机构户外联谊活动，30 户孤独症家庭及 120 名社会各界爱心人士参加了这次活动；2017 年 6 月，在上海嘉定协办全国孤独症儿童夏令营；2017 年 8 月，协办全国心智障者软式排球交流赛，来自 5 省 6 市的 16 支队伍参赛；2017 年 12 月，协助展翼儿童培智服务中心举办"孤独症学术教育论坛"；2018 年，协办上海市第四届"星儿的呼唤"大型公益活动；2018 年 4 月，协办第二届"闪亮星宝"文化艺术节暨"星光耀爱"孤独症公益活动；2019 年 3 月，协办第三届"闪亮星宝"文化艺术活动；同年，又参加了上海市第 25 届"蓝天下的至爱"大型公益活动，积极捐款，为帮困助残贡献自己的一份力量。

黄浦区是集团总部的所在地，2017 年张沈当选为黄浦区人大代表后，震旦基金会的救助范围也在向黄浦区的部分街道、社区延伸。黄浦区五里桥街道的智障人士"阳光之家"修建了十来年，很多设施都已老旧，孩子们的教室位于底层，阴暗潮湿，常受蚊蝇滋扰，临近夏天，张沈带队送上了一批灭蚊灯。金秋十月，张沈率员赴黄浦区部分街道、居委和社区老年日间照料站，慰问社区老人和社区工作者。老公房加装电梯，基金会又援建了配套绿化改建项目。以后，清明节送青团、中秋节送月饼就成了常态，有时张沈还会带上预备班的新生一同去慰问智障人士和需要关爱的老人，让学生们受到爱的教育。

2019 年，青年艺术家袁隆有意筹办一个大型环保艺术展，却因为人、财、物、场地等条件难以落实而一筹莫展。震旦基金会得知后立即伸出了援手，联合上海科技馆、阿拉善 SEE 公益机构共同主办《塑料纪：信天翁的挽歌》大型环保艺术展。

5 月 28 日到 8 月 28 日，环保艺术展在上海科技馆开展。展览的立意源于美国摄影艺术家克里斯·乔登的一组照片：腐烂已久的信天翁尸骸依稀可辨，残羽和碎骨裹挟着五彩的塑料，在乱草中悄然瓦解。照片引起全球环保人士的关注，也让袁隆滋生了创作的念头。展览除了袁隆，还邀请了克里斯·乔登、马良等数位海内外优秀艺术家，通过绘画、装置、图像、文献和互动活动等形式，多维度地向公众展现因"信天翁事件"而引发的深度思考。

《塑料纪：信天翁的挽歌》由"翱翔精灵""蓝色之殇""人类「塑」命"三部分构成。第一部分"翱翔精灵"以信天翁的叙事展开，由克里斯·乔登、袁隆两位创作者用不同的方式记录并呈现信天翁的特性以及信天翁因误食塑料遭致的生存危机。第二部分"蓝色之殇"主要是克里斯·乔登、墨西哥艺术家高海的艺术作品，搭配科学信息图的数据，带出人类因为过度消费、过度使用塑料而产生的严峻海洋塑料问题。第三部分"人类「塑」命"以人类为主角，透过艺术家马良、鲁丹、蔡星光的作品，科技馆蔡荔研究员和东海水产研究所的研究成果，上海纽约大学陈无畏的交互设计，引发观众思考：面对诸多塑料问题，我们人类可以做什么？展览的最大亮点是袁隆长达 17 米的装置作品《巨环》。作品透过镜面反射形成环状造型，除了突显塑料垃圾体量的庞大，也展现循环再利用的可能。作品中的塑料，是艺术家向上海数个中小学校近 5 000 名学生征集的"塑料垃圾"。震旦集团数十名艺术生志愿者，花费了两周时间，协助艺术家串起近 2 万件塑料废品。《塑料纪：信天翁的挽歌》是上海科技馆首次推出的艺术暨科普展览，在 3 个月的展期中人气火爆，根据科技馆提供的信息，总参观人次达到了 13 万。

此后，震旦基金会又与五里桥街道党工委、丰盛地产有限公司联合举办环保时尚艺术巡展，先后在丰盛创建大厦、江南制造创意产业园等地巡展2个月。2019年9月，又联合黄浦绿地缤纷城、上海市阳光善行公益事务中心共同主办"塑命?"视觉艺术展。"塑命?"以快闪店的方式呈现，在4周时间内，通过艺术作品的视觉冲击，让参观者对减塑、环保有更深刻的体会。

2020年12月30日，上海市社会组织评估院对震旦教育发展基金会进行5年一次的评估，通过汇报和看资料，评估院的专家认为震旦基金会虽然经济体量不大，但是做的事扎扎实实，因为是初次评审，为了留有提升空间，评估院给基金会评了个3A级，位列全市基金会的前20名。其实他们说，按做事的质量来看，评4A级是可以的。

受疫情影响，震旦基金会不能再组织大规模的慈善活动，这让张惠莉有点着急。2022年的10月12日，张惠莉忽然想到，可以邀请一些著名书画家举办一个公益笔会，这既是震旦美育教育的一部分，也可结交一些艺术家朋友。张惠莉做事喜欢说干就干，10月12日召开会议，笔会时间就定在10月20日。大家都说8天时间筹办一个大型笔会，绝对不可能。第一，时间紧，很多工作来不及做。第二，光是请那些著名书画家，就不知道要花多长时间。第三，学校从未举办过笔会，没什么经验。事情还没做怎么就说不可能！对这些一开口就谈困难的人，张惠莉只有做给他们看，她说："你们只管场地布置和人员接待，流程我来安排，书画家我亲自去请。"

陈家泠是中国国家画院首聘研究员、上海大学美术学院国画系教授，名望很高，当然，也很难请。果然，张惠莉一开口就碰了个软钉子，陈家泠一口回绝说："我现在什么笔会都不参加。"张惠莉不再坚持，只是坐下来听陈家泠讲他的故事和他的艺术梦想，陈家泠说起海派文化、江南文化、红色文化时，张惠莉灵机一动，马上建议，我们开一个艺术家思想分享会，希望艺术家能把自己的艺术体会与大家分享，让震旦的教师和学子从中得益。陈家泠听得兴起，欣然同意说："既然这么说，那这个公益笔会我一定参加。顺便把中央电视台刚刚开播的《大师列传》也带去震旦播放。"同时当即向震旦捐赠了一副画作。

10 月 20 日，震旦教育发展基金会主办的"爱满人间"震旦公益笔会暨艺术家思想分享会在震旦职业学院体艺楼隆重举行，新疆班的学生载歌载舞，欢迎来宾。张惠莉致辞，她说："希望广大师生在耳濡目染中得到美的熏陶，让教育更具时代感，让红色文化、江南文化、海派文化成为震旦美育教育的主旋律。"陈家泠则作了 20 分钟的精彩发言。他强调说："美是有力量的，没有美育的教育是不完整的，希望通过各种活动来启发每个人的艺术情操，希望大家能感悟艺术，一起携手打造一个又一个美好的文化家园。"

这次参会的中层干部和教师有 100 多人，还有企业家、商会会长和行业的有关领导。9 位著名的书画家现场挥毫泼墨、笔走龙蛇、畅意抒怀，一共留下 72 幅墨宝。这些墨宝未来将更多地用于社会公益。

震旦教育基金会 200 万元起步，运作了 7 年之后，大大小小主办、参与资助了几十项公益慈善活动，现在已经有了 600 万元的慈善基金，张惠莉希望不久的将来可以达到 1 000 万元的体量。她说："虽然我们不能跟那些动辄就能募捐到上亿元的大基金会相比，但钱多就可以多做事，我希望自己晚年仍能汇集各方力量，'鼓励创新、促进教育；共襄慈善、回报社会'，了却自己的心愿，也了却妈妈的心愿。"

心理的救赎

2018 年，由震旦党委书记黄晞建创想和负责的上海市民办高校心理健康教育基地（简称心基地）在震旦创建。该项目是上海民办高校党建与思想政治教育创新项目的 A 类项目，全国唯一。

其实，对于学生的心理健康教育震旦一向非常重视。

于国英原是东风中学的德育教师，一直听闻震旦校园氛围好、办学理念先进，所以 2007 年选择加盟震旦。那时候全社会对心理健康还很陌生，但张惠莉很早就意识到学生们心理健康的重要性，她希望于国英能够改行当一名心理教师，于是，于国英一面担任着震旦外中预备班的年级组长，一面攻读心理教师资格证，用了一年半的时间，花了不少心血，终于功德圆满，拿到了资格证书，成为一名心理教师。

一开始工作开展不够顺利，初一的孩子都有青春期问题，但是他们不愿走进"心语室"，也不愿向老师倾诉，于国英只能慢慢建立信任：让他们在信箱里留纸条预约，建立网络平台，自己手机 24 小时开机。经过一段时间，学生的求助慢慢多了起来，虽然经常半夜会被打扰，但于国英很开心，说明自己的工作有效果了。

有个女孩，家里姐妹俩，她还在幼儿园的时候父母带着妹妹去了国外，把她丢给外公外婆。因为老人疏于管教，女孩的学习成绩一直上不去。后来父母回来了，因长期不在身边，对女儿的各种表现也不满意，一起出去吃饭都会数落她，父亲还当面说对这个大女儿已经不抱希望了。女孩很自卑，平时一直低着头。她住校，但是一到周五就很担心，不想回家。她哭着来找于老师，怀疑自己不是亲生，想去做 DNA 检测。于国英便启发女孩，让她寻找父母爱她的地方，又找女孩的父亲沟通，希望他对女孩说话委婉一些，不要忽视她的成长。同时跟女孩所有的任课老师打招呼，这个同学有点特殊，批评她的时候最好不要当着全班同学的面。就这么慢慢地，父女俩的关系得到改善，女孩也从破罐子破摔到成绩慢慢跟上，脸上有了笑容，外中毕业还考上了高中。她跟于老师也成了无话不说的知己。

越触碰孩子们的内心，于国英越感到心理教师工作的重要。有个女孩有被害妄想症，总觉得自己不正常，生活没有意义，经常用美工刀划伤自己，做出一些异常行为。她说自己不是想自杀，只是身上的痛会让自己舒服一点。有一次她来找于老师，浑身颤抖，于国英足足抱了她半小时才让她慢慢安定下来。于国英找她妈妈了解情况，谁知妈妈因为女儿的异常也濒临崩溃，说有时候真想跟女儿一起跳下去，一了百了。于是，除了女孩，孩子的妈妈也把于老师当成自己的倾诉对象，一说就是几小时。于国英请妈妈尽量满足孩子的合理要求，不必每天逼迫孩子到校上课，后来还请学校专门为女孩开设了一个人考场。经过治疗，女孩的状况有了很大改善。

现在，同学们越来越喜欢"心语室"了，在于国英精心的布置下，心语室不光有色彩斑斓的图案、摆设，甚至还有糖果。于国英希望，孩子们能在这里安全平稳地度过自己的青春期，这样对得起自己的付出，也对得起张惠莉董事长当年的重托。

张惠莉对心理教师的工作非常支持，除了外中，震旦的其他院校都设立了"心语室"，每年也会开展以"让心健康成长"为主题的心理健康教育宣传月活动，学习上为学生减负，让学生快乐成长。鼓励学生自编自演校园心理情景剧，每个班选出 5～6 个同学，用 8～10 分钟的时间，自编、自导、自演，要求能够提出问题、解决问题。然后校方进行评比，评出优秀剧本奖、特别奖等。同时，还会举办学生户外团体心理拓展比赛，举办主题为"大学生常见心理问题及应对技巧"等的心理健康系列讲座，开展讨论、辩论、演讲、知识竞答等内容丰富的主题班会活动，制作震旦心语墙等。从而普及心理健康知识、传授身心调适方法、提高学生心理自助和互助水平、完善学生的自我人格。眼下，各地学生的心理问题频出，据《2020 年国家心理健康蓝皮书》，在学生中具有焦虑、抑郁等心理疾病的已经占有一定比例，不容忽视。回过头来再看震旦开展的各种心理健康教育活动，实在是未雨绸缪，棋高一着。

说起"心基地"的筹划和落成，震旦职业学院党委书记黄晞建非常感慨。黄晞建早在1980年代就是上海心理协会的会长，并兼任全国及国外很多心理研究机构的负责人。他在市教委任职期间张惠莉就看中了他的能力，多次邀请他来震旦工作。可是身为公务员，岂能随心所欲，说走就走，所以直到退休，黄晞建才正式来到震旦职业学院，担任党委书记一职。黄晞建认为，中国过去的心理学都是穿"西装"长大的，都是洋人的东西，近年来中国也开始重视心理健康，政府提出让老百姓有获得感、安全感、幸福感，其实都属于心理范畴。如果把中国文化、思想教育、道德教育同心理健康教育结合起来，将是一大创举。2016年，市教委成立了上海市学校心理健康教育名师黄晞建工作室，同年，习近平主席又发表重要讲话，提出"要加大心理健康问题基础性研究，做好心理健康知识和心理疾病科普工作"。黄晞建就想借此东风，用三到五年时间，建成一个"上海示范、全国唯一、国际知晓"的，集研究、教育、实践为一体的沉浸式心理健康教育基地。他把这个设想跟张惠莉说了，没想到张惠莉非常认可，马上意识到这是一桩既有前瞻性又有现实意义的事。她问黄晞建需要震旦什么样的支持，黄晞建说："资金我可以想办法申请，但是希望震旦能够提供场所。"张惠莉一口答应。

黄晞建跟张惠莉认识多年，他认为张惠莉身上最可贵的就是目光敏锐，有远见、有格局。当然，前提还是她对自己的充分信任，知道自己能办事，也办得成事。没多久，震旦就拿出了2 000平方米的场所，交给黄晞建筹办基地，这让黄晞建非常感动。

经过争取，项目得到了政府的支持，答应分五年下拨总共1 000万元的专项资金。黄晞建也利用民办高校的资源，加快了基地建设的步伐。

2018年10月18日，以"教育现代化与心理健康"为主题的上海民办高校心理健康教育基地揭牌。有关领导，上海各高校心理健康教育方面的专家、学者出席了大会。黄晞建介绍了"心基地"的建设情况及长三角高校心理健康教育发展一体化协作的推进情况，董事长张沈发表了热情洋溢的致辞，她对"心基地"的落成表示祝贺，对上海教委、上海民办高校党委把基地项目落在震旦学院表示感谢，并对长三角心理健康教育一体化协作表达了良好的祝愿。张惠莉和上海高校心理咨询协会陈增堂教授等还分别为"上海民办高校心理健康实训中心"和"上海高校心理咨询协会专家委员会"揭牌。

"心基地"的起点非常高。对内，与清华大学、复旦大学、交通大学等高校的心理中心建立了合作机制，与江浙沪皖三省一市签署了"长三角高校心理健康教育发展一体化协作"协议。对外，与加州大学伯克利分校和牛津大学建立了交流与研修的协作关系。牛津大学的实验心理学具有非常深厚的教学历史，自 1898 年开设至今已有 100 多年的历史，"心基地"2018 年和 2023 年，从 17 所民办高校选派 28 名心理健康教育教师赴牛津大学完成心理健康教育研修。牛津大学心理中心主任和牛津大学展望计划负责人还专程到访震旦，参观了"心基地"。

"心基地"的主要功能是与国内外一流大学合作，在学生心理健康促进、心理问题评估、心理危机处置、快速转介和心理康复跟进等方面建立协同长效机制。同时制定心理服务伦理与规范标准，加强对学校心理健康教育工作的专业指导，完善心理健康教育教师专业资格论证。目前，已在人民出版社出版了"少儿心理健康自学漫画丛书"，推出了"口袋咨询APP""网络智能自主心理健康教育系统"等，搭建完成集展示、研究、交流、实训一体化的综合性功能平台。三年来累计服务师生 100 万人次，面向长三角区域教师的心理健康教育，当天就突破 10 万人次。

黄晞建介绍说，心理健康教育实训中心最终将建成 9 个实训室，囊括心理健康教育应知应会的各个方面，目前二期工程和三期工程建设先后竣工，"心基地"将在上海高校心理健康教育专业教师的培养、学生心理健康的保障，以及衔接中小学心理健康教育和市民心理健康服务等方面，发挥重大作用。

"上海示范、全国唯一"的目标，黄晞建认为已经做到了，教育部开会研究心理健康教育，点名请上海震旦黄晞建出席，说明这个项目已经在心理教育领域领先一步，得到了社会的认可。至于"国际知晓"，他说还在努力之中，相信一定会实现的。

张惠莉曾经对大家说："未来的几十年里中国究竟会发生怎样的变化，谁都说不准，但哪怕只有千分之一，我们也要占尽先机。变化就是机遇，变化越多，机遇越多。我们要抓住机遇，敢想敢做。思路决定出路、作为决定地位、格局决定结局、心态决定状态。"

张惠莉的思路和格局，决定了震旦教育集团的今天。

疫情的考验

2020 年，新冠疫情突发，原有的秩序被打乱了。时任校长冯伟国毕业于复旦大学物理系，获理学博士学位，曾作为访问学者应邀到美国加州大学学习深造，先后任同济大学博导、市教委办公室主任、上海杉达学院副校长等，2019 年任震旦职业学院院长。但是到任不久就遇上了疫情，他曾兼任市教委信息中心主任，对信息化工作十分内行，在他的指导下，虽说震旦是一个庞大的教育集团，船大不好掉头，可震旦很快就做出了适应性调整，除了职业学院，中学、中专甚至是幼儿园都改成了线上教学，教师们用最快的速度完成了教学方式的转换，教学质量没有受到丝毫影响。

除了完成教学任务，对很多教学以外的问题，震旦也都想到了做到了。譬如，震旦外中的心理教师推出了"用爱陪伴、见证成长"心理讲座，指导家长如何修复亲子关系。从被没收的手机、被摔坏的 iPad、紧闭不开的房门入手，通过真实的案例，让家长了解亲子冲突的特点及原因，并教会家长缓解亲子关系的方法和技巧。"心基地"也在网上开设了抗疫情网络心理健康视频教育与咨询。体育老师制作了相应的课件，采取视频与教师讲解同步的模式，带领学生进行各种运动，帮助学生树立居家锻炼的方法和理念。震旦团员青年以征文、手绘、书写等多种形式表达战"疫"的决心与必胜的信心。而震旦学子的云合唱《人间》，则以"艺"抗疫，表达了共克时艰、温暖终将抚平一切的愿望。

疫情期间，有一次有一名学生"密接"，防疫办要求有关人员居校隔离 14 天。张惠莉一向处事不惊，兵来将挡，水来土掩，但突如其来的 6 000 人集中住校，首先面临着物资短缺的情况。上海市教卫工作党委副书记、市教委副主任、民办高校党工委书记闵辉和罗店镇党委书记王伟杰亲自与学校教师一起隔离，一线指挥。罗莱家纺为学校捐赠了一批被子，而张惠莉最担心的还是教师们的健康。被隔离的教师中有好几位孕妇，还有老教授，如果营养跟不上，如何提高免疫力与病毒抗争呢？她请食堂每天换着花样做营养汤——鸡汤、鸭汤、排骨汤，还在汤中添加了西洋参、枸杞等滋补药材，分送给各个学院，保证孕妇和老教授们的营养，而她和董事长张沈却一口都没喝过。虽说是小事一桩，但关爱他人如此细致入微还是非常暖人的，很多教师事后说起来依然感念至深。

疫情中很多已经走上工作岗位的震旦学子慷慨赴危，走上了治病救人的第一线。胡雨茜 2016 年毕业于震旦职业学院护理专业，一直在上海市仁济医院急诊抢救室工作，当得知医院即将组织医疗队支援武汉时，她第一时间报名，当天就被选上了。那时大家对新冠病毒还很恐惧，很多人问："胡雨茜，你一个 95 后的女孩子，难道就不怕感染吗？"胡雨茜说："作为党员，我应该带头向前冲，作为一名护士，这更是我应该做的事和应尽的职责。"2020 年 2 月 19 日，胡雨茜作为上海市第八批援鄂医疗队的一名队员奔赴雷神山。她主动要求第一批进舱收治重症患者。穿上厚厚的防护装置、头晕、呼吸困难，护目镜被雾气遮挡，影响视线，还要戴上三层手套。在这样的情况下进行护理操作真是难上加难，但胡雨茜还是凭着自己过硬的技术，在同事们的默契配合下为病人完成吸痰、口插管固定、心电监护、采血、翻身等护理工作，圆满完成了援鄂工作。

苏仕衡是震旦职业学院呼吸治疗专业的第一届毕业生，因为成绩优异，成为上海市华山医院重症医学科的一名呼吸治疗师。疫情暴发，对所有医护人员来说都是一次面临生死的考验，苏仕衡放弃了春节与家人团聚的机会，连夜打包行李奔赴武汉。听说儿子要去"前线"，苏仕衡的父亲不仅非常支持，还联系朋友捐赠了医疗设备。华山医院选拔出来的医疗队员专业技术都很过硬，他们喊出的口号是——收最重的病人，打最硬的仗。医院对口支援的是华中科技大学附属同济医院的重症医学科，科室内30个床位全部收满了危重患者。作为一名呼吸治疗师，苏仕衡不仅要协调呼吸机设备的管理和消毒，还要同时跟上级医师进入隔离病房查房和评估患者的疾病状况，之后对每个患者的参数进行调整，建立或撤除人工气道，进行体位变换，还参与了ECMO患者的跨院区转运等一系列操作。每天都很辛苦，但是他知道眼前的患者都游离在生死之间，必须竭尽所能去和死神争夺生命。在大家共同的努力下，他们所在院区的重症医学科创造了患者救治成功率最高和死亡率最低的奇迹，苏仕衡也圆满完成他的使命。

张惠莉得知了这些震旦学子的壮举之后，觉得这是一次弘扬抗疫精神、激励震旦学子的机会，基金会立即对疫情中不顾自身安危、奔赴援鄂一线的17名震旦毕业生进行了表彰，向每人颁发特等奖学金2万元。

在疫情最艰难的时刻，董事长张沈不辞辛劳、亲力亲为，远赴浙江、江苏等地招生，当年共完成了2 600多名学生的招生计划，创下了历史新高。

大批新生涌入校园，给学校带来了活力，可是，也正因为招进来的学生太多，学生宿舍的安排出现了严重的困难，学生处、团委、后勤和分管领导一起配合，努力挖潜，终于在新学年开学之际，把新生全部安置妥当。

2021 年 1 月 18 日，新年伊始，震旦学院就进行了三期工程的奠基仪式。三期工程是两栋学生公寓楼，总面积达 24 147 平方米。其实，那时震旦的经济状况并不是很好，学校土地上的居民动迁需要支付的钱还没有付清，方方面面需要用钱的地方也很多，但是董事会还是达成共识，手头再紧，也必须给学生们提供一个好的居住环境，于是果断拍板，开工建设三期工程。

经过一年半的施工，两栋设计美观、设施现代的学生公寓就矗立在校园里了。学生公寓配有上床下橱、写字台、空调、电扇以及供应冷热水的卫浴间，每层楼都有洗衣房。每栋楼 8 层，最多可容纳 2 400 名学生入住。震旦学子终于有了更好的学习和生活环境。

现在，张惠莉只要空下来就会在校园里四处走走，看看校园里的奶茶铺、水果店，问问教师或者学生饭菜的质量怎么样，有什么需要改进的地方。有客人到访，她会领着客人楼上楼下地参观，也会独自一人站在绿荫草坪上，眺望远方，看着校园的一砖一瓦，看着她一手创立的美丽的校园。她去得最多的地方是"相伯亭"。"相伯亭"下是马相伯先生站立的铜像，"崇尚科学，注重文艺，不讲教理"的震旦校训则醒目地矗立在"相伯亭"前。只要见到"相伯亭"，张惠莉便会想起当年铜像落成典礼上王振义院士对"震旦三代"的殷切希望，想起自己身上承担的责任。

表率的作用

每年两次的干部培训，是张惠莉早年定下的规矩，现在已成为震旦的传统，张惠莉希望通过几天集中的培训，统一思想、凝聚人心、落实责任、推进工作。所以只要看每年的干部培训内容，往往就可以知道震旦领导层的思路和决策依据。互联网刚刚开始热的时候，张惠莉便自学了好几本书，在干部培训班上给大家讲了一课，引导大家要有互联网思维。到了2019年，互联网已经风起云涌经过多次洗牌，很多人认为，互联网已经进入发展瓶颈，可是在董事长张沈看来，互联网行业的发展将逐渐进入一个拼服务的时代。2019年的两次干部培训，她都围绕"互联网＋传统教育的机遇与挑战"展开。张沈说"互联网＋教育"的核心是人，人与互联网相互成就，智能与人文并举才是未来教育的新模式。在"互联网＋教育"的背景下，应利用好教育大数据，学习分析数据的能力，为传统教育行业提供精准的服务，确立个性化教育学习目标、教育学习内容、教育拓展路径和教育策略等，不断提升教育理念。

通过这样的强化培训，震旦教育集团的干部们在制定下阶段工作目标、落实措施时，都会以"互联网＋"为出发点，结合教育行业发展新形态及岗位本身，不断变革和创新，打造震旦教育创新生态系统。

2022年10月，中共二十大召开，各行各业都组织起来学习党的二十大报告，领会精神。震旦教育集团也把学习党的二十大报告作为思想政治学习的一个重要内容。张惠莉发言说："我们理论学了那么多，是否也应该联系联系实际？党的二十大报告说新时代的伟大成就是党和人民一道拼出来、干出来、奋斗出来的！震旦能够发展到今天，也是大家齐心合力一起拼出来、干出来、奋斗出来的。那么，现在大家看看，还有什么事需要我们去拼、去干、去争取呢？"见大家似乎没有明白她的意思，张惠莉又说："譬如高本贯通，别的高职院校都有好几个高本贯通的专业，而我们震旦只有一个，是不是能够再争取一下？"大家开始七嘴八舌，但主要的声音都是这太难了，几乎是不可能的，现在的本科院校都不愿意跟高职贯通。

张惠莉又耐心地启发大家说："事情没去做，怎么就知道不可能呢？"她举了当年杜飞龙院长的例子。有一年申报 085 市重点专业，一共有 5 个专业，大家都认为只报 1 到 2 个专业，能批下来就不错了，但是杜院长坚持要 5 个专业全报，他说："报了就有可能批，不报就等于自己放弃。"结果，5 个市重点专业全都批下来了。这说明了什么？说明只要敢想敢干，就有可能成功！张惠莉再次强调。

那么，什么是高本贯通？高本贯通与平时说的专升本又有什么不同呢？首先是招生对象不同。专升本的招生对象是所有专科学历层次的学生，而高本贯通招生的对象是高中毕业参加当年统一高考的考生。其次，考生选择的本科院校范围也不同。专升本的考生需要根据当年接收专升本的本科院校公布的简章来选择相应的院校及专业，而高本贯通的专科和本科都是提前对接好的，专业明确，针对性强。目前，上海仅有 13 所院校部分专业在试点进行高本贯通，仅占上海市高职院校的 30% 左右。震旦学院的酒店管理与数字化运营专业就是其中之一。

震旦高本贯通对接的本科院校是上海杉达学院，之所以选择杉达学院，是因为杉达学院的酒店管理专业是上海市最早设立的三个酒店管理本科专业之一，也是当时上海民办高校中唯一的酒店管理本科专业。经过多年发展，已成为上海市一流本科建设专业。2018 年，杉达学院又与全球最大的酒店管理集团万豪国际集团联合成立了上海杉达学院万豪酒店管理学院，拥有目前全国本科院校中规模最大、功能最全、国内领先的实践教学中心。震旦与杉达联合开展酒店管理专业高本贯通试点，两校的专业实力居上海市乃至全国前列。可是，一个专业总是太少，张惠莉一向不甘人后，对她来说，高本贯通是一个很好的学制创新途径，应该成熟一个推进一个。

张惠莉决定亲自尝试一下。周五，她乘车去了上海建桥学院。上海建桥学院地处临港，距离震旦 72 公里。建桥的周董接待了张惠莉，但因为没有碰到朱校长，所以下周一张惠莉再次赶去建桥学院拜访朱校长，希望震旦的护理专业能跟建桥学院实现高本贯通。朱校长承认，现在本科院校对高本贯通确实不是很积极，因为贯通之后，学生的来源就是高职，万一高职的教学质量不好，会影响学生毕业。当然，他对震旦的教学质量还是很放心的，他答应会就这个问题开会研究一下，尽快给张惠莉答复。第二天一大早朱校长的电话就来了。他说他们刚上班就专门开了个会，跟专业主任等一起商量了，决定同意与震旦学院联手试行护理专业的高本贯通。

高本贯通在张惠莉和王纯玉副校长的积极推动下逐步得到落实，除了建桥的护理专业，张惠莉又拜访了上海外国语大学贤达经济人文学院的李进副董事长和罗玲芳副校长，谈成了学前教育专业的高本贯通，跟上海立达学院谈成艺术设计专业、编剧与导演专业的高本贯通。但是，尽管经过努力，但是还是没被批准，不过，争取过了，也没有遗憾了。

一桩在别人嘴里不可能的事逐渐变为可能，张惠莉挺开心的。她说想做成一桩事，就不能轻言放弃，假如建桥不再跑一趟72公里，说不定就是另外一个结果了。张沈曾希望妈妈不要什么事都抛头露面、亲力亲为，但张惠莉说有时候自己亲自出马还是挺有用的，至少对方会感到自己的诚意，给自己一个面子。

体育的精神

早晨8:30，张惠莉还是跟往常一样坐上接她的小车赶往鲁班路集团总部。事情总是做不完，董事长的职务虽然卸了，但她还是董事，还是基金会的理事长，还兼着很多社会职务，所以闲不下来。

车到鲁班路震旦外中门口，却见门口聚集着一群家长，七嘴八舌地说着什么。照理她可以不用管的，校长也已经赶过来处理了，可是发现问题却视而不见，这不是她的风格。问下来事情其实是这样的，学校的一个老师，管理的方式方法有点特殊，对他的评价家长们意见相左。说他好的，是肯定他抓学习成绩，虽然抓得过严，但对那些调皮捣蛋的孩子就是应该管。说他不好的，是说他只管成绩不认其他，给有些学生造成很大困扰。近期该老师因故离职，于是，欣赏他的家长们便前来劝阻。张惠莉问清缘由后，给大家讲了一个故事：有个男孩叫池涵舟，进震旦外国语中学时成绩很一般，可是初二之后突然发奋起来，初三毕业以高分考进上海中学，后来又以优异的成绩考进了交大。原来不看好他的人都很好奇，毕业典礼上这名学生的家长说男孩的发奋源于班主任的两次表扬。第一次是因为班主任发现尽管这孩子学习平平，但有两次活动他都把位子让给其他同学，所以在两次班会上都表扬了他。还有一次学校组织辩论，男孩表现优秀，班主任又给他评了一个"最佳辩论手"。这两次微不足道的肯定极大地提振了男孩的自信心，所以他才有了后来的变化。张惠莉对家长们说："一名老师是否称职，震旦有自己的考量标准，但有一点，我们从来不以学生的学习成绩为唯一标准。培养学生的高尚人格，是我们一直奉行的，如果孩子三观不正，学习成绩再好以后也会走歪路。"她指了指刚才表示"对调皮捣蛋的孩子就应该管"的那位家长说："对孩子不能轻易戴帽子，很多调皮捣蛋的孩子长大了都很有出息的。"那位家长有点不好意思地笑了。

张惠莉的一席话说得大家心服口服，大家慢慢散去。有家长在打听："这是谁呀？"有人告诉她，这是老董事长，是震旦的创始人。那家长便点着头说："怪不得怪不得，说话是有水平！"

一场风波就这么云淡风轻地被张惠莉化解了。她对身边的工作人员说："其实，教育无处不在。教育不只是在课堂上，我们搞教育的，听到不对的观点，就要随时随地纠正，这也是我们的职责。"

走进办公室刚坐下来，震旦外中的何校长便带来一个男生，说男生是回母校来探望老师的，但特别提出想见一见董事长。男生叫李鑫淼，目前是国家射击队的一名队员。说起怎么会走上射击这条路，李鑫淼特别感谢震旦，他说要不是震旦，可能他至今都不知道自己会有这方面的才能。震旦外中为了培养学生的综合素养，组织开发了很多社团活动和课外兴趣课程，男孩子对枪有一种天生的热爱，李鑫淼参加了几次射击活动后，便爱上了射击。2016 年李鑫淼初三毕业时，市射击队的教练找上门来，希望李鑫淼可以成为专业运动员。可是父亲不同意，一心想让李鑫淼考复旦，担心搞了体育会考不上。李鑫淼则表示，他就想用自己有限的青春做自己喜欢的事，就是出不了成绩也不会后悔。一番争论之后，最终父子俩总算达成一致，如果到了高三还出不了成绩，李鑫淼就回来参加高考。结果，李鑫淼第二年就打出了成绩，成了上海的一线队员。2018 年进国家队集训，2019 年就拿了世锦赛团体冠军和个人第二名的好成绩。2020 年以来，因为疫情，没机会参加国际比赛，但是他的成绩一直稳定。为了备战 2023 年世锦赛、亚运会、亚锦赛和 2024 年的奥运会，国家队再一次组织优秀运动员集训，李鑫淼作为上海唯一一名射击运动员入选。之后，他以国际级运动健将的身份，被保送复旦大学新闻学院。2023 年，李鑫淼通过 5 轮选拔赛，成功入选世界大学生运动会，提前 2 个月在北京国家队备战。7 月 30 日上午，在成都举办的第 31 届世界大学生运动会上，代表中国射击队的李鑫淼和两名队友在男子 50 米步枪三种姿势项目中，以 3 529 环的成绩夺得该项目的团体冠军。学历和爱好，一样都没耽误，这是他的父母当初怎么都不会想到的。

李鑫淼感恩母校给自己创造的机会，队里只要休假他都会回母校"探亲"，临行时他很想跟张惠莉合个影，因为他一直记得董事长当年的西餐礼仪课。张惠莉也戏谑地说："我也想跟未来的奥运冠军合个影。"两人站在马相伯的铜像旁合影，阳光漫天地洒下来，在他俩身上镀了一层金。

是呀，张惠莉当初提出的"综合素养、创造能力、高尚人格"的学生培养目标，不知造福了多少震旦学子。

张惠莉对校园的体育文化建设非常重视，她说体育运动能够激励人们不断拼搏、奋斗、进取，同时也能增强团队凝聚力，是教书育人不可或缺的重要内容。顾漪是原国家青年女篮教练，被集团聘为体育部主任和学院体育教研室主任，为体育工作开创了新局面，取得了新成果。震旦集团每两年举办一次体育节，从建校初期延续至今，已经举办了 19 届，每届体育节开幕、闭幕张惠莉都是全程参与。体育节活动丰富多样，比赛利用课余时间交替举行，篮球、乒乓球、国际象棋、跳绳……闭幕式则是一场大型的田径运动会。"比一比谁的比赛项目多，比一比谁的技能高"，各学校每年举办一次体育运动月，在长达一个月的时间里，全校上下全员参与、争先恐后，气氛非常活跃。就连教职工年会也常常以运动会的形式举办，各学院的特色入场、广播体操、趣味体育，既丰富了校园文化，又增强了教职工的身体素质。

有这样的校园体育文化，出成果是自然的，随便举几个例子：震旦职业学院国际家政服务与管理专业的杨磊，获得 2021 年第三届长三角皮艇桨板邀请赛男子 200 米桨板冠军；摄影摄像技术专业的杜逸飞、传播与策划专业的倪青云、会计专业的朱本强、学前教育专业的曹桂霖、工商管理专业的谭春城，分别获得 2021 年中国大学生跆拳道锦标赛 87 公斤、83 公斤、71 公斤、68 公斤级的全国冠军；五年一贯制的黄诗羽获得 2021 年上海市第 6 届学生智力运动会象棋项目第一名；震旦外中的武裕涛获得 2021 年上海市高尔夫球赛冠军；震旦外中的沈兴宸获得 2021 年上海市青少年冰球锦标赛冠军；震旦外中的张子获得 2022 年上海市中小学生击剑锦标赛初中 A 组男子个人花剑第一名；震旦外中的钱无意获得 2022 年上海市中小学生击剑锦标赛青少年组男子个人佩剑第一名。除了这些个人的荣誉，震旦学院的男足连续两届获上海市大学生足球联盟联赛高职组冠军；跆拳道队在上海市第十七届运动会上获高校组 6 金 3 银 4 铜；男篮获 2020 年上海市学生体育竞赛亚军，女篮则在 2022 年上海市第十七届运动会大学生篮球联赛中，荣获大专组冠军。从射击、冰球、击剑、皮划艇，再到跆拳道、篮球、足球、高尔夫，震旦不像那些靠一两项出彩的特色学校，而是不拘一格。体育项目的奖项只是震旦教育成就的冰山一角，这些年来，震旦育人 50 万，震旦学子光是在科技发明、文艺体育等领域就获得了 4 346 个奖项。用一句老话来说，这是一桩多么大的功德啊！

迈入 2023 年，喜报不期而至，教育评价、网络传播和高等教育等领域的专家学者，采用资料评定、问卷调查、专家评审等方法，经过前期征集、专家会审、综合评审等阶段，上海震旦职业学院从全国众多高校中脱颖而出，获得"2022 年度最受考生关注高校"奖项，得到社会的广泛认可和高度好评。

把一个弄堂学校办成了一个坐拥学前教育、基础教育、职业教育、高等教育、终身教育五教贯通声名远播的教育集团，张惠莉应该满足了吧？但是她说她还有一个大大的梦想没有实现，那就是让 120 年前的震旦大学重新出现在中国的高校榜上。

这些年来，为了把震旦学院升格为本科院校，张惠莉想了不少办法，也费了不少工夫，但是，不是缺少政策就是缺少机会，一直没能如愿。最近，经过努力，事情终于有了眉目。董事长张沈推出了一个宏大的计划，那就是寻找适合的场地，打造一个国际震旦产学园。这个产学园不是简单的大学集合，而是一所没有围墙的开放式大学，它更强调产（企业）学（学校）研（科研）与所在地区的生活高度融合。

世界发达国家有不少知名的融入型大学城。譬如，剑桥大学所在的小镇，虽然没有"剑桥大学城"的正式名称，却是世界上最典型的高科技、文化艺术大学城。大学 35 个学院分布在小镇的各个地方，由于剑桥大学采用的是学院制，各大学院自成一体，学校没有围墙，生活社区围绕在各个学院周边，与学院一起分散在城镇内部。行走在小镇的每一个角落，古朴的建筑、静谧的环境都能让人感受到与大学毫无差异的气息。日本的筑波大学城亦是当今最成功的大学城之一。大学周边建成了日本最大的高等教育与科研基地，如今，筑波大学城已经形成了一个20万人口的城镇，其中科研人员就有1．3万，更有各类研究所、学校、高科技企业300余所，堪称日本的智创基地。比起世界上顶尖的大学城，中国的中关村大学城也毫不逊色。中关村不仅仅是中国顶尖大学云集的地方，更是国内首屈一指的高新技术基地。30多年来，中关村已经成为国内科教智力和人才资源最密集的区域。在中关村，有以北京大学、清华大学、中国人民大学为代表的41所高等院校，也有以中国科学院、中国工程院所属院所为代表的206所科研机构，大量一流人才齐聚中关村。同时，中关村还拥有国家重点实验室67个，国家工程研究中心27个，国家工程技术研究中心28个，大学科技园26家，并涌现出百度、联想等一大批高新技术企业。产学城除了为地区带来人气和巨大经济收益外，还提高了地区的文化品位，提升了区域人口的文化素养，所以，上海国际震旦产学园的创想，将是国际先进经验与中国特色的结合，可以极大推进大学所在地新型城镇化的建设。

震旦产学园定位"全球开放、中国特色、上海特点"的多功能智创区域，由震旦教育集团与有关政府共同主持，国内外知名学校与企业、社会组织竞争加入。产学园一期建设包括一个核心产学园和若干建在乡镇的"星链"园区。核心产学园计划5年内建成，规划占地800亩，核心产学园规划人口20万，其中科教人员1万左右。产学园的居民主要是学生和学校的教师、企业职工，以及追求文化提升，需要享受"候鸟"式高雅生活的知识居民。

星链园区主要建在现有的乡镇中，主要为大学二级学院、学科或科研单位，其功能定位与所在乡镇相匹配。星链园区可以充分利用乡镇中现有资源，尤其是存量闲散资源，实现人才、产值产出的最大化，有助于乡镇特色经济文化的发展。

产学园是学校与企业的融合，大学支持企业，根据企业需求设置专业和兼职企业技术岗位。企业深度参与学校专业设置、教材开发、培养方案制订，企业工程师兼职教授，参与教学与质量评价。同时鼓励行业组织、企业等与职业学校共同开发产品实验实训车间。

未来的震旦大学主要的功能是创新职业教育新生态。通过改革教学模式，打破课堂边界，广泛应用线上线下混合教学，促进合作学习、有效学习、自主泛在个性化学习等，构建为制造业系统储能、赋能、提能的人才培养生态。同时，围绕当地区域的发展目标需要，打造集成电路、生物制造、人工智能、生物医药等专业群，包括民生需要的养老幼教专业，装备产业需要的智能工程专业，高品质旅游业需要的旅游、酒店管理，艺术、体育产业发展需要的艺术设计、新媒体专业群，绿色农业发展需要的现代农业、食品、药学专业群等，确保人才需要，同时为大学所在地的区域建设提供各种类型的培训服务。

震旦产学园的规划融入了新老两代震旦人的愿望和梦想，既有前瞻性，又有可操作性，是个完美而可行的实施纲领。

有人质疑推出一个这么宏大的规划，万一实现不了怎么办呢？张惠莉却信心满满地说："偌大一个中国，自然经济条件千差万别，都可以有一个中国梦，我们震旦为什么就不可以有一个震旦梦呢？人是需要梦想的，只要有梦，就有实现的可能。"

那么，什么时候可以实现呢？

张沈说："创业难，继承和发展更难，我们现在正在积极推进，至于什么时候能够实现，还得'等风来'。"她说的这个风，是天时地利人和，也是政策和机遇。她还说她知道这是妈妈奋斗了一辈子的梦想，她一定会竭尽全力帮妈妈实现。而张惠莉则说希望在 2027 年，也就是她 80 岁时，她的震旦大学梦有个雏型。

有位领导对张惠莉有过一个很接地气的评价："张惠莉，给她一条缝，便能开一个洞，有了一个洞，就能开一扇窗，有了一扇窗，就可以开一扇门。"后面还可以再加一句：只要给她一个机会，她就会开辟一片新天地。

大鹏一日同风起，扶摇直上九万里！相信不久的将来，我们一定能在中国这片热土上，看到重振雄风的震旦大学，看到一个全新的、高科技的、国际化的震旦产学城。

大地已经回暖，窗外枝头上满是浓浓的春意。张惠莉站在校园的操场上，远远望去，长长的跑道正无限延伸，通向天际。她感慨地想："我们已经走过了40年，可是，教育没有终点，震旦教育集团的发展也没有终点。发展，是震旦永恒的主题。在这条路上，我们还将以奔腾的血液、不竭的精神、不停的脚步一直走下去！"

张惠莉教育语录精萃

论文精选

学制要短些，形式要活些

我们认为现行的成人文化补课的办学学制和办学形式比较刻板，规定初、高中全科班学制一律要两年半，既不适应成人教育的特点，又不符合现今培养各级各类人才的需要。学制周期长、投资大、流损多、见效慢，与早出人才、快出人才不相适应。成人学生的特点是年龄大、记忆力差、工作忙、家务多，要持续两年半保证较高的出勤率有难度。其次，就算参加了两年半的全科学校，也不能保证百分百毕业，未能全科通过的这些学生，因为工作、家庭等各种原因，很难再通过自学统考拿到毕业证书。如果不了解这些信息，仍然坚持清一色地开设两年半制的全科班，势必达不到效果，偏离成人教育的宗旨。针对这些问题，我们在保证880个学时的前提下缩短了学制，开设了半年制全脱产的初、高中全科班，并以单科班的形式，为成人学生提供了机动灵活的选择。事实证明，我们的改革是成功的。

——1985年《在改革中关于成人教育的几点看法》

成人学校教育的现状和前瞻性思考

上海目前的成人教育表现出很大的功利性，一方面受教育者往往是为了比较明确的目的——改变自身的处境而步入成人教育领地，而不是从自身完善和发展的角度去考虑问题。另一方面大多数的成人学校也只是停留在较为消极被动地去适应、满足成人学生的功利需求，而缺少根据经济发展、社会进步的需要对成人学生进行价值回归导向，这些都是成人教育不够成熟的表现。因此，我们的教育主管部门和成人学校本身必须对上海成人教育的历史和现状作理性反思，彻底改变成人教育中尚存在的某些自发、粗放、勉强维持的状况。

未来上海的成人教育，首先要盘活成人教育的资产存量，包括校舍、设备、图书资料等有形资产，也包括学校的管理制度、开发功能及教师的知识结构等无形资产。要充分利用这些教育资源，尽可能使其得到合理配置与使用，使这些资产在教育运行过程中发挥最佳效能。要使管理更科学、制度更合理、功能更健全、教师知识结构不断更新，并尽可能让教师具备第二、第三甚至更多的专业特长。

目前上海的成人学校数量众多，管理水平参差不齐，分布不尽合理，并各行其是。从效能化的角度考虑，势必要对现有成人学校进行调整合并，充分发挥规模效应。改变目前成人教育"灯光型""周日型"的教育时间，使成人教育变为"全天候"的真正意义上的开放性教育场所。同时，还要充分发挥大都市成人教育的辐射功能，利用现代手段，开展函授、广播、电视等远距离教育，有利于成人教育资产的存量盘活、增值。

一个开放性的国际大都市，必须纳入国际化规范的轨道，否则就无法参与国际竞争、国际交往、国际大循环。我们的成人教育也必须尽可能地按国际惯例行事，与国际接轨，使我们培养出来的人才，具有适应国际环境的能力。成人教育要纳入国际化轨道，就必须开展经常性、全方位、多形式的国际交流，包括信息交流、学术交流、师生交流。人员交流可以走出去，也可以请进来，可以是长期的，也可以是短期的，学生交流可试行国内学习、国外实习的双轨制。通过交流和互通信息，相互取长补短共同提高。

国际大都市的成人教育，还必须进行全方位多形式的国际合作。这种合作包括合作办班、合作办学、选聘教师等形式。通过合作，有利于我们引进和利用国外资金和人力资源办好成人教育，做到优势互补、你中有我、我中有你，开创成人教育的新局面。

——1994 年《成人学校教育的环境、现状及发展趋势》

以高取位，以低扩面

我们的成人高等职业技术教育主要分职前教育、职后培训、再就业培训三大板块。

职前教育处在一个人从学校走向社会，从学生成为职业人定向加速的交点上，是学生性格定型、职业定向的突变期。这一阶段的教育，是学生职业意识形成、淬火、锤炼、加固的阶段，是学生职业生涯的预演准备期，也是学生的职业入口处。

职后培训是学生取得了一定的职业经验后，或出于个人高一层次发展的渴求，或出于企业新技术、新工艺发展的需求而接受的职业技术方面的培训。这种培训要让学生能在已有岗位上适应新技术的发展，努力向本职岗位的"上位目标"靠拢，从而保证其职业知识和技能水平与企业需要相适应。我们可以把这个阶段看成是学生职业之车运行了一个阶段之后的"加油站"。

在市场经济条件下，一定会有许多人经历了一个阶段的职业过程后又面临重新选择职业、重新调整发展方向、重新设计人生的关头。再就业培训就是面对这批职业再选择人群，帮助他们重新调整人生、走向成功。

由于成人学生需求的多元化，这就要求成人高等职业学校围绕一个

"多"字做文章。具体地说，就是要做到办学思路多视角、开设专业多品种、办班结构多层次、教学手段多形式、设点布局多地区。

我们说的"多"，不是"多多益善"的多，而是建立在对成人学生和社会需求的理性思考和清晰分析之上的有针对性的"多"。我们说的"多"，也不是杂乱无章的多，而是要让各种专业形成系列，构成梯度。既满足学生的横向选择，又能适应学生纵向发展的需求。我们说的"多"，也不是没有重点的多。既要根据社会的热点和"缺门"来设置专业，还要根据人才层次的结构与分布，以及成人高等职业技术学校的办学实力，综合考虑自身的"主攻方向"。

成人高等职业技术学校的专业设置一定要做到高、中、低并举，而且应适度放低重心，以高取位，以低扩面，在一个专业中由不同层次构成"梯形结构"。高层次的培训是某一专业的标杆，以"尖"取胜，以权威性取胜。中低层次的培训面广量大，是高层次培训的基础，以"量"取胜。这两者的结合，使培训上有方向、下有基础，使"生源"多次使用。它是成人高等职业技术培训学校的理想布局。

——1998年《成人高等教育研究》第四期

民办教育面对的发展机遇和思考

人的一生要经历多次"加速"、突破，甚至"变向"的选择，这些选择总是通过教育而获得动力去实现的，光靠学校进行职前教育绝对不能满足人的一生需求，所以，人们只要渴求发展就要终身接受教育。民办学校也有一个谋生存、求发展的需要，也有一个可持续发展的问题，民办学校的发展，必须适应终身教育的特点。为了解决学校自我完善、自我发展的内驱力问题，我们采取了"软硬兼施"的方法。在软件管理上，我们努力做到科学、合理，软件建设与学校发展保持基本同步，使软件建设成为学校发展的保证。在硬件建设方面，我们从长计议，高定位、舍得投入，硬件建设略超前于学校的发展，使硬件建设成为学校发展的先导。随着终身教育体系的不断建构，我们将不断寻找最适合自己的发展之路。

——1999 年《关于可持续发展与终身教育的两点思考》

树立现代教育理念，一要靠教育灌输，丰富学养，自省反思，二必须在班级管理和课堂教学的二期课改实践中，不断地探索和积累，逐步完成。

我们在课堂教学实践中发现，教育理念仅仅停留在认知的层面是远远不够的。我校有不少返聘教师和中年教师，他们对于教材的选择、经典题目的筛选、重点难点的锁定、质量的把关、课堂的管理等，经验老到，久经沙场。但他们往往随着传统教育惯性，自觉不自觉地在课上因袭一言堂、满堂灌的简单教法，在平时课堂教学中，未能真正实现教学民主、教学互动、启发探究、信息整合。我们只有通过在课堂教学实践中的自我反思、对照检查、督导评估、问卷调查等手段，来发现教师们同现代教育思想和教育方法的差距。

我们的做法是一"逼"二"查"。

"逼"就是赶老师上架。我校每个学期都要向社会举行二期课改公开教学展示课，接受家长、社区、市区同行、专家领导的评估。在公开展示期间，教师们依托教研组、备课组的团队力量，通过选择课题、集体备课、首次试讲、说课反思、共同修改、公开展示、集体评课、再次反思等环节，在教学实践的锻炼中，不断优化、不断提升，打磨精品，逐渐提高。像这样的教学展示，在编教师每年要进行两次；外语教师由于外语节的研究交流，每年要举行三次。教学公开展示的频率，相对于一般学校是比较高的。实践探索的机会多了，他们的能力也被"逼"上去了。课堂教学折射出来的理念也渐渐得到了深化。

"查"是自查反思、考查和听课。老师在完成课堂笔记以后，还要求在备课笔记上写下自己的反思；对中青年教师考查他们必备的专业知识，也考查他们应知的现代教育思想；三是听课，互相听课、领导听课、外请专家、教研员、督学来我校听课，诊断指点，发现差距，指明方向。这些举措对教工促动很大，收获颇丰。

——2006 年《构建现代师资队伍的探索和思考》

讲话精选

办学体制的改革，形成了社会各界共同参与办学的热潮，教育遇上了百年不遇的大好时机，但竞争很激烈，怎样迎接挑战把握机遇，是每一个校长都会面临的问题。

首先需要目标管理。一所成功的学校，应有强烈的目标意识，没有目标，就不能团结全体同仁同心同德去努力工作完成计划。没有目标就没有压力，就没有动力，就会满足于现状，不可能有新的成就、新的发展，因此，谋划有价值能凝聚人心的目标是极为重要的。

办高中要升学率，办自考要合格率，办艺术班要得奖率、成果率，学生家长的这些目标意识特别强烈，作为学校领导能不强烈吗？教书育人要看合格率，读书做人要看综合素质，办学要看有没有特色、有没有质量，没有强烈的目标意识，怎么会有学生进你的校门！

其次需要形象管理。学生求学，除了专业之外，首先选择的就是学校的形象。学校形象好才能让他们产生好的印象，才会进学校读书，形象好才能得人心，得人心才能得学生，因此，学校自身的良好形象与学校命运息息相关。

一所学校要树立良好的形象需要造势，造势的基础是实力，如地理位置、设施条件、专业设置、师资力量、教育质量等，尤其是校园环境、校园文化建设、文化氛围等，这些都是实力。但实力还应当被公众所认识所了解，可以通过招生、送考、接待来访等传播媒介，让公众对实力产生认同感。造势的来源是诚信，实事求是、有一说一、有二说二，言必行、行必果。信誉是我们事业的生命，要使生命之树常绿就必须待人真诚、诚恳。一所学校如果在社会上形象不佳必然严重影响生源，如果没有学生就没有了一切，所以良好的学校形象是一种无形的资产，是一种举足轻重的竞争力。

最后是人和。天时不如地利，地利不如人和，要办好一所学校，建立一个稳定协调的环境，人和是首要的。学校应该有自己的校训，校训是全校师生员工提纲挈领的行为规范，还必须知人善任，用其所长、容其所短，在实践中大胆启用年轻人，用人不疑、疑人不用，以仁为本、以诚为本、以信为本、以善为本。要创造一个宽松的人和环境，注重感情投资，注重温情化管理，注重激励机制，让教职员工对未来充满信心。

——2003 年在社会力量办学校长会议上的讲话

播种一种思想，收获一种行为；播种一种行为，收获一种习惯；播种一种习惯，收获一种品格；播种一种品格，收获一种命运。以人为本，就是把教育和人的幸福联系起来，和人的自由联系起来，和人的尊严联系起来，和人的终身价值联系起来，使教育真正成为人的教育，而不是机器的教育。使教育不只是获得生存技能的一种途径，而且还能成为提升人的需要层次，丰富人的精神世界的一种方式。以现代人的精神培养现代人，以全面发展的视野培养人格健全、全面发展的人，才是以人为本的应有之义。

——2004 年在震旦干部学习班上的讲话

创业是永无止境的，它已成为我人生的永恒主题。正因为如此，在创业的路上，我充满了激情和活力，每年我不断给自己制定新的目标，使学校从无到有、从小到大、从弱到强。自强才有作为，自立方能立人。我主张自强，但不是好胜，更不是逞强，而是超越自我、提升自我、完善自我。从 1978 年到 1982 年，我完成了数学专业以后，又在百忙之中继续学习，完成了行政管理大学本科，在中学学习的是俄语，到通过大学四级英语，取得了法学士学位。以后又进修高等教育管理硕士和 MBA 硕士。现在我又在策划新的学习计划，不断提升自己。马克思、恩格斯有句名言："作为明确的人、现实的人，你就有规划，就有使命，就有任务。"我的规划是创业，我的使命是创业，我的任务还是创业，在教育事业的创业路上，我要一直走下去。

——2005 年 3 月 8 日在卢湾区庆祝三八妇女节大会上的发言

要牢固树立"修身、齐家、立业、助天下"的震旦理念。

"修身"——震旦的发展要求每位员工不断实现自我超越，成为学习型、开放型、不断完善型的人才。

"齐家"——震旦要成为一个创业型的团队，就必须树立震旦是震旦人的创业之家、合作之家和感情之家的观念。

"立业"——要通过震旦之业，为科教兴市、社会进步和经济发展作出贡献。

"助天下"——震旦人要通过培养人才、创造财富贡献社会，通过创造品牌服务社会，通过参与公益回报社会。

今天我们既然选择了震旦，就让我们从现在起团结一致、全力以赴、创造人生奇迹。

——2006 年在震旦干部学习班上的讲话

"使无业者有业，使有业者乐业"，这是九十多年前黄炎培先生在成立中华职业教育社时对职业教育的本质概括。这句话可以理解为两个层次：一是为个体解决生存问题，二是创造生存机会以提升生存的质量。简单说，就是就业和培训。在上个月市教委召开的《上海市职业教育条例》征求意见座谈会上我提了一个建议，建议成立职业教育委员会，因为当前各职业院校还处在通过争取和占有教育资源，强化自身地位和优势的低级阶段，这使得我们这些学校不能从本区域整体利益出发，为实现教学资源合作而主动转变自身的体制和机制。从这一点来看，依靠各职业学校自发地以学生就业为导向，坚持走产学研结合的道路，主动为社会发展服务，为地域经济发展服务，共同提升区域发展水平显然是困难的。这就需要政府成立专门机构来协调，以破除机制上的障碍。这个协调机构的任务，就是利用政府部门和企业的政策、资金、基地等资源优势，承担职业教育中相关规则制定、资源共享管理、协调和组织等任务，界定学校和企业合作的范围和方式，推动跨校和跨部门的合作计划，教师、网络课程及信息和设备的相互支援等。

培养高技能人才要求有一大批实践能力比较强、综合素质比较高的"双师型"教师。现在各职业技术院校对"双师型"教师的需求量都比较大，为了加快"双师型"教师队伍建设，需要从立法的角度解决"双师型""教师培养存在的两大问题：其一，相关企业每年必须根据有关部门的安排，接受一定数量的专业教师参与经济管理、技术攻关、项目设计、现场施工等与专业相关的职业活动，帮助教师积累职业经验，形成职业技能，获得职业资格，从而成为"双师型"教师。其二，职业教育学校根据教学需要，可聘请部分行业的专家和有经验的工程技术人员、经营管理人员和能工巧匠担任兼职教师，这些受聘兼职教师可不受学历等限制。

现在，职业教育学校毕业的大学生就业比较矛盾，一方面，高新技术发展、产业结构升级带来的劳动就业结构的重大变化，各种工作岗位的技术难度和复杂性不断增强，一些新兴职业需要劳动者具有较高的教育水平和技术水平，而我们的高等职业教育毕业生却缺乏高新技术尤其信息发展所需的基本技能，不少人眼高手低。另一方面，目前的劳动用人制度和社会分配结构中，技能应用型人才的重要作用没有得到足够重视，这既暴露了我们素质教育方面的问题，也反映了我们政策导向上的偏差。所以职业教育法要有激励学生把高级熟练技术作为自己职业追求的相关规定和优惠政策。如果有一天我们的优秀高中毕业生不再涌向北大、清华、复旦、交大，而是愿意进职业技术院校深造，我们的政策就发挥了作用。

还有一个问题，就是职业教育的营利性问题。我国《教育法》规定，"任何组织和个人不得以营利为目的举办学校和其他教育机构"。如何理解和对待这一问题，直接关系到职业教育市场化取向改革的成败。我们认为，一方面，学校的非营利性或不以营利为目的，并不是指学校不能营利，只不过不能将利润用于个人分配，只能用于学校的扩大再生产。学校应是以"利益"为目的的，这个"利益"有可能是利润，也有可能是价值形态的，还有可能是实物形态的。学校不以营利为目的，营利只是实现教育目的的一个手段。另一方面，市场经济的基本特征是以追求利润为直接目的，资本的寻利性导致生产者和经营者往往会自发地倾向于以自身利益作为出发点和归宿，通过市场运作的规则，实现自己的利益。因此，对教育的"不以营利为目的"，需要有一个明确的解释。

——2007 年在人大立法调研座谈会上的发言

关于我校办学目标的定位，如果要更精炼、更集中、更明确地表达我们的办学目标，那就是，把我校办成一所上海中心城区外语特色明显、教育质量一流的现代民办学校。

应该怎样来解读呢？

上海中心城区——指出了我校所处的特殊地域和教育服务的社会功能及教育品位。国际大都市中心城区的义务教育质量，理应高于老少边，高于广大农村，高于中小城市，这就需要办学者站在全球的高度，观念前瞻，具有同国际教育接轨的视野，同国际教育接轨的举措，以及同先进国家大都市中心城区知名学校相比肩的胆略和气魄。从这一点出发，震旦外国语中学提出了教育理念国际化、人员构成国际化、活动空间国际化的口号。我们同国外品牌学校签订协议，定期引进国外教师、海归专家来校执教。我校教师也陆续派出赴境外进修考察。另外，把学生看作地球村上未来的世界公民，让他们与外籍教师密切交流，在校内举行外语节、外语角，组织学生赴美国、澳大利亚、加拿大参加夏令营，让他们同当地居民共同生活，增进友谊。

外语特色明显——这是我校办学特色的定位。我们投入了很多人力、物力和财力，来构建学校的外语特色。我们开设了法语、西班牙语、日语、韩语、德语五门小语种选修课，设置了牛津英语、口语、听力三个板块，每周安排四个课时，让学生接受小班口语和英语听力的培训。我校是全市第一所具有聘请外籍专家资格的学校，先后引进十余位外籍教师执教；开展双语试点，每星期安排两堂数学双语课；举办教学"一日评"公开教学展示，所有外语教师出场亮相，接受社会各界检验。每天有英语晨读，中午播放原版片，为学生营造浓厚的英语学习氛围。除了外语特色，我校还重视对学生科技能力的培养，在校内开设多门科技拓展探究课程外，还在区青少年活动中心的支持下，让预备年级的学生每周接受两个课时的科技知识和动手能力的培训，培育他们的科学精神、创造意识和实践能力。全校 419 名学生，三年来就有 440 多人次荣获区级、市级和国家级科技奖项，以及 45 项团体奖项。我校的心理指导工作也是一个亮点，我们聘请瑞金医院著名心理专家金武官教授为各年级学生举办讲座，在心理课上引导学生种好三棵树——生命树、智慧树、哲学树，取得了显著的效果。

教育质量一流——如果说"教育质量是学校的生命线"，那么对民办学校来说，它的重要性与紧迫性尤为突出。我们不仅要完成九年义务教育的任务，而且必须做好、做优、做特、做亮，这是我作为校长的希望，也是学生、家长和社会舆论瞩目的焦点。目前我校的教学质量在卢湾区处于上游，初三中考，五门课的平均成绩超过区平均分 40 分，其中英语和数学优势比较明显。

现代民办学校——身居 21 世纪国际大都市中心城区的学校，理应具备现代教育理念、现代教育设施、现代教育的手段和方法，实行现代教育管理。目前，我们用1950万元的投入打造了现代教育的硬件设施，为社区百姓、莘莘学子提供了优质教育的条件和环境。我们构建成立了震旦教育集团，实施了现代扁平化的管理。当然我们知道，教师队伍中中老年教师占了相当的比例，大都接受的是旧式教育，他们的传统观念不是一朝一夕所能转变，现代教育理念也不是听几场报告，进行几次考察就能牢固树立的，转变教育观念依然是我们面临的重大而艰巨的使命。

国家颁布了《民办教育促进法》，政府对民办学校给予了大力的支持，然而，民办学校所面临的激烈竞争却愈演愈烈，怎样充分运用民办教育灵活机制，进一步争取政府在招生、用人、经费等方面政策的支持，探索民办学校在新形势下发展的道路，在激烈的竞争中激流勇进，把我校做好、做优、做特、做亮，这又是摆在我们面前的一项艰巨的任务。

——2007年在震旦外国语中学发展评估会上的发言

我们办学的目标，是建设一个充满活力和创造力的现代学校；建设一个领导力、执行力、教学力、学习力"四力"协调的和谐校园；建设一个科学、健康、互爱、积极的学习型校区。

今天着重讲一下领导力。干部的领导力反映在三个方面，一是思想的领导力，二是课程与教学的领导力，三是整合各类教学资源的领导力。管理学家彼得有一个著名的"彼得原理"，"彼得原理"在学校也同样适用。一些优秀的教师，由于教学非常有特色，成绩显著，深受校长赏识，于是被提拔为教导主任甚至是副校长。可是上任后发现，学校中的琐碎事务让其忙得焦头烂额，再也无暇顾及教学上的事，最终业务和职务都荒废了。学校中不同角色对人素质构成的要求也不同，能做好教师未必能当好领导。教师面对学生，一般来讲，只要有较为坚实的学科知识和教育学、心理学知识，能谙熟学生心理，有爱心，又善于表达，就能在课堂内外自由驾驭。但作为学校管理者不同，学校管理者除了教师所具备的知识技能外，还需要懂得管理学、管理心理学、社会学、哲学等专业知识，必须有统揽全局的魄力、海纳百川的气度，还要有较强的经营意识和社交处世能力，而这些并不都是好教师具备的。校长必须善于把领导力转化为干部的执行力，帮助干部开阔眼界、拓宽境界、提升台阶。

我们民办学校没有老板、打工者之分，因为都是公益性事业，也是社会主义教育的重要组成部分，所以每个人都是学校的主人翁，学校兴衰人人有责。

改革 20 多年来，我们正面临着缺少社会主流意识的窘境，社会公德被金钱主义瓦解，每天可听到见死不救、落井下石的事。大量党政干部前赴后继，丢掉了为人民服务的信念。西方意识形态大肆渗透，传统的社会公德得到冲击。学校忽视集体主义、爱国主义教育，学生变得浮躁、急功近利，缺少责任感、使命感。这些问题的解决，宣传爱国主义弘扬集体主义精神，完成恢复社会主流意识的重大任务，就落在我们教育工作者的身上。如果我们学校的干部、教师缺少高度的社会使命感和事业的责任感，怎么去教育学生、培养接班人？

震旦要发展，靠的是我们全体干部，让我们以事业的领导者、资源的经营者、塑造人类灵魂的工程师、协调人际关系的艺术家、平衡人的心理的保健医生等多重身份，跃入竞争拼搏的海洋，用自主创新的精神，发展震旦、完善震旦，使之成为社会教育事业的一颗永远闪烁的明珠。

——2007 年在震旦干部学习班上的讲话

上海的民办教育兴起得比较早，民办学校的发展也有一定基础，相信这也是"中国民办教育研究院"选择上海的重要因素。

这二十年来，我经历了很多，看了很多也听了很多，民办与公办总是有区别的，政府的资金毫无疑问会偏向公办学校，这是当然的，也似乎是我们民办学校创业之初就该接受的事实。但每当学校遭遇发展瓶颈，每当资金周转遭遇难题，每当看到公办学校轻松地解决了我们需要花很长时间费很大力气才能解决的问题，我难免会感到苦闷产生怀疑，好在，终于看到等到政府的钱开始落到民办学校中来了。就拿震旦教育来说，旗下的各所院校都或多或少得到了政府的支持和帮助。今天成立的这个"中国民办教育研究院"无疑又给我们这批搞民办教育的人打了一针"兴奋剂"。这是一件大好事，让我看到了民办教育获得了新的更高的地位。这是一种鼓励与肯定，但更是一个新的起点与标准。我想，该是我们静下心来好好思考一番的时候了。

现在的民办学校可分为三类：第一类，"蓬勃发展"型。这类学校走过了相当长的发展之路，有自己成规模的校舍，有一定的硬件设施，有规范的管理制度与良好的教学秩序，在一定时期形成了自己独特的办学风格，培养了一批具有实践操作能力、适应社会发展的毕业生，并不断自力更生寻求创新。对这类民办学校，我希望政府应该多多关心、多多扶持，使这些具有生命力的健康学校逐渐成为中国民办教育的一道风景线，成为中国民办教育行业的一个标杆。

第二类，"亚健康"型。这类学校现在还生存着，大多数勉强维持现状，有些学校表面上还呈现出比较良好的状态，但随着时间的流逝，这些学校的问题会慢慢浮出水面。这些问题或是管理上的，或是资金周转上的，或是教育教学上的。"亚健康"并不可怕，可怕的是我们没有及时发现及时治疗，导致积重难返走上不归路。对于这类民办学校，如果政府能及时予以关心给予指点，学校自身在政策允许的范围内多花点心思多动点脑筋，经过一段时间，这些学校就有可能恢复健康，走上良性循环的道路。

第三类，"疾病缠身"型。这类学校有的一开始办学目的就不正确，一切向"钱"看，办学只是一种盈利手段。还有的在办学过程中由于种种原因偏离了教育的实质，忽视教学质量，忽视规范管理，逐渐失去社会认同走向滑坡。这些学校并不罕见，有不少学校已经面临生源不足、入不敷出的窘境，还有一些已经悄悄关门。这类民办学校的所作所为，不仅是对社会资源、对学生及学生家长的不负责，也是对同行业其他民办学校的不尊重，如果这类学校继续存在，必定会造成极坏的社会影响，老百姓会觉得民办就是骗钱的，就是不讲信誉不负责任的，久而久之，会让政府对我们这个行业失去信心，动摇扶植民办的决心。因此，对这类不规范、不符合政策的学校，该管的就得管，该关的就得关，不能让这些"老鼠屎"坏了民办教育这一锅粥。

我热爱教育事业，震旦教育就是我的另一个生命。二十多年来，我始终相信和坚持，民办教育与公办教育的目标是一致的，都是公益性的。这个时候成立"中国民办教育研究院"，让人有一种"忽如一夜春风来"的感觉。我真诚地期盼这春色满园、百花争艳的一天尽早到来。

——2008 年在上海教科院民办教育研究院论坛上的发言

一个空瓶子，向里面倒水，里面就装着水，向里面倒垃圾，里面就装着垃圾。心里装着他人，就会凡事想想别人的感受，不会一事当前先替自己打算，心里装着天地，你就会悠然自得，心里装着仇恨、嫉妒，你就会怨天尤人，心里装着位子、票子、房子，你的生命就会在物质世界里疲于奔命。你的内心装着美好、健康、美丽、喜悦、自信，你的生命就会美好，身体就会健康。每个人就像瓶子，你心里装着什么，就得到什么。

教育是一项面向人人、奠基未来的事业，它承载着国家民族的希望和千家万户的梦想。老师向学生灌输善良、宽容、真诚、感恩，学生就会善良、宽容、真诚、感恩，学生的生命就会充满阳光，他人的一切不好都会在博大的胸怀中消逝。

我们要在从事教育事业、参与教育改革试点的过程中得到光荣感，在学生的成长中得到获得感，在工作中得到幸福感，在与同仁共同奋斗中得到充实感，用蓬勃的激情和务实的理性去为实现教育改革的蓝图而砥砺前行。

——2008 年在震旦外国语中学教师大会上的讲话

再过几个月，震旦教育就要迎来自己的 25 周岁生日。至今，我的眼前仍会不时浮现 1984 年的那个秋天，那辆嘎吱嘎吱作响的三轮车，那条不算宽阔的旧弄堂和那间摇摇晃晃不足十平米的小阁楼，震旦教育就是从一个小小的培训班开始迈出了稚嫩的第一步。25 年间，震旦教育由小变大、由弱变强，一步一个脚印，在教育界创下了多个第一。在上海，震旦教育是唯一一个拥有幼教、普教、职教、成教、高教的教育集团，就在今年，震旦教育注册和使用的商标被首次认定为上海市著名商标，实现了著名商标在卢湾教育零的突破。这是社会对震旦的认可，也是我们震旦人送给震旦最好的生日礼物。

这么多年，我最喜欢听到的就是大家称呼我"张老师"。"老师"这个名称最亲切最贴切，是对我最大的认可。这 25 年，从震旦这个小小的教育集团的发展，看出的却是我们大大的国家对教育的重视。老师们上好一堂课，批好一本作业，对学生的每一次微笑，都是对教育事业的忠诚。为此，我要感谢你们对教育事业忠贞不悔的赤诚爱心。

发展是震旦永恒的主题，多年来我们"以变应变、以活求活"，经受了种种考验与困难，靠的是我们的智慧，靠的是我们创新发展的思维和敢为人先的自信。是你们用孜孜不倦的努力，培养了一批批具有创新精神的学子，把震旦逐渐建设成一个充满活力和创造力的现代教育集团。

近几年来，震旦教职工的年龄结构发生了不小的变化，一大批有学问有专业技能的人才涌入震旦。斗转星移，许多人许多事都会变，但某种精神某种信念可以绵延不绝生生不息。震旦在"以变应变、以活求活"的同时，正是靠这份不变的"震旦精神"来接受各种挑战的。

老师们，在学生面前，你一个人就代表了震旦的全部，你们一句话一个行为，就会让学生一生难忘、一辈子受益，你们是震旦教育的希望和未来，更是震旦教育发展历程中的见证人和奉献者。感谢你们，各位亲爱的老师，震旦永远记住你！

——2009 年在集团"优秀园丁"表彰大会上的讲话

最近，我利用假期比较空闲的机会，阅读了一系列书籍和部分中国古代文化典籍，很受启发，很有收获。通过读书与思考，感悟震旦教育 28 年来的经历，审视自己个性修养的心路历程，有很多体会和感慨与大家分享。

首先，读书学习是干部终生的需要。欧阳修说过，"立身以立学为先，立学以读书为本"。古人读书既为经时济世，也为养心怡情。我们现在读书不仅是为了汲取知识提高能力，还应该使读书成为我们高尚生活的状态，休闲生活的方式。我们要有选择地读书，从多渠道学习，明确学习目标，掌握学习方法，提升学习成效，享受学习乐趣。把文化理论学习和思想品德修养紧密结合起来，以读书修身养性，以践行提高素质。道德的修养和信念的树立是一个漫长而艰难的过程，需要长期的磨砺，融合于平淡常态之内，显现于无形无声之中。我真心希望我们的干部都能在这种修炼中走向成熟，走向完美。

其次，豁达大度是干部凝聚人心的基石。我们做干部的身处学校各部门各项工作的前沿阵地，很多事情要我们策划要我们定夺，所以一定要有敢为人先、敢于担当的勇气，才能干成事情、干好事情。当然，也容易成为各种矛盾的聚焦点，会遭一些批评，背一些冤枉，引一些非议。对此我们应豁达大度，以大局为重，以事业为重。只要心中无私于心无愧，就不必过于计较，做到"容常人难容之事"。豁达大度除了能以宽广的胸怀、诚恳的态度，坦然、理智对待矛盾，做到听得进、忍得住、装得下之外，还要带头讲团结、讲民主，善于听取各方意见，用"严于律己、宽以待人"的品德感化同志，通过时间的检验去消除误会、化解矛盾，营造和谐的团队氛围。

最后，责任心是干部必备的品质。责任心是一个人对自己和他人，对家庭和集体，对国家和社会所负责任的认识、情感和信念，以及与之相应的遵守规范、承担责任和履行义务的自觉态度。是一个人品格和能力的承载，是一个干部为党为社会服务的根本态度，也是做人的基本品质。干部的责任心首先要对自己负责，要尊重自己的感情和理想，从自己的理想出发来安排现实生活。要洁身自好、淡泊名利，有知足之心和感恩之心。其次要对自己所在的集体负责。放在震旦当前的环境下看，就应该认识到自己工作的重要性，把震旦的发展目标当成自己的目标，在工作上勇于追求，尽心尽责，奋发有为，以高度的责任感和强烈的事业心做好工作。在震旦这个大家庭里，干部的责任心强，凝聚力就强，我们才能拥有更加坚实的基础。

——2012 年在震旦干部学习班上的讲话

我们的暑期干部学习班已经坚持十多年了，我觉得非常好。每个人都有梦，都想成就一些伟大的事情。一个企业、一个单位也想成就伟大的梦想，那就要为干部、员工提供一种手段，让员工走到一起，让他们释放出热情，使他们创造出比他们个人能力所能达到的更伟大的事业来，这就是今天我们办培训班的宗旨。

我们处于大数据时代，大数据的威力，就是能从拥有数据到对未来事态进行预测，通过海量数据的挖掘发现某种预后的迹象。随着大数据技术的不断进步，大数据时代下的企业和个人都将面临挑战。思维模式变革的必要性，就是要革命地改变我们的想法。地球不转，不会有明天，我们不变，也不会有明天。我们要不断地动脑筋，需要有策略思考，建构新的游戏规则，最重要的是选择竞争环境中新的定位。现在许多规则都面临推倒重来的时代，更是未来依靠大数据进行行业整合的时代，所以，一切演出都才刚刚开始。

震旦要发展、规模要扩大、管理要提升，除了要有好的决策班子、好的发展战略和管理体系外，更重要的是要有中层的执行力。中层干部既是执行者又是领导者。你们作用发挥得好，是校级领导联系群众的一座桥梁；发挥得不好，是横在决策层与基层之间的一堵墙。可以这么说，一个好的执行部门好的干部能够弥补决策方案的不足，而一个再完美的决策方案，也会葬送在滞后的执行部门滞后的干部手中。

要发挥干部的作用，我觉得要做到 4 个"一点"：视野要宽一点，不断提升综合素质；境界要高一点，不断增强敬业意识；思路要活一点，不断提高教学质量；作风要硬一点，不断彰显个人魅力。现在社会上诱惑很多，作为干部一定要坚持原则，守住底线。宁可多点书卷气，不可浑身铜臭味。

——2013 年在震旦干部学习班上的讲话

今天，我们怀着无比崇敬的心情，在震旦职业学院"相伯亭"隆重举行著名教育家和爱国民主人士马相伯先生铜像落成仪式。

马相伯先生是中国近代史上首屈一指的爱国主义和民主主义教育家，他的一生都在为国家崛起和民族振兴而奔走呼号。1903 年，为了使学生学到先进的科学技术，马相伯先生力排众议，毅然决然"毁家兴学"，将自己的救国理想转移到"启发明智、振兴教育"的道路上来，创办了震旦大学。在办学方针中，他强调"崇尚科学、注重文艺、不讲教理"，他还身体力行，亲自加入到学校管理第一线，以自己的人格魅力吸引学生参与到民主自治中。作为中国近代民主主义教育的一面旗帜，马相伯先生为中国教育留下了一所享誉世界的高等学府，也为后来的教育界同仁树立了一个高山仰止的身影。

作为"震旦三代"，我们理应继承发扬马相伯先生的教育思想，顺应时代潮流，全面贯彻实施素质教育，坚持"以人为本、育人育能、德育为先、教会做人"的办学理念，突出"综合素养、创造能力、高尚人格"的培养目标，让马相伯先生所秉承的教育思想，在我们今天所推行的教育实践中得到切实体现。

——2014 年在马相伯铜像（立像）落成仪式上的讲话

今天，你们站在鲜红的团旗下进行庄严的宣誓，这不仅意味着享有了一个光荣的称号，更意味着自己承担了继承传统、传递正能量、团结和带领同学们共同进步的光荣责任。在这个特殊的日子里，我想提出几点希望：

教育家叶圣陶说，"教育，就是要养成良好的习惯"。好的习惯，能让人受益终身，坏的习惯，有时会毁掉人的一生。所以，首先希望你们都能养成好的习惯，带动身边的每一个人养成良好的生活习惯、行为习惯和学习习惯。其次，要坚持阅读。为我校开发"电子书包"的苹果公司软件工程师，常常为你们在使用"电子书包"时的表现而惊叹，他说，"下一个乔布斯将从震旦学子中产生"。你们每个人的身上蕴含的潜能都是无限的，但是要发挥潜能，需要更好地阅读。希望你们之中有更多的人能经常走进震旦图书馆广泛地阅读，通过阅读帮助自己跨越障碍、学会思考，通过阅读来发现自我、完善自我和超越自我。最后，希望你们让"追求卓越"成为一种习惯。哈佛大学的校训就是"追求卓越"，我们也一直强调追求震旦品质，希望你们能让"追求卓越"成为一种习惯，继续做好生活的表率、行为的表率、学习的表率，成为具有综合素养、创造能力和高尚人格的时代弄潮儿。

——2014 年在"新团员入团仪式"上的讲话

我们民办学校有没有必要转型？如何创新驱动？转型重要还是建设重要？如何从数量规模到内涵发展，以满足市民多样化、选择性的需求？都需要我们思考。学校是个平台，我们正在进入一个鲜活的世界，认清形势、找准位置，民办学校完全可以先行先试，改革发展、创新发展、特色发展。

目前，全国高校 2 246 所，民办学校 444 所，占比 19.77%；上海高校 64 所，民办高校 17 所，占比 26.5%。在当下，不缺改革的舆论与智慧，独缺改革的胆识与担当；不缺激情澎湃的改革呼唤，独缺谨慎缜密的可行路线；不缺潮水般的埋怨和沮丧，独缺深入理性的冷峻思考；不缺点线上的创新突破，独缺宏观全局的顶层设计。现在的改革，变成能改什么就改什么，不能改就绕道走，甚至只对自己有利的才改的选择性改革。改革，不能只停留在坐而论道的争议层面，也不能陷于无休止的激情呼唤，唯有沉下心来、破除私心、成全公义，唯其如此，改革才不会身陷轮回怪圈，才有强劲持久的动能。

——2015 年在浦东新区社会力量学校校长培训班上的发言

互联网时代最主要的灵魂是市场，市场的要求是满足客户的需求，客户需要什么，我们就思考出什么产品、什么文化、什么服务、什么教育，我们的教育服务也会越来越多、越来越细。生源是大问题，没有生源谈什么办学，更谈不上发展。如何招来学生，如何服务学生也是我们需要考虑的。招生的手段更需要利用大数据利用互联网，如果跟不上互联网时代的步伐就会被时代淘汰。

现在国家强调加快发展职业教育，提出中职＋高职＋本科＋硕士的全新思路。国务院颁发的《关于加快发展职业教育的决定》，也提出要激发职业教育办学活力，引导支持社会力量兴办职业教育，创新民办职业教育办学模式。发展职业教育的思路很好，但困难很多。譬如，技能型人才需求量大，但社会认可度低，所谓的金领、银领、白领、灰领、蓝领，从事技术工作的人才只能算是蓝领，这里有政策导向，也有传统观念。

职业教育的新常态，就是要进一步深化办学体制、机制的改革，发挥企业参与办学的主体作用，实现校企深度融合。这符合职业教育发展的一般规律，也是世界职业教育发展的先进经验。在职业教育的新常态下，民办教育肩负着重大的历史使命。

我们民办学校的体制、机制很灵活，我们的校长事业心责任心都很强，我们好比散养的鸡，比圈养的鸡更有味道、更有价值。希望在旭日东升的时候，金鸡报晓，我们这些散养的鸡会鸣叫得更有力度和深度。希望我们民办学校就像一颗颗珍珠，串起来就是一条价值连城的珠宝。

——2015 年在成人教育学校校长会议上的发言

教师是充满着希望的事业。培养国家接班人，我们面对的不是没有灵魂的产品，面对的是一大批有思想、有志向、朝气蓬勃的活的生命体。我们对他们充满期待，所以我们的事业是充满希望的事业，是对国家、对社会、对人民具有价值和意义的事业。

一所学校当然要靠优秀的教师，教师看起来没什么了不起，但可以成为了不起的人物。马云三次高考三次落榜，落榜之后去考警察，一同去的就马云没被录取。杭州第一家五星级酒店建成以后，他和外甥一起去应试服务员，他的文化考试成绩远比自己的外甥好，但是他的外甥被录取了，他被淘汰了，因为他的外甥既高又帅。而现在马云创办了阿里巴巴，他外甥还在洗衣房勤勤恳恳地工作。比尔盖茨在哈佛没有毕业，他上了一年就不上了，后来他创业成为世界首富。马云和比尔盖茨在他们的学业之初、创业之初真的没什么了不起，但是他们都有着不寻常的思维、坚持不懈的努力，当然还有时代赋予他们的好运气，使他们从一个没什么了不起的人成为一个大神级的人物。

我们是不是了不起？需要在社会生活的广阔海洋里去证明。毕竟最终能做成大事的只是极少数，而大多数人在普通岗位上勤勤恳恳、踏踏实实、一丝不苟地工作着，支撑着社会宝塔最坚实的基座。他们得不到万千粉丝的追捧，得不到勋章、奖牌和鲜花，得不到在绚丽历史舞台上出彩的机会，但作为一个为社会、为他人、又为自己辛勤劳动的人，也是值得社会尊敬，平凡而又了不起的人物。

我们选择了教育事业，就是选择了奉献和责任，希望我们在不久的将来，成为不同岗位的状元、不同角度的模范，成为自己认为没啥了不起，别人却认为了不起的人。

——2017 年在震旦干部学习班上的讲话

最近由于马云的问题引起了对实体经济和虚拟经济的议论。虚拟经济和实体经济到底是什么关系？实体经济相当于大树，虚拟经济则是依附于实体经济的藤蔓植物，虽然有时候可以促进大树更好地成长，但同样可以寄生大树争夺养分壮大自己。目前国内对虚拟经济的研究方兴未艾，还处在百家争鸣的阶段。

中国现有的最具有发展前景的十大行业中，互联网服务正以摧枯拉朽之势改变着原来的实体经济。上海现有培训机构 11 000 个，法人机构 9 000个，面对新挑战、新机遇，终身教育机构将在实体经济和虚拟经济中找到新任务寻求新发展。

首先要开展有针对性的职业技能培训。企业行业需制定职工培训计划，开展适应岗位需要和发展需要的技能培训。鼓励企业与参训职工协商一致灵活调整工作时间，保障职工参训期间应有的工资福利待遇。其次要激发培训机构的主体积极性，有效增加培训供给。地方各级政府要将一定比例的就业补助资金、地方人才经费和行业产业发展经费中用于职业技能培训的资金，统筹用于职业技能提升行动。

实体经济与虚拟经济的发展和变化，带来了行业和职业的变化，终身教育机构在改革的浪潮中，面临着新的职业需求带来的新的职业培训任务，任重而道远。

——2020 年在上海终身教育发展论坛上的发言